当代经济学系列丛书
Contemporary Economics Series

陈昕 主编

当代经济学译库

Gary S.Becker

A Treatise on the Family

家庭生活的经济分析

［美］加里·S.贝克尔 著

涂永前 译

格致出版社
上海三联书店
上海人民出版社

主编的话

上世纪 80 年代，为了全面地、系统地反映当代经济学的全貌及其进程，总结与挖掘当代经济学已有的和潜在的成果，展示当代经济学新的发展方向，我们决定出版"当代经济学系列丛书"。

"当代经济学系列丛书"是大型的、高层次的、综合性的经济学术理论丛书。它包括三个子系列：（1）当代经济学文库；（2）当代经济学译库；（3）当代经济学教学参考书系。本丛书在学科领域方面，不仅着眼于各传统经济学科的新成果，更注重经济学前沿学科、边缘学科和综合学科的新成就；在选题的采择上，广泛联系海内外学者，努力开掘学术功力深厚、思想新颖独到、作品水平拔尖的著作。"文库"力求达到中国经济学界当前的最高水平；"译库"翻译当代经济学的名人名著；"教学参考书系"主要出版国内外著名高等院校最新的经济学通用教材。

20 多年过去了，本丛书先后出版了 200 多种著作，在很大程度上推动了中国经济学的现代化和国际标准化。这主要体现在两个方面：一是从研究范围、研究内容、研究方法、分析技术等方面完成了中国经济学从传统向现代的转轨；二是培养了整整一代青年经济学人，如今他们大都成长为中国第一线的经济学

1

家，活跃在国内外的学术舞台上。

为了进一步推动中国经济学的发展，我们将继续引进翻译出版国际上经济学的最新研究成果，加强中国经济学家与世界各国经济学家之间的交流；同时，我们更鼓励中国经济学家创建自己的理论体系，在自主的理论框架内消化和吸收世界上最优秀的理论成果，并把它放到中国经济改革发展的实践中进行筛选和检验，进而寻找属于中国的又面向未来世界的经济制度和经济理论，使中国经济学真正立足于世界经济学之林。

我们渴望经济学家支持我们的追求；我们和经济学家一起瞻望中国经济学的未来。

陈昕

2014 年 1 月 1 日

2

译者序

　　作为本书增订版的译者，我想首先声明一点，诺贝尔经济学奖得主、著名经济学家加里·S.贝克尔（Gary S.Becker）教授这本开拓性的巨著的英文书名是"A Treatise on the Family"，国内早期中译本以《家庭论》为书名，我认为这一译法不具有分类识别度：是社会学、人口学还是其他婚姻家庭方面的著作？在经济学专业人士看来，书名翻译成《家庭生活的经济分析》才是直白而恰当的。尽管书中不乏从社会学、人口学等不同学科视角就家庭这种社会组织展开探讨的内容，但是其运用的主要方法，显而易见是经济学方法。书中很明显是将经济学的理性选择理论和方法系统地应用于家庭行为的研究，打破了传统经济学仅关注市场交易的界限，将家庭视为一个进行资源分配、决策制定和效用最大化的经济单位。贝克尔开创性地将经济分析的框架扩展到非市场领域，尤其是家庭内部的各种互动关系和决策过程，将经济学方法的应用拓展到家庭生活及家庭关系的方方面面。

　　毫无疑问，《家庭生活的经济分析》是一部具有深远影响的经典之作，在这本书中，贝克尔对家庭作为一个经济单位的角色和功能进行了深入的研究，提出了许多重要的理论和见解，为我们理解家庭内部决策、资源分配和家庭经济行为提供了全新的视角。

　　我认为，其最主要的贡献包括五个方面：

（1）家庭作为生产单位的理论化。在本书中，贝克尔最具创新之处在于提出家庭作为一个经济实体，不仅是一个消费单位，也是一个生产单位，其生产的产品包括但不限于子女养育、家务服务、情感支持以及成员间的人力资本投资。他分析了家庭成员如何根据各自的能力、偏好和市场条件进行角色分工，如性别分工、代际分工，以及家庭内资源（如时间、金钱、精力）的配置，生产出诸如子女养育、家务劳动、情感支持等非市场产品。这种独特的视角使得我们能够用经济学的语言来解析家庭内部的决策过程，如夫妻的角色分工、子女的教育投资、家务劳动的分配等，从而揭示出这些决策背后的经济逻辑。

此外，贝克尔还对家庭决策过程进行了深入剖析，揭示了家庭成员如何作出经济决策以最大化家庭整体利益。他讨论了政府政策对家庭行为的影响，为福利政策、税收政策等提供了经济学的分析基础。

（2）婚姻市场理论。贝克尔在本书中构建了婚姻市场的概念，将其视为类似于商品市场的交换场所，其中个体基于自身的属性（如收入、受教育水平、外貌等）进行匹配，寻求效用最大化。他探讨了一夫一妻制与一夫多妻制背后的经济逻辑，以及离婚、再婚、婚龄选择、生育决策等现象背后的经济因素。

（3）人力资本投资视角下的家庭教育与子女抚养。贝克尔将父母对子女的投资视为一种人力资本投资，预期在未来获得回报，如子女未来的收入能力、对父母的养老支持等。他详细分析了家庭如何权衡教育资源投入、健康投资与其他支出，以及这些决策如何受政策、社会经济条件等的影响。这一理论不仅深化了我们对家庭教育的理解，也为公共政策干预（如教育补贴、儿童保健政策）提供了理论依据。

（4）利他主义与自私行为的统一分析。贝克尔在书中探讨了家庭内部的利他行为（如父母对子女的无私关爱）与自私行为（如家庭成员间的权力斗争或资源争夺）如何共存，并尝试将这些看似矛盾的行为模式纳入统一的理性选择框架中。他提出了"坏小孩定理"，即尽管父母通常表现出利他主义倾向，但子女可能存在自私行为，这为理解家庭内部动机的多样性和复杂性提供了理论基础。

（5）跨学科综合研究。如前所述，在本书中，贝克尔主要通过运用微观经济学的分析方法，探讨家庭成员之间的相互作用以及劳动力供给、教育投资、劳动分工等方面的行为逻辑。更重要的是，本书不可多得地融合了经济学、社会学、教育学、人口学、生物学等多个学科的视角，展示了经济学方法在解释复杂社会现象时的强大整合力。在本书中，贝克尔的分析涵盖了家庭结构、婚姻模式、生育行为、性别角色、移民决策等多个主题,为理解和制定政策提供了跨学科的综合性理论框架,为我们分析人类行为提供了新的研究范式和借鉴。再如,贝克尔指出在有限资源约束下追求效用最大化,其将这一理论应用到动物界,深入剖析动物如何根据环境条件、种群竞争、生存压力等因素,进行繁殖投资、配偶选择、抚幼行为等决策,从而揭示动物行为的适应性和进化意义,是很有启发意义的研究。

当然,贝克尔在本书中的最主要贡献还在于开创性地运用经济学原理对家庭行为进行了全面而深入的分析,将家庭生活纳入经济学的理论体系,拓宽了经济学的研究边界,为后续的家庭经济学、人口经济学、社会经济学等领域的发展奠定了坚实的基础。同时,他的研究也为政策制定者提供了理解家庭决策机制和评估家庭相关政策效果的重要工具。

总之,本书不仅仅是一部理论性的经济学著作,更是一部对家庭和社会关系有着深刻思考,集理论创新、跨学科整合与实践指导于一体的学术巨著。贝克尔以其深邃的洞察力和严谨的经济学思维,为我们揭开了家庭生活的经济面纱,使我们得以从全新的视角审视这一最贴近生活的社会单元。贝克尔的研究为我们提供了更清晰的视角,帮助我们理解家庭内部的运作机制、家庭成员之间的互动关系以及家庭对社会和经济的影响。本书对经济学、社会学以及家庭研究领域都具有重要的参考价值,无论对于经济学研究者、社会政策制定者,还是对家庭现象感兴趣的广大读者而言,都是一部不可多得的智慧宝典。

就今天广受中国社会关注的生育率下降、高离婚率、晚婚或不婚主义、人口老龄化、高价彩礼等热议话题而言,贝克尔的研究对政策制定者以及家庭决策者来说,都具有相当的参考价值。

本书的翻译整理历时四载,感谢格致出版社前后几位编辑的宽容和帮助,他们精益求精的专业工作态度着实让人钦佩,在此向他们表示谢意。另外,本书的翻译可以说是集体劳动的结晶,我前后几届不同专业背景的学生,如龚靖毅、何艺璇、陈航、黄廷越、齐江勇、龙子航、向思圆等,参与了一些基础材料的整理和校对工作,在此也向他们的辛苦劳动表示谢意。

受专业视野及表达能力所限,书中的一些对应中文表达可能存在这样或那样的问题,欢迎读者不吝赐教。

涂永前

2024 年 3 月

增订版前言

在这本书中,我提出了一种关于家庭的经济或理性选择方法。然而,书名并非指涉家庭的经济层面,因为大多数非经济学家以及许多经济学家会将"经济"这一限定词理解为对该语词的讨论仅限于家庭生活的物质层面,即收入和消费模式。其实,我的意图更为宏大:运用分析物质行为的工具和框架来探讨人类婚姻、生育、离婚、家庭内劳动分工、威望以及其他非物质行为。也就是说,本书包含一种对家庭的经济方法论,但这并非侧重于家庭生活的物质层面,而是指采用了一种选择理论框架来分析家庭生活的诸多方面。

理性选择方法在过去两百年间不断完善。如今,它假设个体基于其基础性的且不会迅速变化的恒久偏好最大化其效用,而不同个体的行为则通过显性及隐性市场实现协调。我在早前的出版作品中曾主张,经济方法论不仅适用于物质商品与需求,也适用于不涉及货币交易的市场,在概念上其实并不区分重大决策与次要决策,也不区分"情感"决策与其他决策。

本书运用最大化行为、稳定偏好以及显性或隐性市场中的均衡假设,对家庭进行系统化分析。我基于过去二十年的研究,探讨了时间在子女抚养与市场工作之间的分配、一夫多妻制与一夫一妻制社会中的婚姻与离婚、家庭中的利他主义与自私行为、代际流动性以及家庭的许多其他方面。我尽管并非对所有方面都

1

进行了考察，但对这些重要方面都进行了系统和统一的探讨，或许足以支撑本书采用"论著"(treatise)这一传统标题。

本书并非面向普通读者而写作的，但其中大部分内容应该能为熟悉基础经济学原理的非经济学专业人士所理解。本书的第5章、第10章和第11章（包括第11章附录）专业性和技术性不是很强，其他章节中也有相当一部分适合或者说能为仅具备有限经济学分析知识的读者所阅读并理解。我希望他们不会因专业术语和数学推理细节而感到困扰，因为他们的参与对于充分发展和评估对家庭的理性选择方法至关重要。之所以这样说，是因为许多经济学家对这些方法的应用持敌视态度，而越来越多的社会学家、人类学家、法律学者、生物学家、心理学家和历史学家正在使用理性选择方法或相关方法来分析家庭。我的这部论著旨在面向跨学科的读者——不管你们对此持怀疑态度还是支持态度。

由于家庭组织与行为各方面的重大意义及其带来的智识挑战，我极其享受写作此书的过程。如果我不表达自己坚信在应对和解决这些挑战方面已取得实质性进展，那就不够诚实了。同时，我也意识到并深感不安于书中可能存在的严重遗漏和不完整分析；为此，我曾多次推迟先前版本的出版，以填补空白并改进某些讨论。最终，我决定不再拖延，出版此书，因为其他人——无论是否为经济学专业人士——都能更好地继续这些努力，以理解历史上几乎所有人类社会中一直存在的这一主要制度。

过去几十年来，世界各国的家庭行为与家庭结构发生了显著变化，尽管本书具有一定的专业性，但这些变化仍然极大地推动了人们对本论著第一版的极大关注。自出版以来，本书受到了经济学家、社会学家、人口学家以及少数生物学家和心理学家的广泛关注与评论，并被译成多种语言。我一直在从事家庭问题的研究，因此欣然接受了出版社提出的准备一部增订版的提议。

致 谢

在准备写作本书的过程中,我欠下了许多"债务"。首先,我要感谢芝加哥大学的同事们和学生们,是他们营造了我在这里所感受到的激励人心的工作氛围。在芝加哥大学,经济学受到认真对待,各种学术观点可以坦诚而深入的方式得到同事们的审视和分析,不存在智力惰性,也不过分尊重权威或学科界限,这使我非常受益。在此,特别感谢以下这些在我主持的应用经济学研讨会期间撰写关于家庭或家庭相关主题的博士论文的学生们,他们的学术分享让我受益匪浅:詹姆斯·亚当斯(James Adams)、华莱士·布莱克赫斯特(Wallace Blackhurst)、迈克尔·布莱恩(Michael Brien)、丹尼斯·德·特雷(Dennis De Tray)、艾伦·弗雷登(Alan Freiden)、米格尔·戈麦斯(Miguel Gomez)、丹尼尔·格罗斯(Daniel Gros)、艾米拉·格罗斯巴德(Amyra Grossbard)、纳迪姆·哈克(Nadeem Haque)、博扬·约万诺维奇(Boyan Jovanovic)、迈克尔·基利(Michael Keeley)、劳伦斯·肯尼(Lawrence Kenny)、阿亚尔·基姆希(Ayal Kimhi)、埃迪·科古特(Edy Kogut)、梁瑞辉(Sui Fai Leung)、丹尼尔·利维(Daniel Levy)、路易斯·洛凯(Luis Locay)、托马斯·马库迪(Thomas MaCurdy)、英德拉·马基贾(Indra Makhija)、加布里埃尔·马丁内斯(Gabriel Martinez)、哈伊姆·奥费克(Haim Ofek)、伊丽莎白·彼得斯(Elizabeth Peters)、塞斯·桑德斯(Seth Sanders)、詹姆斯·史密斯(James Smith)、杰弗里·史密斯(Jeffrey Smith)、罗伯特·塔姆拉(Robert Tamura)、奈杰尔·托马斯(Nigel Tomes)、格蕾丝·蒋(Grace Tsiang)、珍妮·伯恩·瓦尔(Jenny Bourne Wahl)、沃尔特·韦塞尔斯(Walter Wessels)、路易·王尔德(Louis Wilde)、理查德·王(Richard Wong)、马丁·泽尔德(Martin Zelder)。

我为这部增订版撰写了新的序言,并收录了自1981年版以来发表的四篇文章的微调版本。其中一篇文章与罗伯特·J.巴罗(Robert J.Barro)合著,另一篇与凯文·M.墨菲(Kevin M.Murphy)合著,还有一篇与奈杰尔·托马斯合著。

我要感谢罗伯特·迈克尔(Robert Michael)、理查德·波斯纳(Richard Posner)、谢尔温·罗森(Sherwin Rosen)、T.W.舒尔茨(T.W. Schultz)和乔治·施蒂格勒(George Stigler)对全部章节提供了有益且详尽的建议。斯图尔特·阿尔特曼(Stuart Altmann)、迈克尔·阿伦森(Michael Aronson)、爱德华·班菲尔德(Edward Banfield)、鲁文·布伦纳(Reuven Brenner)、亚瑟·戴蒙德(Arthur Diamond)、特德·弗雷奇(Ted Frech)、戴维·弗里德曼(David Friedman)、米尔顿·弗里德曼(Milton Friedman)、维克多·福克斯(Victor Fuchs)、戴维·加伦森(David Galenson)、马修·戈德伯格(Matthew Goldberg)、亚瑟·戈德伯格(Arthur Goldberger)、兹维·格里利奇斯(Zvi Griliches)、鲁本·格劳纳(Reuben Gronau)、艾米拉·格罗斯巴德(Amyra Grossbard)、桑福德·格罗斯曼(Sanford Grossman)、詹姆斯·赫克曼(James Heckman)、戴维·赫什莱弗(David Hirshleifer)、杰克·赫什莱弗(Jack Hirshleifer)、阿卡迪乌斯·卡汗(Arcadius Kahan)、劳伦斯·肯尼(Lawrence Kenny)、伊丽莎白·兰德斯(Elisabeth Landes)、理查德·莱亚德(Richard Layard)、H.格雷格·刘易斯(H.Gregg Lewis)、罗伯特·卢卡斯(Robert Lucas)、雅各布·明塞尔(Jacob Mincer)、约翰·穆埃尔鲍尔(John Muellbauer)、凯文·M.墨菲、萨姆·佩尔茨曼(Sam Peltzman)、爱德华·普雷斯科特(Edward Prescott)、萨姆·普雷斯顿(Sam Preston)、玛格丽特·里德(Margaret Reid)、保罗·罗默(Paul Romer)、纳赛尔·赛义迪(Nasser Saidi)、何塞·谢因克曼(José Scheinkman)、詹姆斯·史密斯(James Smith)、斯蒂芬·斯蒂格勒(Stephen Stigler)、拉瑞·萨默斯(Larry Summers)、罗伯特·塔姆拉、奈杰尔·托马斯、尤拉姆·韦斯(Yoram Weiss)、罗伯特·威利斯(Robert Willis)、爱德华·威尔逊(Edward Wilson)和肯尼斯·沃尔平(Kenneth Wolpin)等也对本书的写作提出了宝贵意见。维维安·惠勒(Vivian Wheeler)在两个版本中均提供了出色的编辑协助工作。丹·格林威(Dan Greenway)几乎绘制了

所有插图。迈克尔·阿伦森（Michael Aronson）编辑在本书再版工作中贡献巨大，我们合作愉快并且他经常给予我极大鼓舞。

　　我对家庭问题的研究得到了芝加哥大学经济与国家研究中心（Center for the Study of Economy and the State）、礼来基金会（the Lilly Foundation）、美国国家儿童健康与人类发展研究所（the National Insitute of Child Health and Human Development，项目编号♯SSP 1R37 HD22054）、美国国家科学基金会（the National Science Foundation，项目编号♯SES-8012187 和 SES-8520258）、林德与哈里·布拉德利基金会（the Lynde and Harry Bradaley Foundation）以及斯隆基金会（the Sloan Foundation）的慷慨资助。其中，后两者还为我们的家庭问题学术工作坊提供了帮助。多年以来，美国国家经济研究局（the National Bureau of Economic Research），特别是其人类行为与社会制度经济分析中心（the Center for Economic Analysis of Human Behavior and Social Institutions），为我提供了资金支持、鼓励以及自由探索任何有前景研究方向的学术环境。书中表达的是我的个人观点，并不代表上述资助机构的立场。

　　最后，我要向以下各位深表感激：盖尔·莫斯泰勒（Gale Mosteller），她在第一版工作中展现了极为认真、周全且卓越的研究助理才能；迈克尔·吉布斯（Michael Gibbs），他在增补材料方面提供了宝贵的研究帮助；戴维·梅尔泽（David Meltzer），他在编制索引和参考文献，以及在协助完成增订版的过程中工作非常出色；迈尔娜·希克（Myrna Hieke），她在历经多次难以辨认的手稿草稿和两版制作过程的艰苦条件下提供了超凡的文字输入和其他秘书协助工作；还有我的妻子吉蒂·纳沙特（Guity Nashat），我们就伊斯兰社会中的家庭问题进行了多次讨论，内容在本书中有所呈现。

CONTENTS

目录

导 论

　　西方世界的家庭已经被过去三十年里发生的事件彻底改变,有些人甚至认为它几近于解体。离婚率的急剧上升使女性户主的数量大幅上升,在单亲家庭中成长的孩子的数量也急剧增多。已婚女性(包括带着年幼子女的妇女)劳动参与率的大幅提高削弱了亲子之间的联系,同时也加剧了工作与家庭之间的两性冲突。出生率的快速下跌缩小了家庭规模,推动了离婚率和已婚女性的劳动参与率的增长;反过来,离婚率和劳动参与率的增长又抑制了家庭生育多胎的意愿。代际冲突愈发明显,现在的父母在管教孩子时不如从前的父母那样自信了。

　　一些重要的统计数据为这些变化的程度提供了定量视角。在美国,20 世纪 50 年代初首次结婚的女性中只有不到 15％的人离婚;而 80 年代初首次结婚女性的离婚率已经上升到 60％(Preston, 1975; Martin and Bumpass, 1989)。17 世纪到 19 世纪末,英格兰和威尔士的平均家庭规模明显相当稳定,然而在那之后,其平均家庭规模缩减了三分之一(Laslett, 1972, Table 4.4)。受离婚率上升和女性寿命延长的影响,美国家庭女性户主的占比在 1950—1987 年从 15％上涨至 31％(U.S. Bureau of the Census, 1977b, p.41; 1989, p.46)。在瑞典,75 岁以下已婚女性的劳动参与率在 1960—1984 年从 39％上涨至 70％(Sweden National Central Bureau of Statistics,

1980，1986）。在美国，甚至家庭中有 6 岁以下儿童的已婚女性的劳动参与率也从 1950 年的 12% 迅速增长到 1988 年的 57%（U.S. Bureau of the Census，1977b，p.392；1989，p.386）。在这样的趋势下，1989 年美国生育率已经低于人口替代率，因为自 1958 年以来其出生率下降 340% 以上（U.S. Bureau of the Census，1989）。日本的出生率在 1950—1987 年也下降了超过50%（Japan Bureau of Statistics，1989，p.53）。

正是因为这些戏剧性转变，家庭问题受到了来自普通民众和学者们的前所未有的关注。家庭的式微和其未来的走向成为 20 世纪 90 年代报刊杂志的热议话题。另一方面，人口学家和历史学家走上另一极端——他们发表了对数百年前乡村的家庭构成和行为的艰涩而引人入胜的论述（Henry，1965；Laslett，1972；Le Roy Ladurie，1978）。人类学家（Goody et al.，1976）、生物学家（Trivers，1974；Wilson，1975）和心理学家（Keniston et al.，1977）也都对家庭这一主题产生了更大的兴趣。

在 20 世纪 50 年代以前，除马尔萨斯的人口变化理论外，经济学家们很少关注家庭。自那以后，他们才开始关注配偶、孩子和其他家庭成员的相关问题。Jacob Mincer（1962）有说服力地指出，已婚女性的劳动参与率不仅取决于她们的收入潜力，同时也取决于其丈夫的收入、孩子的数量以及家庭的其他特征（也可参见 Long，1958）。对生育的现代经济分析开始取代马尔萨斯的分析。诸多研究表示，生育需求取决于家庭收入、夫妻双方（尤其是母亲）的时间价值、孩子的"质量"以及其他家庭变量（Becker，1960，1965；Easterlin，1968）。人力资本投资研究将私人教育支出视作父母对孩子未来生产力的投资（Schultz，1963；Becker，1964）。

《家庭生活的经济分析》以上文提及的研究和其他相关研究为基础，提出了一种关于家庭的经济学分析方法。尽管我引用了自己之前的研究成果，但本书大部分的分析都具有独到之处。第 2 章分析了家庭中两性间的和同质家庭成员间的劳动分工。第 3 章把一夫多妻制的影响与生育需求、男性间的差异以及其他变量联系在一起。第 9 章分析了其他物种的交配及其后代的数量。第 11 章则考量了传统、现代和当代社会中核心家庭、大家庭和旁系亲属的角色问题。

我已经在之前的著述（部分为合著）中提出了关于其他章节的基本分析，在此次撰写本书时，我又对讨论内容进行了重新编写。我在本书中首次探讨了以下内容：一夫多妻制的影响、稳定婚姻的"成本"、偏好差异对最佳配偶排序的影响(第 4 章);孩子数量和质量之间的相互作用,以及这种作用对生育率长期变化趋势及同一时间节点上不同群体间生育率差异的影响(第 5 章);兄弟姐妹的数量和其他家庭背景因素对生育率的影响(第 6 章);家庭中的利他主义和嫉妒与市场中的利己主义的比较(第 8 章);离婚所导致的污名化(第 10 章)。

尽管本书重在构建理论分析,但大部分章节也包含经验证据,包括近期的统计数据,关于特定村庄、城市和国家的历史研究,有关伊斯兰、非洲和东方社会的信息,以及原始社会的人类学民族志。这些材料远不如理论本身那么系统,但其广度已足够表明我的意图,即提出一个适用的综合分析。我希望我的综合分析能至少部分适用于过去的和现在的、原始社会的和现代社会的,以及东方文化的和西方文化的家庭。

本章作为导论,把此增订版中新补充的四个章节与前几章的讨论结合起来,对一些批评作出了回应,并对一些有关家庭的一般问题进行了评论。

第 2 章中建立的模型显示,即使丈夫和妻子在本质上并无差异,由于他们其中一人更专注于市场活动,而另一人更专注于家庭事务,他们也能从这种市场-家庭分工中获得好处。这种好处来源于特定部门人力资本投资回报的增长,这种人力资本投资主要提高了市场和家庭二者之一的生产力。因此,即使是男女之间的细微差异——可以假定这至少部分与女性在生育和养育子女方面的优势相关——也会导致性别分工,即妻子会更多专注于家庭事务,而丈夫更专注于其他工作。如果其中一类工作(可能是家务)被认为更为无趣且无意义,或者离婚现象较为普遍,那么婚姻中的分工便不会那么显著。

很明显,第 2 章给很多人(例如 Boserup, 1987)留下的印象是我仅仅依靠生理差异,即女性在生育和抚养孩子方面比男性更具先天优势,来解释家庭和其他活动中的劳动分工。但这确实并不是我的本意,因为我当然意识到职业女性长期遭受性别歧视的问题。尽管我坚信生理差异对于解释传统观念中女性肩负养育孩子的大部分责任是非常重要的,但我对有效率的分工的分析所得出的主要启示却是:并不是生理差异或歧视导致了传统的两性性别分工。

相反,正如我在 1985 年发表的文章《人力资本、精力和性别分工》(即本书第 2 章的附录)中所强调的那样,即使是对女性轻微的市场歧视或男女间很小的生理差异,也可能导致夫妻活动的巨大差异。因此,我们不需要从严重的市场性别歧视或男女之间显著的生理差异方面,来理解传统上男女收入存在巨大差距的原因。当女性专注于家庭活动,而对市场人力资本的投资很少,并将大部分的精力投资给家庭时,就会产生相当大的性别收入差距问题。

第 2 章的附录还提出,有效分工与"父权制度"(a patrimony system)下丈夫和父母对女性的剥削具有密切联系,它降低了女性的幸福感以及对生活的掌控。事实上,当资源配置(包括男女间的劳动分工)更高效,并可以提高产品和服务的产出时,男性从剥削中获得的收益趋于增加。许多学者(如Boserup)在关注社会对女性的剥削的同时,却并未意识到这种剥削很大程度上是一个与性别分工效率不同的议题。

通过他们的决策、环境和基因遗传构成,家庭将文化、能力、教育、收入和资产代代相传。基于我和托姆斯(Becker and Tomes,1979)的论文,第 7章对父母将禀赋和资产传给孩子的行为进行了建模,以分析不平等和代际流动的决定因素。但这一模型有着严重的局限性,尤其是它假设父母可以同时给孩子留下债务和遗产,以及它把人力资本和非人力资本都归为同质资产。

我和托姆斯 1986 年发表了一篇关于家庭变迁的文章,该文章是为 1984年召开的一个会议撰写的。这篇文章提出了一个更加现实的假设,即父母不能给孩子留下债务。文章还通过假设资产的收益率由资产市场决定,将人力资本与资产进行了区分,并提出对孩子人力资本的投资收益率正向取决于孩子的"天资禀赋",并随着对孩子投资的增加而(最终)降低。

这些假设推出了一系列比第 7 章的分析更丰富且更具相关性的结论,同时我把 1986 年发表的文章(《兴盛与衰落》一文)作为第 7 章的附录,它与第6 章的分析也更为一致,第六章区分了人力资本与资产,并假设人力资本的投资收益率会随着对个人投资的增加而降低。

阿瑟·戈德伯格(Arthur Goldberger,1985)提出,第 7 章对于那些没有假设效用最大化和理性选择的不平等和代际流动的旧模型没有什么补充。在第 7 章的附录中,我提出,最大化假设和该模型其他假设具有其他模型所没有的许多含义。在其他文章中,我也对阿瑟·戈德伯格的批判进行了系统回应(参见 Goldberger,1989;以及 Becker,1989)。

第 7 章和第 8 章的附录都假设父母是利他的,即当孩子的处境得到改善时,父母的效用也会相应提高。利他型父母愿意承担对孩子人力资本投资的成本,但他们的贡献是有上限的,因为他们意识到对孩子付出得越多,意味着他们自己花费得越少。因此,当孩子的人力资本的均衡边际收益率超过父母拥有资产的收益率时,即使是利他型父母也可能对孩子降低投资。

当父母对孩子人力资本投入不足时,如果孩子可以向父母借钱来进行收益最大化的人力资本投资,并在他们长大成人和父母变老时向父母偿还这一部分债务,那么孩子和父母双方的境况都会变得更好。因为相对于富裕的家庭而言,较贫穷的家庭对孩子的人力资本投资可能会存在相对不足,所以他们按照这种方法获得的回报也最大。

第 11 章的附录[即《家庭与国家的关系》(The Family and the State)一文],由我和凯文·M.墨菲(Kevin M. Murphy)合著,它分析了父母无力约束孩子还贷的各种后果。这一现象可能会导致对孩子投入太少,同时也可能导致养老储蓄不足,以及"最佳"人口组成这一古老而难以回答的问题。很明显,未出世的孩子无法给出未来回报父母的承诺,也就无法诱导父母生育更多的孩子[参见 Parfit(1984)对未出生孩子的应得利益重要性所作的哲学讨论]。因此,父母可能不会生育更多的孩子,即使他们有更多的孩子可以使自身及孩子生活得更好也一样。

请注意,只有不留遗产的较为贫穷的家庭中,才有可能通过多生孩子实现父母和多生出的孩子的福利。有遗产的家庭并不需要来自孩子(包括多生出的孩子)的补偿,因为如果他们想要得到补偿的话,他们只需要给孩子少留一些遗产。

第 11 章的附录还表明,在社会中普遍存在的政府对家庭的广泛干预现象,如教育补贴、社会保障项目、儿童津贴、婚姻法等机制,通常能帮助家长与子女之间确立约束性义务。比如,把教育补贴和社会保障支付结合起来,可能既能将对孩子进行更有效的投资,又能补偿年长者为这些金融投资所支付的税款。

第 7 章和第 11 章的附录论述了多代家庭体系中父母利他主义的后果。第 5 章的附录是我和罗伯特·J·巴罗(Robert J. Barro)共同撰写的《生育率经济理论的重新表述》(A Reformulation of the Economic Theory of Fertility)一文,这篇文章把对孩子的需求纳入这个框架,即父母根据家产和对每个孩子的投资来选择生育孩子的数量。这种分析视角把一个大家族中不同世代(以及一个开放经济中的不同群体)的生育率与养育孩子的成本、收入、利率、利他程度等变量联系起来。

这种生育率随时间变化的动态分析揭示了一个道理：从长期来看，在利率不提高的前提下，随着降低婴儿夭折率的健康知识的增长，生育率一定会下降。但出生率在后期下降的幅度会大于前期，甚至在短期内还有可能上升。

如果人均消费量的长期增长率保持不变，生育率会与长期利率呈正相关关系。相反，在所谓的利率决定的生理模型中因果关系是颠倒的（Samuelson，1958）。在这个模型中，利率与生育率等影响人口增长率的决定变量相关。尽管表面上看本书率先提出了将生育与利率联系起来的模型，但这种联系在小说中早有体现。《福尔塞世家》(The Forsyte Saga)* 中的叙事者说：

> 学统计的专业人士肯定会注意到，生育率会随着你拥有的金钱的利率变化而变化。19世纪初，祖父"多塞特的长官"(Superior Dosset)福尔塞可获得的利率为10%，所以他生了十个孩子。除了没有结婚的四个孩子以及有个短命丈夫塞普蒂莫斯·斯摩尔(Septimus Small)的朱莉，这十个孩子在他们的年代所享受的平均利率为4%—5%。因而他们的生育率也就相应地确定了。(Galsworthy，1949，p.365)[1]

在我们的分析中，父母对每个孩子的平均投入决定了孩子和其他后代消费的贴现率。由于孩子所带来的边际效用递减，随着孩子数量的增加，父母对每个孩子的平均投入也会减少。那么生育率的上升会提高未来的贴现率，进而抑制未来的消费。因此，长期利率的提高可能不会提高长期人均消费的增长率，因为较高的贴现率抵消了较高利率的影响。

第5—7章（包括第5章的附录）主要关注孩子数量与每个孩子质量之间的联系，其中质量是由孩子福祉的诸多指标衡量的。一篇早期文章（Becker and Lewis，1973；也可参考 Willis，1973）指出，孩子的数量与质量相互关联，部分原因在于它们通过影响对孩子的总支出，进而影响父母的预算集。这种关联意味着孩子的数量与质量与父母的决策密切相关，即使它们在父母的效用函数中并不密切相关。

这些变量之间的相互作用可能也源于它们进入父母效用函数的形式。因为对每个孩子的利他主义程度，以及父母给未来收益赋予的权重，会随着

---

* 这是1932年诺贝尔文学奖得主约翰·高尔斯华绥(John Galsworthy)的长篇系列小说，叙述了维多利亚时代和爱德华时代英国一个中上层家族的故事。——译者注

孩子数量的增加而下降，所以生育率对未来贴现率的影响是孩子数量与质量之间相互作用的另外一个原因。

许多社会学家、人口学家和经济学家都将孩子的数量与质量之间的相互作用纳入他们对生育率的分析［比如 Blake（1981）的讨论，他早在 1968 年发表的文章中就批评了对生育率的经济学分析］。然而，还是有一些人仍然对孩子质量的分析持怀疑态度，这一质疑主要针对孩子质量的需求主要建立在生理因素的基础上的观点而提出。② 然而，我明确反对生理因素作为分析基础的观点（可见第 5 章的开头部分和第 9 章的结语部分）。

经济学家几乎从未讨论过为什么消费者喜欢香蕉等商品，但却不难理解为什么父母对孩子持利他主义观点。巴罗和我（Barro and Becker, 1989）提出，在拥有相同资源的条件下，相对于自私的父母，利他主义的父母倾向于生更多孩子，并在每个孩子身上投入更多资源。这一讨论回答了第 8 章提出的"利他主义的父母是否会生更多的孩子并在每个孩子上投入更多"的问题。如果孩子在文化和生理意义上"继承"了父母的类似倾向，那么随着时间的推移，具有更强利他主义的家庭的数量会越来越多。如果这样的选择机制确实存在，那么经过上千年的作用，现代社会中父母对孩子的无私奉献按理说就该非常普遍了。

然而，很多经济学家对利他主义在家庭中的重要性表示了质疑，即使他们自己作出了为孩子积攒财富的自相矛盾的行为。此外，自圣经时代以来，父母之爱，尤其是母爱，一直被人们颂扬。比如，1580 年法国伟大的散文家米契尔·德·蒙田（Michel de Montaigne）写道："如果存在自然的铁律……所有的生灵为了保护自己、规避危害都保持谨慎。除了这份必需的谨慎，在所有生灵心中第二重要的，即对其后代的爱"（1958, p.138）。

即使大部分家庭都很重视利他主义，但仍然存在一部分虐待孩子的父母，以及一些想从孩子那里获取权力或经济援助的父母。然而，毋庸置疑的是，家庭成员之间的情感联结，由于深植其中的关爱本质，而与陌生人形成了鲜明的对比。亲情的纽带赋予了家庭成员独特而深厚的感情基础，这种基于爱与关怀的互动使他们在相互对待、支持与陪伴等方面展现出迥异于陌生人间交往的特点。

同时，利他主义也极大地改变了人们之间的相互关系。第 8 章基于我在 1974 年（Becker, 1974b）的分析，提出如果父母是利他的并给予孩子以馈赠，那么父母与孩子之间收入的小规模再分配不会改变任意一方的消费或效用。巴罗在考察国债、社会保障和其他政府代际转移支付项目对消费和储蓄的影响时，也推导出了这样一个"中立"的结果（Barro，1974）。他的分析是过去二十年间在公共财政领域最重要的也是最有争议的观点之一。

这些中立的结果只运用了利他主义对预算约束的作用（见图 8.1）。利他主义还会影响动机和策略。坏小孩定理（Rotten kid theorem）是其中一个重要例子，它表明，如果满足一些特定的条件，即使孩子是利己的，利他的父母和他们的孩子也会合作，共同使得家庭的总效用最大化。其主要的假设是：所有的商品都可以在市场中买卖（闲暇是一个反例）；单一的时间周期；父母为孩子提供财产；在两阶段博弈中孩子先于父母作出选择。

第 8 章中的一些评论对坏小孩定理在超出上述假设时的一些站不住脚的推论进行了阐述（尤其是参见对偷懒、躺在床上看书以及其他行为方式的讨论）。但是当某些商品无法在市场中购买，或者当消费周期超出了某一时间段时，这一定理可能就不成立了（见第 11 章的附录；参考 Bruce and Waldman，1986；Lindbeck and Weibull，1988；尤其是 Bergstrom，1989）。

然而，在我的论述中，最无法令人满意的部分并不是没有合理运用坏小孩定理（不管这多么可悲），而是没有将"优良品质"（merit goods）和利他主义结合起来进行讨论。在这里，"优良品质"指的是父母所关心的孩子的特质和行为：孩子是否懒散，在学校是否好好学习，是否经常看望自己的父母，是否酗酒，婚姻是否和谐，或者对待兄弟姐妹的态度是否友善，等等。

当利他的父母希望孩子也能获得优良品质时，父母与孩子之间产生相互影响，根据坏小孩定理，他们进行互动的原因并不仅仅是因为他们可以改变他们和父母的效用；另外，孩子优良品质举动的减少可能会降低父母对孩子的利他主义程度，进而直接减少孩子所能获得的财产。比如说，一个在大学里很少学习的孩子可能从其父母那里得到较少的东西，因为他对待学习的态度使父母不悦。一个理性的孩子在决定学习的努力程度（或者让父母相信他学习有多努力）时会考虑父母的反应。

为了分析这一相互之间的影响，我们以父母与孩子之间没有进行讨价还价，或父母没有预先作出馈赠的承诺为前提，假定孩子首先选择他们的优良品质，然后父母再选择留给孩子的财产和自己的消费量，最后孩子再选择其他商品；坏小孩定理中也提出过相似的行动顺序。设孩子的效用函数为 $U=U(x_1, x_2)$，父母的效用函数为 $V=V(x_3, x_2, U)$，其中 x_2 是父母眼中孩子的优良品质。孩子选择 x_1 和 x_2，父母不能直接左右孩子的选择，但是他们可以通过改变留给孩子的财产（g）来间接影响其决策。在一个完全预期的长期均衡中，孩子最大化 U 取决于他们的资源总量，其资源总量等于（I_c+g），其中 I_c 是孩子的收入。父母在其收入 I_p 的约束下，以及孩子所给予的 x_2 的选择的条件下，改变 x_3 和 g 使其效用最大化。父母效用最大化的一阶条件为：

$$\frac{\partial V}{\partial x_3}=V_3=\lambda_p p_3 \tag{0.1}$$

和

$$\lambda_p=V_u\frac{\mathrm{d}U}{\mathrm{d}g}=V_u\lambda_c=\frac{V_uU_1}{p_1} \tag{0.2}$$

其中 λ_p 和 λ_c 分别是父母和孩子收入的边际效用，p_3 是 x_3 的价格。方程式（0.2）左侧的前两项构成了 g 的一阶条件。左侧第三项 $\mathrm{d}U/\mathrm{d}g$ 表示孩子收入的边际效用，最后一项的原因是 $\lambda_c=U_1/p_1$ 是孩子效用最大化的一阶条件。

孩子意识到 x_2 的变化会影响父母的馈赠，因为 x_2 作为自变量也影响父母的效用函数。孩子对于 x_2 的一阶条件为：

$$U_2=\lambda_c\left[p_2-\frac{\mathrm{d}g}{\mathrm{d}x_2}\right]=\lambda\Pi_2 \tag{0.3}$$

$\mathrm{d}g/\mathrm{d}x_2$ 表示优良品质 x_2 的增加可能会改变父母的馈赠。如果 x_2 和父母的利他主义是"互补品"——比如说，假设 $V_{u2}>0$ 且 $V_{32}=0$，那么 x_2 越大，父母的利他主义越明显，从而父母给予孩子更多馈赠。

如果 x_2 增加时 g 也增加了（即 $\mathrm{d}g/\mathrm{d}x_2>0$），那么 x_2 的净价格或影子价格就会低于其市场价格（$\Pi_2<p_2$）。较低的价格有助于增加孩子对 x_2 的需求，从而使得父母更加高兴。正如坏小孩定理阐述的那样，假设不允许讨价还价、承诺或威胁，父母对孩子关于 x_2 的选择会作出理所当然的反应，引导孩子向父母想要的方向努力。这种情况下，这一机制并不仅是利他主义，还包括优良品质对利他主义程度的影响。

父母理所当然的反应会诱导孩子增加 x_2，但是 x_2 的水平一般会低于父母选择直接控制孩子行为时所达到的水平。换言之，当父母使效用达到最大化，并控制 x_1、x_3、x_2 和总收入时，孩子和父母效用最大化的一阶条件，并不等于父母实现效用最大化的一阶条件。为了解释清楚这一点，假设 U

对 V 仅存在微弱的影响,且 x_1 和 x_2 以固定比例改变效用水平 U,那么当一个孩子自主进行选择时,他会以同样的固定比例消耗 x_1 和 x_2;但是当父母进行选择时,孩子得到的 x_1 远小于 x_2。

Bergstrom(1989)在他精彩的分析中曾经提出,如果存在"可转移"效用的话,孩子实际上会和父母作出同样的选择,但是,可转移性意味着对效用函数的严格限制。在其他情况下,孩子也会选择同样的结果,但是迄今为止还没有人对坏小孩定理的普适性给出一个概括性阐述。然而,孩子的优良品质与父母的利他主义之间的关系,将引导孩子按照父母所希望的方向对这些品质进行消耗,即使孩子并没有完全按照父母所希望的行事。

优良品质和利他主义之间的另一层重要关系表现为,优良品质有时会抵消父母的私他主义对孩子主观动机的负面影响。如 Bruce 和 Waldman(1986)、Becker 和 Murphy(1988a)、Lindbeck 和 Weibull(1988)以及 Bergstrom(1989)所讨论的"浪子"(prodigal son)的例子,即就算没有父母的事先允许,一个拥有利他型父母的孩子可能会很快将自己的财产挥霍一空,同时很少工作,因为他可以指望利他型父母在他没钱的时候帮一把。但是如果在孩子浪费或懒惰的时候,父母少帮一些忙,那么即使是"浪子"也会好好工作、节俭开支,以获得更多的财产和馈赠。本质上,孩子的挥霍行为会因为父母减少对其的资金支持而受到约束。

这一分析表明,富裕的父母比贫穷的父母更能左右孩子的行为,因为富裕的父母能为孩子留下一大笔遗产(见第 8 章中的评论)。1776 年弗吉尼亚州颁布的关于废除财产限定继承权的法案就是根据这一影响制定的。它指出,限定财产继承"致使年轻人与父母产生间隙,不遵从父母,败坏了年轻人的道德"(Herning,1809—1823;引自 Milton Friedman)。父母通常都希望子女常回家看看。这么一来,那些富裕的老人之所以更为经常地受到子女的拜访[见 Bernheim 等人(1986)的论文所提供的证据],可能是因为他们掌握了大量财富,促使他们的子女常来讨他们欢心。同样的论点也解释了为什么离婚 * 后,很多父亲经常拖欠给孩子的抚养费,因为随着和孩子接触得越来越少,他们对孩子的无私父爱也越来越少。[Weiss 和 Willis(1989)给出了另一种解释。]

孩子的行为对父母奉献意愿的影响也有助于解释为什么利他型父母可

---

* 指离婚后由母亲取得抚养权的情况。——译者注

能不会给没什么出息的孩子留下更多财产[不过 Menchik(1980)和其他人一起,曾提供过父母会将财产平等分给每个孩子的证据]。其原因是,如果父母怀疑这些不太出息的孩子是挥霍或懒散的,那么可能就会少给他们一些财产。

如果父母的财产分配是预先承诺的,并与孩子的收入或所持财产无关,那么就不需要用优良品质来控制一个"浪子"的行为。但预先承诺也存在问题,即父母丧失了对能给孩子造成影响的外部事件作出反应的灵活性。比如,即使预先承诺了会把财产全部留给孩子,父母也无力帮助遭遇严重事故或染上恶疾的孩子。优良品质比承诺更有用,恰恰是因为它把外部事件与孩子的自主选择区分开来。出于这个原因,已知罹患生理或心理疾病的孩子可能会分到比兄弟姐妹更多的财产,尽管我并没有得到任何相关的证据。

孩子的优良品质和父母的利他主义之间的关系可能会使得孩子有策略地选择自己的行为。因为孩子或许可以部分以对兄弟姐妹大方馈赠为代价——"以手足为壑"的做法 *——来从父母那儿获得更多的财产。结果可能是孩子们的合谋,或者孩子们为了争得父母的欢心产出过多的、不必要的优良品质。

婚姻市场巧妙地编织了一个复杂的网络,将不同核心家庭中的利他主义紧紧相连,因为公婆、岳父母与其他亲戚们共同关心和照顾着彼此的子女和孙辈。而且,令人意想不到的是,有相当大比例的家庭实际上是通过近亲联姻的方式结合在一起的[关于这一现象可参考 Bernheim 和 Bagwell(1988)的研究]。然而,不同家庭之间利他的互动程度在很大程度上受到财产转移过程中潜在的"搭便车"心理的影响。具体而言,假设一位父亲在决定分配财产时,他可能会忧虑:若自己给予女儿的财产越多,那么亲家可能会相应减少对自家儿子的财产赠予。这种微妙的博弈心态,反映了家庭成员在处理财产继承与转移问题时,出于公平性和防止他人占便宜的心理考量,可能会影响家庭间互助和支持的行为模式。[见第 8 章中的评论,以及 Nerlove 等人(1987)展开的讨论]

对父母和孩子来说,将固定数额的总收入从孩子手中拿出来再分配给父母并不会改变任何一方的消费或效用,即使在下列情况下也是如此:(1)优良品质很重要;(2)坏小孩定理被打破;(3)亲戚间互相帮助;且(4)孩子有策略地选择其行为。要证明这一论断,只需说明如果父母有意愿,他们只需通

---

* 该说法可能源自国际关系学中的"以邻为壑"(beggar-thy-neighbor)。——译者注

过少给孩子一些财产,就可实现这一再分配。由于父母没有选择少给财产,他们必定是偏好收入再分配后的初始效用位,而不是其他可选项。

第 3 章和第 4 章将分析婚姻市场中有着不同收入、能力、受教育水平、年龄、家庭背景等特征的个体为获得配偶而进行的竞争。这两章还将剖析允许一夫多妻的情况下一夫多妻制婚姻中夫妻双方的特征,以评估谁能与更具吸引力的配偶结婚。此分析并不假设丈夫和妻子一定会从婚姻中获得同等的收益,而只考虑了竞争力量如何决定婚姻产出在配偶间的分配。

一些作者认为我过度强调了婚姻市场中的竞争,而忽视了婚姻中的"权力"和博弈(参见,例如 McElroy and Horney, 1981;Boserup, 1987)。③事实上,我确实考虑了:(1)夫妻双方对于是否要离婚所进行的博弈;(2)要求夫妻双方都同意后才能批准离婚的法律与允许单方面解除婚姻关系(有时只允许丈夫单方面解除)的法律相比,有什么不同的效果(见第 10 章);(3)夫妻间不平等的权力关系与性别分工的联系(特别参见第 2 章的附录);(4)关于婚姻中的博弈和权力的其他例子。

我所强调的是,婚姻市场中的竞争掩盖了婚姻中的博弈,即使当法律和习俗均对男性有利时。比如说,如果只有男性可以解除婚约——比如在传统的伊斯兰教法下——那么女方就会在婚前要求男方同意一个合适的解决方案,以保证婚后被休时能得到妥善安置;否则,女方就会另寻他人。信奉伊斯兰教的国家确实有这样的婚姻契约制度,它详细规定了被休的妻子应该获得的补偿内容。自离婚在罗马共和国晚期成为一件稀松平常的事情之后,父亲就通常不会给女儿提供丰厚的嫁妆了。其原因在于,"居高不下的离婚率抑制了父亲们向女儿提供丰厚嫁妆的念头,因为一旦离婚,女婿也有可能从嫁妆中分一杯羹"(Saller, forthcoming)。当法律禁止离婚,或者规定必须双方协商一致才能离婚的时候——1970 年前的美国大部分地区已是如此,害怕被丈夫虐待的女性就会推迟结婚,直到她们对爱情和丈夫的人品有了更多的了解。

如果结婚时签订了关于夫妻间财产分配的具备法律效力的婚约,那么婚姻市场中的竞争便有可能弥补夫妻间权力的不对等,即使这种不对等程度很高。当婚约不具备法律效力,或者夫妻对他们的婚姻生活中的不确定性考虑较少的时候,竞争的效果就没那么明显了。一项婚姻契约怎么才可以保护妻子免受在家庭生活中发生的、不为外人所知的肉体或精神虐待呢?

我在第 10 章中的一个结论是,如果修改法律,将双方协议一致才能离婚改为可以单方面解除婚姻,离婚率并不会上升。这个结论的前提是已婚人士对自己从离婚中获得的收益和配偶获得的收益的了解程度相近。Peters(1986)表明,如果人们都对自己从离婚中可以获得的收益有所了解的话,那么修改法律会使得离婚率升高。第 10 章的一些实证研究和彼得斯的更为细致深入的实证研究并没有发现修改法律对离婚率有显著的影响,但是随后的一些研究发现,允许单方面解除婚约的法律修改会导致离婚率升高(参见Weiss and Willis, 1989;Zelder, 1989)。但是即使是在这些研究中,法律的变化也只能解释 1970 年以后,各州开始陆续允许单方面解除婚约,这段时期离婚率大幅上升的一小部分原因。因此,不管人们是否接受上述研究的结论,第 10 章提出的关于离婚率的上升主要源于社会经济因素的变化的结论仍然有效。

第 11 章的内容对所谓的新制度主义作出了早期贡献,却从未使用过新制度主义这一名词。新制度主义假设制度会按照与理性人对变化后的情况所作出的反应相一致的方向演化。这一章论证了,与前几个世纪相比,20 世纪的家庭联系较为松散,所承担的职能也更少,主要原因在于市场和政府机制的不断进化,承担了孩子的教育和培训年轻人的职能,以及防范老龄化、疾病、未成年夭折、长期失业等问题所带来的麻烦的职责。新的制度安排降低了家庭在这些方面的价值。根据第 11 章的论述,由于女性的收入和就业机会有了很大的提升,以及福利国家得到了快速发展,家庭在过去数十年以前所未有的速度发生着变革。

至于我对福利国家的关注,有人指责我所提出的美国对未婚母亲的福利支付项目抑制了人们的结婚意愿,并且鼓励了贫困女性的生育率。批评者称 20 世纪七八十年代福利受益者的数量以及未婚女性生育率的增长不可能是福利系统造成的结果,因为这段时期内每个家庭平均获得的实际福利支付有所降低。他们还指出(参见 Vining, 1983),福利支付额度的州际差异与未婚女性生育率的州际差异并不紧密相关。

通过对婚姻市场的分析,我们可以看出,个体是否选择保持单身,其背后的经济动因在于评估单身时期的收入与进入婚姻后预计获得的总收入之间的差距。④ 在过去十五年间,一项值得注意的现象是,与完成高中学业的男性相比,高中辍学的年轻男性的实际工资率下滑了超过四分之一[参见Juhn 等人(1989)的研究成果]。这一显著的收入差距以及其他相关社会经济因素,导致这类年轻男性在婚姻市场上的竞争力大幅减弱(参见 Wilson,

1987)。因此,即使每个家庭平均的实际福利支付下降了,福利项目也有可能促使贫困女性保持单身,或独立抚养孩子(参见 Bernstam and Swan, 1986)。

第 9 章阐明了研究人类家庭时所使用的优化方法在理解其他物种的家庭模式时也同样有用,尽管人类的行为同时由文化因素和生理因素所决定,并且在生物世界中学习和其他方面的行为与其他生物非常不同。这一章分析了非人类物种的交配系统,以及对后代的数量与质量所作的权衡——在生物学文献中称作 K 策略和 r 策略。

同样的优化模型也可以解释生物学研究的其他问题。比如说,汉密尔顿(Hamilton, 1964)在他颇具影响力的论文中论述道,因为近亲的基因相似度较高,所以在非人类物种中,个体对关系较近的其他个体比对关系较远的个体,会更多地表现出利他行为。尽管如此,正如孩子的基因来源于其父母双方,孙辈与曾孙辈的基因也来源于其祖父母、外祖父母四个祖辈或曾祖父母、外曾祖父母八个曾祖辈。如果祖辈充分合作,将时间和资源花在孙辈身上,那么作为一个整体,他们会比父母中的任何一方都有更强的动机去帮助孩子。我们似乎有必要修改亲缘选择模型来考虑合作的可能性。

当然,随着必须合作照顾孩子的人数增多,搭便车行为(free-riding)也会加剧。但是我们不能简单地认为如亲缘选择模型通常采取的处理方式那样,有了搭便车行为,父母和其他人之间就不再有合作;事实上,合作倾向有着很高的维护家庭存续价值的特质。

本书并不打算细致讨论家庭的所有方面,因为家庭可谓是说不尽道不完的话题。相反,本书只是试图阐明一个基于理性行为假设的分析,从而为我们洞察不同法律体系、社会环境和文化下家庭的组织和结构提供强有力的框架。一些学者接受了现代世俗社会中人的行为趋于理性的前提假设,但是对欠发达国家和宗教国家中家庭的决策是否符合理性表示存疑。我无法证明在大多数地方人们是理性的,但是我们可以先分析几个分别发生在宗教社会、贫穷社会和古代社会的案例。

"爱尔兰家庭模式"是社会科学文献中的一个术语,指的是一种男女晚婚,且由于宗教禁止节育,已婚妇女待在家里照顾一大群孩子的家庭模式。然而,这种所谓的爱尔兰家庭模式已不再适用于爱尔兰的社会现实! 爱尔兰共和国的男女比起过去结婚年龄提前很多,然而生育率却大大下跌。尽管天主教教会持续反对使用避孕用具,但爱尔兰的夫妻却广泛使用避孕套和其他避孕措施(Kenndy, 1988)。

　　爱尔兰仍是一个宗教氛围浓郁的国家,其宪法甚至保障已婚妇女享有留在家照顾家人的权利。然而,家庭对经济社会巨大变迁的理性反应已经远远超出教会说教和宪法的影响。受过良好培训的劳动者在经济发展中的重要性不断提升,使得父母相对于传统的大家庭的观念,更愿意少生优抚,让孩子接受更好的教育。已婚女性享受了更高的收入和更多的就业机会,这在提升她们的劳动参与率、降低生育率的同时,也使妇女更愿意主动结束不愉快的婚姻,从而增加了离婚的概率。事实上,爱尔兰家庭的行为和西方国家的其他家庭没什么两样。许多虔诚的父母一开始有所顾忌,但最终还是选择无视教会关于禁止避孕以及离婚和抛弃配偶的教义。

　　非洲的布基纳法索(曾经的上沃尔塔)是世界上最贫穷的国家之一,其农业模式和生活方式几乎没有受到现代文明的任何影响。然而 Singh (1988)对布基纳法索农场的深入研究表明,其原始生产条件也会对家庭作出理性的婚姻和生育决策产生影响。有着"大"农场(其实不到 10 公顷)的男性会娶好几个妻子(布基纳法索允许一夫多妻),因为女性承担了大部分农活,还要生育孩子,而这些孩子也能帮着做农活。孩子尤其适合看管牲畜,并且这一研究显示,当牲畜数量越多时,孩子也会越多。

　　古罗马的私法对家庭关系和遗产继承作了详细规定,同时人们可以利用婚约(称作嫁妆契约)和遗嘱自行另作约定。在共和国晚期以及罗马帝国时期,这些契约和女性的离婚权使得富裕的已婚女性具备相当大的权力,即使她们的丈夫在名义上掌握了大权。由于能够通过遗嘱决定留给子女的遗产的数额,富裕的父母拥有着贫穷的父母所不具备的对子女的掌控力。贫穷的父母必须依赖孩子自己慷慨解囊,或者依靠社会压力逼迫孩子出资,才能安度晚年[参见 Saller(1995)中关于罗马家庭的有趣讨论]。

　　本书的分析产生了一个出乎我意料之外,但又让我欣喜万分的副产品,即它让我意识到家庭决策对很多其他议题都有着非常重要的影响。下面让我对经济增长和收入不平等作一个简要讨论,以说明这一点。

　　马尔萨斯的经济增长模型认为,当人们的收入增加时,人们倾向于早婚多生,但这根本不符合过去一百五十年间西方和许多其他国家的实际经验。而新古典主义经济学则完全忽略了家庭,并且通常假设生育率等人口增长的决定因素并不取决于经济变量。

　　但是,马尔萨斯在对家庭决策进行建模时犯的错误并不意味着婚姻和生育与经济相互独立。在第 5 章的附录部分,通过将我们对生育的重述与新古典主义的经济增长模型相结合,巴罗和我(Barro and Becker,1989)的研究表明,在一个封闭经济中,科技进步的高速度会降低生育率和人口增长率,除非科技增长明显提高了利息率。我们也论述了新古典主义中关于税收负担的结论,即长期运行中对资本所征收的税会完全由其他要素承担这一观点,在生育率变为内生变量时并不成立。当生育率与人均收入正相关时,这样的税只会被部分转嫁;而当生育率与人均收入负相关时,其转嫁率会超过100%。*

马尔萨斯正确地认识到,随着父母收入的增长,在孩子身上花费的总开支也会增长。但他错误地认为孩子总开支的增长主要是因为孩子数量的增加,而事实上,收入增加的家庭往往会养更少的孩子。在扩张的经济中,孩子开支的增加主要是因为孩子的教育及其他人力资本投资的花费增加了。Becker 等人(1990)将 Barro 和 Becker(1989)对生育的重新表述与一个强调人力资本对人均收入增长的影响的模型结合了起来。在第 6 章中我对这一问题的讨论进行了详细阐述,表明孩子的数量与质量之间的相互替代有助于解释为什么当一个国家的经济开始"腾飞"时,生育率通常会急剧下降,而人力资本会迅速增加。我们也证明了当贫穷国家的经济变化不太大时,马尔萨斯的模型可能依然适用。

从 20 世纪 60 年代末期开始,由女性主导的家庭数量的增长,改变了美国年收入低于贫困线的家庭数量所占的比例,这很清楚地说明家庭行为是不平等的一个重要决定因素。随着离婚率的上升和未婚妈妈数量的急剧增加,由女性主导的家庭变得越来越重要。Fuchs(1983)和 Levy(1987)对家庭结构和不平等之间的关系作出了非常有价值的讨论。

本书中的分析有助于理解家庭之间的不平等程度。不平等很明显取决于以下诸多因素:生育率和家庭收入之间的关系;较贫穷家庭对其子女进行人力资本投资的匮乏程度;教育、家庭背景等特征对配偶的筛选程度;离婚率以及裁定给离异女性的子女赡养费;遗产在子女间分配的不公平程度。不平等还取决于政府通过教育补贴、社会保障项目等对促进收入再分配所作的努力,尽管这些项目对缓解不平等的净效果在很大程度上取决于家庭所作出的反应。比如说,如果享受福利的女性提高自己的生育率,而减少在每个孩子身上花费的时间和精力,那么这个福利项目就很可能使差距加大而非减小。

这一增订版《家庭生活的经济分析》,旨在更深入地展现基于理性选择

---

　* 即其他成本也有可能被分担。——译者注

对家庭行为所作的解读不仅对于经济学家来说意义重大,而且对研究家庭的其他学科也有着很多启发。家庭值得学者和非专业人士的极大关注,因为即使随着时间的推移,家庭的形态发生了诸多改变,社会和经济环境发生了巨大变迁,家庭也仍然是最有影响力的制度安排。

注　释

① 高尔斯华绥继续作了更深入的经济学分析:"他们生育得较少还有其他原因。当保证每个人都有饭吃时,他们很自然地产生了对自己赚钱能力的怀疑,再加上父亲还没死,大家都很谨慎。如果谁有了孩子,收入又不高,那么生活品质和舒适度肯定就会降档次;够两个人用的东西不够四个人用——最好还是等等看他们的父亲会做什么。另外,能无忧无虑地度假也挺好。很快他们就顺应了新兴趋势,宁愿自己过得更好些,也不想要孩子了——《世纪之末》,正像它所说的那样。"(Galsworthy, 1949, p.366)

② 布莱恩·阿瑟(Brian Arthur)在他 1982 年关于《家庭生活的经济分析》的评论中,对基于孩子质量所作的分析的价值表示了强烈怀疑。对于这样一个将孩子质量与父母在每个孩子身上的平均投入联系起来的分析,阿瑟发问道:"父母的投入怎么能用价格来衡量?"(p.396)当用作孩子质量的一个反映指标时,对每个孩子的投入的确有一个影子价格。这一价格与孩子的数量成正相关,在父母效用最大化的一阶条件中所体现的形式与其他价格相同。阿瑟还称我对孩子质量的强调有赖于生理基础。

　　在本导论中,我并没有花太多时间对关于本书第一版的评论进行回应。但是,我在此之所以明确提到阿瑟的评论,是因为一些人口学家(如 McNicholl, 1988)认为其评论会对本书产生负面影响。我几年前针对阿瑟的批判写了一个较长的回应,可根据要求提供。该回应显示了阿瑟对本书的分析充满了误解。

③ 尽管我假设婚姻市场中的竞争决定了婚姻产出在夫妻之间的分配,但 Boserup(1987, p.826)称:"贝克尔假设配偶间的利益是一致不冲突的,并且双方会平等分配消费和闲暇。"然而在本书中,我明确地否认了这一假设:"已知的信息表明夫妻双方在衣着、休闲等方面的开支,可能与性别比、工资率、受教育水平等婚姻产出分配的决定因素有关。"(p.42 of the first edition, p.84 of this edition)

④ 我写道:"福利的扩张与结婚收益的普遍下降,共同解释了为什么非法出生的孩子与合法出生的婴儿数量之间的比率会大幅上升。"(楷体加注;p.357 of this edition)

1

单身户

经济学家提出的消费者与家庭行为传统理论忽略了家庭成员之间的合作与冲突,本质上是假设每个家庭只有一个成员。这一理论关注货币收入和货币价格变化对市场物品上的收入分配产生的影响。在过去二十年间,单身户理论得到了快速发展,从一开始相当有限的分析变成一个被广泛应用的有力工具。新的分析将时间分配和收入分配都纳入其中,并引入了包括技能、健康、自尊以及诸多其他形式的"产品"的家庭生产模型。

在本章简要的论述中,我将给出传统理论的框架及其最新的发展,从而为在本书剩余章节中围绕家庭展开讨论做准备。相关的文献不胜枚举,感兴趣的读者可以翻阅 Michael 和 Becker(1973)的研究成果,以获得更深入的探讨。

1.1 传统理论

在传统理论最简单的版本中,个体会用他/她既有的收入在市场中购买物品和服务(为简洁,称为"物品"),以使得效用函数 U 最大化。也就是说,他在预算约束条件 $\sum p_i x_i = I$ 下最大化其效用函数:

$$U = U(x_1, \cdots, x_n) \tag{1.1}$$

其中，p_i 是第 i 件物品 x_i 的价格，I 是货币收入。我们熟知其均衡条件，即每件物品的边际效用 MU 与其价格成正比：

$$\frac{\partial U}{\partial x_i} = MU_i = \lambda p_i, \ i = 1, \cdots, n \tag{1.2}$$

其中，λ 是收入边际效用。

这些均衡条件的主要含义是，任何物品的需求量均与其价格成反比，也即"需求曲线负斜率定律"（law of negatively sloped demand curves）。这条定律在实际应用中具有极其重要的作用，它也是社会科学中最重要、最普适的定律之一，不过它更多地基于资源有限性而非效用最大化假设（Becker，1962）。

收入增长会导致对大部分物品需求的增长，因为额外的收入必定会使用，其中包括增加现金余额和购置其他财产。总支出与总收入相等意味着：

$$\sum s_i \eta_i = 1 \tag{1.3}$$

其中，$\eta_i = [(\mathrm{d}x_i)/(\mathrm{d}I)] \cdot (I/x_i)$ 是对第 i 件物品的收入需求弹性，s_i 是该件物品的花费占总收入的部分。平均收入弹性为 1，因此"奢侈品"（$\eta_i > 1$）的需求收入弹性必须与"必需品"（$\eta_i < 1$）相平衡。

这一理论更为复杂、更符合实际的意义在于，承认了人们会把时间和货币收入分配在不同的活动上，通过在市场中工作获得收入，并从吃饭、睡觉、看电视、做园艺及其他活动中获得效用。那么之前的效用函数式(1.1)可以扩展为：

$$U = U(x_1, \cdots, x_n, t_{h_1}, \cdots, t_{h_r}) \tag{1.4}$$

其中 t_{h_j} 是花费在第 j 项活动上的时间。在货币收入约束条件的基础上，时间预算约束式为：

$$\sum_{j=1}^{r} t_{h_j} + t_w = t \tag{1.5}$$

其中 t 是某一时期内可支配的总时间，如 1 天 24 小时或 1 周 168 小时，t_w 是为了获取薪酬而工作的时间。[①]

这一扩展的一个重要含义在于，货币收入不再是"给定的"，而是由时间

分配所决定的,因为收入水平由工作时长决定。因此,物品和时间预算约束
条件不再是独立的,而是被包含在同一约束式中:

$$\sum p_i x_i = I = wt_w + v = w(t - \sum t_{h_j}) + v \qquad (1.6)$$

或者

$$\sum p_i x_i + w \sum t_{h_j} = wt + v = S \qquad (1.7)$$

其中,w 是小时工资率,v 是财产性收入,S 是"完全"或潜在收入(即将所有
时间都用来工作时可以获得的货币收入)。方程式左端各项显示完全收入
中一部分被直接花费在物品上,一部分被间接地用来产生效用而非货币
收入。[②]

效用函数最大化[方程式(1.4)]时的均衡条件受到完全收入约束线[方
程式(1.7)]的影响,包括:

$$MU_{t_{h_k}}/MU_{t_{h_j}} = 1,并且 MU_{t_{h_j}}/MU_{x_i} = w/p_i \qquad (1.8)$$

从均衡等式可以看出,无论如何利用时间,其边际效用都是相同的,因为它
们都有相同的价格(w),且时间与单件物品之间的边际替代率等于"实际"工
资率,其中平减物价指数是该件物品的价格。[③]

这些均衡条件主要是对由简单模型衍生出的负斜率需求曲线进行一般
化概括。任何物品价格的补偿性上涨——这一上涨将被财产性收入的上涨
所抵消,从而使得实际收入保持不变——都会减少对该物品的需求,从而增
加对大多数其他物品的需求。同时,它将减少用于工作的时间,而增加在大
部分非市场活动(或家务)上花费的时间,因为某一物品价格的上涨会减少
以该物品为单位的实际工资率。同理,工资率的补偿性上涨会增加工作时
长并提升对物品的需求,但同时也减少在大多数家务上花费的时间。比如
说,工资率的补偿性上涨会减少人们用于照料儿童、排队或购物的时间,而
相应地提高对托儿所的需求,更多地在家中囤积物品,以及更多地使用无需
经常更换的耐用物品。最后,工资率不变,总收入的增长可能导致工作时间
的减少,从而增加对大部分物品的需求以及分配给家庭活动的时间(更多细
节参见 Becker,1965)。

如果所有的时间都花费在家庭上,时间的价值就不能用工资率,而应该用
花在家庭活动上的时间的边际产品的影子价格来衡量。此时,方程式(1.8)

中第二个等式的均衡条件就将被替换为：

$$MU_{t_{h_j}}/MU_{x_i}=\mu/p_i \tag{1.8$'$}$$

其中 μ 是时间的影子价格，等于转化为货币单位后物品与时间之间的边际替代率。财产性收入的增长将使物品的消费量增加，并相应提高边际产出，使花费在家庭活动上的时间的影子价格上升。如果把时间花费在市场中工作，则工资率必须与家庭活动时间的影子价格相等：

$$\mu=w,\ t_w>0 \tag{1.9}$$

否则，工作时间的边际价值会小于家庭活动时间的边际价值。

1.2 家庭生产函数

我假设时间和物品会直接产生效用，但一个更为直观、有用的假设是时间和物品都只是生产"消费品"的原料，而只有"消费品"才能直接产生效用。这些消费品无法在市场中购买，而需由家庭通过市场购买、自主劳作以及诸多外部投入才能被生产与消费。这些消费品包括孩子、声望和尊严、健康、利他主义、嫉妒，以及感官愉悦[④]，其数量与消耗的物品相比小很多。

效用函数可以写作：

$$U=U(Z_1,\ \cdots,\ Z_m) \tag{1.10}$$

其中，Z_1，$\cdots$，Z_m 代表各种消费品，均由家庭根据如下等式自主生产：

$$Z_i=f_i(x_i,\ t_{h_i};\ E_i),\ i=1,\ \cdots,\ m \tag{1.11}$$

其中 x_i 和 t_{h_i} 分别代表用于生产第 i 件消费品可能用到的诸多物品及时间的种类，而 E_i 代表家庭能力、人力资本、社会及物质环境以及其他外部变量。消费品没有市场价格，因为它们不是通过交易得来的，但具有等于生产成本的影子价格：

$$\pi_i=p_i\frac{x_i}{Z_i}+w\frac{t_{h_i}}{Z_i} \tag{1.12}$$

其中 π_i 是花在每单位 Z_i 上的物品和时间的平均成本。方程式(1.7)给出的完全收入约束则可以用这些影子消费品价格简化为：

$$\sum p_i x_i + w \sum t_{h_i} \equiv \sum_{i=1}^{m} \pi_i Z_i = S \qquad (1.13)$$

如果消费品的效用函数在此完全收入约束下实现最大化,那么一系列均衡条件将使得不同消费品的边际效用比率等于它们影子价格的比率。[5]

对于所有的 i 和 k,有:

$$\frac{\partial U / \partial Z_i}{\partial U / \partial Z_k} = \frac{MU_i}{MU_k} = \frac{\pi_i}{\pi_k} \qquad (1.14)$$

Z_k 相对价格的上涨将减少对 Z_k 以及对用于生产它的物品和时间的需求。

将消费品与购得的产品和服务区分开来不但可行,而且在解读人类行为方面有很高的价值。一方面,方程式(1.4)给出的一般效用函数并没有针对不同物品和时间之间的特定替代或互补关系提供洞见。我们甚至无法排除补偿性工资率增长会使得花费在大部分家务上的时间增加。另一方面,家庭生产函数隐含着用于生产相同消费品的购得的产品和时间之间的一种特殊关系:鱼和肉是生产健康和美味所需的投入品;或者,父母照料时间和托儿所看护时间在养育孩子时可以互相替代。

如果用更专业的术语来定义,则方程式(1.10)给出的效用函数中用来生产同样消费品的购得产品和时间是可以分开的:

$$\frac{\partial U / \partial x_i}{\partial U / \partial t_{h_i}} \equiv \frac{(\partial U / \partial Z_i) \cdot (\partial Z_i / \partial x_i)}{(\partial U / \partial Z_i) \cdot (\partial Z_i / \partial t_{h_i})} = \frac{\partial Z_i / \partial x_i}{\partial Z_i / \partial t_{h_i}}$$
$$= MP_{x_i} / MP_{t_{h_i}} = \phi(x_i, t_{h_i}), \ i = 1, \cdots, m \qquad (1.15)$$

这种可分割性有诸多含义,比如说,工资率的上涨必定导致用于生产每件消费品的时间与购得物品的比率降低,同时也会使得时间密集型消费品相对于购得的物品密集型消费品的产出下降。

1.3 人力资本投资

效用函数式(1.10)必须被加以概括以区分不同年龄段消费量的差异,因为人们在青年和晚年的消费量是不同的。因此,假设:

$$U = U(Z_{11}, \cdots, Z_{1n}, \cdots, Z_{m1}, \cdots, Z_{mn}) \qquad (1.16)$$

其中 Z_{ij} 是在第 j 年对第 i 件消费品的消费量;n 是剩余寿命长度,在此被视作给定的,但也可以作内生处理(Grossman,1972)。通过将某一年龄段的所有消费品合计成一件消费品,我把方程式(1.16)简化为方程式(1.16′),而没有破坏其一般性。方程式(1.16′)如下所示:

$$U=U(Z_1,\cdots,Z_n) \tag{1.16′}$$

其中 Z_j 是在年龄段 j 的总消费。

工资率之所以会随着年龄增长而变化,是因为人力资本会因为人们对时间及其他资源所作的投资决策而不断积累。人力资本存量变化的关系式如下所示:

$$H_j=H_{j-1}(1-\delta)+Q_{j-1} \tag{1.17}$$

其中 H_j 是年龄为 j 时的存量,δ 是给定的折旧率,而在年龄段 $(j-1)$ 时的总投资 Q_{j-1} 则由方程式(1.18)给出:

$$Q_{j-1}=Q(x_{q_{j-1}},t_{q_{j-1}};H_{j-1}) \tag{1.18}$$

其中 x_q 和 t_q 分别是花费在投资上的购得物品和时间。竞争性劳动力市场中的工资率由方程式(1.19)决定:

$$w_j=a_jH_j \tag{1.19}$$

其中 a_j 是在年龄为 j 时一单位人力资本的每小时盈利额。

任何年龄的可支配总时间都可以被分配给家务、市场或投资:

$$t_{h_j}+t_{w_j}+t_{q_j}=t,\ j=1,\cdots,n \tag{1.20}$$

在完全的资本市场中,购得物品的开销的现值会等于报酬和其他收入的现值:

$$\sum_{j=1}^n \frac{p_jx_j+p_{q_j}x_{q_j}}{(1+r)^j}=\sum_{j=1}^n \frac{w_jt_{w_j}}{(1+r)^j}+A \tag{1.21}$$

其中 r 是利率,A 是非人力资产的初始价值。将时间约束条件代入购得物品约束条件,我们得到"完全"财富 W 的等式:

$$\sum_{j=1}^n \frac{\pi_jZ_j+\pi_{q_j}Q_j}{(1+r)^j}=\sum_{j=1}^n \frac{p_jx_j+p_{q_j}x_{q_j}+w_j(t_{h_j}+t_{q_j})}{(1+r)^j}$$

$$=\sum \frac{w_jt}{(1+r)^j}+A=W \tag{1.22}$$

在完全财富约束、不同的消费品和投资生产函数以及人力资本和工资率的演化等条件的限制下,效用函数[即方程式(1.16′)]得到最大化。任何年龄的最优投资由边际投资成本和边际回报所决定,其表达式如下(见本章数学附录的条目A):

$$MC_{q_j} = R_j = \sum_{k=j+1}^{n} \frac{\{[\pi_k(\partial Z_k)/(\partial H_k)] + a_k t_{w_k}\}(\partial H_k)/(\partial Q_j)}{(1+r)^{k-j}}$$

(1.23)

方程式(1.23)的最左侧为在年龄 j 的边际投资成本,而 R_j 为年龄 j 之后市场和家庭活动的回报在年龄 j 的折现价值。

方程式(1.23)意味着投资会随着年龄的增大而减少,因为人们倾向于随着年龄增长而减少投资;此外,年轻时的投资成本往往相对较低,这是因为投资所耗费时间的最大可利用价值在当时较小。最优人力资本存量会以递减的速率增长,直至达到峰值,然后随着折耗超过总投资,存量逐渐减少,直至生命尽头。如果生命永续,那么资本存量会在"投资阶段"上涨到顶峰,并无限期地维持在峰值水平。

如果人力资本仅靠增加有效的家庭劳作时间直接提高了消费品的产出,如下所示:

$$t_h' = t_h \psi(H), \text{并且} \frac{\partial Z}{\partial H} = \frac{\partial Z}{\partial t_h'} t_h \psi'$$

(1.24)

其中 $\mathrm{d}\psi/\mathrm{d}H = \psi' > 0$。投资回报则可以简示为(见本章数学附录的条目B):

$$R_j = \sum_{k=j+1}^{n} \frac{w_k \left(\frac{\psi'}{\psi} t_{h_k} + \tilde{w}_k t_{w_k} \right)}{(1+r)^{k-j}} \frac{\partial H_k}{\partial Q_j}$$

(1.25)

其中 $\tilde{w}_k = (\mathrm{d}\log w_k)/\mathrm{d}H_k$。

只有当人力资本对家庭和市场时间中的生产力产生不同影响(如果 $\psi'/\psi \neq \tilde{w}$ 时),投资回报才取决于市场与家庭之间的时间分配。正如方程式(1.25)所表述,当时间更多花费在家庭中时,人们对主要提高家庭活动生产力的资本的投资意愿更强烈;而当时间更多花在工作上时,人们对主要提高市场活动生产力的资本的投资意愿更为强烈。一些投资,比如说在职培训,主要提升人在市场中的生产力;而另一些,比如说育儿、烹饪或艺术史课程,则主要提高人在家庭中的生产力。工作或消费活动所花费的时间是衡量该活动规模或资本使用密度的一种尺度,且会影响对该活动所需特定资本的投资回报率。

投资回报也可以不受市场与家庭之间时间分配的影响,一种情况是工资率和有效家庭时间得到同样比例的提升,另一种情况是有效商品数量与有效时间同等增长,而工资率不发生变化。如果:

$$x' = xy(H), \text{并且} \frac{y'}{y} = \frac{\psi'}{\psi} = s(H) \tag{1.26}$$

其中 $dy/dH = y' > 0$,那么:

$$Z[x_k y(H_k), t_{h_k}\psi(H_k)] = y(H_k)^g Z(x_k, t_{h_k}\ell) \tag{1.27}$$

其中 $\ell = \psi(H_k)/y(H_k)$ 独立于 H_k,且 Z 被假定为与 x' 和 t'_h 的 g 次齐次。因此(参见本章数学附录的条目 C):

$$R_j = \sum_{k=j+1}^{n} \frac{\pi_k \frac{\partial Z_k}{\partial H_k}}{(1+r)^{k-j}} = \sum_{k=j+1}^{n} \frac{gs(H_k)\pi_k Z_k}{(1+r)^{k-j}} \tag{1.28}$$

投资回报的确依赖于消费品产出的价值,但无论如何都不会取决于市场和家庭之间的时间分配。

数学附录

A. 如果拉格朗日函数:

$$L = U - \lambda\left[\sum \frac{p_j x_j + w_j t_{h_j} + p_{q_j} x_{q_j} + w_j t_{q_j} - w_j t}{(1+r)^j}\right] - A$$

关于 x_j、x_{q_j}、t_{h_j} 和 t_{q_j} 最大化,并且 H_j 对 Q_j 的输出值的影响可忽略不计,那么 $x_{q_j}(j=1, \cdots, n)$ 的均衡条件为:

$$\sum_{k=j+1}^{n} \frac{\partial U}{\partial Z_k}\frac{\partial Z_k}{\partial H_k}\frac{\partial H_k}{\partial Q_j}\frac{\partial Q_j}{\partial x_{q_j}} + \lambda\sum_{k=j+1}^{n}\frac{a_k t_{w_k}(\partial H_k/\partial Q_j)(\partial Q_j/\partial x_{q_j})}{(1+r)^k} = \lambda\frac{p_{q_j}}{(1+r)^j}$$

由于效用最大化也意味着:

$$\frac{\partial U}{\partial Z_k} = \lambda\frac{\pi_k}{(1+r)^k} \text{和} MC_{q_j} = p_{q_j}\left/\frac{\partial Q_j}{\partial x_{q_j}}\right.$$

第一个条件也可写作：

$$\sum_{k=j+1}^{n}\left(\frac{[\pi_k(\partial Z_k/\partial H_k)]+a_k t_{w_k}}{(1+r)^{k-j}}\right)\frac{\partial H_k}{\partial Q_j}=MC_{q_j}$$

B. 由于 $\dfrac{\partial Z_k}{\partial t_{h_k}}=\dfrac{\partial Z_k}{\partial t'_{h_k}}\psi$，并且均衡（若 $t_{w_s}>0$）时要求：

$$w_k=\mu_k\equiv\frac{\partial Z_k}{\partial t_{h_k}}\frac{p_k}{(\partial Z_k/\partial x_k)}=\frac{\partial Z_k}{\partial t_{h_k}}\pi_k$$

那么：

$$\pi_k\frac{\partial Z_k}{\partial H_k}=\pi_k\frac{\partial Z_k}{\partial t'_{h_k}}t_{h_k}\psi'=t_{h_k}w_k\frac{\psi'}{\psi}$$

因此：

$$\pi_k\frac{\partial Z_k}{\partial H_k}+a_k t_{w_k}=w_k\left(\frac{\psi'}{\psi}t_{h_k}+\frac{a_k}{w_k}t_{w_k}\right)$$

C. 若 Z 与 x' 和 $t'_h g$ 次齐次，那么：

$$\begin{aligned}
\frac{\partial Z_k}{\partial H_k}&=\frac{\partial Z_k}{\partial x'_k}x_k y'+\frac{\partial Z_k}{\partial t'_{h_k}}t_{h_k}\psi'\\
&=\frac{\partial Z_k}{\partial x'_k}(x_k y)\frac{y'}{y}+\frac{\partial Z_k}{\partial t'_{h_k}}(t_{h_k}\psi)\frac{\psi'}{\psi}\\
&=s(H_k)\left(\frac{\partial Z_k}{\partial x'_k}x'_k+\frac{\partial Z_k}{\partial t'_{h_k}}t'_{h_k}\right)\\
&=s(H_k)g Z_k
\end{aligned}$$

注 释

① 为了简化分析，我假设工作时长不在效用函数中。

② 在除以 w 后，方程式（1.7）简化为：

$$\sum\left(\frac{P_i}{w}\right)x_i+\sum t_j=t+\frac{v}{w}=\frac{S}{w}$$

此时，方程式右端给出了可支配总时间与单位时间内财产性收入的总和；方程式左端显示，可支配总时间的一部分被直接花费在生产效用上，一部分被间接花费在购买物品上，其中 p_i/w 是花费在一单位物品 i 上的时间。

③ 在 Becker(1965)中,不同活动的时间成本可以因为"生产性消费"存在差异。

④ Bentham(1963,Ch.5)罗列了"欢愉和痛苦"的 15 种根本来源。

⑤ 相对影子价格由边际生产成本而非平均生产成本决定。然而,如果所有生产函数都是一次齐次函数,并且每单位购得的产品或时间都只用于生产一单位消费品(而非联合生产),那么边际成本和平均成本将相等,且方程式(1.12)中的平均价格将是适中的。Grossman(1971)、Pollak 和 Wachter(1975)考察了联合生产。

2

家户和家庭内的分工

　　自本章起,我将通过深入探讨家庭和家户内部的劳务分工,来剖析家庭的目标功能及其内在运作机制。最具典型意义的分工莫过于夫妻双方的角色定位:按照传统模式,妻子通常投入大量时间在抚育孩子、操持家务等方面,而丈夫则负责狩猎、防护家园、农耕劳作以及参与各种"市场"活动。家庭内部的多元化分工既建立在生理差异的基础之上,如生育和哺乳等生物学特性,也与各成员所拥有的不同经验和他们在人力资本投资方面的侧重点紧密相关。在高效运行的家庭中,即使所有家庭成员在生理属性上并无显著差别,他们的时间配置和人力资本积累也会因各自擅长和专注的领域而呈现明显的差异化分布。但是,我将要在这章中论述,生理区别可能实际上弱化了专业化分工的程度。

　　由于妻子专门从事于抚养孩子、料理家务,她们需要和丈夫订立长期的"契约",以保护她们免遭遗弃和其他变故。事实上,所有社会都建立起了对已婚妇女的长期保护机制,甚至可以说婚姻本身就意味着男女之间的长期约定、承诺。本章也将简略考察这些承诺。

　　家庭内部广泛的专业化劳动分工使得推卸责任、窃取劳动成果、欺骗和不忠更为容易。这些导致家庭成员利益冲突的行为可以通过多种手段得到抑制,包括对成员的言行进行监管(即使以个人隐私为代价)、诸如驱逐出户等惩罚手段,以及成员间的利他行为。上述手段以及还未提及的其他手段将在本章中得到简要探讨,并在第 8 章和第 11 章中得到更为完整的讨论。

2.1 家庭中的专业化分工

我们将考虑对两种人力资本(H^1 和 H^2)的最优投资组合。在所有年龄段中,针对市场活动和家庭劳务,每个个体通过选择 H^1 和 H^2 的最佳配置以获得其最大效用。如果一个人能永生,永不衰老,并且生活在稳定、无意外危险的环境中,那么根据我们之前的讨论,H^1 和 H^2 将在生命周期初期的人力资本投资阶段得到持续积累,而在完成积累之后,H^1 和 H^2 的资本存量均衡将无限期保持稳定。

如果投资阶段之后的消费也保持稳定,那么单身户将耗费固定的时长来维持其资本存量,并将剩余时间合理分配在市场活动和家庭劳务中,以使得其消费最大化。如果 H^1 只提高其市场工资率,H^2 只增加留给家庭的可支配时间,那么每年的总消费量 Z 由方程式(2.1)给出:

$$Z = Z(x,\ t_h') = Z\left[\frac{a\hat{H}^1 t_w}{p_x},\ t_h\psi(\hat{H}^2)\right] \tag{2.1}$$

其中,$\hat{H}^1$ 和 $\hat{H}^2$ 是最优资本存量组合,$a\hat{H}^1$ 是工资率,$t_h\psi(\hat{H}^2)$ 是留给家庭的有效时间,p_x 是市场物价。时间分配受限于方程式(2.2):

$$t_w + t_h = t' \tag{2.2}$$

t_w 和 t_h 分别是分配给市场活动和家庭事务的小时数,t' 是每年除维持资本存量所花费时间以外的可支配总时长。如果工作时间的边际产品等于家庭时间的边际产品,那么时间分配就是最优的:

$$\frac{\partial Z}{\partial t_w} \equiv \frac{\partial Z}{\partial x}\frac{a\hat{H}^1}{p_x} = \frac{\partial Z}{\partial t_h} \equiv \frac{\partial Z}{\partial t_h'}\psi(\hat{H}^2) \tag{2.3}$$

对于那些有多个成员的家庭来说,最优策略必须考虑到不同成员的技能和动机的冲突。比较优势理论认为,家庭(或者任何其他组织)的成员应该根据他们的比较优势或者相对效率将资源分配给不同的活动。这一部分有一个重要假设,即每个人最初都是同质的,而效率上的差异不是由生理或者其他先天差异所决定的。技能上的差异源于经历的不同和人力资本投资的侧重不同。即使基于这个极端假设,有效率的多成员家庭也被证明在时间分配和专业化人力资本积累方面有着清晰的成员国劳动分工。

我同时假设家庭成员们不必接受监督,因为他们会自愿分配好自己的时间和其他资源,以使得家庭消耗品总产出最大化。由于所有人本质相同,每个成员将分享同等数量的家庭产出(如果成员间存在完全市场竞争)。这样一来,每个成员都可以从无成本的家庭产出增长中获益。然而,这只能为家庭成员无需受到监督这一假设提供一个难以立足的辩护:因为即使家庭产出减少,部分家庭成员也可以通过推卸责任和其他渎职行为获得个人收益的增长。

由于我们假设所有人具备相同的先天条件,家庭成员们在家庭和市场中投入的时间基本上是一致的。因此,不同成员的可支配时间可以完全互相替代,即使他们积累了不同数量的家庭资本(H^2)。类似地,不同成员提供的消费品也可以完全互相替代,即使他们积累了不同数量的市场资本(H^1)。基于这样的分析,在没有监督成本、家庭和市场间时间分配没有固定成本的前提下,一个多成员家庭的产出只取决于其整体消费品和可支配时间的投入。如果对于第 i 个成员来说,投资阶段的最优资本积累组合是 $\hat{H}_i^1$ 和 $\hat{H}_i^2$,那么一个有着 n 个成员的家庭在投资阶段之后的稳定产出将是:

$$Z = Z\left(\sum_{i=1}^{n} x_i, \ \sum_{i=1}^{n} t'_{h_i}\right) = Z\left(\sum_{i=1}^{n} \frac{a\hat{H}_i^1 t_{w_i}}{p_x}, \ \sum_{i=1}^{n} \psi(\hat{H}_i^2) t_{h_i}\right) \quad (2.4)$$

很明显,如果每个成员积累了等量的资本,那么 Z 将取决于分别投入 $\sum t_{w_i}$ 和 $\sum t_{h_i}$ 两个部门的总时间,而不是成员之间的时间分配。然而,如果成员的资本存量存在差异,那么 Z 将受到成员个人的时间分配的影响,因为此时一些成员使用同样的家庭(或市场)时间将得到比其他成员更高的产出。

对于那些在家庭和市场都投入了时间的成员来说,只有其家庭边际产品等于市场边际产品时,产出才实现了最大化。也就是说,只有当 t_{w_j}, $t_{h_j} >$ 0 时:

$$\frac{\partial Z}{\partial t_{w_j}} = \frac{\partial Z}{\partial x_j} \frac{a\hat{H}_j^1}{p_x} = \frac{\partial Z}{\partial t_{h_j}} = \frac{\partial Z}{\partial t'_{h_j}} \psi(\hat{H}_j^2) \quad (2.5)$$

对于把所有时间都投入家庭的成员来说,家庭边际产品必须大于市场边际产品;反过来,对于把所有时间都投入市场活动的成员来说则相反。只有这样,产出才实现最大化。

成员的比较优势可以定义为其在市场和家庭中的边际产出率与其他成员相应的边际产出率的比率。由于 a、p_x、$\partial Z/\partial x_j$ 和 $\partial Z/\partial t'_{h_i}$ 对于所有成员来说都是相同的,比较优势只取决于 $\psi(H^2)$ 和 H^1。比如说,当且仅当方程式(2.6)成立时,i 对于 j 来说在市场活动中具有比较优势:

$$\frac{(\partial Z)/(\partial t_{u_i})}{(\partial Z)/(\partial t_{w_j})} = \frac{\hat{H}_i^1}{\hat{H}_j^1} > \frac{(\partial Z)/(\partial t_{h_i})}{(\partial Z)/(\partial t_{h_j})} = \frac{\psi(\hat{H}_i^2)}{\psi(\hat{H}_j^2)} \tag{2.6}$$

我们可以立刻证明下面的定理:

定理 2.1 如果一个有效率的家庭中所有成员都有着不同的比较优势,那么没有成员会将时间同时分配于市场活动和家庭劳务。任何在市场活动方面相较于其他成员有着比较优势的成员会专事于市场活动,而任何在家庭劳务方面相较于其他成员有着比较优势的成员会专事于家庭劳务。

由于选择同时投入市场和家庭的成员必须在这两个部门中拥有相同的边际产品,所有在市场中具有比较优势的成员在市场中的边际产品会大于在家庭中的边际产品,在家庭中具有比较优势的成员则情况相反。这将导致前者专注于市场活动,而后者专注于家庭活动。此种推断便证明了定理 2.1。

由于投资于专业化资本的投资回报取决于在活动中利用该资本的时长,专注于市场活动的成员有强烈的动机对市场资本(H^1)进行投资,而没有动机对家庭资本(H^2)进行投资。同样地,专注于家庭活动的成员有投资 H^2 的动机,而缺乏投资 H^1 的动机。因此,定理 2.1 所揭示的时间分配中巨大的劳动分野体现了同样巨大的投资决策差异,表述成定理则为定理 2.2。

定理 2.2 如果家庭中所有成员有着不同的比较优势,没有成员会同时对市场资本和家庭资本进行投资。专注于市场的成员只会投资于市场资本,而专注于家庭的成员只会投资于家庭资本。

此定理阐明了亚当·斯密经常被引用但被误解且很少被使用的定理,即劳动分工受限于市场范围。能提高特定活动中生产力的人力资本的市场范围,由花费在这些活动上的时间来衡量。定理 2.2 可以被解读为,当时间分配的差异越大,或者市场范围的差异越大时,专业化人力资本积累中的劳动分工程度越高。

定理 2.1 和定理 2.2 假设所有成员的比较优势都是不同的,但是,有没有可能几个成员有着相同的比较优势,同时投资于市场资本和家庭资本,并把时间分配给这两个领域？答案是否定的。

定理 2.3 一个有效率的家庭中至多一个成员会同时投资于市场资本和家庭资本，并给两个领域都分配时间。

一个简单而有启发性的证明设想了一种相反的情况，即两个成员都把时间分配到市场和家庭两个领域，并且有着相同的投资组合和相同的比较优势。假设他们都在市场领域中花费了 t_w 小时（假设 $t_w < t'/2$），那么如果其中一个在市场中花费 $2t_w$ 小时，而另一个成员专注于家庭，结果也不会发生变化。然而，如果现在专注于家庭的那个成员不对市场资本进行任何投资，并且提升其对家庭资本的投资，那么每个成员都可以过得更好。同样，如果在市场中花费 $2t_w$ 小时的那个成员提升其对市场资本的投资，减少其对家庭资本的投资，每个成员也会过得更好。我们上述的论证即与两位成员会把时间同时投入到两个领域，会同时对两种资本进行投资的假设相抵触，从而证明了定理。

上述有关劳务分工和投资的定理无一对消费品生产函数中的规模收益或者将不同家庭的人员分类进行假设。如果规模收益不变或者保持增长，并且没有效率的家庭不能存活，那么，专业化甚至会更加极端，如下面的定理所示：

定理 2.4 如果消费品生产函数具有不变或者递增的规模收益，那么有效率家庭中的所有成员都会专注于市场或家庭中的某一个，并且只会对市场资本或家庭资本的其中一种进行投资。

为了证明该定理，我们假设一个有着 n 个成员的家庭中某一个成员在两个领域都花费时间且在市场中花费更少时间，并同时对市场资本和家庭资本都进行投资。如果两个有着 n 个成员的家庭组建成一个有着 $2n$ 个成员的大家庭，那么单独一个成员即可提供原来由他和来自另一个家庭的成员共同提供的市场时间。如果他们继续进行同样的投资，那么消费品生产函数中不变或者增长的规模收益意味着合并后的家庭的产出不小于单独两个家庭产出的总和。而合并后的家庭甚至可以做得更好：一个成员可以不再对市场资本进行投资，而另一个成员可以将更多时间投入市场以提升市场资本，并减少对家庭资本的投入。因此，如果小家庭中的某些成员不能完全实现专业化分工，那么小家庭的效率就将低于大家庭。

如果这些消费品是用它们的专业化资本独立生产，而非联合生产的话，那么这些定理可适用于家庭中的许多消费品。

定理 2.5 在成员数量多于独立消费品的家庭（除了至多只有一个成员的家庭以外），所有成员都会把投资和时间专注于市场或者一件特定的消费品。进一步说，如果规模收益不变或者增长，有效率家庭中的所有成员都必须在某个领域实现专业化。

证明此条定理只需要参照对定理 2.1 至定理 2.4 的论证。此条定理说明，独立生产的消费品数量的增长会使得有效率家庭的规模变大，这是因为更高程度的专业化会带来更多收益。

我曾经假设每一种类型的人力资本只会提升从事一种活动的效率，但我们无需死板坚持这一教条。比如，如果 H^1 和 H^2 会同时提升在市场和家庭中的效率，只要 H^1 是市场密集型人力资本，即相较于 H^2 而言，投入 H^1 的一美元会更多地提升工资率，而更少地提升家庭效率，那么定理 2.1 至定理 2.4 仍成立。如果两个成员将时间同时投入到两个领域，并对 H^1 和 H^2 都进行投资，那么这个家庭是没有效率的，因为其中一个成员可以独自投入原来两个人分别投入的时间，而另一个成员可以完全专注于家庭，不再对 H^1 进行任何投资。定理 2.3 也可以这样进行拓展。

一些类型的人力资本会使得工资率或有效购得品与有效家庭时间得到同样比例的增长，这些人力资本的投资回报与在市场和家庭之间的时间分配并不相关。一个有效率家庭中的所有成员都可能对这些类型的人力资本进行投资，不管他们如何对更为专业化的资本类型进行投资，或是如何分配时间。

这里的分析不仅与家庭相关，也与国家和国际贸易中的比较优势解释密切相关。现代贸易理论以人口禀赋、人力物力资本和自然资源中的国际差异解释了贸易带来的收益。然而，我认为禀赋差异通常只是对贸易收益的一种粗浅解释；如同家庭一样，大部分贸易收益主要来源于专业化投资和劳动分工优势。

即使本质相同的国家也可以通过专注于对特定类型的人力物力资本进行投入，并专注于生产密集利用该类资本的产品，从而提高投资回报率。这些产品将被用来与其他国家专门生产的资本密集型产品进行交易。资本禀赋的差异或传统理论的比较优势只是对贸易收益的粗浅解释，而专业化带来的收益才是其最终解释。

尽管国家间内在差异的重要性不容否认，但国际分工与专业化投资所带来的收益确实解决了困扰传统思路的一些悖论。这些悖论的其中一个例子是,有着明显相似的内在禀赋的国家,如英国和德国,往往比那些有着明显不同的内在禀赋的国家,如印度和日本,更多地进行双边贸易;[①]另一个例子是,从长期来看,当假设要素禀赋会越来越相似时,贸易并不会减少。

2.2　家庭中的性别分工

尽管在所有社会中,普遍存在的男女之间在市场和家庭领域的明确分工部分源于专业化投资所带来的收益,但两性之间的本质差异也是个不容忽视的原因。当一个男人的精子使一个女人的卵子受精时,他就完成了对生育孩子的生理贡献,而在此之后,女性则控制了孕育过程:她为胎儿提供居所和养料,生下婴儿,并用自己的奶水哺育新生儿。这样的繁殖过程在脊椎动物间普遍存在:不仅哺乳类,而且鱼类、爬行类、鸟类和两栖类也通过两性互动进行繁殖(Ghiselin, 1974, Ch. 3, 4; Wilson, 1975, p.315)。

在生物学意义上,女性不仅肩负了生养哺育孩子的重担,也在更为隐性的方面承担着照料孩子的责任。[②]而且,女性往往愿意在照料她们的孩子上花费大量的时间和精力,因为她们想使生育过程中付出的投入有所回报。另外,相对于从事其他活动,一个母亲在继续生育时更容易照看她年长的孩子。这种生和养之间的互补性一直很重要,因为直到 19 世纪,基本上所有女性都花费一生中大部分的时间和孩子待在一起。实际上,就在最近的1880 年,美国女性平均生育了 5.4 个孩子(见 U.S. Bureau of Census, 1975c, p.53, 1910 Census)。男性本能地更不愿意照顾孩子,而更愿意把时间和精力花在获取食物和衣物、保护他人和其他市场活动上。

根据男女之间的生理差异,我们能得到一个并不十分令人惊奇的结论,即在生育照看孩子方面,以及可能在一些其他的家庭消费品的生产和市场活动中,家庭成员的性别是一个很重要的区分指标。具体分析来说,这些差异可以通过以下假设进行区分,即在对人力资本进行相同的投资时,女性在家庭或市场中的一小时时间并不完全等同于男性的一小时时间。男女之间的这些差异说明,家庭结构和家务分工的某些方面无法仅用专业化人力资本投资优势进行解释。

如果在进行相同的人力资本投资时,女性相对于男性来说在家庭活动中具有比较优势,则一个兼具两性成员的有效率的家庭会将女性的时间主要投入家庭活动中,而把男性的时间主要投入市场活动中。实际上,如果男女的时间互相能以不同的比率进行完全替代,那么不管哪一方都会在家庭或市场的一个方面实现完全专业化。③只有男性或者只有女性的家庭效率较低的原因是,他们无法从比较优势的性别差异中获利。

这样一来,两性在比较优势上的生理差异不仅解释了为什么家庭通常有男有女,还说明了为什么女性通常将时间用于生养孩子及从事其他家庭活动,而男性把时间用于市场活动。这种性别分工存在于几乎所有的人类社会中,也出现在大部分其他卵生生物种中(Barash,1977,pp.188—217)。

先前针对性别专业化投资的研究揭示,女性往往倾向于对能够增强其在家庭领域内效率的人力资本进行投资,比如在育儿、家务管理和家庭健康管理等方面,这部分是因为她们在日常生活中较多地参与此类活动。与此相对,男性则更倾向于对有助于提升其在劳动力市场竞争力的人力资本进行投资,如职业技能培训、工作经验积累以及职业网络构建等,这部分是由于他们在职业生涯中投入了大量的时间和精力在市场活动上。在专业化投资中的这种性别差异强化了任何由生理原因引致的市场与家庭间的性别分工,并且很大程度上增加了将传统的男女劳动分工中的生理因素从环境因素中分离出来的困难性。

由于两性生理特质不同,男性和女性的时间能以不同的比率互相完全替代的假设是不现实的。实际上,在性生活、生育孩子及其他可能的家庭消费品的生产活动中,二者的时间是互补的。互补性表明有男有女的家庭比只有同性成员的家庭更有效率,但因为男女需要共同生产某些消费品,互补性减少了在时间和投资分配方面的性别分工。

引入互补性改变了比较优势的观点。如果当男女双方在家庭中投入同等的时间并且进行相同的人力资本投资时,在家庭活动的边际产品与市场工资率的比率这一指标上,女性高于男性,那么当男女之间存在互补性时,可以说女性在家庭中具有比较优势。具备这样比较优势的女性相较于男性会把更多的时间花在家庭中,而较少地花在劳动力市场中。同时,双方的时间互补性越弱、替代性越强,时间分配差异就越大。由于专业化投资取决于时间分配,当比较优势的差异变大、互补性减弱时,男性和女性的人力资本投资更凸显了他们的生理差异。

很明显,比较优势和人力资本投资中的差异比互补性更重要,因为传统上女性相较于男性在家庭中花费了更多时间。然而互补性并非不重要,尤其在现代社会中;女性更少地专注于家庭活动,而男性却为家庭花费了更多的时间。

由于投资差异会强化生理差异,所以,要把生理的比较优势与专业化投资分开并不容易。除此之外,将二者分离还有一个难点。由于专业化投资在男孩、女孩还很小的时候就已经开始了(年龄越小,人力资本投资回报率越高,见第1章),它强化了孩子们一般要到青少年甚至更晚时候才完全显露的生物学倾向。如果只有一小部分女孩在生理方面适合市场活动而不是家庭活动,同时只有一小部分男孩在生理方面适合家庭活动,那么在没有给定相反的初始信息的情况下,最优策略为在所有女孩身上主要进行家庭资本投资,而在所有男孩身上主要进行市场资本投资,除非存在偏离常态的情况。

这样,对具有"正常"倾向的孩子进行人力资本投资会强化他们的生理特征,而他们会逐渐专注于通常的性别分工。而另一方面,对"偏常"的孩子的投资与他们的生理倾向不一致,其投资的净回报是不确定的。对一些人来说,他们的生理倾向可能占主导地位,这样他们会寻求一种偏常的劳动分工,即男性从事家务,而女性进入市场工作。④然而对另一些人来说,他们的人力资本投资占主导地位,这样他们会更倾向于采用传统的性别分工,虽然分工程度相较于常人而言更弱。如此推测,对那些生理上偏常的人来说,人力资本投资和生理倾向之间的差异是导致其冲突甚至痛苦的一个缘由。

请注意,在上述分析中,父母和社会并非不理性的,他们也不愿意歧视"偏常"的孩子。相反,当他们对孩子的生理构造和正常体质发生率远远更高这一事实并不完全了解的情况下,作出了理性的、非歧视的回应。如果偏常的生理倾向更为普遍,或者说在孩子年龄更小的时候显露出来,那么我们可以推测偏常的投资将会更为普遍。

专业化投资和时间分配与比较优势中的生理差异共同暗示了,已婚男性会专注于市场活动,而已婚女性会专注于家庭活动。因此在市场上,已婚男性的工资率高于已婚女性,部分原因在于女性在家庭中花费了更多时间,积累了更多的家庭人力资本。表2.1显示,美国已婚男性的平均小时工资比已婚女性高60%,而已婚男性将更多的时间用于工作,用于照顾孩子和做家务的时间较少。

由于单身人士预料到未来的婚姻中会进行性别分工,在工作的单身男性有可能比在工作的单身女性更专注于市场活动。然而,单身人士并不能轻易利用性别分工的优势,因为他们还没有配偶。表2.1表明单身男性在市场

表 2.1　美国劳动力市场中按性别和婚姻状况区分的工资收入、工作小时数及周数

	男性	女性
1970 年平均小时工资		
单身（从未结婚）	3.53	3.07
已婚（现为夫妻）	4.79	2.98
1977 年平均工作小时[a]		
单身（从未结婚）	35.6	32.5
已婚（现为夫妻）	43.5	34.2
1977 年平均工作周数[b]		
单身（从未结婚）	27.2	24.2
已婚（现为夫妻）	41.0	22.5

注：a.仅指非农业人口；b.包括劳动力以外的人口。

资料来源：小时工资数来自 Polachek（1978，p.119），工作小时数根据美国劳工统计局（1979，Table A.6，A.9）公布的数据及其提供的其他数据计算得到。

上的工资率和每周工作的小时数以及工作周数均高于女性，尽管这些差异远远小于已婚男性和已婚女性之间的差异，因为相较于已婚男性，单身男性大体上工作的时间更短、每小时收入更低，而单身女性倾向于比已婚女性工作时间更长且时薪都更多。

女性工资率低，至少部分原因在于她们相较于男性更少地对市场人力资本进行投资，而女性在家庭中单位时间的生产力更高，部分原因是她们相较于男性更多地对家庭资本进行投资。在青少年和老年时期，女性的时间价值比男性更低；但在育龄高峰期，女性非常忙碌并且还要进行生产，其时间价值比男性更高。由于当家庭时间价值较低时女性更有可能进入劳动市场，所以，我们会从她们在劳动力市场较低工资的情况中得到一个关于所有女性相较于所有男性的时间价值的错误推断。

图 2.1 即用典型的男女年龄-工资率曲线和一条当把所有时间都投入家庭时女性的年龄-家庭生产力曲线说明了这一点。女性在年龄 t_1 前和年龄 t_2 后会成为劳动力，因为在这些时段她们的工资率高于她们的家庭边际生产力。这些时段内，女性会将足够多的时间投入市场活动，以使得她们的家庭边际生产力与工资率持平。显然，在图 2.1 中，待在劳动力市场中的女性的单位时间价值比男性的低。然而，从 t_1 到 t_2 这段时间内，女性不作为劳动力，因为她们将时间花费在家庭中更有价值；另外，从 t_3（$t_3 > t_1$）到 t_4（$t_4 < t_2$）

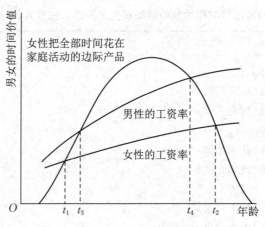

图 2.1　男女时间价值的生命周期变化

这段时间内,她们在家庭中的时间比男性在市场中的时间更有价值。在图 2.1 中,女性一生中时间的平均价值不一定低于男性的平均时间价值,即使她们在劳动力市场中工作时的时间价值较低。

第 3 章展现了当婚姻的主要目的是孩子的数量时,相较于男性,女性进行人力资本投资的动机更弱;而当孩子的质量很重要时,双方投资于人力资本的动机更为相似。在强调孩子数量的贫穷国家,女性接受的学校教育的确远少于男性;而在强调孩子质量的富裕国家,两性接受的学校教育大体相仿(见表 3.1)。因此,在贫穷国家,女性的平均时间价值往往低于男性;而在富裕国家,二者更为相近。一些对富裕国家人们行为的解释会假定女性的时间价值远远不如男性的有价值,而这可能是受了女性在劳动力市场中的工资较低的误导。⑤

任务的专门化,如男女之间的分工,意味着人们在完成某些任务时要依赖他人。传统上,女性依赖男性以获得食物、住所和保护,而男性依赖女性生养孩子、管理家务。所以,男女双方都会因为"婚姻"而生活得更好。"婚姻"是指为了在一个共同的家庭中生育后代、获得食物及生产其他消费品,由男女双方缔结的一种书面的、口头的或约定俗成的长期契约。⑥

已婚男女之间劳动分工的本质缘由意味着男性比女性更容易同时与多个伴侣形成婚姻关系(一夫多妻制),或者更容易抛弃伴侣、结束婚姻关系(见第 3 章和第 10 章)。因此,婚姻法和婚约长期以来主要保护专职家庭妇女免遭离婚、被抛弃和其他不公正待遇。比如,伊斯兰教法规定一夫多妻制下男性的所有妻子都必须被同等对待,且当丈夫没有理由地解除婚约时,新娘的嫁妆要被全部或部分返还(Goode,1963,pp.155ff.);又或者,犹太婚约对丈夫解除婚约时或去世时应向妻子支付的金额作了规定;⑦盎格鲁-撒克逊法要求丈夫给拖儿带女的离异妇女提供赡养费和子女抚养费。

男女在生育孩子过程中的生理差异,以及会强化这种差异的对市场或家庭技能的专业化投资,解释了为什么在所有社会中婚姻都是一种很重要的机制。表 2.2 展现了婚姻在各种家庭组织形式中的主导地位以及婚姻与养育孩子的紧密联系。比如说,第 8 列显示不同国家或地区在不同时期有婚姻关系的夫妇占全部家庭的百分比;例如,16 世纪英国为 71%,殖民地时期美国为 94%,1970 年美国为 69%,印度农村地区为 85%。第 7 列显示不同国家有小孩的家庭占全部家庭的百分比;例如,16 世纪英国为 72%,殖民地时期美国为 87%,现代美国为 46%,印度农村地区为 84%。很多没有孩子的家庭要么计划着生孩子,要么就是孩子已经被抚养成人,另立门户。比如,从第 3 行和第 4 行我们可以看出,美国 83% 由育龄期男性主导的家庭有孩子,而有孩子的家庭在家庭总数中只占 46%。

事实上,所有已婚夫妻都亲自养育孩子,而不是在各自的家庭中雇人进行照料(就像柏拉图多年前建议且如今在基布茨实践的那样),也不是收养别人生的孩子。⑧当然,大多数社会都禁止买卖儿童,但有些地方要禁止此类不寻常的事并不困难。假定一个人对"自己亲生的孩子"存在偏好,无异于假定其偏好美食或者其他任何能带来效用的消费品。幸运的是,对亲生孩子的需求——每个家庭的显著特征,并不用假定而是可以推断出来。

生产完孩子的女性可以用自己分泌的乳汁作为孩子的食物,并且相较于在市场中工作时,其在家中能更容易照顾年幼的孩子。⑨另外,如果不能掌握足够的抚养权,大多数女性都不愿意花费这么多时间、精力和感情,冒着这么大的风险生孩子。想必父母和孩子之间的基因相似性进一步强化了对亲生孩子的需求。

人们更想要自己的孩子,也是因为在对孩子进行投资时所掌握的关于孩子的信息具有价值。相比领养的小孩,了解亲生孩子更为容易,因为父母和亲生孩子有一半的基因是相同的,且父母很清楚亲生孩子婴幼儿时期的健康等情况(见第 5 章关于孩子市场的讨论)。这可能也解释了为什么同为孤儿,兄弟姐妹或其他近亲的孩子比陌生人的孩子更容易被收养(Goody,1976),甚至还可能解释了为什么被收养的孩子对于已婚夫妇的价值更低。

表 2.2　不同国家或地区在不同时期每个家庭的人口数

	(1) 平均家庭规模	(2) 家庭规模标准差	(3) 变异系数	(4) 偏度 A	(5) 偏度 B	(6) 平均家庭人数 (%) [d]	(7) 有子女家庭 (%) [b]	(8) 由已婚夫妇仍为户主的家庭 (%)	(9) 单人家庭 (%)	(10) 有 9 人以上的家庭 (%)
中国台湾地区,1975 年	5.27	2.11	0.40	0.20	0.79	NA	NA	NA	3.1	6.0[c]
印度,1970—1971 年	6.64	3.61	0.54	0.25	1.20	69.0	84.4	85.3	2.7	16.0
美国,1970 年,集体户除外	3.11	1.82	0.58	0.20	1.07	89.4	46.4	69.0	17.5	0.5
美国,1970 年,35—44 岁男性为户主	4.58	1.94	0.42	0.20	0.88	94.1	83.4	91.7	5.0	1.5
叙利亚,1970 年	5.91	3.00	0.51	0.15	0.67	NA	NA	NA	5.7	11.8
泰国,1970 年	5.82	2.81	0.48	0.03	0.88	NA	NA	NA	3.2	8.2
美国摩门教区,1860 年	5.54	3.15	0.57	0.14	1.16	70.0[a]	85.1	86.7	4.0	8.7
法国,1778 年	5.04	2.55	0.51	0.14	0.97	80.3	77.3	71.0	0	5.0
塞尔维亚,1733—1734 年	5.46	2.92	0.54	0.33	1.14	62.6	76.5	82.2	3.1	8.2
日本,1713 年	4.97	2.49	0.50	0	0.83	72.2	81.9	64.0	7.1	5.0
殖民地时期美国,1689 年	5.85	2.88	0.49	0.14	0.99	86.2	87.0	93.9	4.0	9.1
英国百个社区,1574—1821 年	4.75	2.56	0.54	0.33	0.99	76.9	74.6	70.4	5.6	5.0
英国,1599 年	4.75	3.35	0.71	0.43	1.44	72.2	71.8	71.0	9.1	5.0
佛罗伦萨(图斯卡尼),1427 年	3.92	2.42	0.62	0.14	0.94	NA	NA	58.3	20.5	NA

注：(1) NA 表示无数据。

(2) 偏度 A＝[(90%—50%)—(50%—10%)]/(90%—10%)，偏度 B＝$\left(\dfrac{\sum \dfrac{[X_i-\overline{X}/\delta]^3}{N}}{}\right)^{\frac{1}{3}}$，其中 $\overline{X}$ 为平均数，δ 为标准差，N 为抽样数目。

(3) a.指 18 岁以下的孩子；b.指美国的 18 岁以下与户主有亲属关系的家庭成员，印度的 14 岁及以下的家庭成员，其他文化中的家庭未婚子女，但不包括仆人；c.指有 8 人以上的家人；d.指的家庭包括户主、户主妻子及孩子。

资料来源：美国人口普查局发布的《1970 年人口普查》，15%县区抽样；美国人口普查局发布的《1947 年人口普查》的表 24，中国台湾地区预算局发布的《1976 年年报与统计》的表 1.7，表 1.8，表 1.10，表 1.13；以及布莱克赫斯特的私人通信与华莱士·马希贾 (Makhija) 与华莱士；Laslett (1972) 和 Klapisch (1972)。

从生物学角度而言，由于每个女性的生育能力有限，只能拥有少数亲生孩子，[10]加上一夫多妻制的发生率受限于男女性别比和其他条件（参见第3章），一个包括父母和他们亲生孩子的核心家庭通常规模较小。比如，表2.2显示即使是在采取一夫多妻制的摩门教徒家庭中，平均家庭人口总数也不到6人。

2.3　推卸责任、家庭规模和劳动分工

我在上文中假设一个家庭会把成员分配到不同的投资和活动中去，以使得家庭消费品的产出最大化，而不考虑激励机制。然而，家庭成员的偷懒、欺骗、偷窃及其他越轨倾向并不容易被觉察，因为生理因素和投资专业化所导致的劳动分工预设了一个家庭的产出是由成员各司其职生产的。

家庭中的越轨行为并不只是一种理论假设，而是已经在现实中存在了上千年。《圣经》告诫丈夫要信任妻子："尽信其妻，不愁无获。"（《箴言书》31：11）犹太婚约有时会明文规定丈夫应该信任妻子：她"完全、绝对可信赖"或"她对任何事情的陈述都值得信赖"（出自中世纪的两份婚约）。妻子的可信度有时会遭到质疑，部分是因为劳动分工及其不牢靠的忠诚："由于妻子和其父系家庭紧密联系，她可能会被怀疑从其夫家偷窃"或"由于妻子的收入主要来源于缝补衣物、纺纱或编织，或者向其他妇女推销，她的丈夫很难知道她实际的收益，因此可能心中生疑"。当然，新郎也经常不受信任，比如，有份婚约规定："以其父之名，为之担保"（Goitein, 1978, pp.143—145）。

女性不贞在很多传统社会中是大忌，这主要是因为男性不愿意抚养非亲生的孩子。这些社会试图通过限制女性的机会来控制不贞行为发生的概率，例如，穆斯林女性就被隔离开来，或者被要求在有别的男性在场时掩盖脸庞、手臂和腿；又比如，已婚的犹太妇女必须剪去自己的头发并佩戴假发。

一个理想的家庭包括父母、未婚子女和已婚儿子的家庭，然而推卸责任和缺少信任通常使这类家庭不得安宁：

> 只有富人偶尔能实现这种理想状态，而在穷人中，两个娶了妻的兄弟很少在父亲去世后还同居一室。妯娌双方都坚信轮到对方在做饭时她会偏袒自己的孩子，或者她会偷懒不干活。在两兄弟的母亲还活着且能管事的时候，她还能控制，或者至少能调解厨房里的争端，但是任何

争端中吃亏的那一方准会对她丈夫吹耳边风，说他父母偏袒他兄弟的孩子。(Wolf，1968，p.28)

以及：

然而，她受不了一个学了城里人言行的男人（她丈夫的兄弟）穿得比一个农民（她的丈夫）好……于她而言，这只不过说明了家里的部分人忙忙碌碌，而另一部分人（她丈夫的兄弟）生活轻松。(Wolf，1968，pp.142—143)

不同社会中家庭内的越轨行为会受到各种惩罚，如罚款[11]、断绝夫妻关系、宗教诅咒(Goitein，1978)，以及羞辱通奸者等其他方式(参见 Hawthorne，1864)。此外，由于在一些社会中，父母和兄弟姐妹要对外嫁（或入赘）的亲属的行为负责，因此他们有动机对家庭成员的越轨行为负责。再者，有时候一位德高望重的人会被指派为家庭或家族的户主，并被要求裁定争议，惩罚不端。

如果某个人动不动就酩酊大醉，花钱大手大脚、入不敷出，秘密幽会或表现出其他可疑迹象，人们会怀疑他有推卸责任、偷窃或其他越轨行为。因此，出于维护家庭利益的考虑，通过侵犯个人隐私的方式来收集有关家庭成员越轨行为的证据(参见第 11 章的更多拓展讨论)。这说明专业化和劳动分工实际上可能会侵犯成员的隐私，因为他们的行为要经受更仔细的督查以保证其没有越轨迹象。

如果说考虑到专业化与越轨行为的这种关系，更高的专业化的确会减少家庭成员的隐私，并且如果隐私的边际效用为正[Posner(1979)讨论了隐私作为一种商品的情况]，那么家庭就需要权衡是要高度专业化所带来的更高产出，还是要尊重家庭成员的隐私，并决定最优的专业化程度和隐私保护程度。美国单身人士，尤其是老年寡妇的独居家庭数量增长，便体现了这种权衡。在过去的三十年间，由于生育率急剧下降，以及幼儿园和托儿所的流行，丧偶的父母在他们子女家中担任保姆、厨师等角色的重要性下降了。另外，社会保障金减少了从孩子到他们父母的转移支付。因此，与孩子同住的好处减少了，在这种情况下，人们在权衡隐私和专业化产出时也更倾向于选择隐私(参见 Michael et al.，1980)。

大型家庭中更高程度的专业化分工所带来的越轨行为和隐私问题导致了家庭规模不经济。[12]如果这一效应很重要，那么家庭规模就会远远小于我们通过对专业化投资和劳动分工的分析所得出的合理规模。事实上，在所有社会中,实际的平均家庭规模都比较小。对于表 2.2 中所展现的 15—20 世纪西欧、东欧、亚洲和美国的诸多社会而言,平均家庭规模均少于 7 人,只有在印度农村才会超过 6 人。[13] 此外,表 2.2 第 6 行显示仅包括家长、其妻子和孩子的核心家庭通常占据了总数的 70% 以上。

我们可以将企业的规模与家庭规模做比较。表 2.3 中的数据表明,零售、采矿、农牧和法律行业中有超过一半的企业雇员少于四人,零售业中超过三分之一、农牧业中约三分之二的企业没有带薪雇员。零售、农牧、法务行业中企业的平均规模小于印度农村、殖民地时期的美国和犹他摩门教徒的平均家庭规模。

然而,数据也说明了,大企业比大家庭更为普遍。制造业中约 50% 的企业和批发业中约 29% 的企业拥有超过 9 名雇员,而拥有超过 9 名成员的家

表 2.3 美国不同部门每个企业领取工资的雇员的人数

	制造业,1972 年	零售服务业,1967 年	批发服务业,1967 年	采矿业,1972 年	律师事务所,1972 年	农业(季节工人),1969 年
(1) 企业平均规模	57.7	5.4	11.3	23.6	1.9	1.9
(2) 企业规模的标准差	254.5	17.8	27.7	88.5	6.9	6.9
(3) 变异系数	4.4	3.3	2.5	3.8	3.7	3.7
(4) 偏度 A	0.9	1.0	0.8	1.0	0.5	1.0
(5) 偏度 B	2.5	2.2	2.7	2.5	2.6	2.1
(6) 雇员均不领工资的企业百分比(家庭农场)	NA	36.5	4.1	NA	48.3	64.7
(7) 领工资的雇员人数少于 4 人的企业的百分比	35.9*	68.9	42.5	51.3*	85.8	90.6*
(8) 领工资的雇员人数多于 9 人的企业的百分比	49.2	12.7	28.6	35.0	3.2	4.4

注:(1) NA=无可用资料,* =少于 5 个雇员。

(2) 偏度 A=$[(90\%-50\%)-(50\%-10\%)]/(70\%-10\%)$,偏度 B=$\left(\dfrac{\sum[(X_j-\bar{X})^\delta]^3}{N}\right)^{\frac{1}{3}}$,其中 $\bar{X}$ 为平均数,δ 为标准差,N 为抽样数目。

资料来源:U.S. Census Bareau(1971a, 1971b; 1973a; 1975a, 1975b)。

庭,在印度农村仅为 16%,在美国不超过 1%。表 2.2 显示,13 个社会中家庭规模的变异系数在 0.40—0.65,8 个社会中家庭规模的变异系数在 0.50—0.59。[14] 相比之下,表 2.3 所示的所有行业中企业规模的变异系数都超过了 2.4,其中有四个行业的变异系数大于 3.7。如表 2.2 和表 2.3 的第(5)行所示,企业规模的分布相比家庭规模的分布右偏程度远远更高。

图 2.2 和图 2.3 所刻画的分布清晰地显示出大企业远比大家庭普遍。家庭规模的分布通常爬升至顶点,然后缓慢降低。企业规模的分布迅速达到顶点,然后非常平缓地下降,呈现出长尾分布的特征。

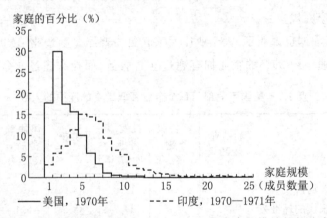

图 2.2　美国 1970 年、印度 1970—1971 年家庭规模的频数分布

注:这些分布被截成直方图。
资料来源:见表 2.2。

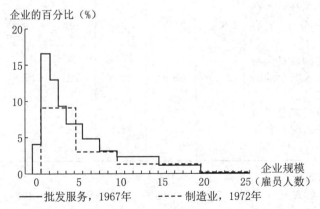

图 2.3　1967 年批发服务,1972 年制造业企业规模的频数分布

注:这些分布被截成直方图。
资料来源:见表 2.3。

我们可推断企业有着更强的动机去扩大规模,以从更高程度的专业化分工中获利,因为公司相对来说更依赖资本:公司的非人力资本与劳动力的比率大约是家庭中这一比率的8倍(Michael, 1966)。⑮另外,由于隐私问题所导致的规模不经济在市场中的影响可能小于在家庭中的影响。⑯公司股东和其他剩余收益获得者通过限制雇员和消费者的越轨行为来获取收益;然而,家庭成员发生越轨行为的可能性较小,因为家庭中的利他主义比企业中更为普遍(见第8章)。事实上,很多只有几个带薪雇员的企业有可能是由家庭经营的,他们依靠互助以及利他主义来有效率地组织生产。

附录　人力资本、成就与性别劳动分工 *

在过去三十五年间,西方国家已婚妇女的劳动参与率有了极大的提升。一开始这种趋势集中体现在高龄妇女之中,但最终它扩散到了有着年幼孩子的年轻妇女中。尽管本附录不会着重分析这种趋势的原因,总结出一个女性劳动参与率增长的实证研究(如 Smith and Ward, 1985; O'Neil, 1985),加以验证的“经济学”解释,仍然是有用的。

在20世纪,已婚女性劳动参与率的增长可以归因于多重因素。首先,随着西方经济结构的变化和服务业的迅猛发展,新的就业机会大量涌现,为女性提供了更多进入劳动力市场的可能。这不仅拓宽了女性的职业道路,也显著提升了她们获得经济独立和稳定收入的能力。当女性的经济收益能力提升时,她们投入家庭活动,特别是照顾孩子和家务劳动上的机会成本随之增加,进而起到了鼓励人们(尤其是女性)减少用于养育孩子的时间的作用。这两种变化都提高了已婚女性的劳动参与率。

随着已婚女性收入的增加和劳动参与率的提高,婚姻的回报减少了,相应地,离婚的吸引力也增强了,因为家庭内部性别劳动分工的优势变小了。这种解读也暗示了,离婚率会长期显著提高。婚姻所带来的回报的降低也反映在“共同联盟”(同居的未婚伴侣)以及由女性主导的家庭的数量的显著增长上,甚至在某种意义上讲,它对近几十年间更高的非法出生率与合法出

---

　　* 本附录最初刊登于《劳动经济学杂志》(*Journal of Labor Economics*)1985年第3期,第533—558页。征得同意后,在形式上稍作改动,重载于此。

生率的比率也存在一定的影响。

女性的劳动参与率、生育率和离婚率还在其他诸多方面相互作用。比如，当离婚的可能性更高时，生育率也就随之下降，因为在离婚后照料孩子会更加困难。有证据显示，那些预见到相对更高的离婚可能性的伴侣生育的孩子确实更少（参见 Becker et al., 1977）。离婚率的升高也影响了女性的劳动参与率，这不仅因为离了婚的女性会更充分地参与劳动，也因为已婚妇女会考虑到可能的离婚所带来的财务危机，出于自我保护而更多地参与劳动。

这个解释的一个困难是，发达国家的经济和女性收入能力在 1950 年以后就放缓增长了，然而离婚率和已婚妇女的劳动参与率在那之后有了更为急剧的提升。我暂且认为女性增强的收入能力对劳动参与率、生育和离婚率的门槛效应在很大程度上助长了这一趋势。随着女性收入能力的不断增长，生育率会不断下降，直到花在照顾孩子上的总时间降至一定水平，使得已婚女性能够在第一个孩子出生前和最后一个孩子出生后进行充分的劳动参与。这样女性便有更强的动机对市场导向的人力资本进行投资。这种资本能增强她们的收入能力，提高劳动参与率和离婚率，并加速生育率的降低。

在过去三十五年间，美国和其他诸多（但并非全部）西方国家（Gregory et al., 1985；Gustafsson and Jacobsson，1985）中女性的小时工资相对男性的小幅增长对性别收入差异的人力资本解读来说是一种障碍，因为这种解读似乎意味着已婚女性劳动参与率的提高会引致其更多地对能提高市场收入的人力资本进行投资。然而与之相反，劳动参与率的提高可能暂时降低了女性的工资，因为供给增加通常会使价格下降，并且刚开始的时候女性的平均工作年限有所降低，同时由于在职培训的增加，女性的显性工资会暂时减少（参见 O'Neill，1985；Smith and Ward，1985）。

然而，尽管没有直接展现，但确实有证据表明即使男性和女性的劳动参与率相同，他们的收入也会不同。一些人推断劳动力市场中存在着对女性的实质歧视，英国的 Zabalza 和 Tzannatos（1985）的证据可能可以支持这一观点。这些作者认为，养育孩子、准备食物和完成其他家务的责任也阻止了女性的收入获得更快速的提升。

照顾孩子等家务繁重冗杂，限制了女性从事需要出差或加班的工作。本节建立起的不同活动的精力分配模型刻画了家务活动的这些影响。如果照顾孩子和其他家务相对于休闲和男性的其他非市场活动而言需要更多"精力",那么有家务责任的女性相对男性而言可用于市场活动的精力就更少。这会减少已婚妇女的小时工资,影响她们的工作和职业,甚至降低她们对市场人力资本的投资,即使她们用于市场活动的时间和已婚男性一样。这样一来,已婚妇女的家务责任可能就是男女之间工资差距和职业隔离的根源之一。

在下一节中我将建立起一个模型,以对本质上相同但投资的人力资本类别不同的家庭成员之间的最优劳动分工进行描述。对于特定人力资本的投资会使得回报增加,这鼓励成员之间进行分工。这种分工会强化由性别歧视等其他原因所导致的男女之间在市场和家庭活动中的生产力差异。接下来,我将对个体在不同活动中的最优精力分配建立模型。从中将衍生出很多推论,包括对花费在不同活动上的时间的价值衡量,鼓励精力生产的外在力量,尤其是一个描述每项活动的单位时间精力最优供给的非常简单的等式。紧接着,我将把对专业化投资和对精力分配、生产的分析应用到已婚男女的收入和职业差异问题上去。我将展示承受着照顾孩子、完成家务的重担的女性获得的收入比男性少,会选择与男性"隔离"的工作和职业,甚至即使在已婚男女在市场中工作的时长相等的条件下,她们对市场人力资本的投资也更少。

2S.1 人力资本和劳务分工

人力资本的分析方法一开始就认为,对与某一特定活动相关的人力资本投资的意愿与花费在该活动上的时间呈正相关(见 Becker,1964,pp.51—52,100—102)。这一观点很早就被用来解释为什么经验上已婚女性比已婚男性赚的少得多,因为已婚女性的劳动参与远比已婚男性少(Oaxaca,1973;Mincer and Polachek,1974)。

然而,人们并没有立即认识到,对于专业化人力资本的投资会使得收益递增,从而激励人们进行劳动分工,即使对于那些基本上完全一样的人来说也是如此。本书第 2 章对此进行了论述,说明了对特定活动的人力资本投资所带来的规模经济会鼓励特征相同的家庭成员进行专业化投资,并分别在不同的活动上分配时间。我在这里也认为,专业化投资所带来的优势(的理论)相比传统的强调要素供给差异的观点,能够为国际贸易中的比较优势提供更多洞见。本小节将用一个深受 Rosen(1982)和 Gros(1983)影响的简单模型,阐述规模收益递增和专业化投资优势。

假设一个人从 m 项市场活动中的每一项所获得的收入,均与其在该项活动上花费的时间及其与该项活动相关的特定人力资本存量成正比:

$$I_i = b_i t_{wi} h_i, \quad i = 1, \cdots, m \tag{2S.1}$$

其中 h_i 是仅适用于活动 i 的人力资本存量。为了进一步简化,假设为了生产 h_i 所需的唯一投入是时间 t_{hi}:

$$h_i = a_i t_{hi}, \quad i = 1, \cdots, m \tag{2S.2}$$

如果用于所有工作和投资活动的总时间是固定的,那么:

$$\sum_{i=1}^{m} (t_{wi} + t_{hi}) = \sum t_i = T \tag{2S.3}$$

其中 $t_i = t_{wi} + t_{hi}$。通过对从所有活动中获得的收入进行加总,并代入方程式(2S.2),可得:

$$I = \sum I_i = \sum c_i t_{wi} t_{hi} \tag{2S.4}$$

其中,$c_i = a_i b_i$。

由于每项活动所获得的收入都取决于工作产出和投资时长,当每项活动的时间相等时,总收入得到最大化:

$$I = \frac{1}{4} \sum c_i t_i^2 \tag{2S.5}$$

该等式当 $t_{hi} = t_{wi}$ 时成立。对一项活动(t_i)投入的总时间所带来的收益递增,源于积累人力资本的成本与使用该资本的时长不相关的事实。收益递增意味着当所有的时间都花在同一项活动时,收益实现最大化:

$$I^* = \frac{c_k}{4} T^2 \tag{2S.6}$$

其中对于所有的 i 来说,$c_k \geqslant c_i$。完全精专于一项特定"活动"的人力资本投资的例子包括博士、牙医、木匠、经济学家等。

这些公式也适用于在规模报酬不变的情况下对消费活动的时间分配,其中有效率的时间投入与特定于消费的人力资本及花费的时间成正比,如方程式(2S.7)所示:

$$Z_i = b_i t_{zi} h_i \tag{2S.7}$$

如果 $h_i = a_i t_{hi}$，那么：

$$Z_i = c_i t_{zi} t_{hi} \tag{2S.8}$$

当在生产和投资上花费的时间相同时，每件消费品的产出实现最大化：

$$Z_i^* = \frac{c_i t_i^2}{4} \tag{2S.9}$$

其中 $t_i = t_{zi} + t_{hi}$。

如果效用函数是这些消费品的一个简单的里昂惕夫（Leontief）函数：

$$U = \min(Z_1, \cdots, Z_m) \tag{2S.10}$$

并且对于所有的 i 来说，如果 $c_i = c$，那么对每件消费品分配同等的时间，效用就会实现最大化：

$$U^a = Z_i^* = \frac{cT^2}{4m^2} \tag{2S.11}$$

这一间接效用函数以固定比例与可支配总时间成正相关，与生产和消费的消费品的数量成负相关。

如果其他成员也生产同样的消费品，那么生产和消费将失去联系。为了消除任何内在的比较优势的影响，我假设所有人本质上都基本相同。即使在有效时间内所有消费品的生产函数均有着规模报酬不变的特性，人们仍然可以从交易中获益，因为每个人都可以将精力集中到小部分消费品的投资和生产上，并通过交易换取其他消费品。通过减少所生产的消费品的数量，每个人都可以从花费在一件消费品上的总时间所带来的规模报酬递增中获利［见方程式(2S.9)］。比如说，如果两个人各自生产一半的消费品，并以一比一的比率将他们的剩余产品进行交换，那么每件消费品的产出等于：

$$Z_i^1 = \frac{cT^2}{4(m/2)^2}, \quad i = 1, \cdots, \frac{m}{2}$$

$$Z_j^2 = \frac{cT^2}{4(m/2)^2}, \quad j = \frac{m}{2} + 1, \cdots, m \tag{2S.12}$$

由于他们交换了一半的产品，每个人的间接效用函数就变为：

$$U^t = \frac{1}{2} \frac{cT^2}{4(m/2)^2} > \frac{cT^2}{4m^2} = U^a \tag{2S.13}$$

对于特定人力资本进行的投资所带来的递增收益，是增加"市场范围"

的益处的源头。交易使得对投资的劳动分工成为可能,从而有效地拓宽了市场,增进了本质上类似的交易者的福祉。这个例子中,从专业化和交易中获得的收益与交易者的数量成简单比例关系;$p(p \leqslant m)$个交易者中的每一个,都会专注于m/p件消费品,并且生产:

$$Z_j^k = \frac{c}{4} \frac{T^2}{m^2} p^2, \quad j \in \frac{m}{p}, \quad k = 1, \cdots, p \leqslant m \qquad (2S.14)$$

如果产出的第$(p-1)/p$件产品被用来等比例交换另一件产品,那么效用水平就会和交易者的数量成正比:

$$U^t = \frac{1}{p} Z_j^k = \frac{c}{4} \frac{T^2}{m^2} p, \quad p \leqslant m \qquad (2S.15)$$

图 2S.1 展示了专业化和交易对福利的影响(由约翰·米尔鲍尔提出)。一个无法进行交易的人在Z_1和Z_2之间有一条凸起的机会边界约束曲线,其特征由专业化投资的递增收益决定;当这个机会边界与其他无差异曲线(U^0)相切时,他的效用实现最大化。一个有许多本质上无差异的个体的市场有着更多机会,并且通过专业化和交易,该市场能在截距点Z_1和Z_2所连成的直线上的任意一点实现交换。如果b个人完全专注于Z_1而另$(n-b)$个人完全专注于Z_2,那么通过交易每个人都能获得$(b/n)Z_1$单位的Z_1和$(1-b/n)Z_2$单位的Z_2。这种交易机会定义了随着b从0变到n,Z_1和Z_2之间的可能性边界。由交易(U^*/U^0)所带来的福利改进取决于收益递增的程度,或者取决于一个不参与交易的人的机会集的凸点。

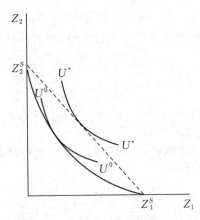

图 2S.1 专业化和贸易的收益

这一分析很容易推广至允许一连串消费品之间相互替代的情况。这样一来,任何交易方消费的消费品数量与其在生产中专业化的程度将同时取决于市场范围[参照 Gros(1983)的分析]。另外,购得品、服务以及时间都可以作为生产消费品和人力资本的投入品。接下来的命题在各种合理的推广情形中均成立。

定理 在均衡条件下,假设 n 个基本相同的个人消费了 $m<n$ 件消费品,且这些消费品是在特定人力资本的规模收益不变或递增的条件下生产的,那么每个人都会完全专注于生产一件消费品,并且只积累与该消费品相关的人力资本。其他的 $(m-1)$ 件消费品通过与其他专业化生产者进行交易得到。如果 $n(>1)$ 小于或不大于 m,或者伴随着规模收益递减,那么专业化便无法完全实现,但是某些消费品只能由一个人来生产。⑰

这一分析适用于家庭中的劳动分工和专业化,因为生育孩子、照顾孩子和对孩子投资的很多方面,以及避险、利他主义等"消费品"在家庭内部进行生产和消费,会比通过居民户之间的贸易获取更有效率。世界上大多数社会里家庭成员都会存在高度的劳动分工,尤其是以年龄和性别划分的分工。尽管女性参与农业、贸易和其他非家庭活动的程度在不同的社会中有所区别,但在几乎所有社会中女性都承担了最主要的家务,尤其是照顾孩子、准备食物方面。另外,即使女性参与市场活动,她们也倾向于从事有别于男性的活动[见 Boserup(1970)的研究为这些论断提供的来自欠发达国家的证据]。

对特定人力资本投资所带来的好处会鼓励家庭成员进行高度的分工,但这些好处本身没有说明任何有关性别分工的问题。在第 2 章中我提到,男女之间不仅在生产孩子方面,而且在对照顾孩子的贡献以及其他一些方面,存在比较优势上的内在区别。生产力上的这些内在区别决定了以任务划分的性别分工趋向,也因此强化了这些区别的特定人力资本积累中的性别差异。

一些学者并不赞同这一假设——比较优势理论中的内在差异是导致性别分工形成的关键驱动力,他们主张性别分工背后隐藏着对女性的剥削。也就是说,女性在家庭劳动中的角色并非单纯出于其在育儿和家务方面的比较优势,而是受到社会结构和权力关系的影响,这使得男性群体能够通过安排性别分工最大化自身利益。尽管我们的讨论中包含了性别差异可能导致基于比较优势的分工,但这并不排斥剥削现象的存在。在极端情况下,假如男性全面掌控家庭生产的分配决策,并确保在满足女性基本生活需求之后,将剩余产出用于男性享用(在竞争激烈的婚姻市场中,家庭产出的分配可能更为均衡),男性确实可能倾向于严格划分劳动分工,以最大化家庭总产出,从而增加自己可支配的资源份额。特别是女性在育儿和家务活动中表现出比较优势的情况下,男性很可能据此指定女性承担这些任务,这表面上看似符合效率原则,但实际上也可能掩盖了权力不对等和资源分配不公平的事实。因此,性别分工不仅仅是一个经济效率问题,它还涉及社会结构、权利分配以及性别权力关系的深层次考量。[18]

这一论断有建设性,但并不全面,因为它假设比较优势中的性别差异与对女性的剥削无关。然而,被剥削的女性在令人不太愉快的活动上具有比较优势,可能只是因为负效用的货币价值对于被剥削的(和更贫穷的)人来说更低,或者因为被剥削的人被禁止参与能消除剥削的活动。[19]

在这一附录中,我们无需在分析后得出确定性判断,因为分析思路并不依赖于女性在家庭活动中的比较优势的源头,不管是歧视还是其他因素。我们只需要明确对特定人力资本的投资会强化比较优势的效应。事实上,这一分析甚至不要求男女之间比较优势的初始差异足够大:细微的初始差异也能通过强化专业化投资的作用转变为显性的巨大差异。

这一结论与对男女间收入差异的实证分析高度相关。比如说,假设男女的基本生产力相同,但是歧视使得女性的工资比她们的市场生产力低10%。鉴于专业化会带来好处,这样的歧视会引致性别分工,其中大多数女性会专注于家庭,而大多数男性会专注于市场。这样,一个普通女性的收入就会显著低于一个普通男性的收入,比如说,女性的收入仅为男性的60%。这40%的差距可以分解为30个百分点或75%的人力资本投资差异,以及只占到25%的市场歧视。然而在这个例子中,男女的平均收入在没有歧视的情况下是相同的,因为此时不存在性别分工。更一般的情况是,歧视以及其他造成基本比较优势的性别差异的原因可以说解释了男女收入的全部差异,即使人力资本的差异看上去好像解释了大部分差异。

这一比较优势的细微差异放大为收入的巨大差异的过程,将男女之间的差异与黑人、白人和其他族群间的差异区分了开来。对黑人的一点点歧视并不会导致他们的收入锐减,因为在市场和家庭之间不存在种族分工。(然而,就算黑人男性所受到的歧视仅比黑人女性稍微大一点,这一细微差距也会放大,使得黑人男性减少的收入远远大于黑人女性减少的收入,因为黑人女性会因此在劳动力市场中比白人女性花费更多时间,而黑人男性会比白人男性花费更少时间。)这样一来,在将收入差距实证分解为歧视和其他的因素并对其进行解读时,对于男女之间的差异,我们应比对待其他群体的差异更为谨慎,因为男女劳动分工不同。

2S.2 精力的分配

发达国家中已婚女性劳动参与涨幅巨大,按道理来说这应该大大鼓励了女性对市场人力资本进行投资,而这种投资又能提高她们相对于男性的收入。但是在男女参与劳动的情况几乎相同的苏联(参见 Ofer and Vinokur,1981),收入的性别差异依然很大;而在美国,这种差异并没有减小多少。这些较大差异的存在也许证实了劳动力市场中存在着对女性的实质性歧视[参见 Zabalza and Tzannatos(1985)提到的关于英国的案例],或者由于大量缺少市场经验的女性进入,市场存在着对女性收入的相应的暂时压低(参见Mincer,1983;O'Neill,1985;Smith and Ward,1985)。

另外一个因素是女性不曾卸下的家务重担。比如说,即便苏联已婚妇女与已婚男性参与劳动力市场的时间几乎相同,但她们依旧承担了大部分照顾小孩、完成其他家务的责任。Ofer 和 Vinokur(1981)认为苏联已婚女性的收入大大低于已婚男性的收入,很大一部分原因是前者承担了这些家务重任。O'Neill(1983)有着相似的论断,他认为美国已婚女性的较低收入和职业隔离出于同一原因。有关时间约束的研究清楚地展现了女性依然承担着大部分照顾小孩、完成其他家务的责任,即便在发达国家也是如此[参见 Gronau(1976)关于以色列的案例,Stafford(1980)关于美国的案例,Flood(1983)关于瑞典的案例]。

即使女性想和男性一样参与等长时间的劳动,她们的收入反过来也会受到家庭责任的影响,因为她们会疲倦,她们必须待在家里照看生病的孩子或者处理其他紧急事务,也不太能调班加班,或是从事需要经常出差的工作。尽管很多人意识到了这些责任对女性收入和职业的诸多影响,但是,很明显我未发表的论文(Becker,1977)是唯一对其进行系统性分析的文章。该论文构建了一个把精力分配给多项家庭活动和市场活动的模型,推导出很多引论,包括一些有关夫妻之间收入差异和时间分配差异的观点。

本部分会进一步完善上述模型,并将展示不同活动的精力强度如何影响精力分配,以及精力分配如何与时间分配和对市场及非市场人力资本的投资产生交互作用。我将展现一个人增加其精力供给的动机大小正向地取决于市场人力资本和工资率的其他决定因素。

公司从每个雇员那里购买一个时间和精力的组合,而支付的工资与这个组合整体相关,而不是分别付给每单位的时间和精力。收入取决于组合整体,如方程式(2S.16):

$$I = I(t_m, E_m) \tag{2S.16}$$

其中 $\partial I/\partial E_m > 0$,$\partial I/\partial t_m > 0$,且 $I(0, t_m) = I(E_m, 0) = 0$,$E_m$ 是精力,t_m 是时间。我将 E_m 清楚地代入等式中,假设公司可以监督每个雇员投入的精力,或许使用间接方式(参见 Mirrlees, 1976;Shavell, 1979)。如果公司对于特征相同的员工所分配的时间是无差异的,那么收入就会在给定每小时付出的精力的前提下与工作时数成正比:

$$I = w(e_m) t_m \tag{2S.17}$$

其中 $\partial w/\partial e_m > 0$,且 $w(0) = 0$,$e_m = E_m/t_m$ 是每小时付出的精力。一个囊括了这些性质的简单函数为:

$$I = \alpha_m e_m^{\sigma_m} t_m = \alpha_m E_m^{\sigma_m} t_m^{1-\sigma_m} = \alpha_m t_m' \tag{2S.18}$$

其中 $t_m' = e_m^{\sigma_m} t_m$ 且 $\alpha_m = \beta_m h_m$,h_m 为市场人力资本,而工作的强度 σ_m 被假定为一常量,衡量了每小时付出精力的收入弹性。

很明显,在精力总量 E_m 保持不变的情况下,仅当 $\sigma_m < 1$ 时,工作小时数的增加才会导致收入的上升。然而,$\sigma_m < 1$ 意味着每小时消耗的精力 e_m 是相同的,因为在此条件下每小时付出精力的增加会对收入产生抵消作用。方程式(2S.18)表明收入与"有效率"的时间总量(t_m')成比例,该总量同时取决于每小时消耗的精力和工作时数。

每个公司都会选择 σ_m 和 a_m 来实现其收入的最大化——约束条件包括生产函数、来自其他公司的竞争压力、监管雇员的手段,以及 σ_m 和 a_m 对雇员努力程度的影响。我于1977年发表的论文包括了对这些决策以及市场均衡的分析。在这里我只说明 σ_m 和 a_m 之间的权衡取决于公司监督(可能是间接的)员工行为的成本,以及这两个参数对雇员努力程度的影响。

人们把工作之外的时间和精力花费在家庭之中。每个家庭都使用市场产品和服务、时间及精力生产一系列消费品:

$$Z_i = Z_i(x_i, t_i, E_i), \quad i = 1, \cdots, n \tag{2S.19}$$

如果花在家庭中的时间和精力被共同用来生产"有效率"的时间,那么 Z_i 的生产函数可以写作：

$$Z_i = Z_i(x_i, t_i') \tag{2S.20}$$

其中 $t_i' = w_i(e_i)t_i = \alpha_i e_i^{\sigma_i} t_i = \alpha_i E_i^{\sigma_i} t_i^{1-\sigma_i}$，$0 < \sigma_i < 1$ 且 $\alpha_i = \beta_i h_i$，h_i 是能提高花费在第 i 件消费品上的时间的生产力的人力资本，而 σ_i 是生产该消费品所付出的精力的强度。花费在每件消费品上的时间之和与花费在市场活动中的时间加起来必须与总的可支配时间相等：

$$\sum_{i=1}^{n} t_i + t_m = t_h + t_m = t \tag{2S.21}$$

其中 t_h 是花费在家庭中的总时间。

一个人在任何时间段所能支配的总精力可能会因为精力的生产活动以及生命周期中精力的再分配而改变。我首先假设在一个时间段内，分配给不同活动的精力的可支配总量是固定的：

$$\sum_{i=1}^{n} E_i + E_m = E \tag{2S.22}$$

其中 E 是固定的可支配总量。方程式（2S.22）也可写作：

$$\sum_{i=1}^{n} e_i t_i + e_m t_m = \bar{e} t = E \tag{2S.23}$$

其中 $\bar{e}$ 是每小时消耗的精力。由于决策变量 e_j 和 t_j 以乘积而非线性形式进入方程，因而时间的分配与精力的分配直接"相关"。

在市场产品和服务上的总开支必须与货币收入相等：

$$\sum p_i x_i = w_m(e_m) t_m + v = I + v = Y \tag{2S.24}$$

其中 Y 是货币收入，v 是来自转移支付、财产及其他与工资收入不直接相关的收入。货币收入同时受到投入市场活动的时间和精力的影响。当所有时间和精力都花费在工作上时，个体获得完全收入（S），因为我们假设工资收入与花费在消费品上的时间和精力无关：

$$w_m(\bar{e}) t + v = S \tag{2S.25}$$

完全收入取决于四个参数：财产收入（v）、工资率函数（w_m）、可支配时间（t），以及每单位时间提供的精力（$\bar{e}$）。

每个家庭都在时间、精力、方程式（2S.21）、方程式（2S.22）和方程式（2S.23）

家庭生活的经济分析

给出的消费限制，以及方程式（2S.20）给出的生产函数等约束条件下，使得消费品的效用函数最大化：

$$U = U(Z_1, \cdots, Z_n) \tag{2S.26}$$

我们很容易推导出下面的一阶条件：

$$\frac{\partial U}{\partial x_i} \equiv U_{xi} = \tau p_{xi}$$

$$\frac{\partial U}{\partial t_i'} w_i \equiv U_{ti} = \mu + \varepsilon e_i$$

$$\tau w_m = \mu + \varepsilon e_m$$

$$\frac{\partial U}{\partial t_i'} \left[t_i \frac{dw_i}{de_i} \right] \equiv U_{ei} = \varepsilon t_i$$

$$\tau t_m \frac{dw_m}{de_m} = \varepsilon t_m \tag{2S.27}$$

其中 τ、μ 和 ε 分别是收入、时间和精力的边际效用。

我们很容易对这些条件进行解读。第二个、第三个等式表明在任意活动上多花的一小时的边际效用，必须与这一小时中时间（μ）和付出的精力（εe_i）的机会成本总和相等。多花的一小时既能带来成果，也伴随着时间成本，因为一些成果是和每小时精力的边际效用相结合的。第四个和第五个条件表明每小时付出的精力的边际效用必须与所付出精力的机会成本（εt_i）相等。

每个家庭都选择市场商品和有效时间的一种组合，以使得生产消费品的成本最小化。通过将用于工作的时间或精力再分配，有效时间可以用来替代市场商品。当市场商品与有效时间之间的边际替代率等于将时间或精力转化为市场商品所需的成本时，生产的成本实现了最小化。

对于方程式（2S.27），将第三个条件代入第二个等式，我们得到：

$$U_{ti} = \tau \left[w_m - \frac{\varepsilon}{\tau}(e_m - e_i) \right] = \tau \hat{w} \tag{2S.28}$$

其中 w_i 是多花在第 i 件活动上额外一小时的影子价格或成本。将最后两个条件相结合，并利用 U_{ti}' 和 U_{ti} 之间的关系，我们可以得到时间的边际成本的另一表达式：

$$U_{ti} = \frac{\tau w_m' w_i}{w_i'} = \frac{\tau w_m (1 - \sigma_m)}{(1 - \sigma_i)} = \tau \hat{w}_i \tag{2S.29}$$

其中 $w'_j = \partial w_j / \partial e_j$。

对于所有的活动来说,时间的边际成本低于工资率,其付出的精力强度小于工作强度,因为人们同样珍惜通过把工作时间分配给其他活动所节省下来的精力。方程式(2S.28)显示边际成本是工资率与节省下来(或花费)的精力的金钱价值之差:ε/τ 是额外一单位精力的价值,而 $(e_m - e_i)$ 是节省下来(或花费)的精力。

这样一来,当每小时消耗的精力最少时,花费在消费品上的时间的边际成本最小。另外,即使对于有着相同工资率的人来说,如果精力的金钱价值和节省下来的精力不同,边际成本也是不一样的。请注意对于高强度的活动(比如说照顾幼儿)来说,时间成本会超过工资率。

第二个、第四个最优条件直接表明:

$$e_i = \frac{\mu}{\varepsilon} \frac{\sigma_i}{1-\sigma_i} \tag{2S.30}$$

(在此,我要感谢约翰·缪尔鲍尔指出这一点),分配给任意活动一小时的最优精力与以精力衡量的时间的边际成本成比例关系,同时也与该项活动的强度成正比。用精力衡量的时间成本对于其他变量来说是一个充分统计量,这些变量包括其他活动的强度、对人力资本的投资、财产性收入,以及时间的分配,因为它们只能通过影响这一统计量来影响任意活动的每小时精力分配。

对于在任意两项活动上分配的最优精力量之间的比率,我们能根据方程式(2S.30),或者根据方程式(2S.29)和方程式(2S.27)的第四个条件很快推导出方程式(2S.31):

$$\frac{e_j}{e_i} = \frac{\sigma_j(1-\sigma_i)}{\sigma_i(1-\sigma_j)} \tag{2S.31}$$

方程式(2S.31)对于所有 i、j,包括 m,均成立。在任意两项活动上每小时花费的精力的最优比率仅取决于它们的强度,并且只要强度保持不变,不管其他强度、效用函数、时间分配等因素发生什么变化,该比率都会保持不变。

方程式(2S.31)中每小时分配的精力的比率并不取决于效用、时间分配以及其他变量,因为这是进行有效生产的一个必要条件,也就是说,在效用函数中,它是位于不同消费品的生产可能性边界上的一个必要条件。任意一项活动强度的改变可能会导致每小时在所有活动上分配的绝对精力总量发生变化,但是不会改变每小时在任意两项活动上分配的精力的相对比率。方程式(2S.30)和方程式(2S.31)所揭示的简单关系,对于我们考察不同参数对精力分配的影响具有重要意义。

我们可以对不同活动中强度的排序作出一些推测。睡眠很明显与时间而非精力息息相关；事实上，睡眠会生产更多精力，而不是消耗精力。听录音机、看书及很多其他休闲活动相较于精力的投入，也更多地依赖于时间投入。相比之下，照顾幼小的孩子等许多工作需要消耗大量的精力。可供参考的对于非市场活动的时间价值的估计通常远低于工资率，差不多为后者的一半甚至更少，这通过方程式（2S.29）表明工作的强度大大超过很多家庭活动的强度。[20]

财产性收入、人力资本、时间分配或其他不会改变强度的变量的变化会以相同的比例（无论正负）改变每小时在所有活动上投入的精力，这一比例等于每小时精力价值*变化的百分比［见方程式（2S.30）］。这一等比例关系和不同活动中的常量精力比率，是紧跟着效用最大化（以及我们模型的其他假设）的一条定理，不应该与在每项活动中每小时投入的精力为一个常数的假设相混淆［比如说 Freudenberger 和 Cummins（1976）所作的一个假设］。

工作小时数的减少和可能由财产性收入增加所引致的"闲暇"时间的增加，会节省精力并提升每小时的精力价值，因为工作比闲暇的精力强度更大。[21]那么，每小时在工作及其他活动中投入的精力会以相同的比例增加，从而使得小时工资收入以及在其他活动中每小时的生产力提高。与之相反，使得工作小时数增加的市场人力资本的补偿性增长会减少每小时的精力价值，从而也减少每小时工作所消耗的精力。

作为市场资本投资回报的一个主要决定性因素，市场人力资本的积累对工资率的影响与在工作中每小时消耗的精力水平成正比。因此，当每小时消耗的精力水平越高或工作小时数越长时，对市场资本进行投资的动机越强，[22]因为人力资本投资的成本只部分取决于工资率。这一结论同样适用于对其他特定资本的投资。

一些工作的工资收入对精力投入的改变高度敏感，而其他工作的工资收入对时间投入的改变更敏感。这就是说，一些工作的强度更大，而另一些所需的时间密度更大。把大量时间投入诸如照料孩子等精力密集型家庭活动的人，会通过找寻非精力密集型工作来节省他们的精力，而对于把大部分在家时间用在休闲和其他精力密集型活动上的人来说，情况正好相反。

不同的人所具有的精力存量也大有不同，这种不同不仅体现在身心精力

---

* 即以精力衡量的每小时时间的价值。——译者注

的维度上,[23]还体现在"野心"和动力上。虽然方程式(2S.30)表明精力存量的增加,从而时间的精力价值的提升,会以相同比例提升所有活动中每小时的精力水平提升,但是,如果工作比典型的家庭活动所耗费的精力更多,那么工作时间的生产力会以更大比例增加。这样一来,精力更充沛的人就会在工作中表现出众,不仅因为他们的工资率高于平均水平,同时也因为他们工作时间的生产力特别高。

如果更多精力的(完全)收入效应较弱,[24]精力较多的人也会倾向于在更多精力密集型工作上花费更长时间,因为他们在工作岗位上的时间比在家庭活动上的时间生产效率更高。这样,精力更为充沛的人不仅会工作更长时间,其每小时还会赚得更多。

由于产出对每小时精力水平的弹性小于$1(\sigma_m < 1)$,如果工作时长没有发生变化,精力存量的一定增长会使得产出以相对更小的比例增长;一些实验研究确实发现从事重体力活的工人如果增加他们消耗的卡路里("精力"的重要来源),很明显以相对更大的比例提升了他们的产出(参见 UNFAV,1962,pp.14—15,23—25)。

由于一个人的健康状况会影响他/她的精力,健康状况不佳会使得人的精力水平下降,从而减少每小时投入,在工作或家庭中的精力,进而导致其小时工资减少[参见 Grossman(1976)的证据]。健康状况不佳还会使得人们减少工作小时数,因为工作相对来说要求较高水平的精力,也就是说,人们生病的时候会在家而不是在工作岗位上,因为休息和类似的休闲活动所需的精力比工作少。因此,我们可以说精力更充沛的人工作时间更长且每小时赚得更多,部分原因是他们"更健康"。

一个人可支配的精力不仅会因为疾病等其他外因发生变化,还会因为在锻炼、睡眠、体检、休憩、适当饮食及其他提升精力的活动上花费的时间、物品和努力而变化。在最优的生产率上,额外投入的成本等于额外花费精力的金钱价值:

$$w'_m = \beta_m \sigma_m e_m^{\sigma_m-1} h_m = \frac{\varepsilon}{\tau} = w'_m t_s \frac{\mathrm{d}e_s}{\mathrm{d}E} + p_s \frac{\mathrm{d}x_s}{\mathrm{d}E} + w_m \frac{(1-\sigma_m)}{1-\sigma_s} \frac{\mathrm{d}t_s}{\mathrm{d}E}$$

$$(2S.32)$$

其中e_s、x_s和t_s是精力生产的投入。[25]方程式(2S.32)右端的项是用来生产额外一单位精力的投入的成本;由方程式(2S.27)的最后一个条件可知,额外一单位精力的金钱价值等于每小时精力水平的提高使得小时工资发生的改变量。

边际工资率的增长会使得精力的最优生产量提高,因为边际收益相对于边际成本来说增加了。通过提高与生产成本相联系的收益,市场人力资本的增长和工作时每小时精力水平的降低(可能是因为工作时长的增加)都促进了精力生产;事实上,当每小时的精力水平下降时,成本会下降,因为时间的价值会下降。在给定健康和精力之间存在正向关系的条件下,精力产出的增加也会改善健康。

许多人认为,长时间的工作会使得人们产生工作"倦怠",从而显著降低生产力。[26] 鉴于人与人之间存在差异,这一论点值得商榷,因为精力更充沛的人工作的时间更长。另外,即使假定任意一个人长时间工作时每小时的精力(和生产力)会下降,更长的工作时间也会促使其进行精力和市场人力资本的生产。由于更多的精力和市场资本会提升每一工作小时的生产力,更长的工作时间甚至可能会间接地提升每小时的生产力。

对精力进行投资的动机会在整个生命周期中发生变化,因为市场人力资本存量以及精力价值的其他决定因素会发生变化。因此,在人年轻时其小时工资的增长可能部分是因为精力生产的增加,而年老时小时工资的减少则是因为精力生产的减少。在一个特定年龄时的精力存量也可能通过"预支"以后的精力而实现增长,这可能要以较大的惩罚或利息作为代价。在极端情况下,精力的预支和补偿还会导致"工作过度"和"劳累过度"。[27]

2S.3 夫妻间精力分配的分工

由于精力更为充沛的人在精力密集型活动中具有比较优势,因而有效率的婚姻市场会将精力较充沛和精力较匮乏的人匹配在一起(也就是说,进行了精力的负向排序配对)。精力充沛的配偶们会将更多的时间投入如工作之类的精力密集型活动中,他们在这些活动中具有比较优势;而慵懒的配偶们会把更多时间投入他们具有比较优势的家庭活动。

要论证按精力水平进行的分工有助于解释已婚男女之间的分工,还缺少确凿的证据。因此,我假设女性出于与她们的精力水平或家务所需的精力强度无关的原因,承担着照顾孩子等家务的责任。然而,在精力强度的确对收入、工作时长和职业中的性别差异具有重要的解释意义。

为了阐明这一点,我将继续上一节中的简要讨论,即照顾孩子等家务活远比闲余活动要更耗费精力;而与市场活动相比,家务活动可能更累,也可能更轻松。在工作同等时间的条件下，首要职责为照顾小孩、完成家务活动的已婚女性相较于已婚男性每小时在工作中投入的精力更少。基于家务活动比闲暇活动更耗费精力的假设，以及方程式（2S.31）所表明的每小时在任意两项活动上投入的精力的比率仅取决于这两项活动的强度，我们可对此进行简单的证明。㉘

由于当每小时在工作中投入的精力更少时，已婚女性比已婚男性每小时挣的工资要少，已婚女性的家庭职责会使得她们的小时工资低于已婚男性的小时工资，即使二者的工作小时数相同且拥有相同的市场资本。这些家庭职责同时引致了职业分隔，因为已婚女性会寻找那些强度较小、允许她们兼顾家庭职责的工作。这同样解释了为什么当工作时长相等、个人特质相近时，上课且做作业的在校生比不上学的人每小时的工资要低[参见 Lazear（1977）的讨论和证据]。

因此，传统上对于女性劳动参与的关注可能在很大程度上误导了我们，让我们对使得已婚女性工资减少和造成其职业分隔的外部因素产生了错误的印象。上述讨论也不能说明全部问题。即使在劳动力市场中花费同等时间，已婚女性相较于已婚男性而言对市场人力资本的投资也相对较少。鉴于从对市场人力资本的投资中获得的回报与小时工资以及在工作中每小时投入的精力呈正相关关系，即使已婚男性的工作小时数并不比已婚女性多，前者的收益也更大。

由工作中较低的精力水平和对市场人力资本投资较少这两个因素导致的已婚女性收入较低，也使得她们的劳动参与意愿低于男性。当然，她们较低的劳动参与意愿会进一步抑制她们对市场资本的投资（可参见注释⑥），如果她们把更多精力放在那些比市场活动强度更大的家务活动上，她们每小时花费在工作上的精力甚至更低。完全均衡中可能会出现妻子完全专注于家务等非市场活动的情况。

表 2S.1[得益于琼·奥尼尔（June O'Neill）的功劳]显示，在美国，即使是全职工作的已婚女性在家里也要比没工作或者只有兼职工作的已婚男性做远远更多的家务，更别提全职工作的男性了。另外，全职工作的已婚女性花在市场中工作的小时数比全职工作的已婚男性少很多（每周约少 9 小时），尽管这些女性花在市场和家庭中的工作小时数总和要稍大些。有相当多的证据表明，女性的职业和收入也受到她们对兼职工作和弹性工作制的需求的影响（参见 Mincer and Polachek，1974，Table 7；O'Neill，1983）。

表 2S.1　1975—1976 年美国已婚男女每周的市场工作和家庭时间分配

活动类型	已婚女性			已婚男性	
	就业全部时间	就业部分时间	所有[a]	就业全部时间	所有[b]
市场工作	38.6	20.9	16.3	47.9	39.2
工作[c]	35.7	18.9	15.0	44.0	36.0
上下班	2.9	2.0	1.3	3.9	3.2
家庭工作	24.6	33.5	34.9	12.1	12.8
室内家务	14.6	21.0	20.8	2.8	3.5
照料孩子	2.8	3.2	4.9	1.7	1.5
修理、户外劳动、园艺	1.6	1.7	2.2	3.8	3.9
购物、劳务	5.6	7.6	7.0	3.8	3.9
闲暇	21.0	25.5	26.7	23.0	27.1
总工作时间	63.2	54.4	51.2	60.0	52.0
样本规模	101	51	220	236	307

注：a. 包括没有市场工作的已婚女性。
　　b. 包括兼职工作和没有工作的已婚男性。
　　c. 包括午餐和咖啡休息时间。
资料来源：Hill(1981)，基于密歇根大学调查研究中心收集的对全美家庭抽样调查形成的数据。

　　这一分析表明即使当单身女性和已婚女性工作小时数相等并且有着相同的市场资本时，单身女性的小时收入也会超过已婚女性的小时收入，因为照顾孩子等其他家庭责任促使已婚女性去寻找那些更灵活、强度更低的工作。此分析也解释了为什么婚姻似乎在很大程度上改善了男性的健康状况，而对女性健康的改善作用却很一般（Fuchs，1975）。由于已婚男性积累的市场人力资本更多，工作小时数更长（Kenny，1983），他们比单身男性精力更加充沛，从而也更健康。婚姻对女性精力水平的影响较为模糊：未参与劳动力市场的女性的精力的价值，由额外用于家庭的精力的价值衡量，而这一价值可能是相当大的。但是参与劳动力市场的女性的精力的价值却由其工作中精力的价值衡量，这时，女性精力的价值低于男性精力的价值，因为女性对市场人力资本投入得较少，并且倾向于选择强度更低的工作。

　　伴随着过去三十五年间已婚女性劳动参与率的快速增长，生育率急剧下降，离婚率急剧上升。生育率的下降很明显提高了已婚女性的小时工资，因为她们有更多精力和更多灵活时间用来投入市场工作,而不是花在照料孩子上。1965 年以后,美国已婚女性花在家务上的时间的确显著减少了(参见 Stafford,1980)。

离婚率上升对女性小时收入的影响则更为复杂。一方面,当已婚女性因离婚的可能性而预期未来可能返回职场时,她们会对市场人力资本进行更多的投入。另一方面,由于在美国等西方国家离婚后总是由女方保留对孩子的监护权,所以离婚女性照顾孩子所需的精力和注意力可能超过那些在婚女性,因为她们没有另一半来分担家务。[29]

专业化人力资本所带来的递增收益,是催生在时间分配和人力资本投资方面进行分工的强大力量,这种分工即使是在基本无差异的个体间也存在。然而,递增收益本身并不意味着传统的女性承担大部分家务的性别分工,除非夫妻双方在家庭活动和市场活动之间存在不同的比较优势。不管是什么原因导致了传统分工,如可能是对女性的歧视或者高生育率等,家庭责任都会减少已婚女性参与劳动力市场的时间,抑制她们进行市场人力资本投资,从而降低她们的收入并影响她们的市场工作。

本附录部分构建了一个关于个体在各项活动间分配精力的独特模型。该模型揭示,在更高强度的活动中,个体每小时所消耗的精力显著增多,而且任意两项活动之间每小时精力消耗的比例严格依赖于各自活动的强度,这一比例并不受个体精力储备、效用函数、财务收益、时间管理分配或是人力资本等因素的影响。在此附录中,我们进一步演绎并提炼出一系列重要观点:首先阐述了投入不同活动的时间成本问题;其次探讨了工作时长对单位时间收入产生的效应;再者分析了收入水平对健康投资决策的潜在影响;最后,着重研究了每小时投入工作中精力的增额如何作用于市场人力资本投资的回报率。

由于家务活动比闲暇和其他家庭活动更辛苦,在工作时长相等的条件下,已婚女性相较于已婚男性而言每小时在市场工作中投入的精力更少。这就造成,在有着同等市场人力资本的条件下,已婚女性比已婚男性的小时收入要低,同时已婚女性会通过寻找那些要求较低的工作来节省她们花在市场工作中的精力。此外,即使已婚女性与已婚男性的工作小时数相当,她们较低的小时收入也减少了她们对市场资本的投资。

除了对其劳动参与的影响之外,已婚女性照顾孩子、做家务的责任还在很大程度上解释了男女之间收入和职业的差异。我认为,这是已婚女性的收入通常显著低于已婚男性的收入,以及较大程度的职业分隔一直存在的重要原因,即使在像苏联这样的已婚男女的劳动参与率没什么差别的国家也一样。

在所有发达社会中这些责任的长期存在可能只是过去强大力量的遗留,它们在不远的将来可能就会消失或者被极大程度地消解。无论是简单的印象还是来自时间约束研究的证据,都表明过去十年内美国已婚男性对家务活作出的相对贡献有了显著增加[参见 Stafford(1980),其中有关于 1981 年一项调查的私人交流]。离婚后由父亲承担孩子的部分或全部监护责任的情况也更为普遍。这些趋势的持续会增加女性在市场活动中花费的精力和时间,而这反过来又会增加她们的收入,鼓励她们对市场人力资本进行投资。结果可能是,在 20 世纪剩下的时间里,已婚女性的相对收入有大幅上涨,而她们与男性的职业分隔情况会大幅减少。

即使这一过程继续下去,一直到已婚女性不再对照顾孩子等家务负有主要责任,在婚家庭仍然能够从时间和投资分配的分工中收益颇丰——如果专业化的家庭和市场人力资本保持其重要性,或者配偶双方在精力水平上存在差异。然而,这种分工将不再与性别紧密联系:在约一半的婚姻家庭中,丈夫会更专注于家务而妻子更专注于市场活动;而对于另一半婚姻家庭来说,情况相反。

这样的发展会使得婚姻、生育、离婚等家庭生活的诸多方面发生较大变化。然而,其对个体收入或家庭收入的不平等的影响可能比较有限:专注于家务活的所有成员依旧会挣得比其配偶少,而家庭收入的分配依旧会由夫妻之间的分工、教育及其他因素所导致的双方的地位差、离婚率与孩子的抚养权等因素所决定。

到那个时候,将不再能依靠一个人的性别对其收入和家庭活动进行可靠的预测。但现在讨论西方社会在这个方向上会走多远还为时过早。

注　释

① 我把这个谜归因于多年前雅各布·维纳(Jacob Viner)在普林斯顿大学的演讲。Kleiman 和 Kop(1778,pp.11—13,22—23)发现,具有相似收入的国家之间的贸易规模更大一些(也参见 Linder,1961)。

② Rossi(1977)对一些不同的方法进行了探讨。

③ 比如说,一个有着一男一女的家庭会使下式最大化:

$$Z(x, t_h') = Z\left(\frac{wt_w^m}{p} + \frac{\alpha wt_w^f}{p}, \ t_h^m + \beta t_h^f\right)$$

其中,根据方程式(2.2),可得 $t_w + t_h = t'$,且 $\beta > \alpha$,这是因为我们假设女性在家庭中具有比较优势。如果男性在两个部门中均花费时间:

$$\frac{\partial Z}{\partial x}\frac{w}{p} = \frac{\partial Z}{\partial t_h'}$$

那么女性会把她所有的时间都投入家庭中,因为她在家庭中的边际产品大于在市场中的边际产品:

$$\alpha\frac{\partial Z}{\partial x}\frac{w}{p} < \beta\frac{\partial Z}{\partial t_h'}$$

④ 我使用了"寻找"而非"参与"偏常的劳动分工,因为每个偏常的人都需要和另一个偏常的人相匹配。正常人很容易实现匹配,因为正常人更普遍。这样一来,大部分偏常的人要么保持单身,要么结婚然后离婚,要么留在不成功的婚姻中(参考第 10 章中对同性婚姻的讨论)。我强调"偏常"仅仅是指统计上的概念,而绝没有贬损的意思。

⑤ 例如,参见 Azzi 和 Ehrenberg(1975)对参与宗教活动的讨论。

⑥ "贮藏室里保存的婚姻契约无一例外地显示出,丈夫首要且最重要的义务就是为其妻子提供食物和衣物,以及在各方面对她进行保护"(Goitein,1978,pp.118—119)。然而,在非洲和亚洲的部分非耕作农业区,女性的工作除了照顾孩子、料理其他家务外,还包括在农场劳作(参见 Boserup,1970,Ch.1;Goody,1976,Ch.4)。在婚约方面,穆斯林和犹太人使用书面契约,而中国人、日本人和基督教徒通常使用口头的或礼俗性协议。

⑦ "因此科图巴(Ketuba)(产生于几千年前的犹太婚约)主要作为一种文件,用于在妇女结婚之后保护其地位",并且"紧接着……对离婚和休妻的禁令,科图巴的实际意义已经减弱……并且其金钱保障的主要作用也大不如前了"(参见 Davidovitch,1968,pp.112,109)。我们已经发现了 10—15 世纪生活在阿拉伯世界的犹太人的许多婚约(参见 Goitein,1978,Appendix)。相同的是,如果因离异或死亡婚姻关系终结,丈夫或者他的继承人需要返还妻子的嫁妆,并另外支付一笔费用。

⑧ 当然,很多上层家庭通常在护士和导师的帮助下照顾孩子,也有一些把他们的孩子送到奶妈那里:"16 世纪和 17 世纪的地主、大资产阶级和高知阶层都把他们的孩子送去特别雇佣的奶妈那里度过头 12 至 18 个月。"(参见 Stone,1977,p.107)

　　Goody(1976,Ch.6)讨论了不同社会里的领养现象。中国有些地区的居民曾有童养媳的习俗（相关信息参见 Wolf，1968，pp.100—101）。

⑨ 母亲的劳动参与可能对孩子的健康不利，参见 Popkin 和 Solon（1976）从贫穷国家收集到的证据，以及 Edwards 和 Grossman（1978）从美国收集到的证据。

⑩ 一个 20 岁结婚的典型女性，至多能生育 10 个孩子；相比之下，一只雌性牡蛎可以产下数百万颗卵子。不能生育的女性总是被迫离婚，或者成为一夫多妻制家庭中的一员，或者收养别人的孩子（参见 Goody，1976，pp.81，91—92）。

⑪ 中世纪阿拉伯世界里的犹太婚约经常规定，违反婚约的新郎要被罚以一定金额（参见 Goitein，1978，p.144）。

⑫ 很多年前，韦斯利·米切尔（Wesley Mitchell）将现代家庭较小且明显无效率的规模归咎于对隐私的需求："我们唯恐失去隐私，坚持要维护家庭生活中的私人空间；……我们大多数人仍希望有较多的个人隐私，即使这会导致饭做得不好吃"和"如果像管理生意那样管理家庭，（家庭的）追求效率的管理者就会极大地扩张他们的权威，不久就会对别人的工作指手画脚"（1937，pp.5，6，10）。

⑬ 19 世纪塞尔维亚的一些小镇上平均家庭规模超过 9 人（参见 Halpern，1972），而 16 世纪塞尔维亚的大家庭平均规模超过 10 人（参见 Hammel，1972，p.362）。表 2.2 中的数据可能低估了家庭的有效规模，因为兄弟姐妹和其他亲戚通常住得相近，并一起防卫、庆祝和生产消费品。

⑭ 由于平均家庭规模的取值范围为 3.1—6.6 人，或者说 113%，计算可得变异系数的取值范围为 75%。在诸多高度多元化的社会中，家庭规模的相对不均通常不会发生很大变动，可能比收入不平等还要稳定。

⑮ 农牧业中的资本—劳动力比率也大大高于家庭中的比率（根据美国农业部 1976 年和 1979 年的数据），尽管平均来说一个农场的季节性雇员不超过两个。

⑯ 按米切尔的话来说："我们不情愿地让工厂吹哨，让时间表、办公时间将我们的日程牢牢地框在挣钱上；但我们拼了命不让机械和商业世界入侵自己的家。"（Mitchell，1937，pp.5—6）

⑰ 这一命题本质上是本书第 2 章中定理 2.2、定理 2.3 和定理 2.4 的结合。

⑱ 从奴隶主的角度来说，有效的劳动分工所带来的好处可能解释了，为什么他们有时会指派奴隶从事一些高技术含量的活动（参见 Finley，1980）。

⑲ 然而，吉蒂·纳沙特向我指出，即便是奴隶，有时也要承担主要的军备任务[类似情况可参见 Inalcik（1970）对土耳其士兵的讨论]。

⑳ 事实上，对于时间价值的所有估计均指的是通勤花费的时间。Beesley（1965）对于通勤时间价值的估计为：对于低收入群体来说，一小时通勤时间的价值约等于小时工资的 30%；而对于高收入群体来说，这一估计上升

至 50%。Lisco(1967)和 McFadden(1974)的研究也得到了相似的结果。Becker(1965)估计一小时通勤时间的价值约等于小时工资的 40%。Gronau(1970)得出结论:商旅人士在商务飞行途中一小时的价值约等于他们的小时工资,而在私人出行中一小时的飞行时间很明显被认为是没有金钱价值的。

㉑ 根据方程式(2S.23),$e_m t_m + e_h t_h = E$,其中 $e_h = E_h/t_h$。如果 $e_h = \gamma e_m$,这里 $\gamma < 1$,由于 $\sigma_m > \sigma_h$,那么:

$$\frac{\partial e_m}{\partial t_m} = \frac{-e_m(1-\gamma)}{\gamma t + t_m(1-\gamma)} < 0$$

㉒ 如果工作的强度比家庭活动的强度大,那么当工作时长发生变化时,这些变量将产生相反的效应,因为:

$$MP = \frac{\partial I}{\partial h_m} = w_m t_m$$

则:

$$\frac{\partial MP}{\partial t_m} = (1 + n_m \sigma_m) w_m,\text{其中 } n_m = \frac{\partial e_m}{\partial t_m} \frac{t_m}{e_m}$$

给定 $0 < \sigma_m < 1$ 和 $-1 \leqslant n_m \leqslant 1$,那么当 $n_m \gtrless 0$ 时,有 $0 < \partial MP/\partial t_m$ 且 $(\partial MP/\partial t_m) \gtrless w_m$。工作小时数的改变总是会使得人力资本的边际产品发生同向变化;但如果 n_m 负得较多的话,这种效应会显著减弱,因为工作比相应的家庭活动消耗远远更多的精力。反过来,如果 n_m 正得较多,这种效应就会增强,因为工作比这些活动消耗的精力要少。

㉓ 有关格莱斯顿(Gladstone)的人物传记的前言部分对精力的不平等作了非常夸张的描述:"基尔布拉肯爵士,他曾经主要的私人秘书,说如果用 100 来代表一个普通人的精力,用 200 来代表一个非比寻常之人的精力,那么格莱斯顿的精力至少值 1 000"(参见 Magnus,1954,p. xi)。此引用源自乔治·施蒂格勒(George Stigler)的文章。

㉔ 收入效应的正负是模糊的,即使当闲暇是一种高档商品时也一样。随着精力存量的增加,工作小时数的变化弹性为:

$$\frac{\partial t_m}{\partial E} \frac{E}{t_m} = \eta_{tmE} = R[x\delta_c(\sigma_m - \sigma_h) - \sigma_m(x - v)N_t + x\sigma_h N_x]$$

其中 t_h 和 x 是花费在家庭中的总时间和物资($p_x = 1$),N_t 和 N_x 分别是 t'_h 和 x 的完全收入弹性,δ_c 是效用函数中 x 和 t'_h 之间的替代弹性,R 是正数。如果 $\sigma_m > \sigma_h$,则替代效应由 $x\delta_c(\sigma_m - \sigma_h) > 0$ 给定,收入效应由 $x\sigma_h N_x - \sigma_m(x - v)N_t \gtrless 0$ 给定。如果 $(\sigma_h/\sigma_m) > k_e(N_t/N_x)$,则收入效应大于 0,其中 k_e 是所有金钱收入中工资所占的份额。此材料基于 H.格雷格·刘易斯的

注解。

㉕ 我在此假设这些投入完全用于精力的生产,但这种分析很容易扩展至"联合生产"的情形。"联合生产"是指生产超过一种单一物品,比如说一顿美餐同时生产了能量和美味。

㉖ 在他对美国经济增长源头的经典研究中,Denison(1962)假定每周工作时长超过 43 小时,每多工作一小时,生产力至少下降 30%。

㉗ 伯特兰·罗素(Bertrand Russell)称他在撰写《数学原理》(*Principia Math-ematica*)时花费了如此多的精力,以至于他的"智力再也没能从(撰写该书的)压力中恢复过来"(1967,p.230)。

㉘ 基于方程式(2S.31),$e_c = \gamma_1 e_m$ 且 $e_l = \gamma_2 e_m$,其中 $\gamma_1 > \gamma_2$,因为 $\sigma_c > \sigma_e$,这里 c 代表家务,l 代表闲暇活动。由于 $e_m t_m + e_c t_c + e_l t_l = E$,那么 $e_m(t_m + \gamma_1 t_c + \gamma_2 t_l) = E$,并且:

$$\left. \frac{\mathrm{d}e_m}{\mathrm{d}t_c} \right|_{\mathrm{d}t_m = 0} = \frac{-e_m(\gamma_1 - \gamma_2)}{t_m + \gamma_1 t_c + \gamma_2 t_l} < 0$$

㉙ 在电影《克莱默夫妇》中,由达斯汀·霍夫曼(Dustin Hoffman)扮演的角色在承担其孩子的监护责任后丢掉了饭碗。

3

婚姻市场中的一夫多妻制和一夫一妻制

    第2章展示了多年以来,在东西方社会中大多数家庭的家长由养育亲生孩子的已婚男女担任。妻子通常专注于照顾孩子等家庭活动,而丈夫通常专注于提供生存必需品等市场活动。婚姻通常包含一个契约,该契约能保护专注于家庭而没什么其他选择的女性免遭其丈夫的抛弃、疏忽或其他恶性对待。

    尽管绝大多数男女倾向于选择结婚——1975年美国45—54岁的男性和女性中分别只有6.3%和4.6%从未结过婚(U.S. Bureau of the Census, 1975b),但他们婚姻的长度和质量却有很多不同。比如说,1970年美国30—34岁的女性中有57.9%在20岁前就结了婚,而8.6%直到30岁以后才结婚(U.S. Bureau of the Census, 1973b, 1973d);70年代缔结的婚姻中有大约44%以离异告终(Preston, 1975);1870年摩门教男教徒中大约有15%不止有一个妻子,而1%有超过三个妻子[源于华莱士·布莱克赫斯特(Wallace Blackhurst)的私人通信];在美国,受过高等教育的男性相较于没拿到高中文凭的男性,与受过高等教育的女性结婚的概率大了15倍(根据1967年经济机会调查计算所得,由美国人口普查局的计算机磁带计算得出)。

    本章将分析有效率的"婚姻市场"(其中特征相同的人有着相同的边际产品,并且收入相同)中,一夫多妻制、一妻多夫制、一夫一妻制和单身现象的可能性。当然,未婚人士在市场①中展现其才华的方式不同于股票市场或中东集市中的卖家。但是婚姻市场中的个体经常使用中介作为"代理人",参加教会的社交活动,上男女混合的学校,参加为聚集合适的人而设计的活动,并以各种方式推销他们的服务。"婚姻市场"这一词组带有比喻色彩,用来说明人类的婚配行为高度的系统化、结构化的。

一个有效率的婚姻市场有着一套"影子"价格体系,指导着个体与能使其期望效用最大化的另一半相结合。这些价格作为本章和下一章的分析核心,与这两章中的推论密切相关。这些推论比传统的对婚姻的讨论更具效力。我们将在第4章对其他的一些分析工具进行评估。

一夫多妻制的可能性随着时间的推移已经大大降低,现在世界上只有不到10%的人还活在一夫多妻制社会中。人们把这一变化归功于基督教的传播和妇女权利的发展,但我对这些解释持怀疑态度。只有当人们不想要一夫多妻制时,鼓励一夫一妻制的教条才有吸引力;这一章将展示女性倾向于从一夫多妻制中获得收益。我将根据男性与女性从一夫多妻制婚姻和一夫一妻制婚姻中获得的相对收益,来分析一夫多妻制的可能性。这些收益取决于男女在收入、教育及其他影响他们在家庭和市场活动中生产效率的变量方面的不平等,取决于男女对产出作出的边际贡献,还取决于男女双方对家庭投入的相互替代性。一夫多妻制可能性的下降与这些收益的变化有关,而与外生的宗教教义传播或妇女权利运动的扩大无关。

3.1 婚姻市场的均衡

3.1.1 一夫一妻制

为了简化初始陈述,我假设婚姻市场中所有男性参与者和所有的女性参与者都是相同的。在一个有效率的婚姻市场中,将不同参与者分配给不同配偶的市场均衡会使得所有男性和女性获得同等的期望效用。如果我们将家庭的消费品产出看作一个同质的整体,比如孩子的数量(第4章对异质消费品进行了讨论),如果所有婚姻的产出都是确定且已知的(第10章对不确定性进行了讨论),并且如果将产出被视同收入分配给配偶,则下面的会计恒等式对所有婚姻均成立:

$$Z_{mf} = Z^m + Z^f \qquad (3.1)$$

其中 Z_{mf} 是一段婚姻的产出,Z^m 和 Z^f 是男性配偶和女性配偶的收入。

当且仅当结婚的效用超过保持单身的效用时,人们才会倾向于结婚。由于效用随着掌握的家庭消费品数量的增加而单调递增,当满足方程式(3.2)时,参与者倾向于结婚:

$$Z^f > Z_{sf} \text{ 且 } Z^m > Z_{sm} \qquad (3.2)$$

其中 Z_{sf} 和 Z_{sm} 分别是单身女性和单身男性的产出。图 3.1 清晰地展现了这些婚姻决策的情况。当 $Z^f = Z_{sf}$ 时,婚姻市场中总数为 N_f 的女性的供给曲线是弹性无穷大的,因为在此收入水平上,她们在结婚和保持单身之间是无差异的;当 $Z^f > Z_{sf}$ 时,曲线在点 $F = N_f$ 处垂直,当 $Z^f < Z_{sf}$ 时,在点 $F = 0$ 处垂直。相似地,总数为 N_m 的男性的供给曲线在 $Z^m = Z_{sm}$ 时是弹性无穷大的,当 $Z^m > Z_{sm}$ 时,在点 $M = N_m$ 处垂直,当 $Z^m < Z_{sm}$ 时,在点 $M = 0$ 处垂直。

如果我们一开始就假设所有婚姻都是一夫一妻制的,则男性的供给曲线也是对妻子的派生需求曲线。实际上,当男性对于单身和结婚无差异时,每个男性都会提供给妻子($Z_{mf} - Z_{sm}$)的产出,而当男性能从婚姻中获益时,他会提供给妻子($Z_{mf} - Z^m$)<($Z_{mf} - Z_{sm}$)的产出。因此,图 3.1 中所绘的对妻子的派生需求曲线在 $Z^f = Z_{mf} - Z_{sm}$ 时也是弹性无穷大的,而当 $Z^f < Z_{mf} - Z_{sm}$ 时,在点 $F = N_m$ 处垂直。

第 2 章的分析显示,一个家庭要实现最优产出,需要不同家庭成员对人力资本进行专业化投资,并对时间进行专业化分配。一个已婚家庭的产出超过单身男性产出和单身女性产出的总和,因为两性在生产、养育孩子以及生产其他家庭消费品的过程中是生理互补的,同时在较大的家庭中,对家庭和市场技能进行专业化投资得到的回报率更高。婚后的产出与男女单身产出之和的差值,即婚姻带来的好处,其在图 3.1 中由对妻子的派生需求曲线无限弹性的那一部分与妻子的供给曲线之间的垂直距离[$Z_{mf} - (Z_{sm} + Z_{sf})$]表示。

有效率的一夫一妻制婚姻市场的均衡要求想结婚的男性和女性人数相等,并且那些保持单身的参与者的收入至少要等于婚后的收入。图 3.1 的点 e 满足了这些条件,在这一点上,N_m 个男性和 N_m 个女性想要结婚。由于男性参与者的数量小于女性参与者的数量($N_m < N_f$),因而所有男性都结婚,而部分女性($N_f - N_m$)保持单身。这些女性愿意继续保持单身,因为结了婚

的女性的收入与单身女性的收入相等。男性所得为婚后收入与单身女性收入之间的差值,因此男性获得了婚姻的全部"租金"。

合适男性的数量小幅增长不会改变男性和女性的收入,但会减少保持单身的女性的数量。如果男性的数量增长得足够多以至于超过了女性的数量,则所有女性都会结婚,而部分男性将保持单身,男性的收入将降至 Z_{sm},而女性的收入会上升至 $(Z_{mf}-Z_{sm})$,如图 3.1 中点 e' 所示。因此,这一分析表明男女比的增长不仅会增加单身男性的比例、降低单身女性的比例,还会使得婚后产出更多地分配给女性。

尽管统计研究清楚地表明结了婚的合适女性所占的比例和合适男性的数量与合适女性的数量的比率成正相关关系,[②]我只知道一些令人印象非常深刻的证据,它们与性别比有关,或者与任何其他变量对配偶间产出分配的影响有关。之前的研究者并没有在搜集相关信息上花费太多功夫,因为没有人认为这种分配会对市场力量作出反应。必须承认,有关家庭消费的数据很难被划分成利于丈夫、利于妻子和利于双方三个不同方面,但是我们能据此推导出有用的经验联系。比如说,有关花费在夫妻双方服装或休闲上的金额的信息,可能与性别比、工资率、教育水平以及其他婚后产出分配的决定因素相关。[③]

3.1.2 一夫多妻制

相对于历史上很少有过女性有多个丈夫的情况[有清晰的证据表明在印度托达人中存在一妻多夫制婚姻;参见 Rivers(1906)的研究],早期犹太社会、伊斯兰社会、古希腊许多部落、非洲很多地区以及旧日中国社会中,均存在过一夫多妻制。图 3.1 给出的分析很容易推广至一夫多妻制或一妻多夫制婚姻。比如说,假设共有 N_f 个特征相同的女性,要么进入一夫多妻制婚姻,要么进入一妻多夫制婚姻,这些女性的供给曲线在其获取单身收入的线段上都是无限弹性的,一直到所有女性都结了婚,此时曲线变为垂直的。N_m 个特征相同的男性对第一个妻子的派生需求曲线在点 $[Z_{mf(1)}-Z_{sm}]$ 处也是无限弹性的(见图 3.2),但是当所有男性都结了婚时,曲线并不会变为垂直的,因为他们愿意娶第二个妻子,并为其提供如下产出:

$$Z^f = MP_{f(2)} = Z_{mf(2)} - Z_{mf(1)} = Z_{mf(2)} - [MP_{sm} + MP_{f(1)}] \qquad (3.3)$$

其中 $MP_{f(2)}$ 是第二个妻子带来的额外产出(或者说边际产品),$Z_{mf(2)}$ 是一个有着一男两女的家庭的总产出，$Z_{mf(1)}$ 是一个有着一男一女的家庭的总产出，MP_{sm} 是一个单身男性的产出，而 $MP_{f(1)}$ 是第一个妻子带来的额外产出。更一般地，一个有着 n 个妻子的男性愿意支付给额外一个妻子的产出为：

$$Z^f = MP_{f(n+1)} = Z_{mf(n+1)} - Z_{mf(n)}$$

$$= Z_{mf(n+1)} - \left[MP_{sm} + \sum_{j=1}^{n} MP_{f(j)} \right] \tag{3.4}$$

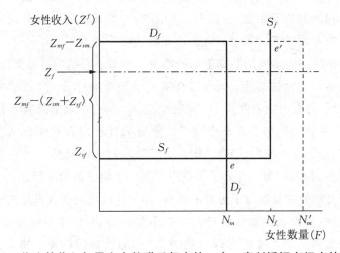

图 3.1　将女性收入与男女人数联系起来的一夫一妻制婚姻市场中的均衡

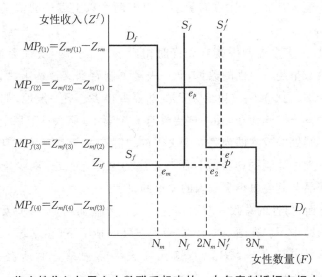

图 3.2　将女性收入与男女人数联系起来的一夫多妻制婚姻市场中的均衡

即使家庭的产出随着妻子和丈夫数量的同时增加有不变的回报,妻子一方数量的增加所带来的回报也是递减的,因为丈夫的数量未变限制了妻子们的生产力。比如说,每个妻子所能获得的行房次数随着妻子数量的增加而下降,从而每个妻子的生育数量也会随之下降;或者,丈夫花在每个妻子及其孩子身上的时间和钱财会随着妻子数量的增加而减少。数个一夫多妻制社会的证据都表明,随着妻子数量的增加,妻子生育的孩子的平均数量通常会下降一些。④ 由于额外妻子所带来的回报递减,对妻子的派生需求曲线会是一个递减的阶段函数,正如图 3.2 中的 D_f 所示。每一段的长度都等于 N_m,并且第 n 段的高度等于第 n 个妻子的边际生产力。

有效率的一夫多妻制婚姻市场的均衡并不要求想结婚的男女数量相当,只要求想结婚的女性的数量等于男性对妻子的需求总量。女性的供给曲线 S_f 和对妻子的派生需求曲线 D_f 相交于点 e_p,在这一点上所有男性和女性都能结婚,并且一些男性有两个妻子。所有男性和所有女性分别获得同样的收入,为 $(Z_{mf(1)} - MP_{f(2)})$ 和 $MP_{f(2)}$,不管他们的婚姻是一夫一妻制的还是一夫多妻制的,因为所有妻子都获得了第二个妻子的边际产品。

尽管女性的数量超过了男性的数量,但女性的均衡收入仍然高于她们单身时的收入(多出来的女性会进入一夫多妻制婚姻,而不是保持单身)。如果女性的数量从 N_f 增加至 N'_f(见图 3.2),那么新的均衡点将会是点 e'_p。一些男性会娶三个妻子,而剩下的男性会娶两个妻子,同时女性的收入会从 $MP_{f(2)}$ 减少至 $MP_{f(3)}$,这比没有男性可以娶两个以上妻子的情况下的收入要高(在点 e_2)。

很明显,一夫多妻制婚姻被允许时相比于被禁止时,女性会过得更好。如果女性的数量超过男性的数量,而一夫多妻制婚姻又被禁止,那么女性的收入会等于 Z_{sf},比 $MP_{f(2)}$ 甚至 $MP_{f(3)}$ 都要少得多。更一般地,如果所有男性都有至少 $(n-1)$ 个妻子,而一些男性有 n 个妻子,那么对于每个女性来说一夫一妻制婚姻的成本即为第 n 个妻子的边际产品与其自身单身收入之间的差值。一夫一妻制同样会减少所有家庭的家庭总产出,减少量为多个妻子的边际产品与其各自单身收入的差值的总和。

另一方面,男性的总收入会因实施一夫一妻制而增加,即使女性的总产出和总收入减少了。在图 3.2 中,在一夫多妻的情况下(在点 e_p),每个男性获得的收入为 $[Z_{mf(1)} - MP_{f(2)}]$,这比一夫多妻被禁止时所获得的收入 $[Z_{mf(1)} - Z_{sf}]$ 要少。⑤

所有男性对妻子的需求并不都是相同的,因为他们之间存在财富、职业、经历等方面的差异。图 3.3 中有两种男性,A 类男性和人数更多的 B 类男性对妻子的合并需求曲线由 D_f 给出。假设 B 类男性的第一个妻子的边际产品低于 A 类男性的第二个妻子的边际产品,而高于 A 类男性的第三个妻子的边际产品。合并需求曲线与一群特征相同的女性的供给曲线 S_f 相交于点 e_p,在这一点上,对妻子的需求和妻子的供给是相等的,同时所有女性获得 $MP_{f(1b)}$。

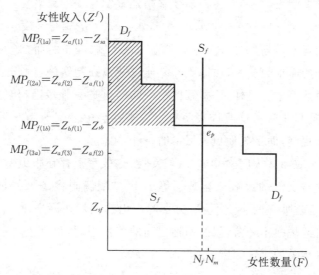

图 3.3 当男性存在区别而女性特征相同时的一夫多妻制婚姻市场的均衡

所有 A 类男性有两个妻子,而与此同时一些 B 类男性保持单身。由于每个女性的收入等于 B 类男性第一个妻子的边际产品,已婚 B 类男性获得了单身收入,因而其对结婚和单身是无差异的。当男性数量与女性数量差不多相等时,一夫多妻制可以存在,如图 3.3 所示,因为一些"较弱"的男性在与"较强"的男性的竞争中倾向于保持单身,从而"较强"的男性得以娶妻纳妾。

在这一语境下,"强弱"指的是能影响妻子的边际生产力的特征。Grossbard(1976)发现,在使年龄、受教育水平、部落等变量保持不变时,财富的几个粗略指标(如家中水立管的数量)的增长也会显著提高尼日利亚迈杜古里男性拥有多个妻子的倾向。⑥

图 3.3 中特征相同的女性均获得相同的收入 $MP_{f(1b)}$,即 B 类男性第一

个妻子的边际产品。所有 A 类男性都获得收入$[Z_{af(2)}-2MP_{f(1b)}]$，这比他们的单身收入多出了图 3.3 中的阴影部分。事实上，由于在婚姻市场中比其他男性更具竞争力，A 类男性获得了租金。图 3.3 清晰地表明即使男性的数量多于女性的数量，相当多的（约 33%）男性也能娶多个妻子；不同男性的妻子的边际生产力的差值能替代女性的供给过剩。

当女性存在差异，而男性特征相同时，这一分析似乎也适用：有效率的女性似乎会吸引好几个丈夫，而无效率的女性可能保持单身。那么，为什么一妻多夫制婚姻很罕见，而一夫多妻制婚姻很常见呢？或者更一般地，什么决定了一个社会中一夫一妻制、一夫多妻制和一妻多夫制发生的概率呢？一个简单的答案是一些法律禁止或限制了多配偶制。然而，当人们对受到影响的活动的需求较弱时，法律更容易通过并被强制实施，因此这并不是一个令人信服的答案。另外，一些其他物种同样也是一雌多雄较罕见，一雄多雌较常见（见第 9 章），这或许表明决定人类社会中多配偶制发生概率的因素并非法律规制，而是其他更为根本的条件。

图 3.2 和图 3.3 表明除非男性（或女性）在效率上存在很大差异，或者适婚男性与适婚女性的人数比显著不等于 1，多配偶制将是无关紧要的。然而，这些并不是唯一的决定因素：男女对产出的相对边际贡献、生产产出中的规模经济或规模不经济，以及两性之间的替代程度，也都是与多配偶制发生概率高度相关的决定因素。

3.2　对多配偶制的一个更普适的分析

为了用一个更普适的分析来展现这些效应，[7]假设婚姻市场中第 i 个男性与众多相同女性中的一个所组成的一夫一妻制家庭的产出由方程式（3.5）给出：

$$Z_{m,1}=n(\alpha_i)Z[p(\alpha_i)x_m, x_f] \tag{3.5}$$

其中 α 是男性效率的一个指数；x_f 代表每个女性所拥有的时间、精力和商品的总资源；$P(\alpha_i)x_m$ 代表第 i 个男性所拥有的总有效资源；函数 p 将男性效率转化为男性所拥有的有效资源总量，比如说财富或非市场技能，而函数 n 将男性效率转化为男性和女性所持有的资源给定的条件下不同水平的产出。第 i 个男性及其配偶将所持有的时间和其他资源在市场和非市场活动之间进行有效分配,并且对人力资本进行有效的专业化投资,此时该此家庭的产出 Z_{mi1} 会实现最大化(见第 2 章)。

假设一个一夫多妻家庭的总产出等于这个丈夫与每个妻子单独生产的产品的总和。那么当妻子们居住在不同的房间,分开吃饭,生活方面在很大程度上是独立自主时,独立生产是一个合理的假设。但如果妻子们一起做饭,一起照顾小孩,一起耕作,这一假设就不太合适了。⑧ 如果所有的妻子都是特征相同的,且每个妻子都各自独立进行生产,那么当丈夫把资源平均分配给每个妻子时,一个一夫多妻制家庭的产出将实现最大化。

如果第 i 个男性有 w_i 个妻子,那么他的家庭的产出将是:

$$Z_{m,w_i} = w_i n(\alpha_i) Z\left[\frac{p(\alpha_i) x_m}{w_i}, \ x_f\right] \tag{3.6}$$

其中他在每个妻子身上均花费 $p(\alpha_i) x_m/w_i \equiv x_m^*$。妻子数量的增加必然会降低每个妻子的平均产出,而不管 Z 在生产中存在怎样的规模经济,因为丈夫在每个妻子身上投入的资源减少了。⑨ 这就解释了为什么当妻子的数量增加时,每个妻子生的孩子会变少(见本章注释⑤)。这同时也表明随着妻子数量的增加,每个妻子的其他平均产出也会减少。

尽管娶妻较少的男性在每个妻子身上投入了更大比例的资源,但是女性可能还是更愿意嫁给那些虽然妻妾成群,却掌握了远远更多的资源,并且生产效率更高的男性。也就是说,比起"失败人士"的全心全意,女性可能宁愿接受"成功人士"的漠不关心。用英国剧作家萧伯纳(George Bernad Show)的生动话语表达,即"母性使女性宁愿分享一个一流男性的十分之一,也不愿接受一个三流男性的全部"(1930,p.220)。

由于在有效率的婚姻市场中,不管相同参与者与谁结婚或者配偶个数有多少,他们都获得相同的收入;并且由于参与者能获得他们的边际产品,因而在不同的婚姻中,特征相同的女性所产出的均衡边际产品都是相同的。那么,如果婚姻市场中的所有女性都是相同的,她们在各自婚姻中的均衡收入将是:

$$Z^f = MP_{m,w_i} = \frac{\partial Z_{m,w_i}}{\partial w_i} = n(\alpha_i) Z - n(\alpha_i) \frac{\partial Z}{\partial x_m^*} x_m^* \tag{3.7}$$

其中 w_i 是第 i 个男性的妻子的均衡数量,w_i 满足方程式(3.8):

$$w_i > 0 \text{ 且} \sum_{i=1}^{N'_m} w_i \leqslant N_f \tag{3.8}$$

其中 N'_m 是在婚男性的数量，N_f 是婚姻市场中女性的数量。市场均衡要求妻子的边际产品随着其数量的增加而递减；要不然，一个最有效率的男性将会把所有的女性都娶回家。当且仅当男性对任一妻子投入的资源的边际产品随妻子数量增加而递减时，妻子的边际产品会随着其数量的增加而递减。[10]如果家庭生产中的规模收益递增幅度不大，那么在孩子及其他消费品的生产过程中，男女之间的互补性也意味着男性资源的边际产品，进而也包括女性的边际产品，是递减的。[11]

尽管当我们把妻子的数量限定为离散整数时，结论将非常相似，但在这里为了简化分析，我假设妻子的数量是一个连续型变量。比如说，我所说的妻子的数量实际上可能指的是结婚的天数，这样一来，改变结婚年龄或者离婚年龄，便可使得这一变量发生连续性改变。然而，方程式（3.6）和方程式（3.7）所给出的男性会把其所有的资源都与妻子共享的假设，对于那些延迟结婚或较早离婚的男性来说是不现实的。尽管如此，我还是将坚持这一假设及其所暗含的单身人士的收入为零的推论，因为这样的简化并不会显著改变我们的结论，并且我们很容易对其进行修正。

一些男性无法娶妻，因为如果娶妻，他们妻子的边际产品会低于她们与其他男性（Z^f）结婚后的边际产品。尽管当妻子数量减少时，他们的边际产品会增加，但如果在某个点上更多的男性资源不会带来额外产出，妻子的边际产品也不会继续增加，而是有一个上界。[12]男性在每个妻子身上投入的均衡资源数量不会超过边际产品为零的那个点的数量，而妻子的均衡数量有一个正的下界。[13]当男性所娶的妻子数量为这一下界时，其效率由方程式（3.7）在满足条件 $\partial Z / \partial x^*_m = 0$ 下给出：

$$n(\alpha_0) = \frac{Z^f}{Z_{\max}} = \frac{Z^f}{Z(\bar{x}^*_m, x_f)} \text{ 且 } w_{\min} = \frac{p(\alpha_0)x_m}{\bar{x}^*_m} \tag{3.9}$$

其中 $\bar{x}^*_m$ 是当 $\partial Z / \partial x^*_m = 0$ 时的最小 x^*_m。所有效率较低的男性都娶不到妻子，因为他们妻子（如果有）的边际产品将过少。

只有在效率更高的男性拥有更多妻子的情况下，效率不同的男性多娶一个妻子的边际产品才可能相同。[14]实际上，效率最低的男性通常被迫保持单身，因为他们给不了其他男性能给的东西。在保持女性的收入 Z^f 及参数

x_m、x_f、p 和 n 不变的条件下,对方程式(3.7)关于效率指数 α 求偏导,我们能推导出妻子数量和效率之间的确切关系(参见本章数学附录的条目 A):

$$\epsilon(w, \alpha) \equiv \frac{\mathrm{d}w}{\mathrm{d}\alpha} \cdot \frac{\alpha}{w} = \epsilon(p, \alpha) + \epsilon(n, \alpha) \frac{[1/\epsilon(Z, x_m^*)] - 1}{\epsilon(Z_m, x_m^*)} \quad (3.10)$$

其中 $\epsilon(p, \alpha) = \mathrm{d}p/\mathrm{d}\alpha \cdot \alpha/p$,$\epsilon(n, \alpha) = \mathrm{d}n/\mathrm{d}\alpha \cdot \alpha/n$,$x_m^* = p(\alpha)x_m/w$,$Z_m = \partial Z/\partial x_m^*$,$\epsilon(Z, x_m^*) = Z_m x_m^*/Z$,且 $\epsilon(Z_m, x_m^*) = -\partial Z_m/\partial x_m^* \cdot x_m^*/Z_m$。

由于一个拥有多个妻子的丈夫在每个妻子身上投入的资源数量相等,他所拥有的有效资源的增长只会引起妻子数量等比例的增长。这就解释了为什么方程式(3.10)中 $\epsilon(p, \alpha)$ 的系数是 1,也即为什么对妻子需求的纯"财富"弹性为 1。

仅仅效率的变化——$n(\alpha)$ 值的改变量——对妻子数量的影响则更为复杂,并且取决于家庭生产函数的性质。妻子数量对效率变化的弹性倾向于超过 1,并且男性对总产出的边际贡献越小[也就是说 $\epsilon(Z, x_m^*)$ 越小],或者女性对总产出的边际贡献越大,这一弹性就越大。[15]

我们可以改写妻子数量对效率变化的弹性公式,使其与女性相对于男性在家庭生产中的贡献程度成正比,而与家庭生产函数中的规模收益成反比。比如说,如果家庭生产函数是柯布—道格拉斯函数形式:

$$Z = c(x_m^*)^a x_f^{ar} \quad (3.11)$$

其中 a 和 ar 是常数,$\epsilon(p, \alpha)$ 的系数也是常数,由方程式(3.12)表示:

$$\frac{\epsilon(Z, x_m^*)^{-1} - 1}{\epsilon(Z_m, x_m^*)} = \frac{1}{a} = \frac{1+r}{g} \quad (3.12)$$

其中 r 衡量女性在家庭产出中的相对边际份额;$g = a + ar$ 衡量规模收益。当 $g \leqslant 1$ 时,$\epsilon(p, \alpha)$ 的系数必定会超过 1,并且随着 r 的增加或 g 的下降而增加。

如果生产函数中男女投入间的替代弹性为常数 σ,并且规模收益不变($g = 1$),那么(参见本章数学附录的条目 B):

$$\frac{\epsilon(Z, x_m^*)^{-1} - 1}{\epsilon(Z_m, x_m^*)} = \left[1 + r'\left(\frac{x_f}{x_m^*}\right)^{-\beta}\right]\sigma = (1+r)\sigma \quad (3.13)$$

其中女性在产出中的相对边际份额为:

$$r'\left(\frac{x_f}{x_m^*}\right)^{-\beta}=\frac{x_f MP_f}{x_m^* MP_m}=r \tag{3.14}$$

当 $g=\sigma=1$ 时,方程式(3.14)化简为方程式(3.12)。如果 $\sigma>1$,则妻子数量对效率的弹性必定超过1,并且随着 σ 的增加,弹性也会变大。由于就更有效率的男性而言,x_f/x_m^* 更大,所以当 $\sigma<1$ 时,对于更有效率的男性来说,妻子数量对效率的弹性更小,因为女性在家庭生产中的均衡份额会随着效率的提高而下降。

如果 $\epsilon(p,\alpha)$ 和 $\epsilon(n,\alpha)$ 是常数,并且生产函数是柯布—道格拉斯函数,那么方程式(3.10)就是一个简单的线性微分方程,可以用于明确求解出妻子的数量:

$$w=\left(\frac{\alpha}{\bar\alpha}\right)^{\epsilon(p,\alpha)+\frac{1+r}{g}\epsilon(n,\alpha)} \tag{3.15}$$

其中 $\bar\alpha$ 是只有一个妻子的男性的效率(参见本章数学附录的条目C)。妻子的均衡数量与丈夫所拥有的总资源成比例,并且当妻子在产出中的边际贡献不少于丈夫($r\geqslant1$),且规模收益非增($g\leqslant1$)时,妻子的数量远比丈夫的效率增加更快。比如说,当 $r=2$,$g\leqslant1$,且 $\epsilon(n,\alpha)=1$ 时,男性效率10%的增加能使妻子的数量提高至少30%。因此已婚男性的妻子数量的差异将大大超过这些男性效率的差异,并且妻子数量的分布将明显偏向右侧,即使丈夫的效率是对称分布的。

男性对生育孩子的边际贡献远远小于女性的边际贡献,因为女性怀胎十月,用自己的营养哺育胎儿。而且,在原始和较落后的社会中,女性对照顾孩子的贡献同样远远大于男性。她们要为孩子提供母乳,还要在继续生育下一胎的同时照顾已经出生的孩子。这样一来,我们的分析就表明,在很多这样的社会中,一夫多妻很普遍,女性被不平均地分配给男性,因为在孩子的生育和照料过程中,女性的边际贡献大于男性的边际贡献,而对于这些社会来说,孩子便是婚姻的主要产出。

随着各个社会城市化水平的提高以及发展程度的提高,家庭对孩子"数量"的需求已经极大地降低,而对孩子的教育、健康等"质量"指标的要求大大提高(见第5章)。由于男性对质量的边际贡献远远大于对数量的边际贡献,所以我们的分析正确地预测了一夫多妻制发生的概率会随着时间的推移大大下降。

3.3　均衡收入、投资和性别比

由于一个男性的收入等于其所组建家庭的总产出减去其所有妻子的收入之和,所以他的收入可以写作:

$$Z^{m_i} = Z_{m_i w_i} - w_i Z^f = w_i n(\alpha_i) \frac{\partial Z}{\partial x_m^*} x_m^* \tag{3.16}$$

其中,Z^f 由方程式(3.7)给出,并且对于婚姻市场中所有相同的女性而言都相等。方程式(3.16)的最右侧可以看作效率为 α_i 的男性的边际产品。男性收入的分布取决于妻子数量的分布和家庭生产中丈夫与每个妻子的边际贡献$[n(\alpha_i)(\partial Z/\partial x_m^*)x_m^*]$的分布。

如果家庭生产函数是柯布—道格拉斯形式的,并且规模收益不变,那么当婚姻市场处于均衡状态时,所有男性的边际贡献都相等。[16]则方程式(3.16)变为:

$$Z^{m_i} = \frac{Z^f}{r} w_i \tag{3.17}$$

并且男性的均衡收入与其妻子的数量成正比。[17]如果生产函数不是柯布—道格拉斯形式的,但替代弹性等于 σ,则当 σ 大于 1 时,r 会随着效率的提高而变大,当 σ 小于 1 时,r 会随着效率的提高而变小。因此当 $\sigma < 1$ 时,男性的收入比其妻子的数量[18]增长得要快,而 $\sigma > 1$ 时情况相反。

我要强调一下,上述结果并没有作出丈夫是为了私利而珍视妻子的价值判断假设,而仅仅是从夫妻的产出价值出发进行分析。方程式(3.16)和方程式(3.17)表明,妻子均衡数量的变化可能是产出价值变化的一个很好的替代指标。实际上,假设精确度量出了妻子的数量,那么妻子数量的变化可能比金钱收入的变化(一个常用的替代指标)更适合作为产出价值变化的替代指标。

方程式(3.17)表明男性的平均收入是:

$$\bar{Z}^m = \frac{Z^f}{r} \bar{w}(N_m'/N_m) \tag{3.18}$$

其中 N_m' 是已婚的($w > 0$)男性的数量,$\bar{w}$ 是这些男性的平均娶妻个数,N_m 是婚姻市场中男性的总数。[19]由于:

$$\bar{w} = N_f / N'_m \qquad (3.19)$$

其中 N_f 是婚姻市场中女性的总数，[20]因而男性相对于每个特征相同的女性的平均收入为：

$$R = \frac{\bar{Z}^m}{Z^f} = \frac{Z^f \bar{w} N'_m}{Z^f r N_m} = \frac{\bar{w} N'_m}{r N_m} = \frac{N_f}{r N_m} = \frac{1}{rv} \qquad (3.20)$$

其中 $v = N_m / N_f$ 是婚姻市场中参与者的男女性别比。

参与者性别比的下降，即女性相对于男性数量的增加，会降低女性的收入，提高男性的平均收入。能结婚的男性的平均娶妻个数会增加，因为额外增加一个妻子所带来的边际产品会超过娶妻的成本。这样一来，性别比的下降会增加已婚男性的平均妻子个数，或者妻子个数超过特定数字的男性的比例，也即提高了一夫多妻制的发生概率。然而，用单身男性所占比例衡量的一夫多妻制的概率会下降，因为一些早前无法娶妻的男性现在也可以给女性提供足够多的资源，以吸引她们结婚。另外，已婚男性妻子数量上的不均等由方程式(3.10)中的变量决定，并且完全独立于性别比。

女性相对于男性在家庭产出中边际贡献的增加（即 r 的增加）会提高妻子的边际产品，而降低丈夫的边际产品，从而提高妻子的收入，降低丈夫的平均收入。这样一来，能娶妻的男性数量将会减少，而已婚男性的平均娶妻数会增加。由于方程式(3.13)和方程式(3.15)表明已婚男性妻子数量上的不均等会加剧，因而当女性在家庭的边际产出中更为重要时，一夫多妻制婚姻发生率的所有衡量指标都会提高。女性贡献的增加也会加剧这种不均等，并使得男性收入分布更为偏斜，因为男性收入的分布与女性收入的分布大致呈正比。不均等程度与偏斜度的增加意味着即使男性的平均收入会减少，最有效率的男性也会过得更好。

反对一夫多妻的群体宣称一夫多妻制的存在是对女性的贬低或剥削。[21]然而，我对有效率的竞争性婚姻市场的分析却表明，如果一夫多妻婚姻的发生率主要由女性在家庭产出中的相对边际贡献决定，那么，一夫多妻婚姻越多，女性的收入就越高，男性对妻子的竞争也越剧烈。一夫多妻制较为普遍的社会中，彩礼通常更为普遍且数额更高，便有力地支持了这一观点（参见 Goode, 1963；Goldschmidt, 1973，p.80；Whiting, 1977；Grossbard, 1978）。

由于女性相对贡献的增加所造成的一夫多妻婚姻的增加，会致使男性推迟他们进入婚姻市场的时间，直到他们随着年龄增长和阅历增加而变得更有效率;因为当一夫多妻发生率提高时,效率在婚姻市场上会更有价值。类似地,一夫多妻的增加可能会致使女性提前进入婚姻市场,因为对女性的需求有所增加,尽管婚姻会增加她们的负担。在一夫多妻更为普遍的社会中,男性确实普遍较晚结婚,而女性普遍较早结婚。[22]

女性相对边际贡献的增加所导致的男性相对于女性的平均收入[方程式(3.20)中的 Z^m/Z^f]的减少,会导致性别比降低,包括如下原因:第一,诱使男性迁往其他地区,而吸引其他地区的女性迁入;[23]第二,父母更为担心女儿的生存问题,而更少担心儿子的生存;第三,其他反应。由于女性贡献的增加提高了一夫多妻的发生率,当一夫多妻现象更为普遍时,可供选择的男性会减少,但是因果关系不是一夫多妻导致缺少男性,而是缺少男性导致一夫多妻。

如果一旦男性相对于女性的平均收入低于某一收入比率 R^* 时,性别比就会因为上述反应而持续降低,而一旦相对收入高于 R^*,性别比就会持续上升,那么性别比只有在相对收入等于 R^* 时才能保持不变。我们必须牢记 R^* 并不一定等于 1;抚养儿子和女儿的净成本可能并不相同,并且父母——尤其是年纪较大的父母——从儿子和女儿那儿获得的收益可能也不同。我们将在第 6 章继续讨论这一点。由于方程式(3.20)表明男性与女性的收入比与其数量比呈反方向变动趋势,保持不变的性别比 v^* 将是稳定的均衡比:从任意初始点出发,男性与女性的收入比都会随着性别比接近均衡值而逐渐接近 R^*。这一均衡值由方程式(3.20)推导而来:

$$v^* = 1/(rR^*) \qquad (3.20')$$

男性与女性的均衡性别比与均衡收入比成反比例关系,而与男女对在产出的边际贡献比(1/r)直接相关。更一般地,性别比与收入比成正相关,但没有静止值。[24]

效率并不完全是外生性变量,它还部分地取决于教育、培训等人力资本投资。男性愿意付出可观的成本并承担较大的风险来获得更高的效率,以吸引更多女性成为他们的妻子。我们的分析表明女性在产出中的贡献越大,效率提升对获得更多妻子和更高收入的作用也就越大,因而男性获得更高效率的动机也就越强。

为了阐明这一点,假设效率(α)随着技能水平(h)和"继承"来的能力(μ)的提升而不断累加:

$$\alpha = \mu + h \qquad (3.21)$$

其中 h 的生产函数为：

$$h = \psi(x_m^0, \mu), \text{其中} \partial\psi/\partial x_m^0 > 0 \text{ 且 } \partial\psi/\partial\mu > 0 \tag{3.22}$$

并且我们假定 $\partial^2\psi/\partial(x_m^0)^2 < 0$ 且 $\partial^2\psi/\partial\mu\partial x_m^0 > 0$，其中 x_m^0 是用于培养 h 的资源。总资源：

$$x_m + x_m^0 = \bar{x}_m \tag{3.23}$$

被用于男性直接或间接地获取收入，并且如果 Z 是柯布—道格拉斯函数且 $p(\alpha) \equiv 1$，则实现收入最大化分配的均衡条件为（参见本章数学附录的条目 D）：

$$\frac{\partial\psi}{\partial x_m^0} = \frac{\alpha g}{(\bar{x}_m - x_m^0)(1+r)} \tag{3.24}$$

因此，女性对产出（r）中边际贡献的增加会致使男性加大用于提高效率的资源投入，直到 $\partial\psi/\partial x_m^0$ 足够小。女性对产出贡献的增加还会使得男性间的不平等程度加剧，因为能力更强的男性相对于其他男性有更强的动机进行人力资本投资。[25]由于女性对产出贡献的增加还会鼓励一夫多妻制婚姻，当一夫多妻现象更为普遍时，普通男性普遍投资更多且更加有效率。另外，根据方程式（3.15），女性对产出贡献的增加不仅会直接加剧男性娶妻数量的不平等，还会通过拉大男性能力的差距而间接加剧娶妻数量的不平等。

随着男性人力资本投资的增加，男性追求女性的竞争也就更加激烈，这样便增加了女性的收益。由于在忽略由其他原因造成的性别比的下降的前提下，女性总数是固定的，男性效率的普遍提升对娶妻需求的影响必然会被女性更高的收入所抵消。实际上，方程式（3.20）表明如果生产函数是柯布—道格拉斯形式，则女性与男性的平均收入比将与男性效率的分布无关。

我所作的假设是女性具有相同的生产力，而男性具有不同的生产力，但是如果取相反的假设，也只需将分析作对称处理。男性在一妻多夫制家庭中的分布，将取决于男性在所有婚姻中都具有相同的边际产品的前提。效率较高的女性将有更多的丈夫，因为男性与这些女性在一起时生产效率更高。

如果与每个丈夫的生产都是相互独立的（见接下来的讨论），第 i 个女性和 h_i 个丈夫的总产出将会是：

$$Z_{h, f_i} = h_i n(\alpha, \beta_i) Z(x_m, x_{f_i}^*) \tag{3.25}$$

其中 $x_{f_i}^* = \ell(\beta_i) x_f/h_i$，$\alpha$ 是每个丈夫的效率，β_i 是第 i 个女性的效率，$\partial n/$

$\partial \beta_i > 0$ 且 $\mathrm{d}\ell / \mathrm{d}\beta_i > 0$。如果 Z 的规模报酬不变，β_i 的变化对均衡丈夫数量的影响将由方程式(3.10)和方程式(3.13)推导而来：

$$\epsilon(h, \beta) = \frac{\mathrm{d}h}{\mathrm{d}\beta} \cdot \frac{\beta}{h} = \epsilon(\ell, \beta) + \left(1 + \frac{1}{r}\right)\sigma\epsilon(n, \beta) \qquad (3.26)$$

其中 $1/r$ 是男性对产出的相对边际贡献。根据方程式(3.17)，第 i 个女性的均衡收入约为：

$$Z^{f_i} \cong r Z^m h_i \qquad (3.27)$$

其中 Z^m 是男性的均衡收入，当生产函数为柯布—道格拉斯形式时，方程式(3.27)取等号。

根据方程式(3.13)，女性边际贡献的增加会提高一夫多妻的发生率，而根据方程式(3.26)，它会降低一妻多夫的发生率。因此一夫多妻远比一妻多夫普遍，其主要原因是女性对产出的边际贡献显著超过男性对产出的边际贡献。另外，当一夫多妻占据重要地位时，一妻多夫就可以忽略不计，反之亦然，因为女性边际贡献的变化对一夫多妻和一妻多夫的发生率有着相反的作用。

每个配偶的生产相互独立的假设可能适用于一夫多妻制家庭，但可能不适用于一妻多夫制家庭。由于人们强烈偏好自己亲生的孩子，并且当女性有好几个丈夫时，很难确定孩子的父亲是谁，所以每个丈夫都会降低其他丈夫的生产力。这意味着一妻多夫制婚姻有着规模报酬递减的特征，这有助于解释为什么一妻多夫现象很罕见，[26]且一妻多夫制婚姻中丈夫多为兄弟或其他亲戚(比起陌生人的孩子，人们还是更愿意接受亲戚的孩子)。

与方程式(3.24)相似的一个论断表明，女性的平均投资及其投资的差距与男性对婚姻产出的边际贡献成正相关关系(也就是与女性的边际贡献成负相关关系)。由于当孩子的数量是婚姻的主要产出时，女性的边际贡献超过男性的边际贡献，所以当孩子数量比质量更为重要时，女性的平均投资及其投资的差距将会更低。

表 3.1 给出了不同国家和地区男性和女性受教育年限的平均值和标准差[27]。正如预期的那样，在孩子数量为主要产出的贫穷国家，女性受教育年限的平均值和标准差都要明显低于男性；而在孩子质量更为重要的富裕国家，女性的这两个指标都只略低于男性。[28]

表 3.1　对不同国家(地区)25—34 岁男女按受教育年限计算的受教育状况的估测

抽样的国家(地区)和年份		平均值		标准差	
		男性	女性	男性	女性
伊朗	1966	2.1	0.7	3.9	2.4
印度	1971	2.6	0.8	4.0	2.4
肯尼亚[a]	1969	3.4	1.2	3.4	2.4
赞比亚	1969	3.6	1.3	3.2	2.3
马来西亚	1970	3.7	2.7	3.3	3.1
厄瓜多尔	1962	5.0	4.8	3.2	2.9
墨西哥	1976	5.5	4.5	4.5	3.7
阿根廷	1970	6.5	6.2	4.1	4.0
中国香港	1971	7.6	6.8	3.5	3.5
瑞典	1970	8.3	8.2	4.7	4.6
美国	1970	12.4	11.9	3.5	2.8

注:a 该样本人群的年龄为 25—29 岁。

资料来源:India Office of the Registrar General, 1976; Iran Statistical Centre, 1968; Malaysia Department of Statistics, 1977; Mexico Dereccion General de Estadistica, 1976; United Nations, 1972, Table 19, 1974, Table 34; U.S. Bureau of the Census, 1973c, Table 1.

女性对产出的边际贡献的增加会直接加大男性之间的收入差距,而缩小女性之间的收入差距,且根据方程式(3.15)和方程式(3.22),这一增加会加大男性人力资本投资的差距,而缩小女性人力资本投资的差距,从而间接拉大男性之间的收入差距,缩小女性之间的收入差距。男性收入的差距在贫穷国家通常较大(Lydall, 1968, pp.152—153)。[29]

当男性和女性都存在差异时,一夫多妻制问题就可以被"掩饰"起来,因为一个效率较高的配偶可以代替几个效率较低的配偶。下一章的分析表明一个有效率的婚姻市场将对配偶进行正向排序——比如说,效率更高的男性会娶效率更高的女性——如果男性和女性的效率是互相促进的(这似乎是合理的)。事实上,如果满足下述条件,那么在本章所考虑的家庭生产函数中,它们会是相互促进的:

$$\frac{\partial^2 n(\alpha, \beta)}{(\partial \alpha)(\partial \beta)} = \frac{\partial^2 n}{(\partial \beta)(\partial \alpha)} > 0 \tag{3.28}$$

在男女一方效率的提高使得另一方效率的提高能增加其在生产中的贡

献时,相互促进的结论也成立。这样一来,即使用妻子天数*和丈夫天数**这样的连续变量的分布来衡量,也低估了一夫多妻制婚姻或一妻多夫制婚姻的效率和收入分配的不平等程度,因为每个妻子(或丈夫)的效率倾向于随着妻子天数(或丈夫天数)的增加而提升。

当男女均存在差异时,效率更高的人能够选择与几个效率较低的配偶结婚,并获得他们/她们的全部关注,而不是与一个效率较高的配偶结婚,而获得其部分关注。基于之前的分析,当女性对产出的边际贡献较大时,有效率的女性更可能偏好效率较高的男性的部分关注,也就不足为奇了(参见本章数学附录的条目E)。因此,显性的一妻多夫现象较为罕见,部分原因可能是隐性的一妻多夫制更有吸引力。

我们已经阐明,当女性对产出的边际贡献较大时,有多个妻子的男性更有动力对高级技能进行投资,而当男性的边际贡献较大时,有多个丈夫的女性更有动力对高级技能进行投资。这些结论同样适用于排序配对的隐性多配偶制。女性边际贡献的增加会刺激男性进行人力资本投资,减少女性的投资,并提高男性的平均效率,拉大男女之间效率的差距(参见本章数学附录的条目F)。在实施一夫一妻制的贫穷国家,女性受教育年限的平均值和标准差通常都要远低于男性(见表3.1)。在这些国家,由于孩子的数量相对于质量有更高的价值,因而女性对产出的边际贡献很可能大于男性的边际贡献。

数学附录

A. 方程式(3.7)的两边求偏导,我们得到:

$$0 = n'(\alpha)(Z - Z_m x_m^*) + n\left[Z_m\left(\frac{-x_m^*}{w}\right)w'(\alpha) + Z_m\left(\frac{x_m^*}{w}\right)w'(\alpha)\right]$$

$$+ n\left[Z_m\frac{x_m^*}{p}p'(\alpha) - Z_m\frac{x_m^*}{p}p'(\alpha)\right]$$

$$+ n\left[Z_{mm}\frac{(x_m^*)^2}{w}w'(\alpha) - Z_{mm}\frac{(x_m^*)^2}{p}p'(\alpha)\right]$$

---

* 即与所有妻子结婚天数的总和。——译者注
** 即与所有丈夫结婚天数的总和。——译者注

其中 $n'(\alpha)=\mathrm{d}n/\mathrm{d}\alpha$，$Z_m=\partial Z/\partial x_m^*$，$w'(\alpha)=\mathrm{d}w/\mathrm{d}\alpha$，$p'(\alpha)=\mathrm{d}p/\mathrm{d}\alpha$，$Z_{mm}=\partial Z_m/\partial x_m^*$。因此：

$$\frac{w'(\alpha)}{w}=\frac{p'(\alpha)}{p}+\frac{n'(\alpha)}{n}\left[\frac{(Z-Z_m x_m^*)}{-Z_{mm}(x_m^*)^2}\right] \tag{3.10$'$}$$

由于：

$$\frac{Z-Z_m x_m^*}{-Z_{mm}(x_m^*)^2}=\frac{\dfrac{Z}{Z_m x_m^*}-1}{-Z_{mm}x_m^*\dfrac{1}{Z_m}}=\frac{\epsilon(Z,\ x_m^*)^{-1}-1}{\epsilon(Z_m,\ x_m^*)}$$

方程式(3.10)由方程式(3.10$'$)推导而来。

B. 如果生产函数的替代弹性为常数，且规模报酬不变，如下式：

$$Z=[a(x_m^*)^{-\beta}+r'a(x_f)^{-\beta}]^{-1/\beta}$$

那么很容易得到：

$$\frac{\epsilon(Z,\ x_m^*)^{-1}-1}{\epsilon(Z_m,\ x_m^*)}=\frac{\sigma(Z/x_m^*)^{-\beta}}{a}$$

代入生产函数，得到：

$$\left(\frac{Z}{x_m^*}\right)^{-\beta}=a\left[1+r'\left(\frac{x_f}{x_m^*}\right)^{-\beta}\right]$$

C. 当 $w=1$ 时，我们可以通过解方程式(3.7)得到 $\bar{\alpha}$：

$$Z^f=n(\bar{\alpha})\left(Z-\frac{\partial Z}{\partial x_m^*}x_m^*\right)$$

如果 Z 是柯布—道格拉斯形式的，那么：

$$Z-\frac{\partial Z}{\partial x_m^*}x_m^*=(1-a)Z$$

因此：

$$(1-a)n(\bar{\alpha})[p(\bar{\alpha})]=Z^f/(cx_m^a x_f^{ar})$$

D. 如果 r 是常数(柯布—道格拉斯生产函数)，那么在满足下述条件时，一个男性的收入实现最大化：

$$\frac{\mathrm{d}Z^m}{\mathrm{d}x_m^0} = 0 = \frac{Z^f}{r}\left[\left(\frac{\partial w}{\partial \alpha}\right)\left(\frac{\partial \psi}{\partial x_m^0}\right) + \left(\frac{\partial w}{\partial x_m}\right)\left(\frac{\partial x_m}{\partial x_m^0}\right)\right]$$

由于：

$$\frac{\partial w}{\partial \alpha} = \left(\frac{w}{\alpha}\right)\left(\frac{1+r}{g}\right) \text{且} \frac{\partial w}{\partial x_m} = \frac{w}{x_m}$$

所以：

$$\left(\frac{w}{\alpha}\right)\left(\frac{\partial \psi}{\partial x_m^0}\right) = \left(\frac{g}{1+r}\right)\left(\frac{w}{\bar{x}-x_m^0}\right)$$

E. 一个女性会偏好一个娶了好几个妻子的男性，前提是她与这名男性在一起的边际产品超过她与几个效率较低的丈夫在一起的边际产品。也就是说，她偏好一个有着 w_i 个妻子且效率为 α_i 的男性，而不是效率为（$\alpha_k <$ α_i）的 h_j 个丈夫，前提是：

$$MP_{iw_i} = n(\alpha_i, \beta_i)(Z - Z_m x_m^*) > MP_{h_j} = n(\alpha_k, \beta_i)Z_f x_f^*$$

其中为了简化分析（见第 4 章），我假设一个多配偶制家庭中的所有配偶都具有相同的效率，并且效率的变化对产出只有要素中立的作用。也就是说，效率的变化只会对 n 的值产生影响，因为 $p(\alpha) \equiv \ell(\beta) \equiv 1$。如果 Z 有规模报酬不变的特征，那么这个不等式就变为：

$$n(\alpha_i, \beta_j)\frac{\partial Z}{\partial x_f}\left(\frac{x_m}{w_i}, x_f\right) > n(\alpha_k, \beta_j)\frac{\partial Z}{\partial (x_f/h_j)}\left(x_m, \frac{x_f}{h_j}\right)\frac{1}{h_j}$$

如果 Z 也是柯布—道格拉斯形式的，那么这个不等式就变成：

$$\frac{n(\alpha_i, \beta_j)}{n(\alpha_k, \beta_j)}\frac{h_j^{1-ar}}{w_i^{-a}} = (h_j w_i)^{\frac{1}{1+r}}$$

其中 r 是女性在产出中的相对边际份额。因此，当 r 较大、h_j 和 w_i 较小，并且 α_i 相对 α_k 较大时，女性会更加偏好一夫多妻制家庭。

F. 为了给出一个简要证明（附录 D 给出了更为完整的证明），假设每个男性通过在培养技能和直接获得收入之间进行最优的资源配置（x_m）来使得其收入（Z_m）最大化。假设一夫一妻制婚姻的产出 Z 为：

$$Z_{\alpha\beta} = n(\alpha, \beta)Z(x_m, x_f)$$

其中 α 和 β 分别表示男性和女性的技能水平，x_m 和 x_f 分别表示男性和女性在产出上投入的资源数量。男性对 $\bar{x}_m$ 的最优分配由下式决定：

$$\frac{\mathrm{d}Z^m}{\mathrm{d}x_m^0} = 0 = \left(\frac{\partial Z^m}{\partial \alpha}\right)\left(\frac{\partial \alpha}{\partial x_m^0}\right) + \left(\frac{\partial Z^m}{\partial x_m}\right)\left(\frac{\partial x_m}{\partial x_m^0}\right)$$

其中 x_m^0 是他花费在技能提升上的资源，且 $\partial x_m / \partial x_m^0 = -1$。因为：

$$\frac{\partial Z^m}{\partial \alpha} = \frac{\partial Z_{\alpha\beta}}{\partial \alpha} - \frac{\partial Z^f}{\partial \alpha} = \frac{\partial Z_{\alpha\beta}}{\partial \alpha}，由于\frac{\partial Z^f}{\partial \alpha} = 0$$

所以：

$$\frac{\partial \alpha}{\partial x_m^0} = \frac{n\dfrac{\partial Z}{\partial x_m}}{\dfrac{\partial n}{\partial \alpha}Z} = \frac{g}{\dfrac{\alpha \log n}{\partial \alpha}(1+r)x_m}$$

其中 r 是女性对产出的相对边际贡献，g 是 Z 的齐次数[对比方程式(3.24)]。因此，r 的增加会提高男性对技能的最优投资量，因为 $\partial \alpha / \partial x_m^0$ 的均衡价值减少了。

注　释

① 然而，有趣的是，一些物种的确会使用专门的竞技场或求偶场地来展示其才华，从而吸引异性（见第 9 章）。

② 参见 Freiden(1974)、Preston 和 Richards(1975)、Santos(1975)对美国白人的研究，Reischauer(1971)对美国非裔的研究，Nerlove 和 Schultz(1970)对波多黎各的研究，以及 Walsh(1972)对爱尔兰的研究。"合适"的意思是一群女性与她们最可能嫁给的男性相比较；比如说，受过大学教育的女性的数量与受过大学教育的男性的数量相比较，或者 20—24 岁的女性的数量与25—29 岁的男性的数量相比较。

③ Lazear(1978)开了一个有趣的头，也可参见 McElory 和 Horney(1981)的研究。

④ Smith 和 Kunz(1976)回顾了十余个研究。多个妻子对每个妻子平均生育的孩子数量的负向影响很可能要比这些研究表明的要强，因为更有"效率"的男性，尤其是富有的年长男性，更可能多娶妻子。一些证据表明，富有的男性比起其他男性在妻子数量相同的情况下更可能拥有更多的孩子，也即每个妻子平均生育的孩子数量更多（参见 Grossbard，1978）。

⑤ 更为一般的是，如果一些男性不受限地拥有 n 个妻子，那么当没有人被允许

拥有超过$(n-1)$个妻子时,他们会过得更好(《古兰经》禁止男性拥有超过四个妻子)。然而,如果所有人都被限制只能娶一个妻子,那么他们的处境可能会变差,因为从第2,3,…,$(n-1)$个妻子那里获得的收益会超过一夫多妻制下第一个妻子所带来的减少的收入。打个比方,如果一些男性有三个妻子——如图3.2中的点e'_p所示,而不是一夫一妻制下的一个妻子(如点e_m所示),那么这些男性都会因第一个妻子而损失$[MP_{f(3)}-Z_{sf}]$,而因第二个妻子获得$[MP_{f(2)}-MP_{f(3)}]$。如果$MP_{f(2)}+Z_{sf}>2MP_{f(3)}$,男女在点$e'_p$均会好于在点$e_m$。

⑥ 有关采用一夫多妻制的阿拉伯人、非洲人、摩门教徒、巴西印第安人以及乌干达人的特征,请分别查阅 Goode(1963)、Dorjahn(1959)、Young(1954)、Salzano 等人(1967)以及 Goldschmidt(1973)的研究。

⑦ 这一节中的分析深受 Chang(1979)和 Rosen(1981)的影响。

⑧ Young(1954)所讨论的一夫多妻制的摩门教徒家庭表现出相当大的个体独立性。Fernea(1965)所讨论的伊拉克一个小村子里的一夫多妻制穆斯林家庭,则表现出家庭成员相互协作的特征。关于不同一夫多妻制社会中的耕作问题,请参考 Boserup(1970)的研究。

⑨ 由于每个妻子的产出是:

$$AP_{m,w_i}=\frac{Z_{m,w_i}}{w_i}=n(\alpha_i)Z\left[\frac{p(\alpha_i)x_m}{w_i},\ x_f\right]$$

所以:

$$\frac{\partial AP_{m,w_i}}{\partial w_i}=n(\alpha_i)\frac{\partial Z}{\partial x_m^*}\left[\frac{-p(\alpha_i)x_m}{w_i^2}\right]<0$$

⑩ 对方程式(3.7)两边关于w_i求偏导:

$$\frac{\partial MP_{m,w_i}}{\partial w_i}=\frac{\partial^2 Z_{m,w_i}}{\partial w_i^2}=n(\alpha_i)\frac{\partial^2 Z}{\partial(x_m^*)^2}\frac{(x_m^*)^2}{w_i}$$

得:

$$\frac{\partial MP_{m,w_i}}{\partial w_i}\gtreqless 0 \ \text{当}\frac{\partial^2 Z}{\partial(x_m^*)^2}\gtreqless 0\ \text{时}$$

⑪ 如果Z是t阶齐次,则有:

$$tZ=\frac{\partial Z}{\partial x_m^*}x_m^*+\frac{\partial Z}{\partial x_f}x_f=Z_m x_m^*+Z_f x_f$$

那么关于x_m^*求偏导得:

$$tZ_m=Z_{mm}x_m^*+Z_m+Z_{fm}x_f$$

或者：

$$Z_{mm}x_m^* = (t-1)Z_m - Z_{fm}x_f$$

由于男女的互补性意味着 $Z_{fm} > 0$，那么当 $t \leqslant 1$ 或者当 $t > 1$ 且 $(t-1)$ 不大时，$Z_{mm} < 0$。

⑫ 根据方程式(3.7)，当 $\partial Z/\partial x_m^* = 0$ 时，所有妻子的总边际产品及每个妻子的平均边际产品实现最大化。妻子的边际产品递减意味着仅当 $x_m^* \geqslant \bar{x}_m^*$ 时，$\partial Z/\partial x_m^*$ 等于零，其中 $\bar{x}_m^*$ 由家庭生产函数决定。

⑬ 如果 $p(\alpha)x_m/w = \bar{x}_m^*$，那么：

$$w_{min} = \frac{p(\alpha)x_m}{\bar{x}_m^*} > 0$$

⑭ 方程式(3.7)表明，当 $\alpha_j > \alpha_i$ 且 $w_j \leqslant w_i$ 时，$MP_{m,u_j'} > MP_{m,u_i'}$，因为 $n(\alpha_j) > n(\alpha_i)$ 且 $p(\alpha_j) > p(\alpha_i)$。

⑮ 请注意，如果生产函数表现出规模收益不变的特征，则有：

$$\epsilon(Z, x_m^*) + \epsilon(Z, x_f) = 1 \text{ 且 } \epsilon(Z_m, x_m^*) = \epsilon(Z_f, x_f)\frac{Z_f x_f}{Z_m x_m}$$

⑯ 由于：

$$Z^f = n(\alpha_i)\left(Z - \frac{\partial Z}{\partial x_m^*}x_m^*\right) = n(\alpha_i)\frac{\partial Z}{\partial x_f}x_f = n(\alpha_i)arZ$$

其中当 Z 为柯布-拉斯函数时，a 和 r 都为常数，则下式对于所有男性而言都相同：

$$n(\alpha_i)\frac{\partial Z}{\partial x_m^*}x_m^* = n(\alpha_i)aZ = \frac{Z^f}{r}$$

⑰ Lucas(1978)的一个企业家模型也得出了相似的结果：当公司的生产函数是柯布—道格拉斯形式时，企业家的均衡收入与其雇员的数量成正比。

⑱ 如果我们把他们看作妻妾成群的丈夫，而把雇员看作他们的妻子，这一分析同样适用于顶层管理者的收入。方程式(3.17)表明，当管理者的时间(和其他资源)与诸生产要素之间的替代弹性大于 1 时，顶层管理者的收入会比雇员数量增长得更快；而当替代弹性小于 1 时，情况正好相反。因此，Herbert Simon(1979)想必是作出了错误的论断，认为顶层管理者的收入与雇员数量的对数之间存在明显的凹性曲线关系，并不能简单地用新古典主义中的效用最大化理论解释。

⑲ 如果生产函数是柯布—道格拉斯形式的，那么没有一个男性会保持单身，因为妻子的边际产品总是正的，并且随着妻子数量的减少，每个妻子的平均产出会无限增长。

⑳ 所有 N_f 个女性都会结婚,因为我们假设了 Z_f 为正,并且单身女性的产出很少。

㉑ 大卫·休谟(David Hume)写道:"男性的这种权力(即一夫多妻的权力)是一种僭越,它使得男女在地位上不再相近,更别谈平等了,这与自然建立的秩序背道而驰。"(1854,pt.1,论说文 19)Young(1954)也讨论了几个群体对摩门教徒家庭一夫多妻制的评论。

㉒ 在讨论乌干达的塞贝(Sebei)部落(一个一夫多妻制的部落)时,戈德史密德(Goldschmidt,1973,p.80)说道:"尽管男性普遍想要多个妻子,但只有少数人实际上有超过一个妻子。然而这一事实使得女性较为稀有。塞贝部落就没有老寡妇。"

摩门教徒可能是个例外,在 19 世纪晚期,女性初次结婚的平均年龄为20—23 岁,而男性为 25 岁(参见 Smith and Kunz,1976,pp.469—470)。然而,大量女性皈依者的涌入可能显著地降低了女性初次结婚的年龄,因为父母为摩门教徒的女孩明显很早就结婚了:"到了 16 岁,很多姑娘就已经被求爱了,而一个到了 20 岁还不结婚的姑娘就要被看作老姑娘了。"(Young,1954,p.246)

㉓ 比如,摩门教徒从国外吸纳女性皈依者(Young,1954,pp.124—125)。一夫多妻制盛行的卡普斯里卡(Kapsirika)牧民部落从一夫多妻较少的萨速尔(Sasur)农耕部落进口妻子(Goldschmidt,1973),而 19 世纪时奥斯曼帝国的一夫多妻制村落中的男性会迁往其他村落(McCarthy,1979)。

㉔ 参见 Becker 和 Posner(1981)对原始社会的分析和实证证据。

㉕ 对均衡条件式(3.24)关于能力求偏导,我们得到:

$$\frac{\partial x_m^0}{\partial \mu} = \frac{\partial^2 \psi}{\partial x \partial \mu} \Bigg/ \left[\frac{g}{1+r}(\bar{x}_m - x_m^0)^2 - \frac{\partial^2 \psi}{\partial (x_m^0)^2} \right] > 0$$

r 的增长会使得上式右侧的值提高,从而增强能力(u)用于提升技能水平(x_m^0)的资源投入的影响。因此 r 的增长会加大能力较弱的男性与能力较强的男性之间的差距。

㉖ 关于一妻多夫的证据请参考 Rivers(1906)、Saksena(1962),以及 Prince Peter(1963)的研究。

㉗ 人力资本理论表明,受教育年限的差距应该用标准差或者类似的**绝对意义**上的离散程度测量指标来衡量(参见 Becker,1975)。

㉘ 尽管表 3.1 中只有少数几个国家和地区有显性的多配偶制,但我简要展示了正向排序配对的"隐性"多配偶制对于男性和女性的人力资本投资有着相似的含义。

㉙ 女性收入的差距很难衡量,因为女性的大部分收入不是通过市场交易获得的。

婚姻市场中的排序配对

第 3 章论述了一个有效率的婚姻市场会给每个参与者都估算一个收入或者"价格",以吸引他们进入合适的一夫多妻制婚姻或一夫一妻制婚姻。估算价格也被用来匹配品质不同的男女:我们看到,一些人选择与"较弱"的人结婚,因为他们感到与"较强"的人结婚代价太过昂贵。当很难清楚划分婚姻的收益,或者当一方(通常是丈夫)比另一方有更大的权力时,婚姻市场就很难对参与者进行有效的定价。彩礼、嫁妆、离婚协议等资本转移支付手段的演变部分就是由于存在这样的困难。

本章表明有效率的婚姻市场通常存在正向的排序配对,即高质量的男性与高质量的女性配对,而低质量的男性与低质量的女性配对,尽管负向的排序配对有时候有着重要作用。一个有效率的婚姻市场也往往会最大化家庭消费品的总产出,这样没有人能够在不损害其他人利益的前提下提升自己的婚姻质量。

正如我们所见,实力较强的男性与女性的配对是一种隐性的多配偶制,可以取代显性的多配偶制。本章将会证明相反的结论,即显性的多配偶制是一种隐性的正向排序配对,它能够代替实力较强的人士之间的配对。这样一来,一夫多妻制家庭中妻子的平均质量往往会低于拥有同等实力的丈夫的一夫一妻制家庭中妻子的质量。

4.1 一夫一妻制下排序配对的市场均衡条件

在一个有效率的婚姻市场中,特征相同的男性会获得相同的收入,不管他们娶了谁,或者是否选择保持单身。由于与实力较强的女性结成的婚姻会带来更大的产出,因而实力较强的女性在有效率的市场中会获得更高的收入。如果所有的婚姻都是一夫一妻制的,如本节所假设的那样,第 j 个女性和第 i 个女性的收入之差将会是:

$$Z_j^f - Z_i^f = (Z_{mj} - Z^m) - (Z_{mi} - Z^m) = Z_{mj} - Z_{mi} \tag{4.1}$$

其中 Z_k^f 是第 k 个女性的均衡收入, Z^m 是男性的均衡收入, Z_{mk} 是第 k 个女性与任意一个男性配对的婚姻产出。较强的女性能获得溢价,溢价的数额由她们作为妻子所增加的生产力决定。

当男性和女性均各不相同时,分析就会变得错综复杂;此时收入便会取决于他们如何被分入不同类型的婚姻。另外,最优排序反过来又由均衡收入集决定。我们只要认识到在婚姻市场中这两个因素是同时变动的,就不会陷入逻辑循环。在一个有效率的婚姻市场中,能力较强的人通常会结合在一起,并且他们能因为较高的生产力而得到互补。[①]

单身人士的消费品产出,以及同等数量的男性和女性(数量不相等的情况将在随后讨论)之间可能结成的所有一夫一妻制婚姻的消费品产出,由矩阵式(4.2)表示:

$$
\begin{array}{c}
 \quad F_1 \;\cdots\cdots\; F_N \\[4pt]
\begin{array}{c}
\\
M_1 \\
\vdots \\
\\
\\
M_N
\end{array}
\left[
\begin{array}{cccc}
Z_{s1} & \cdots\cdots & Z_{sN} \\
Z_{1s} & Z_{11} & \cdots\cdots & Z_{1N} \\
\vdots & \vdots & & \vdots \\
\vdots & \vdots & & \vdots \\
\vdots & \vdots & & \vdots \\
Z_{Ns} & Z_{N1} & \cdots\cdots & Z_{NN}
\end{array}
\right]
\end{array}
\tag{4.2}
$$

其中 F_1 , F_2 , $\cdots$, F_N 和 M_1 , M_2 , $\cdots$, M_N 分别代表不同能力水平的女性和

男性。由于男女的互补性以及他们在比较优势上的差异表明结婚后男女都会过得更好,因而我们可以忽略给出单身产出的行和列,而只关注婚后产出的 N 阶矩阵。

从每一行每一列选出一项,共有 $N!$ 种方法,即能使得每个男性都娶一个妻子或者每个女性都嫁给一个丈夫的排序配对共有 $N!$ 种方法。任意排序配对产生的婚后总产出都可以写作:

$$Z^k = \sum_{i_k \in M, \, j_k \in F} Z_{ij}, \, k = 1, \cdots, N! \tag{4.3}$$

如果对使得总产出最大化的排序配对进行编号,使其位于矩阵的对角线上,那么最大化的总产出可以写作:

$$Z^* = \sum_{i=1}^{N} Z_{ii} = \max Z^k \geqslant Z^k, \text{对于所有 } k \text{ 而言} \tag{4.4}$$

如果每个人都追求效用最大化,并且选择能使其效用最大化的配偶,那么实现最优排序配对时,那些没有结婚的人如果结婚,则至少有一个的处境会变差。用博弈论的表述来说,最优排序配对处在博弈的核心(core)内,因为核心之外的共谋(指一夫一妻制婚姻)都无法在保证其他人处境不变差的条件下改善任何一个人的处境。

效用随消费品数量增加而单调递增,因此,处于核心之外的婚姻的产出不会超过处在核心之内的夫妻的总收入。如果核心之外的婚姻的产出更多,并且任何方式的产出分配都是可行的,[2] 那么存在一种分配能使得双方的处境都得到改善,从而与核心的最优性相冲突。如果对角线上的排序配对在核心之内,那么这个条件可以表示为:

$$Z_i^m + Z_j^f \geqslant Z_{ij}, \text{对于所有 } i \text{ 和 } j \text{ 而言} \tag{4.5}$$

其中产出和收入的会计恒等式表明:

$$Z_i^m + Z_i^f = Z_{ii}, \, i = 1, \cdots, N \tag{4.6}$$

条件式(4.5)立即排除了任何在核心之外、不能实现总消费品产出最大化的排序配对,否则,至少有一个男性和一个女性相结合会比和他们原来的配偶(由核心选定)在一起时过得更好。相反,任何能使得总产出最大化的排序配对都一定处在核心之内。[3] 另外,最优分配理论和婚姻排序有着相同的数学结构,这表明在一般情况下,满足使总产出最大化的排序条件式(4.5)和等式(4.6)的收入不只有一组(证明过程可参考 Koopmans and Beckmann,1957,p.60)。

答案可以表示为下面的二阶产出矩阵:

$$
\begin{array}{cc}
 & F_1 \quad F_2 \\
\begin{array}{c} M_1 \\ M_2 \end{array} & \begin{bmatrix} 8 & 4 \\ 9 & 7 \end{bmatrix}
\end{array}
\tag{4.7}
$$

尽管 M_2 和 F_1 结合能带来最大的产出,但最优排序配对仍是 (M_1,F_1) 和 (M_2,F_2)。如果 $Z_1^m=3$,$Z_1^f=5$,$Z_2^m=5$,$Z_2^f=2$,那么 M_2 和 F_1 就没有相互结合的动机,因为 $Z_2^m+Z_1^f=10>9$;而 M_1 和 F_2 也不会相互结合,因为 $Z_1^m+Z_2^f=5>4$。

这个例子生动展示了在婚姻市场的运作机制下,我们追求的并非单个个体所能获取的最大化婚姻效益,而是寻求整体社会婚姻组合所带来的总效益最大化。这就好比竞争激烈的产品市场会促使所有企业共同实现产出总量的最大化。换言之,在婚姻市场的语境下,其优化目标并非简单地使每个独立家庭相对于单身状态从婚姻中获得的收益最大化,而是着眼于全体社会成员通过婚姻所获收益的整体叠加。④值得注意的是,即使我们在很多时候倾向于将两者相提并论,但家庭产出总额的最大化并不等同于国民总产出的最大化。原因在于,家庭产出的内涵除了包括那些可量化并纳入国民经济核算的元素外,还涵盖如子女的数量和质量、性生活质量等无法被直接计入国民生产总值(GDP)的非经济性产出要素。

利用总产出最大化的结论可以极大地简化探索最优排序配对的过程,因为任何能使得总产出最大化的排序都是最优的,且必须满足很难被直接验证的条件式(4.5)。另外,我要强调总产出最大化的最优性是关于行为的一条定理,而非一个关于行为的假设。⑤我们假设每个人,无论男女,都只关心他/她自己的福祉,而对社会总福祉漠不关心。然而,在追求自身利益最大化的过程中,他们不知不觉地被婚姻市场中竞争这只"无形的手"所引导,使得总产出实现了最大化。

4.2　特征相似之人的配对

心理学家和社会学家经常讨论人们到底喜欢和与自己相似还是不相似

的人结合,而生物学家有时会假设非人类物种采用的是正向或负向的排序配对,而不是随机配对。然而,这些学科没有一门建立起了系统的分析框架,用以对哪些特征相似的或哪些特征不相似的两个人会在一起进行预测。⑥我的分析表明,只有能使得所有婚姻的消费品总产出最大化时,根据特征相似性或差异性进行配对才有可能发生,不管这一特征是财力(工资率、财产性收入)上的,生理(身高、种族、年龄、体格)上的,还是心理(进取性、消极性)上的。这一分析同样适用于工人与公司、学生与学校⑦、农夫与农场、顾客与店主的匹配,以及工人对工作环境的偏好与提供这些环境的公司的匹配。

假设男性和女性分别只在可量化的特征 A_m 和 A_f 方面存在差异,并且这些特征的边际生产力均为正:

$$\frac{\partial Z(A_m, A_f)}{\partial A_m}>0 \text{ 且} \frac{\partial Z(A_m, A_f)}{\partial A_f}>0 \tag{4.8}$$

关于排序配对的主要定理是,当且仅当 A_m 和 A_f 同时变大会使得总产出的增加量大于二者分别变大时的产出增加量之和时,A_m 较大的男性和 A_f 较大的女性、A_m 较小的男性与 A_f 较小的女性进行正向排序配对会使得总产出最大化。这是因为 A_m 的增加会强化 A_f 增加的作用。同理,当 A_m 和 A_f 同时变大使得总产出的增加量小于二者分别变大时的产出增加量之和时,A_m 较大的男性和 A_f 较小的女性、A_m 较小的男性和 A_f 较大的女性进行负向排序配对会使得总产出最大化。当 A_m 和 A_f 同时变大使得总产出增加量等于二者分别变大时的产出增加量之和时,不管怎么配对都会带来同样的总产出。上述内容可以用下面的定理作出正式表述,本章附录中的 A 对其进行了证明。

定理 当满足下列的条件时,正向排序配对,即特征相似的人相结合为最优解:

$$\frac{\partial^2 Z(A_m, A_f)}{\partial A_m \partial A_f}>0 \tag{4.9}$$

因为这时候总产出实现了最大化。当条件式(4.9)的大于号改为小于号时,负向排序配对,即特征不同的人相结合为最优解。

举个例子,设两男两女之间的产出矩阵为:

$$
\begin{array}{cc}
 & F_1 \quad F_2 \\
\begin{array}{c} M_1 \\ M_2 \end{array} & \begin{bmatrix} Z_{11} & Z_{21} \\ Z_{12} & Z_{22} \end{bmatrix}
\end{array}
,满足 A_{m_2}>A_{m_1}且 A_{f_2}>A_{f_1} \tag{4.10}
$$

如果由于 A_m 和 A_f 互补,有 $Z_{22}-Z_{12}>Z_{21}-Z_{11}$,因而 $Z_{11}+Z_{22}>Z_{12}+Z_{21}$。$A_m$ 与 A_f 之间的正向排序配对会使得总产出最大化,因为 A_m 和 A_f 同时变大时,总产出的增加量大于二者分别变大时的产出增加量之和。

这一定理表明当特征互补时,实力较强的男性会和实力较强的女性结合在一起,他们不会选择实力较弱的配偶:实力较强的女性会提高实力较强的男性的生产力,反之亦然。当特征分别为互补品和替代品时,特征相似之人结合与特征不同之人结合分别为对应的最优解,因为当特征为互补品时,实力较强的两个人能相互促进,而当特征为替代品时,两个人会互相阻碍。这一定理也表明,当配偶的实力既定不变时,如果特征为互补品,实力较强的男性能从婚姻中获得更大收益,而如果特征为替代品,则实力较弱的男性能从婚姻中获得更大收益。[⑧]随后我将用这一结论来考察当实力不同的男性和女性的总数相同时,哪些人还会继续单身。

这一定理可以用来分析特定的财力、生理等特征的最优排序配对。比如说,如果男性和女性只在给定的市场工资率方面存在差异——在市场和家庭的其他所有方面均无差异——那么按照工资率进行完美的负向排序配对将使得总产出最大化,从而使得劳务分工的收益最大化。工资率较低的女性比工资率较高的女性花在家庭生产上的时间应该更多,因为前者的时间更廉价;而工资率较低的男性比工资率较高的男性花在家庭生产上的时间也会更多。通过把低工资率的女性和高工资率的男性、低工资率的男性和高工资率的女性配对,时间更为廉价的男性和女性可以集中精力进行家庭生产,而那些时间更为宝贵的男性和女性可以更多地进行市场生产。[⑨]

消费品产出中与金钱收入无关的所有差异必定与非市场生产力的差异相关,比如说智力、教育、健康、力量、生育能力、身高、性格、宗教信仰等。现考虑当男女只在非市场生产力上存在差异时的最优排序配对。由于生产力的增长会降低生产成本,从而增加产出,因而大部分非市场特征的最优排序配对应该是正的,因为消费品产出量与其生产成本存在反向或"和谐"的关系:

$$
Z=\frac{S}{\pi(w_m,\,w_f,\,p,\,A_m,\,A_f)} \tag{4.11}
$$

其中 S 是完全的金钱收入，π 是生产家庭消费品 Z 的平均成本；w_m 和 w_f 是给定的工资率；p 是商品的价格；A_m 和 A_f 分别是男性和女性的特征。

由于金钱收入给定，A_m 和 A_f 的变动不会影响 S，所以：

$$\frac{\partial^2 Z}{\partial A_m \partial A_f} > 0 \quad \text{如果 } 2\pi^{-1}\pi_{a_m}\pi_{a_f} > \pi_{a_m, a_f}$$

$$\text{其中} \frac{\partial \pi}{\partial A_i} = \pi_{a_i} < 0 \text{ 对于 } i = m, f \text{ 而言} \tag{4.12}$$

不管 A_m 和 A_f 对平均成本的作用是相互独立的还是互相增强的，条件式 (4.12) 都会成立，因为 $\pi_{a_m, a_f} \leqslant 0$；另外，即使当二者的作用相互抵消，条件式 (4.12) 也有可能成立。因此，不仅当非市场特征对成本有增强的作用时，正向排序配对是最优的，而且当这些特征的作用相互独立甚至相互抵消时，正向排序配对也是最优的，因为产出与生产成本相互抵消。

我们可以用一些特例来直观感受能影响非市场生产力的特征之间的互补性趋势。如果产出对任一特征的弹性与商品和时间投入无关，则成本函数将是两个可分项相乘的形式：

$$\pi = b(A_m, A_f)K(w_m, w_f, p) \tag{4.13}$$

因此：

$$\frac{\partial^2 Z}{\partial A_m \partial A_f} > 0, \text{当 } 2b^{-1}b_m b_f > b_{mf} \text{ 时} \tag{4.14}$$

如果 $b_{mf} \leqslant 0$ 时一定成立；如果当 $b_{mf} > 0$，式 (4.14) 可能成立。这与条件式 (4.12) 相同，除了 b 与工资率无关，也与丈夫和妻子的家庭时间的可替代性无关。即使当丈夫和妻子的特征对 b 有着相互独立的作用（$b_{mf} = 0$）时，正向排序配对也是最优的，因为产出与 b 相互抵消。

方程式 (4.13) 所蕴含的可分性假设过强；大部分特征是通过提高花费在家庭中的时间的效率来部分影响产出的。把这种关系包含在内的一种极端但简单的方式是，假设每种特征只能通过增加有效率的家庭时间量来影响产出。本章数学附录的条目 C 证明了一个合理的结果，即只要男性和女性的家庭时间的替代弹性不太大，正向排序配对就是最优的。一些活动男女都可以做，两性互相替代，对于能增加这些活动有效率的时间的特征而言，负向排序配对是最优的。[10] 这样一来，当有效率的时间总量增加时，我们就会预期到正向的排序配对；由于女性对养育孩子的投入与偏好，以及男性对市场活动的投入与偏好,两性的时间在多数情况下不会相互替代。但是,请注意,两性时间的可替代性会随着对孩子数量的需求变为对孩子质量的需求而增强(见第5章)。

人们普遍认为美丽机敏的女性通常会嫁给成功多金的男性,那么我们的分析是否证明了这一看法的合理性呢?本章数字附录的条目D证明了该看法的确是合理的:具备某些非市场特征的个体与具备一定财产性收入的异性进行正向排序配对,总是能使得总消费品产出最大化;而他们与具备一定财产收入的异性进行正向排序配对,则通常[11]能使得总消费品产出最大化。当伴随着更高的金钱收入时,非市场特征价值升高会对产出产生更大的绝对效应,因为根据方程式(4.11),最优的消费品产出量取决于(完全)金钱收入与成本的比率。

配偶的智力、教育、年龄、种族、非人力财富、宗教信仰、民族、身高、出生地等诸多特征之间存在强大的、正向的简单相关(参见 Winch,1958,Ch.1;Vandenberg,1972)。一小部分证据表明,诸如支配欲、爱心或敌意等心理特征之间可能存在负向的简单相关(Winch,1958,Ch.5;Vandenberg,1972)。配偶智力的相关性尤其有趣,因为其可以与兄弟姐妹智力的相关性媲美(Alstrom,1961)。很明显,在男女同校的学校和其他机制的辅助下,婚姻市场的效率高于我们的普遍认知。

证据表明,大部分特征之间存在正向简单相关,一小部分特征之间存在负向简单相关,这当然与我的排序分配理论是一致的。然而,要对这个理论进行更具效力的检验,我们还需要找到,在其他特征保持不变时,其中一些特征局部相关的证据。即使保持年龄和工资率不变,夫妻受教育年限的相关性也很高:白人家庭为+0.53,黑人家庭也几乎一样,为+0.56。[12]另外,那些跨越种族、宗教信仰、年龄段或教育层次结婚的夫妻的离婚率相对较高,即使当其他特征保持不变(参见 Becker et al.,1977)。这再次证明了根据教育水平等特征进行的正向排序配对是最优的,因为第10章的分析表明,当夫妻错配时,离婚率较高。

上面的论述援引的关于离婚率的例子也支持了之前所推导理论的一个比较令人惊讶的引理,即根据工资率的负向排序配对是最优的。在保持其他变量不变的情况下,当妻子的工资率相对于丈夫的工资率较高时,夫妻更有可能离婚。美国大部分的已婚女性的工资率低于他们的丈夫(控制年龄、受教育年限、性别比、天主教徒比例等变量不变的情况下;参见 Freiden,1974;Preston and Richards,1975;Santos,1975),而在女性收入水平相对高于男性的都市,未婚女性通常占据更大的份额,二者均表明按照工资率的负向排序配对是最优的(Honig,1974)。[13]

尽管有关夫妻工资率的相关性的直接证据表明,即使控制年龄和受教育年限不变,夫妻工资率之间仍然存在显著的正向联系,即白人夫妻为＋0.32,黑人夫妻为＋0.24(根据注释[12]提到的1967年经济机会调查计算得出),但是这一证据存在严重的偏误,因为如果妻子没有参与劳动力市场,则这对夫妻就会被排除在外。鉴于女性在其工资率相对于其丈夫较高时更有可能参与劳动,那么在双方都参与劳动的婚姻中夫妻工资率存在正相关关系,这与所有婚姻中夫妻工资率存在负相关关系并不矛盾。事实上,H. Gregg Lewis(unpublished)和Smith(1979)估计我们所"观察"到的较强的正相关关系可能意味着"实际"的负相关关系(根据前者的估计,约为－0.25),或者非常弱的实际相关关系(根据后者的估计,约为＋0.04),因为在所有婚姻中,已婚妇女中只有相对较小的一部分参与了劳动力市场。[14]这样一来,如果进行正确解读,有关夫妻工资率的证据与负向排序配对在总体上也是相符的。

4.3 男女数量不相等情况下的排序配对

如果一个人预计其婚后收入会超过单身时的收入,他/她就会进入婚姻市场。因此,通过婚姻市场估算出来的收入不仅决定了人们对潜在配偶的排序情况,还决定了哪些人会因为无法从婚姻中获取足够大的收益而保持单身。比如说,人们会等到两性间的互补性足够强,在生育孩子、生产其他家庭消费品方面的比较优势的差异足够大,双方在结婚后都能过得更好时,才选择结婚。女性相对来说一般较早结婚,原因就是她们在生育孩子等需要结婚或其等价制度安排才能完成的活动上,比男性具备更加专业化的生理因素、经验及人力资本投资(第2章、第3章)。

如果男性的数量 N_m 超过了女性的数量 N_f,并且不允许一妻多夫的话,则一些男性就要被迫保持单身。那些在婚姻市场上竞争不过其他人的男性,由于从婚姻中获得的收益比其他男性少,因而选择单身。男性和女性的均衡排序配对必定使得总消费品收入最大化,因为其他的配对方式都会违反条件式(4.5)给出的均衡条件。

如果男性和女性分别在特征 A_m 和 A_f 上存在差异,正向排序配对和负向排序配对分别是这些特征为互补品和替代品时的最优解。当 A_m 和 A_f 是互补品时,实力较弱的 $(N_m - N_f)$ 个男性会保持单身,因为他们从婚姻中获得的收益往往较小,在对女性的争夺战中会被实力较强的男性淘汰出局。[15] 类似地,当 A_m 和 A_f 互为替代品时,实力较强的 $(N_m - N_f)$ 个男性就会保持单身,因为他们的出价将低于实力较弱的男性。这一分析通过赋予闲置土地(类比单身人士)生产力,从而推广了大卫·李嘉图的广度边际理论。

这样一来,当排序配对为正向时,两性中数量过剩的那一方将有一些实力较弱的人被迫保持单身,而当排序配对为负向时,则将有一些实力较强的人被迫保持单身。由于更多时候排序配对为正向,实力较弱的人更有可能保持单身。比如说,如果 A_m 表示男性的财产性收入,A_f 表示女性的非市场生产力,并且如果男性数量过剩,那么收入较低的男性就会被迫保持单身,因为比起那些收入较高的男性,前者从婚姻中获得的收益较小。

考虑实力水平分别为 M_k、M_j 和 M_g(由高到低排序)的三类男性和实力水平分别为 F_k、F_j 和 F_g(由高到低排序)的三类女性,并且两性的特征为互补品。如果在均衡配对下,M_k 和 F_k、M_j 和 F_j、M_g 和 F_g 分别结婚,条件式(4.15)的均衡条件就一定成立:

$$Z_k^m + Z_j^f > Z_{kj}, \; Z_j^m + Z_g^f > Z_{jg} \tag{4.15}$$

其中 Z_k^m 和 Z_j^m 是 M_k 和 M_j 分别与 F_k 和 F_j 结合时的均衡收入,Z_j^f 和 Z_g^f 是 F_j 和 F_g 分别与 M_j 和 M_g 结合时的均衡收入。如果婚姻市场中只存在 M_k 和 F_k,那么 M_k 数量的增加将会使得其婚后的收入逐渐降到其单身时的水平 Z_{ks},这样剩下的男性才会愿意保持单身。然而当婚姻市场中也存在其他两类人时,在条件式(4.15)的第一个不等式[16]成立的条件下,Z_k^m 就无法降低至 Z_{ks}。实力中等的 F_j 中有一部分会与过剩的 M_k 结合,而 M_k 的新均衡收入[17]将超过 Z_{ks}。由于两性的特征互为互补品,过剩的 M_k 将会挤压实力中等的 M_j。一部分 M_j 将被剩下,其收入会减少,而一部分 F_g 将与这些过剩的 M_j 成婚。

竞争造成一部分实力较强的男性的收入减少,进而将部分实力较弱的男性挤出与其实力层次相对应的婚姻市场,这一过程将一直持续下去,直到实力最弱的男性的婚后收入等于其单身收入。由于这些男性无法从婚姻中获得收益,有些人会选择保持单身。

因此,由于在婚姻市场上不同实力层次的人之间存在相互竞争关系,某一实力层次的男性的数量的增加会使得所有男性的收入减少,而使得所有女性的收入增加。另外,如果两性的特征互为互补品且最优排序配对为正向,一些实力较弱的男性将会被完全挤出婚姻市场,而另一些男性将会被迫降格,选择质量"较低"的婚姻——也就是说,与实力较弱的女性结婚。

这一分析表明,每个人按照最优排序配对得到的均衡收入和配偶不仅取决于他自己的特征,还取决于婚姻市场上其他人的特征(也就是说,它们同时取决于相对特征水平和绝对特征水平)。比如说,持有大学学历的男性的数量增加会降低只持有高中学历的男性的收入,从而使得其只能选择受教育水平更低的配偶。另一方面,如果一个男性的受教育水平有了较大提升,但其他男性的受教育水平也都有显著提升,那么前者所能选择的配偶的质量也不会发生什么变化。举一个实际例子,美国的高收入男性比低收入男性更早结婚,并且前者的婚姻更加幸福美满,但平均收入的长期可观增长 *对平均结婚年龄或平均的婚姻稳定性的作用却没有这么显著。

4.4 偏好差异、爱和最优配对

如本章所假设的,当只有一种家庭消费品时,我们可以说每个人都有相同的、仅用该消费品数量表示的效用函数。然而,当存在多种不同的消费品时,不同人的效用函数或偏好可能存在巨大的差异。那么,婚姻市场中两性的偏好会不会是和收入、受教育水平、种族等特征相似的决定均衡配对的一个关键变量呢?还是说,不管差异有多么大,个体偏好也不会对均衡配对结果产生影响?

答案完全取决于不同家庭的生产成本。如果生产每件消费品的相对成本是一个常数,且这个常数在所有家庭中均相同,那么 M_i 和 F_j 相结合生产的总产品可以表示为:

$$Z_{ij} = {}_1Z_{ij} + {}_2v_2Z_{ij} + \cdots + {}_nv_nZ_{ij} \qquad (4.16)$$

其中 Z_{ij} 是用消费品 ${}_1Z$ 的单位数量衡量的总产出量,${}_kZ_{ij}$ 是第 k 种消费品的产出量,${}_kv$ 是生产一单位 ${}_kZ$ 相对于生产一单位 ${}_1Z$ 的成本,我们假设这一相

---

* 即男性收入的普遍增长。——译者注

对成本对于所有家庭而言都是相同的。由于所有消费品最后都会被这对夫妻消耗掉，所以：

$$
\begin{aligned}
Z_{ij} &= \sum_{k=1}^{n} {}_k v({}_k Z_i^m + {}_k Z_j^f) \\
&= \sum {}_k v_k Z_i^m + \sum {}_k v_k Z_j^f \\
&= Z_i^m + Z_j^f
\end{aligned}
\tag{4.17}
$$

其中 ${}_k Z_i^m$ 和 Z_j^f 代表第 k 种消费品被 M_i 和 F_j 分别消耗的量。

由于方程式（4.16）可以用来将任何给定总产出转化为最适合某种特定偏好的消费品组合，每个人都会通过选择能使其总收入最大化的配偶来最大化其效用（即增加每种消费品的消费量），而不管他自己或者不同的潜在配偶的偏好如何。[18] 特别地，如果 M_i 和 F_j 结婚后的总产出超过了各自与其他人结婚后的产出之和，或者超过了各自保持单身时的产出之和，他们就会结婚，而不管他们的偏好有多么不同。[19]

另一方面，如果成本对于所有家庭来说并不相同，那么个体偏好就会影响均衡配对结果。特别地，如果配偶的消费行为相似（在有些消费品是被联合消费的情况下就会出现这种情形），或者消费品的生产有着规模效益，又或者专业化消费资本降低了特定消费品的成本，导致生活成本更低时，有着相似偏好的人就有结合的动机。相反，如果存在规模不经济，那么有着不同偏好的个体就会有动机结合。[20] 因此，偏好更可能是按正向而不是负向进行排序的——正如大部分其他特征一样——因为联合消费资本和专业化消费资本都会鼓励有着相似偏好的人相互结合。

很多读者可能会想知道本书会不会对浪漫情愫进行分析，还是说"爱"太感性、太不理性了，无法用经济学方法来分析？尽管除了当代西方社会，在其他社会中，因为爱而结婚并不是那么普遍，我们也无需忽略爱情催生的婚姻；这样的婚姻也可以用经济学方法来加以分析。第 8 章和第 11 章对因爱而缔结的婚姻进行了更为详细的讨论；在这儿我仅仅是表明，爱情对均衡排序配对的影响，只是偏好差异对均衡结果影响的一个特例。

如果 F_j 的福利进入 M_i 的效用函数，或者 M_i 重视与 F_j 的情感和肢体接触，我们可以说 M_i 爱着 F_j。很明显，M_i 能在与 F_j 结合后获得收益，因为结婚后 M_i 就可以更好地改善 F_j 的福利——从而提升自己的效用，并且在他们双方是正当结合，而不是 M_i 不得不寻求与 F_j 的"非正当"关系，用以

衡量与 F_j 的"接触"的消费品可以以更低的成本生产出来。即使 F_j 是"自私的",不会回报 M_i 的爱,F_j 也能因为与一个爱她的人结合而获益,因为 M_i 会把自己的资源转移给 F_j,从而提高自己的效用。另外,有爱的婚姻相比其他婚姻具有更高的效率,即使当夫妻中的一方是自私的,并且效率的提升会给自私的这一方也带来好处也一样。第 8 章对这些结果以及利他主义和爱的其他方面进行了阐述。我们将看到有爱的婚姻有可能是均衡排序配对的一部分,因为从市场角度来看它们相较于其他婚姻有着更高的生产率。

4.5　一夫多妻制下的排序配对

第 3 章建立的家庭生产函数模型假设,第 i 个男性与第 j 个女性结合使得产出为:

$$Z_{ij} = n(\alpha_i, \beta_j) Z[p(\alpha_i)x_m, \ell(\beta_j)x_f] \tag{4.18}$$

其中 $\partial n/\partial \alpha > 0$,$\partial n/\partial \beta > 0$,$\mathrm{d}p/\mathrm{d}\alpha > 0$,且 $\mathrm{d}\ell/\mathrm{d}\beta > 0$,效率分别为 α_i 和 β_j 的男性和女性的有效资源量分别为 $p(\alpha_i)x_m$ 和 $\ell(\beta_j)x_f$。本章给出的基本定理表明,实力较强的男性会与实力较强的女性结合,实力较弱的男性会与实力较弱的女性结合,前提是:

$$\frac{\partial Z}{\partial \alpha \partial \beta} = \frac{\partial^2 n}{\partial \alpha \partial \beta} Z + \left(\frac{\partial n}{\partial \alpha}\right)\left(\frac{\partial Z}{\partial x_f}\right)x_f \frac{\mathrm{d}\ell}{\mathrm{d}\beta} + \left(\frac{\partial n}{\partial \beta}\right)\left(\frac{\partial Z}{\partial x_m}\right)x_m \frac{\mathrm{d}p}{\mathrm{d}\alpha}$$
$$+ n \frac{\partial^2 Z}{\partial x_m \partial x_f} x_m \cdot x_f \left(\frac{\mathrm{d}p}{\mathrm{d}\alpha}\right)\left(\frac{\mathrm{d}\ell}{\mathrm{d}\beta}\right) > 0 \tag{4.19}$$

方程式(4.19)中不等号成立的充分条件为 $\partial^2 n/\partial \alpha \partial \beta > 0$ 和 $\partial^2 Z/\partial x_m \partial x_f > 0$。

要从配偶那里获取一定量的资源,有两种方式,要么和一个实力较强的人(也就是有着相对较大的 l 或 p 的人)结婚,要么和几个实力较弱的人同时结婚。因此相较于一夫一妻制,一夫多妻制下的排序配对将会更少,因为在一夫多妻制下可以用几个实力较弱的配偶替代一个实力较强的配偶,从而获得同等数量的资源。能说明一夫多妻制下正向排序配对较弱的一个小证据为,在尼日利亚迈杜古里(Maiduguri)的一夫多妻制家庭中,夫妻受教育水平的简单相关系数仅为 +0.37,而在美国这一数字超过 0.5(Grossbard,1978,p.30)。

当效率改进主要提高一定量的两性资源投入下的产出(由函数 n 给出)时,一夫多妻制对排序配对程度的作用会更加复杂。接下来对这种情形进行分析。假设所有男性和所有女性都拥有相同的资源($p=\ell=1$),并且只有男性可以有多个配偶。即使有效率的男性可以娶好几个妻子,他们也会倾向于娶效率较高的女性,因为 $\partial^2 n/\partial\alpha\partial\beta>0$,意味着当丈夫的效率越高时,对一个效率更高的妻子的产出的影响也会越大。

尽管正向的排序配对为显式一夫多妻制提供了一种替代方案,但是实力强的男性仍然有更大概率会娶多个妻子。他们将倾向于娶多个在不同方面各有所长的妻子。[21] 在男女数量相等的婚姻市场中,实力最弱的男性娶不到妻子,因为实力强的男性吸引了好几个女性。由于所有女性都要结婚,如果婚姻市场上男女能力和技能的平均水平相当,则一个普通女性可以嫁给一个在能力和技能上"强"于她的丈夫。当然,如果平均来说男性对人力资本的投资多于女性,那么即使在一夫一妻制下,即使所有人都要结婚,一个普通女性也可以嫁给一个比她"强"的丈夫(见表 3.1)。因此,我们的分析很容易地解释了为什么不管在一夫一妻制社会还是一夫多妻制社会,女性一般都"上"嫁,而男性一般都"下"娶。[22]

4.6 非浮动价格、嫁妆和彩礼

本章对均衡排序配对的分析假设了配偶间产出的所有分配方式都是可行的。任何婚姻中的均衡分配(可能不是唯一的)由条件式(4.5)和等式(4.6)决定,并且取决于婚姻市场中所有参与者追逐自身消费品收入最大化所付诸的行动。这些均衡条件的一个很重要的性质是,每个人都更愿意与由均衡排序配对决定的配偶结合,因为与其他任何人结合,他/她的收益都会更低。另外,均衡排序配对,也即对配偶的偏好,并不是固定不变的,而是取决于拥有某些特征的人的数量和其他变量。

如果任何一段婚姻中产出的分配不是由婚姻市场,而是由其他机制决定的,并且如果一个人在所有可能的配对中都会获得同样比例的产出,那么:

$$Z_i^m = e_i Z_{ij} \quad \text{对于所有 } j \text{ 而言}; Z_j^f = d_j Z_{ij} \quad \text{对于所有 } i \text{ 而言} \quad (4.20)$$

其中,如果联合消费量或监督成本较为可观,则 $e_i+d_j \neq 1$,并且 e_i 和 e_j 或

d_j 和 d_k 可能并不相等,因为不同男性或不同女性所获得的份额可能不相同。本章数学附录的条目 E 表明,一次完美的正向排序配对会使得总产出最大化,并且是均衡排序结果,因为那些没有被配对在一起的人如果互相结合,双方处境都会更糟糕。本章表明完美的正向排序配对也往往是均衡排序结果,并且当每种产出的分配由市场均衡决定时,产出会实现最大化。因此,让婚姻市场决定产出的分配,或者根据方程式(4.20)进行分配,通常会得到相同的排序结果。

我分析婚姻市场的方法与其他正式的婚配模型(见 Gale and Shapley,1962;Stoffaës,1974)明显不同。这些模型如同方程式(4.20)给出的模型,假设每个人都被给定了一个潜在配偶排序,从而决定了均衡排序,而不是反过来由均衡排序决定了每个人的潜在排序。然而,不同于方程式(4.20)给出的排序,在这些模型中,不同的人可能会以不同的方式对潜在配偶进行排序——比如说,M_i 可能偏好 F_j,F_j 偏好 M_k,而 M_k 偏好 F_i。如果排序不是相同的,"最优"排序只能努力使得可行的匹配和较偏好的匹配之间的总体冲突最小化。[23]

这些模型和方程式(4.20)给出的模型分别隐含和直接地假设了任何婚姻中的产出分配并不取决于婚姻市场,并且完全是固定的。个体通常不会偏好由最优排序决定的配偶,因为婚姻价格没有消除不同人的偏好选择之间的矛盾。如果婚姻产出的分配由婚姻市场决定,那么潜在配偶的排序就不是给定不变的,而是取决于与不同的人结合时婚姻产出的分配方式。也就是说,如果婚姻价格是浮动的,则这些模型刻画并解决的问题便与实际的婚姻配对无关。[24]

然而,婚姻产出的分配似乎并不是浮动的,因为像住房空间、孩子、交谈和爱这样的产品是由家庭成员共同消费的(它们是"家庭消费品")。一个成员的消费并不会使得其他家庭成员可以消费的物品等量减少。另外,在夫妻双方进行劳动分工且监督对方的行为存在成本时,其中一方可以通过逃避责任来获得比均衡条件下更大的产出份额(第 2 章、第 8 章)。此外,男性有时被法律赋予了分配产出份额的权力(参见 Weitzman,1974,pp.1182 ff.)。

考虑图 3.1 所展现的婚姻市场,在这一市场中,男性内部和女性内部均不存在差异。如果男性的数量超过了女性的数量,即 $N'_m > N_f$,则男性和女性的均衡收入就会分别等于 $Z^{*m} = Z_{ms}$ 和 $Z^{*f} = Z_{mf} - Z_{ms}$。然而,假设由于上文提到的原因,产出的分配不是浮动的,并且特别地,女性的婚后收入不

超过 $\bar{Z}^f < Z^{*f}$；那么男性的婚后收入就等于 $\bar{Z}^m = Z_{mf} - \bar{Z}^f > Z^{*m}$。由于所有适龄男性在此收入水平上都想结婚，数量相对较少的女性必须在数量更多的男性之间进行匹配。女性的匹配不可能是完全随机的，因为男性总会用各种办法提高他们娶到妻子的可能性。他们可以向感兴趣的女性承诺大于 $\bar{Z}^f$ 的婚后收益，但是这样的承诺可能并不容易兑现。

另一种解决方法是男性向女性提供一笔资金或一次性总付的财产转移，以诱使其与该男性结婚。由于提供较大财产转移的男性更容易娶到妻子，男性之间对数量较少的女性的竞争会使得转移支付的数额不断攀升，直到所有男性对结婚还是单身无差异。当支付的财产等于 Z^{*f} 与 $\bar{Z}^f$ 之差，即婚后女性的均衡收入与实际收入之间差额的现值时，男性在结婚与单身之间是无差异的。同样的推断表明，如果婚后男性获得的收入低于其均衡收入时，财产将从女性转移给男性。支付给女性的财产被称作"彩礼"，而那些支付给男性的财产则被称作"嫁妆"。

如果由于父母"拥有"他们的孩子，并且通过婚姻把孩子"转移给"其他家庭（Cheung，1972），财产转移支付给父母而非给要结婚的孩子，则分析基本与上文相同。"转移给"其他家庭的孩子的资本价值，仍会等于他们婚后的均衡收入与实际收入之间的差额的现值。那么彩礼价格不仅对岳父母将其"财产"转移出去进行了补偿，而且鼓励了他们对女儿进行最优投资，如果拥有适当人力资本积累的姑娘能够索要足够高的价格。

当妻子的均衡收入在婚后产出中占据更大份额（妻子可能并不容易占据更大的份额）时，其实际收入与均衡收入之间的差额可能会更大。因此，当妻子获得的均衡份额越大时，彩礼的频次和数额也应该越大，比如在如下情况中：男性数量多于女性数量的社会；更偏好从未结婚的女性而不是离过婚的女性的社会；[25]一夫多妻制更为普遍的社会；父系社会，因为丈夫对婚姻的产出分配尤其是孩子拥有更多的控制权。

此分析也表明，当妻子无故解除婚约，或当丈夫因故离婚［比如说，发现妻子不忠或没有生育能力；参见 Goode（1963，pp.155 ff.）的研究证据］时，妻子必须归还（至少部分归还）丈夫给的彩礼。但是，当丈夫无故离婚时，他就要丧失大部分彩礼，尤其是当婚姻维系了很多年的时候。[26]

这样一来，即使婚姻产出的实际划分与均衡划分大相径庭，彩礼和嫁妆也会使得婚姻收入调整到由均衡排序配对决定的水平。因此，一旦理解了在不同婚姻中彩礼及其他资本转移的目的，我关于婚姻收入富有弹性的假设便是非常合理的。那些假设婚姻收入会被严格划分的模型,在很大程度上低估了人们在改变婚姻的弹性、对市场条件作出反应中运用的智慧和经验。

数学附录

A. 最优排序配对[27]

给定函数 $f(x, y)$,首先证明如果 $\partial^2 f / \partial x \partial y < 0$,则有:

$$\frac{\partial[f(x_2, y) - f(x_1, y)]}{\partial y} \equiv \frac{\partial Q(x_2, x_1, y)}{\partial y} < 0, \text{对于 } x_1 < x_2 \text{ 而言}$$

(4A.1)

由于 $\partial Q / \partial y = (\partial f / \partial y)(x_2, y) - (\partial f / \partial y)(x_1, y)$,所以当 $x_2 = x_1$ 时,有 $\partial Q / \partial y = 0$。在假设条件 $(\partial / \partial x_2)(\partial Q / \partial y) = (\partial^2 f / \partial x \partial y)(x_2, y) < 0$ 下,由于当 $x_2 = x_1$ 时,$\partial Q / \partial y = 0$;当 $x_2 > x_1$ 时,$\partial Q / \partial y$ 随 x_2 递减,并且 $\partial Q / \partial y < 0$;因而证明了方程式(4A.1)中的不等式。接下来,如果 $y_2 > y_1$,则有:

$$f(x_2, y_1) - f(x_1, y_1) > f(x_2, y_2) - f(x_1, y_2) \quad (4A.2)$$

相似地,如果 $\partial^2 f / \partial x \partial y > 0$,则有:

$$f(x_2, y_1) - f(x_1, y_1) < f(x_2, y_2) - f(x_1, y_2) \quad (4A.3)$$

定理 假设 $f(x, y)$ 满足:

$$\partial^2 f / \partial x \partial y > 0$$

再假设 $x_1 < x_2 < \cdots < x_n$ 且 $y_1 < y_2 < \cdots < y_n$,那么:

$$\sum_{j=1}^{n} f(x_j, y_{i_j}) < \sum_{i=1}^{n} f(x_i, y_i) \quad (4A.4)$$

对所有满足 $(i_1, i_2, \cdots, i_n) \neq (1, 2, \cdots, n)$ 的排列成立。

证明 采用反证法,即实现总和最大化的排列 $i_1, \cdots, i_n$ 不满足 $i_1 < i_2 < \cdots < i_n$,那么(至少)存在一个 j_0 满足 $i_{j_0} > i_{j_0+1}$。因此,根据方程式(4A.3),由于 $y_{i_{j_0+1}} < y_{i_{j_0}}$,有:

$$f(x_{j_0}, y_{i_{j_0}}) + f(x_{j_0+1}, y_{i_{j_0+1}}) < f(x_{j_0}, y_{i_{j_0+1}}) + f(x_{j_0+1}, y_{i_{j_0}})$$

(4A.5)

但这与 $i_1, \cdots, i_n$ 最优相冲突,因而定理得证。

相似地,如果$\partial^2 f/\partial x\partial y<0$,那么:

$$\sum_{j=1}^{n}f(x_j, y_{i_j})<\sum_{i=1}^{n}f(x_i, y_{n+1-i}) \tag{4A.6}$$

对所有满足$(i_1, i_2, \cdots, i_n)\neq(n, n-1, \cdots, 1)$的排列成立。

B. 按工资率排序配对

对等式$Z=S/\pi(w_m, w_f, p)$两侧求微分,其中S是完全金钱收入,π是生产一单位Z的平均成本,w_m和w_f是工资率,p是商品的价格,我们得到:

$$\left.\begin{aligned}\frac{\partial Z}{\partial w_i}=Z_i&=\frac{\partial S}{\partial w_i}\pi^{-1}-S\pi^{-2}\pi_i\\&=T\pi^{-1}-S\pi^{-2}\pi_i\end{aligned}\right\}对于\ i=m\ 或\ f\ 而言 \tag{4A.7}$$

其中$T=\partial S/\partial w_i$是分配在市场部门和非市场部门的总时间。由于二元理论的一个基本结论为:

$$\pi_i=t_iZ^{-1} \tag{4A.8}$$

其中t_i等于第i个人花费在非市场部门的时间,则:

$$Z_i=l_i\pi^{-1}\geqq0 \tag{4A.9}$$

其中$l_i=T-t_i$是花在工作上的时间。

根据工资率的正向排序配对或负向排序配对是最优的,因为:

$$\frac{\partial^2 Z}{\partial w_m\partial w_f}=Z_{mf}\equiv Z_{fm}\gtreqless0 \tag{4A.10}$$

将Z_f对w_m求微分,我们得到:

$$Z_{fm}=-\pi^{-2}\pi_ml_f+\pi^{-1}\partial l_f/\partial w_m \tag{4A.11}$$

如果$l_f>0$,则很明显方程式(4A.11)等号右边的项是负的;因此当$\partial l_f/\partial w_m\leqq0$时,也就是说,当$t_m$和$t_f$并不是我们经常定义的总互补品时,$Z_{fm}$也是负的。这确实支持了$\partial l_f/\partial w_m\leqq0$的假设,因为随着丈夫工资率的增长,已婚妇女的工作小时数会倾向于减少而不是增加。另外,如果男女的互补性不够强,不足以成为方程式(4A.11)第一项的主部,那么即使当男女的时间为总互补品时,w_m和w_f之间的负向排序配对也会使得消费品产出最大化。

C. 自我时间增强效应

自我时间增强意味着家庭生产函数可以写作 $Z = f(x, t'_f, t'_m)$，其中 $t'_f = g_f(A_f)t_f$ 和 $t'_m = g_m(A_m)t_m$ 是以"效率"为单位的女性和男性对家庭的时间投入，并且由于每种特征的提升都会增加效率单位的数量，所以：

$$\frac{\mathrm{d}g_f}{\mathrm{d}A_f} = g'_f > 0, 并且 \frac{\mathrm{d}g_m}{\mathrm{d}A_m} = g'_m > 0 \tag{4A.12}$$

最优的 Z 可以写作 $Z = S/\pi(p, w'_m, w'_f)$，其中 $w'_m = w_m/g_m$ 和 $w'_f = w_f/g_f$ 分别是用效率单位表示的工资率。因为 $\partial w'_m/\partial A_m < 0$，所以：

$$\frac{\partial Z}{\partial A_m} = -t'_m \pi^{-1} \frac{\partial w'_m}{\partial A_m} > 0 \tag{4A.13}$$

因此：

$$\frac{\partial^2 Z}{\partial A_m \partial A_f} = -\frac{\partial w'_m}{\partial A_m} \pi^{-1} \left[\frac{\partial t'_m}{\partial A_f} + \left(\frac{\partial w'_f}{\partial A_f} t'_m t'_f S^{-1} \right) \right] \tag{4A.14}$$

方括号外面的项以及方括号里面的第二项为正。方括号里面的第一项可能是负的；但是 H.格雷斯·刘易斯在一篇未发表的备忘录里表明 $\partial^2 Z/\partial A_m \partial A_f$ 必定是正的，并且当男女时间的替代弹性小于 2 时，方括号里面的第二项将成为主部。

D. 按收入和非市场活动的生产力排序配对

如果男性只在他们的非人力资本 K_m 方面存在差异，而女性只在一种非市场特征 A_f 方面存在差异，并且所有男女都参与劳动力，那么 $\partial Z/\partial K_m = r\pi^{-1} > 0$，且：

$$\frac{\partial^2 Z}{\partial K_m \partial A_f} = -r\pi^{-2} \pi_{a_f} > 0, 由于 \pi_{a_f} < 0 \tag{4A.15}$$

其中 r 是回报率。如果男性只在他们的工资率 w_m 方面存在差异，那么 $\partial Z/\partial w_m = \pi^{-1} l_m > 0$，且：

$$\frac{\partial^2 Z}{\partial w_m \partial A_f} = -\pi^{-2} \pi_{a_f} l_m + \pi^{-1} \frac{\partial l_m}{\partial A_f} \tag{4A.16}$$

在方程式（4A.16）中等号右边第一项为正，而如果 $\partial l_m/\partial A_f \geqslant 0$，也就是说，如

果 A_f 的增长不会减少男性花费在市场活动上的时间,那么第二项也为正。即使会减少,如果第一项为主部,交叉弹性仍为正。特别地,如果产出对 A_f 的弹性与商品和时间的投入无关,那么方程式(4A.16)必定是正的。因为 $\pi = b(A_f)\psi(p, w_m, w_f)$,且 $l_m = (\partial\pi/\partial w_m)Z = (\partial\psi/\partial w_m)S\psi^{-1}$,所以 $\partial l_m/\partial A_f = 0$。

E. 产出的精确分配

已知方程式(4.20),包含所有婚姻组合中男性和女性收入的矩阵将是:

$$
\begin{array}{c|ccc}
 & F_1 \cdots\cdots F_j \cdots\cdots F_N \\
\hline
M_1 & e_1 Z_{11}, d_1 Z_{11} \quad\cdots\cdots\quad e_1 Z_{1N}, d_N Z_{1N} \\
\vdots & \\
M_i & e_i Z_{ij}, d_j Z_{ij} \\
\vdots & \\
M_N & e_N Z_{N1}, d_1 Z_{N1} \quad\cdots\cdots\quad e_N Z_{NN}, d_N Z_{NN}
\end{array}
\qquad (4\text{A}.17)
$$

如果方程式(4A.18)是任意一段婚姻中的最大产出,并且每个人都追求消费品收入的最大化:

$$\hat{Z}_1 \equiv Z_{st} > Z_{ij},\text{对于所有 } i \neq s \text{ 且对于所有 } j \neq t \text{ 而言} \qquad (4\text{A}.18)$$

M_s 将会与 F_t 结婚,因为他们在其他任何一段婚姻中都无法获得相同的收入。[28] 不考虑 M_s 和 F_t,如果方程式(4A.19)是任何其他婚姻中的最大产出:

$$\hat{Z}_2 = Z_{uv} > Z_{ij},\text{对于所有 } i \neq u \text{ 或 } s \text{ 且对于所有 } j \neq v \text{ 或 } t \text{ 而言}$$

$$(4\text{A}.19)$$

M_u 会与 F_v 结婚。这一过程可以按 $\hat{Z}_3, \cdots, \hat{Z}_N$ 的顺序一致持续下去,直到所有男性和所有女性都被排序配对。这种排序配对将诸多最大值结合在一起,且并不需要与最大化总产出的排序相同。在矩阵式(4.7)所给出的例子中,最大值组合将 M_2 与 F_1 配对、M_1 与 F_2 配对,而最大化总产出的组合将 M_1 与 F_1 配对、M_2 与 F_2 配对。然而在大多数重要情况下,这两种排序是相同的,也就是说最大值的总和等于总和的最大值。

如果按照其特征从低到高给男性和女性进行标号,且每种特征的提升总会使得产出增加,那么 $\hat{Z}_1$ 很明显是 M_N 和 F_N 的产出,$\hat{Z}_2$ 是 M_{N-1} 和 F_{N-1} 的产出,$\hat{Z}_N$ 是 M_1 和 F_1 的产出。这样一来,当特征对产出有单调递增的作用时,将各最大值组合起来意味着完美的正向排序配对。

注 释

① 本节剩下的讨论部分基于 Becker(1973,1974a)的研究。

② 彩礼和嫁妆使得产出的有效分配具备了相当大的灵活性,即使从表面上看并不怎么灵活。我将在本章后续部分讨论这一点。

③ 如果在一个无法使得产出最大化的最优排序 k 中,M_i 与 F_j 结婚,M_p 与 F_i 结婚,条件式(4.5)要求 $Z_i^m + Z_i^f \geqslant Z_{ii}$ 对于所有 i 成立。因此,总结一下,就是:

$$Z^k = \sum_{\text{在 } k \text{ 中的所有婚姻}} Z_i^m + Z_i^f \geqslant \sum_i Z_{ii} = Z^*$$

其中最大总产出 Z^* 必须超过 Z_k,因为按照假设 Z_k 小于最大产出。因此,这与最优排序配对能产出小于最大值的产量相矛盾。用相同的方式我们也很容易证明,最大化总产出的所有排序配对都一定是最优排序配对。

④ 很明显,当 $Z^k = \sum Z_{ii}$ 最大时,$\sum_{i=1}^{N} [Z_{ii} - (Z_{si} + Z_{is})]$ 实现最大化,因为 Z_{si} 和 Z_{is}(单身的消费品产出)已经给定,且与排序配对无关。

⑤ Goode(1974)在其对我一篇早期论文的评论中混淆了定理和假设。

⑥ Winch(1958,pp.88—89)在一个很有意思的论述中假设每个人都会追求其自身效用的最大化("在选择配偶时,每个个体都会在其可触及的范围内选择那个能给他/她带来最大满足感的人"),并且(尤其在第 4 章)强调了互补需求在选择配偶时的重要性。然而,他引入了"胜任者"作为解题之钥,并且更重要的是显示了,根据互补性进行配对在哪个地方都不能产生婚姻市场的均衡。

⑦ Kuratani(1973)对日本公司的排序配对进行了分析。Hicks(1957,Ch.2)在没有提供任何证明过程的情况下断言,能力更强的工人会被实力更强的公司雇用。Black 和 Black(1929,pp.178 ff.)用几个数值案例讨论了商人和摊位的排序配对。Rosen(1978)则对近来的情况作了很有价值的讨论。

⑧ M_i 与 F_j 结婚而不是单身,所获得的收益为:

$$G_i = (Z_{ij} - Z_{is}) - Z_j^f$$

其中 Z_j^f 是给定的 F_j 的收入,Z_{is} 是 M_i 保持单身时的收入。当 A_m 和 A_f 为互补品时,括号里的项随着 M_i 实力的增强而增大;参见注释⑯。

⑨ 这一论点的证明(本章数学附录的条目 B)假设所有人都参与劳动力,并且丈夫工资率的上涨不会增加其妻子的工作时长。第二个假设与已有证据相符合(比如可参见 Cain, 1966),但第一个不符合,因为有些女性在结婚之后就彻底退出劳动力市场(Heckman, 1981)。当部分已婚女性不参与劳动时,完美的负向排序配对可能就不是唯一的最优解了[参见 Becker(1973, pp.827—829)的讨论]。

⑩ 因此,或许好强之人和顺从之人倾向于结合在一起(Winch, 1958, p.215),这可能是因为好强的一方可以把时间用来对付家庭中那些需要有人强势主导的场合,而顺从的一方可以把时间用来对付那些需要有人顺从的场合。

⑪ 我用"通常"一词表明,当一个人的非市场品质的提升不会减少其配偶的工作时长时,与收入相关的正向排序配对总是能使得总产出最大化,而当配偶减少工作时长时,正向配对也有可能会使得总产出最大化。我将在本章数学附录的条目 D 中回顾这一点。

⑫ 我随机抽取 1967 年经济机会调查所得的约 18 000 对夫妻中的 20% 作为样本进行了分析。如果夫妻任意一方大于 65 岁,或者未就业,或者妻子每周的受雇佣小时数少于 20 小时,则被排除。

⑬ 然而,从婚姻状况到劳动力参与率再到工资率,由于当妇女更加持续地参与劳动力时,工资率会更高,因此,因果关系可能会走向相反的方向。

⑭ 考虑到工资部分是由人力资本投资决定的,这些调整后的相关性也可能会产生误导。较少参与劳动力市场的女性在市场人力资本上投资较少,而这会降低她们的盈利能力。另一方面,双方都参与劳动力时,夫妻工资率的正相关性可能确实衡量了我们所预测的丈夫工资率(或者说他的非市场生产力)与其妻子的非市场生产力之间的正相关性。很多未被观测到的变量,如智力,会同时提高工资率和非市场生产力。

⑮ 为了说明当 A_m 和 A_f 为互补品时,这 $(N_m - N_f)$ 个实力较弱的男性中没有一个能娶妻,我们采用反证法:假设 M_i 与 F_j 结合,M_k 保持单身,$A_{mk} > A_{mi}$。如果这一配对是最优的:

$$Z_{ij} + Z_{ks} > Z_{kj} + Z_{is} \text{ 或者 } Z_{ij} - Z_{is} > Z_{kj} - Z_{ks}$$

则根据互补性的定义,有:

$$Z_{ij} - Z_{ig} < Z_{kj} - Z_{kg}, \text{ 当 } A_{m_k} > A_{m_i} \text{ 且 } A_{f_j} > A_{f_g} \text{ 时}$$

如果把单身男性换作单身女性，上面的不等式应该也是成立的，只需用 Z_{is} 和 Z_{ks} 分别代替 Z_{ig} 和 Z_{kg}。如果这样，上面的第一个不等式与 A_m 和 A_f 之间的互补性假设将是矛盾的，并且如果 $A_{m_k} > A_{m_i}$，在最优排序配对中 M_i 就无法代替 M_k。类似地，如果 A_m 和 A_f 互为替代品，则实力最强的那些男性中就没有一个能娶妻。

⑯ 方程式(4.15)第一个不等式左侧的项在 $Z_j^m = Z_{js}$ 或 $Z_j^f = Z_{jj} - Z_{js}$ 时实现最大化（给定 Z_k^m）。如果 $Z_k^m = Z_{ks}$，第一个不等式就变为：

$$Z_k^m + Z_j^f = Z_{ks} + Z_{jj} - Z_{js} > Z_{kj}$$

也可以写作：

$$Z_{ks} - Z_{js} > Z_{kj} - Z_{jj}$$

如果正向排序配对为最优解，则两性的特征互为互补品，并且如果 M_j 的水平低于 M_k，最后一个不等式就不成立。因此，$Z_k^m > Z_{ks}$。类似地，如果负向排序配对为最优解，则两性的特征互为替代品，并且如果 M_j 的水平高于 M_k，最后一个不等式就不成立。

⑰ 如果一部分 M_k 与 F_k 结合，而另一部分与 F_j 结合，那么一个 M_k 男性在与一个 F_k 女性或 F_j 女性结合时的收入是相同的：

$$Z_k^m + Z_k^f = Z_{kk}, \quad Z_k^m + Z_j^f = Z_{kj}$$

M_k、F_k 和 F_j 的收入并不仅仅由这两个等式决定[参见 Becker(1973)中更为深入的讨论]，但 F_k 获得的溢价必定等于其边际生产力：

$$Z_k^f - Z_j^f = Z_{kk} - Z_{kj}$$

⑱ 罗伯特·迈克尔让我想起了一首童谣：

> 杰克斯布莱特，肥肉吃不来的；
> 他有一个老婆，吃肉不吃瘦的。
> 混合他们两个，看官你且瞧瞧；
> 夫妻一起开动，盘子干干净净。

⑲ 比如，如果 M_i 只想消费 $_2Z$，而 F_j 只想消费 $_1Z$，那么：

$$Z_i^m + Z_j^f = {}_2v_2 Z_i^m + {}_1 Z_j^f = {}_2v_2 Z_{ij} + {}_1 Z_{ij} = Z_{ij}$$

⑳ 某一特定消费品的消费量越大，对其进行消费资本投资所带来的收益也就越大（参见第 2 章）。

㉑ 当 β_2 类型的女性嫁给 α_1 类型的男性时，β_1 类型的女性与 α_1 类型的男性在一起的边际产品就会减少，因为留给 β_1 类型的妻子的可用资源变少了。一个 α_1 类型中的男性与 w_{11} 个 β_1 类型的妻子和 w_{12} 个 β_2 类型的妻子在 $x_m^1 + x_m^2 = x_m$ 的约束条件下，使得下式最大化：

$$Z_{1,\,w_1,\,w_2}=w_{11}n(\alpha_1,\,\beta_1)Z\left(\frac{x_m^1}{w_{11}},\,x_f\right)+w_{12}n(\alpha_1,\,\beta_2)Z\left(\frac{x_m^2}{w_{12}},\,x_f\right)$$

其均衡条件为：

$$\frac{\partial Z_{1,\,w_1,\,w_2}}{\partial x_m^1}=n(\alpha_1,\,\beta_1)\frac{\partial Z}{\partial x_m^1}=n(\alpha_1,\,\beta_2)\frac{\partial Z}{\partial x_m^2}$$

因此 x_m 与 β_2 类型的妻子和 β_1 类型的妻子在一起时的边际产品是相同的。

㉒ 例如，印度女性不被允许和地位较低的男性结婚，而男性却可以和地位较低的女性结婚（Mandelbaum，1970）。

㉓ Gale 和 Shapley（1962）要求最优的分配是"稳定"的；也就是说，没有被分配在一起的人无法通过相互结合过得更好；这个要求与条件式（4.5）紧密相关。

㉔ 然而，它可能与不使用价格机制决定分配的市场相关。比如说，Gale 和 Shapley（1962）讨论了将申请者分配给不同大学的机制，第 9 章考虑了非人类物种的配对，这些物种的每一个体都寻求其基因的存活率最大化。

㉕ 离过婚的女性会要求较少的嫁妆，因为她们总体上比没结过婚的女性年龄要大，并且她们之所以离婚，可能是因为没能尽好妻子的职责，包括不孕不育（参见第 10 章）。Goldschmidt（1973）和 Papps（1980）给出的证据表明，在乌干达和巴勒斯坦，离过婚的女性再次结婚时得到的嫁妆要少一些。

㉖ 古德（Goode）的研究表明穆斯林男性在无故休妻时要损失大部分彩礼（给妻子）。通过这种方式，彩礼及其他资本转移保护了女性免遭对孩子进行专业化投资所承担的损失；关于离婚和离异后安排的深入讨论，请参见第 10 章。

㉗ 这一部分的证明归功于威廉·布洛克（William Brock）。在他给出这些证明之后，Sattinger（1975）针对男女质量为连续型变量时的情况给出了更为简单的证明。

㉘ 很明显，根据条件式（A.18），对于所有 $j\neq t$，都有 $e_sZ_{st}>e_sZ_{sj}$；并且对于所有 $i\neq s$，有 $d_tZ_{st}>d_tZ_{it}$。

5

生育意愿

本书第 2 章至第 4 章阐明了建立婚姻关系、组成家庭的主要目的是生育并抚养子女，但并未明确地将生育意愿纳入考虑范围。本章将继续利用孩子的价格效应和收入效应分析，除了过去一百五十年里的西方国家和发展中国家以外，为什么农村生育率普遍高于城市生育率，为什么职业女性的工资水平上升反而导致生育率下降，为什么各类政府计划（例如，对抚养子女的母亲提供帮助）对生育意愿有显著影响，为什么收入较高的家庭生育意愿更强，等等。

通过对生育率的经济分析，本章将进而探讨孩子的数量与质量之间的相互关系。这可以帮助我们理解孩子在没有替代品且收入弹性较小的条件下，为什么其数量随时间快速变化。同时也将解释：为什么在孩子数量更多的家庭中，每个孩子的受教育水平往往相对较低，为什么农村生育率已接近甚至可能已低于发达国家城市的生育率，以及为什么美国的黑人拥有数量相对较多的孩子但对每个孩子的投入又相对较少等问题。

5.1 价格效应和收入效应

马尔萨斯人口论是最为著名且最具影响力的人口变化理

论,它假定除非受有限的食物和其他生存资料的制约,否则人口增长将会非常迅速。当人口增长速度快于生存资料的增长速度时,收入的降低就会引起婚姻的延迟、婚姻中夫妻生活频率的降低以及存活到成年的孩子数量的减少等。其中,前两个因素是"道德抑制",最后一个因素则产生"痛苦"(马尔萨斯,1933, bk, Ⅰ, Ch.Ⅱ)。如果生育意愿具有高收入弹性,道德抑制将是人口过度增长的主要控制方式,而如果出生人数对收入变化不敏感,那么痛苦将成为主要的控制方式。

达尔文曾说[①],马尔萨斯人口论所蕴含的自然选择思想对他提出进化论具有很大影响,他同时对该理论进行了如下出色扩展:有生育能力的子女这一代相对于他们父母那一代来说占总人口比例更大部分。由于具有强生育能力的子女的父母必定也同样具有强生育能力,故若生育能力能被强有力地"遗传",那么生育能力强的父母和子女及其后代将在各代总人口中占比更大。遵循达尔文的论点,即从自然选择的观点来看,人口往往会被高生育力的人群所主导。

尽管达尔文理论能高度解释非人类灵长动物的物种数量,但其在人类群体上的适用性却并不理想。实际上,大部分家庭对生育能力已有控制,他们拥有的孩子数量少于其实际能力可允许生育的孩子数。例如,17 世纪意大利的农村妇女在 25 岁结婚,平均生育六个孩子,但她们的实际生育能力可能超过八个(Livi-Bacci, 1977, Table 1.2)。即使是马尔萨斯关于生育意愿具有高度弹性的理论,也无法解释在过去的一百年里,西方国家各家庭在家庭收入大幅增加的情况下,其子女平均数量却大幅下降。

然而,如果将孩子数量与父母对每个孩子的支出区分开来,那么上述事实及相关事实与马尔萨斯学说或达尔文理论之间的差异就不是那么明显了。父母生的孩子越少,父母给孩子的教育、培养和关注度会明显增加,孩子的存活率也会增加,进而更多的孩子能活到生育年龄,下一代的生育率也就随之提升。因此,我们可以将这些理论结合起来并加以概括,假设每个家庭都会最大化一个效用函数,每个家庭的孩子数量为 n,对每个孩子的支出 q,并包含其他消费品数量:

$$U=U(n, q, Z_1, \cdots, Z_m) \tag{5.1}$$

马尔萨斯理论忽视了孩子的质量,并假设生育意愿(或孩子数量)对收入变化高度敏感(因此,对其他消费品的需求可能与收入负相关)。另一方面,达尔文理论忽略了这些其他消费品,并假定选择能最大限度地增加后代孩子的数量和质量。本章和接下来的两章将分析这两种理论并概括出一个更为一般的理论。可以肯定的是,达尔文理论可以高度解释非人类的灵长物种;若采用考虑了文化选择的修正理论,可能也可以解释部分的原始人类社会[参见 Blurton Jones 和 Sibly(1978)的论证]。马尔萨斯理论则可以解释大量有记录的历史中的人类的人口变化。然而,这里的分析更适合于解释过去几个世纪里西方国家以及 20 世纪发展中国家的生育率变化。

由于对孩子而言,其他各种消费品没有合适的替代品,因而我们将其视为一个单一的总消费品 Z。尽管孩子的数量与质量之间的相互关系是本章的主题,但我们在探讨生育意愿时,首先需要先剔除孩子的质量这个变量。那么方程式(5.1)中的效用函数变为:

$$U = U(n, Z) \tag{5.2}$$

为了在尽量不损失相关性的条件下简化分析,方程式(5.1)和方程式(5.2)中的效用函数与本章的讨论都忽略了孩子年龄和其出生时间间隔的生命周期变化。

孩子通常不是被"购买"的,而是由每个家庭通过使用市场商品、服务以及消耗父母自己的时间——尤其是母亲的时间,来自行产生的。由于各家庭中时间消耗和家庭生产成本的函数不同,因此生育和抚养孩子的总成本也不同。我们把这部分的成本用 p_n 表示,Z 的成本用 π_z 表示,那么家庭的预算约束就等于:

$$p_n n + \pi_z Z = I \tag{5.3}$$

其中,I 为总收入。给定 p_n、π_z 与 I,则 n 和 Z 的最优数量由预算约束与一般边际效用函数决定:

$$\frac{\partial U}{\partial n} \Big/ \frac{\partial U}{\partial Z} = \frac{MU_n}{MU_z} = \frac{p_n}{\pi_z} \tag{5.4}$$

对孩子的需求取决于孩子和全部收入的相对价格。孩子的相对价格,即 p_n 相对于 π_z 的增加,会减少对孩子的需求并增加对其他消费品的需求(在实际收入保持不变的条件下)。孩子的相对价格受许多变量的影响,其中一些是孩子独有的,而另一些是我们现在需要考虑的更重要的变量。

数百年以来的证据表明,农村家庭规模大于城市家庭规模。例如,1427

年佛罗伦萨城市的平均住房面积比周围农村的平均住房面积小约 20%（Herlihy，1977，Table 2）；1901 年,意大利小镇中每 1 000 名 15—49 岁妇女生育的得以存活的婴儿数量比大省份高出约 45%（Livi-Bacci，1977，Table 3.8）；1800 年美国农村的生育率约为城市地区的 1.5 倍（Jaffe，1940，p.410）。这可部分归因于,作为养育孩子过程中重要投入的食物和住房,在农村市场上的价格更为便宜。

通过做家务、从事家庭事业或在市场工作增加家庭收入,养育孩子的净成本会得到降低。而增加孩子的"收入"潜力会增加父母对孩子的需求。事实上,我认为农村家庭有更多的孩子,主要是因为农村的孩子比城市的孩子能更早地承担生产活动。例如,在印度和巴西的农村地区,儿童在五六岁时就开始参与农业生产,到 12 岁时,他们对生产活动的贡献就已经相当可观。②

随着农业在经济发展过程中变得更加机械化和复杂化,农村孩子对生产活动的贡献率逐渐下降。这刺激了更多的农村家庭让其子女就学。③但由于农村学校的规模太小,上学的时间和交通成本更大（Kenny，1977，p.32）,随着农村孩子增加其在学校度过的时间,在农村抚养孩子的成本优势已经缩小,甚至可能已经被扭转。因此,20 世纪发达国家的城乡生育率差距大大缩小,一些国家和地区的农村生育率仅略低于城市生育率,也就是意料之中的事了。[参见来自美国、意大利、日本和中国台湾地区的证据,如 Gordner(1973)、Livi-Bacci(1977)、Hashimoto(1974)和 Schultz(1973)]

为抚养子女的母亲提供援助的方案降低了养育孩子的费用。援助随孩子数量的增加而增加,参与援助项目的母亲劳动力参与率的下降（Honig，1974）使其为养育孩子所消耗的时间的机会成本也随之减少。由于没有伴侣的母亲更容易获得援助资格,因而近年来援助项目的增加在很大程度上导致了 20 世纪 60 年代以来非法出生的孩子与合法出生的孩子比例的急剧增长。尽管堕胎变得更为容易,并且节育技术更为发达,但非法出生率仍保持不变④（与此同时,合法出生率则大幅下降）。

由于母亲的时间成本是生育和抚养孩子总成本的主要部分,养育孩子的相对成本受到已婚妇女时间价值变化的显著影响（在美国其贡献了总成本的三分之二;参见 Espenshade，1977）。事实上,我认为,近百年来发达国家中女性收入的增加,是已婚妇女劳动力参与率大幅增加和生育率大幅下降的主要原因。由于父亲花在养育孩子上的时间相对较少,他们的收入的增长并没有显著影响养育孩子的成本,事实上,如果孩子的父亲在养育孩子上消耗的时间相对于其他消费品减少,孩子的相对成本就会降低。

家庭调查数据为生育意愿与夫妻双方时间价值之间的关联提供了直观证据。研究表明,子女数量与妻子的工资率或其他反映其时间价值的指标之间存在负相关关系,即随着子女数量的增加,妻子在市场劳动中获得的工资或体现其时间价值的其他标准可能会下降(参见,例如 Mincer, 1963;De Tray, 1973;Willis, 1973;Ben-Porath, 1973)。原因之一在于,随着子女数量的增加,女性在家庭中投入更多的时间用于育儿及家务活动,从而相对减少了她们在职场提升技能和获得更高报酬的机会。另一方面,丈夫的工资率或总收入往往与家庭中子女数量呈正相关关系,意味着随着子女数量的增加,男性的收入可能上升,这可能是由于男性在家庭内外承担的角色和责任不同,尤其是在传统性别分工的家庭结构中,男性更多地在外从事有偿劳动以支持家庭开支和抚养子女。Lazear(1972)的研究进一步指出,妻子的时间价值对于满足子女需求起着至关重要的作用,并且直接影响家庭的生育意愿决定。这意味着女性在家庭内投入的时间和资源对其生育行为选择有着直接的因果联系,当女性在劳动力市场上拥有更高的时间价值时,家庭可能在权衡之下减少生育意愿,反之则反。

显然,家庭更偏好拥有自己的孩子而非从他人那里获得孩子,事实上几乎所有的家庭都选择拥有自己的孩子。原因可能是,人类和其他物种是通过生物性选择来繁殖自己的基因的(Wilson, 1975)。然而,本书第 2 章给出了一些解释,人们的生育意愿即使受文化和遗传因素的影响,人们仍然更喜欢自己的孩子。其中一个原因是,父母能从自己拥有的孩子身上获得更多关于遗传体质和早期环境经验的信息,从而减少不确定性。

另一方面,父母对自己生育的孩子的性别、肤色、身体状况和其他明显特征拥有的先验信息,比在"市场"上可以看到的更多。然而,这个"市场"的有限性在于,如果买家无法轻易地确定孩子的质量,父母就更有可能把他们劣等而非优等的孩子出售或送养[参见 Akerlof(1970)关于"柠檬"市场的讨论]。

对拥有自己的孩子的偏好意味着一些缺乏生育能力的家庭可能无法满足他们对孩子的需求,而其他有良好生育能力的家庭则可能超出原有需求。在这里,"需求"是指在生育没有障碍时,家庭所渴望拥有的孩子数量。例如,丈夫与没有生育能力的妻子终止婚姻,或者在允许一夫多妻的社会中迎娶更多的妻子,其中一些妻子拥有的孩子比原有需求要多,或者在不适宜时进行了生育。

那么平均生育率的巨大变化是由生育能力缺失和节育知识的匮乏造成的吗？尽管我曾经给出过一个肯定的答案（Becker，1960），但我现在认为主要的变化是由对孩子的需求中的其他改变造成的。本章的讨论足以解释生育率下降的原因，并且简单而充分有效的节育方法加剧这些下降趋势。

为证明这些简单方法的有效性，我们考虑平均活产数 n、预产期或不稳定期 E、确定活产的平均用时 C、产后的不孕周期 S 之间的基本关系：

$$n = E/(C+S) \qquad (5.5)$$

其中，$(C+S)$ 是活产之间的平均间隔时间。C 是"受孕时间"，取决于每次同房时受孕的概率（p）及性行为的频率（f）：[5]

$$C \cong 1/(fp) \qquad (5.6)$$

20 岁结婚且未采用任何避孕措施的女性平均约有 11 名活产婴儿［参见 Eaton 和 Mayer（1953，p.233）关于赫特里奇斯的证据］。由于女性的生育能力可持续到约 44 岁或 288 个月，故一般两次有效分娩之间的平均间隔时间为 26 个月。不采用物理节育方法，仅通过延迟 3 年结婚（及性行为）、结婚期间的性行为频率降低 10%、母乳喂养延长 3 个月，就可使出生人数减少近 25%。此外，出生人数还能通过中断性行为而进一步减少，这种节育方法甚至在许多原始社会起就已经开始使用。[6]

或许马尔萨斯认为，当出生率如 18 世纪那样高时，改变结婚年龄比改变同等比例的性行为频率更为有效，因此认为这是控制生育的一个主要方法。例如，如果女性在 20 岁时结婚并生了 11 个新生儿，那么当结婚年龄提高 10%（意味着约减少 9% 的分娩）时，减少的出生人数约三倍于性行为频率下降 10% 所能减少的出生人数。或者说，20 岁结婚的女性在有效的节育措施下只进行两次分娩，那么性行为频率的下降与同比例婚姻年龄的提高产生的效果基本相同。[7]

在 19 世纪以前，即使在发达国家，也仅有不超过半数的新生儿能够存活到 10 岁。因此，在婚姻年龄、性行为频率与配合性行为停止的母乳喂养等方面的小幅变化，只能使存活孩子的平均数量减少到三个及以下。然而，如果每个家庭的出生人数没有明显的下降，那么孩子存活到 10 岁的可能性会大大增加，这使得孩子的数量在 10 世纪和 20 世纪期间大幅上升。当然，传统的节育方法如隔膜的改进（Himes，1963，pp.321，391）与新方法如避孕药等的发展,确实让过去一百五十年里的出生率有了急剧下降——即使婚姻年龄也有所降低,而性行为发生的频率有所增加。[8]但我依然认为,这些节育方法的改进更多的是对其他需求减少的反馈,而不是直接导致生育意愿下降的重要原因。

即使有能大幅度降低生育率的手段,社会依然保持了较高的生育率,这证明了更有效的避孕方法也无法再降低生育率。例如,从 16 世纪初至 18 世纪末,欧洲占统治地位的家庭平均生育超过 5.5 个孩子(Peller,1965,p.90),而这些家庭本可以通过很多已知且可行的方法大幅减少出生人数(Himes,1963,Ch.8)。政府虽然极力鼓励甚至强迫使用有效的节育方法,但贫穷的印度家庭在经济和其他条件得到改善之前,仍然顽固地维持着较高的生育水平(Makhija,1977,1980)。

此外,许多社会早在现代节育方法发展之前就开始大幅降低其生育率。两千多年前,希腊人和罗马人通过延迟结婚、杀婴、婚姻期间减少性交频率、堕胎、原始避孕药和非受孕性行为(Wilkinson,1978)等方式,减小家庭规模。佛罗伦萨和莱格霍恩的犹太人在 1670—1840 年的出生率降低了 50%,部分原因是因为他们提高了平均结婚年龄(Livi-Bacci,1977,pp.40—44)。实际上,对这些被迫生活在贫民区且被大部分学校所排斥的犹太人而言,他们很难获得有关避孕的最佳信息。Westoff 和 Ryder(1977)所描述的"避孕革命",甚至也可能不是近几十年来生育率急剧下降的主要原因。即使避孕药在日本是非法的,在美国也直到 1960 年才开始被广泛使用,但美国和日本在 20 世纪 50 年代生育率就下降了。除此之外,美国 1900—1910 年出生的女性也会通过使用其他避孕工具、禁欲、引产等非药物方式来减少生育孩子的数量(Dawson et al.,1980)。

生育意愿不仅受到孩子价格效应的影响,而且受到实际收入效应的影响。实际收入的增加通常会引起对不同商品需求的增加,有证据证明孩子与收入之间的关系也不例外。在一夫多妻制社会中,比较富有的男性往往拥有更多的孩子,主要因为他们比穷人更有可能拥有多个妻子(Grossbard,1978)。在 19 世纪以前,更富有的男人在一夫一妻制社会中也倾向于拥有更多的孩子;具体可参看 15 世纪托斯卡纳(Klapisch,1972,Table 10.2;Herlihy,1977,pp.147—149)和 15—18 世纪意大利以及其他地区(Livi-Bacci,1977,Table 6.1—6.4)中有关家庭财富与所生育孩子相互关系的数据。在整个 19 世纪,农村地区一夫一妻制社会中财富与生育的正向关系普

遍存在,具体可参看 1861 年加拿大(McInnis,1977,Table 5)、1865 年美国
(Bash,1955,尤其是 Table 12),以及 19 世纪末 20 世纪初的德国(Knodel,
1974,Table 3.13)。

但在 19 世纪的某些时期,生育率和财富在城市家庭中呈现部分或完全
的负相关关系。例如,从 Knodel(1974)中的表格 3.14 和表格 3.15 中可以发
现 1900 年左右的德国就存在上述例证。到了 20 世纪,发达国家中两者的相
关关系变得较为复杂。收入和生育率一般在收入水平较低时呈负相关关
系,但在收入水平较高时则是不相关或正相关关系,Simon(1974,pp.42—
69)对此有介绍。从经济学角度来看,收入与生育率之间的负相关是孩子的
有效价格随收入增加而增加的一种表现,这可能是因为高收入男性的妻子
往往能从市场活动中获得更大的潜在收入(Mincer,1963)或者拥有更高的
时间价值(Willis,1973)。但我认为,子女数量和质量之间的相互作用才是
孩子有效价格随收入增加而增加的最重要原因。

5.2　子女数量和质量之间的相互作用

让我们再次考虑方程式(5.1)的效用函数,这个函数把子女的数量与其
他消费品区分开来。我们假定相同家庭中的所有孩子都具有同样的质量,
且这些质量是由每个家庭使用自己的时间和市场资料产生的(这些假设在
第 6 章中将被舍弃)。设 p_c 为单位质量的固定成本,q 为每个孩童的总质
量,$p_c qn$ 为在孩子身上的总投入,那么预算约束方程为:

$$p_c qn + \pi_z Z = I \tag{5.7}$$

这个预算约束方程所纳入的效用函数的消费品并非线性的,而是依赖于 n
与 q 的乘积。在下面的分析中,子女数量和质量之间的相互作用正是由非线
性所致。

在预算约束条件下,达到最大化效用需要满足的均衡条件为:

$$\left.\begin{array}{l} \dfrac{\partial U}{\partial n} = MU_n = \lambda p_c q = \lambda \pi_n \\[2mm] \dfrac{\partial U}{\partial q} = MU_q = \lambda p_c n = \lambda \pi_q \\[2mm] \dfrac{\partial U}{\partial Z} = MU_z = \lambda \pi_z \end{array}\right\} \tag{5.8}$$

与 n 和 q 相对应的影子价格分别为 π_n 与 π_q。显然,每一个影子价格都取决于单位质量的固定成本 p_c,不过似乎让人意外的是,q 决定了 π_n,而 n 决定了 π_q。由于 q 的增加提高了对每个孩子的投入,它同时也提高了每个孩子的相对成本。与之类似,n 的增加带来了孩子数量的增加,使得提高每个孩子质量的成本上升。

方程式(5.7)与方程式(5.8)可以通过 n、q 的价值等式及影子价格与收入的函数 Z 来解出:

$$\left.\begin{array}{l} n = d_n(\pi_n,\ \pi_q,\ \pi_z,\ R) \\ q = d_q(\pi_n,\ \pi_q,\ \pi_z,\ R) \\ Z = d_z(\pi_n,\ \pi_q,\ \pi_z,\ R) \end{array}\right\} \tag{5.9}$$

其中,影子收入 R 等于在不同消费品上花费的影子数量的总和。[9]这些需求函数通常具有替代效应和收入效应,例如,在保持其他影子价格和影子收入不变的情况下,n、q 或 Z 的影子价格的增加会减少其自身的需求量。但要注意的是,这些需求函数通过影子价格 π_q 与 π_n 分别决定了 n 与 q 的值,甚至通过影子收入 R 进一步决定了表示相互作用的变量 nq[参见 Tomes(1978)的深入讨论]。

数量和质量之间的相互作用并没有由影子价格和影子收入决定的需求函数中得到明确体现,而是体现在依赖于"市场"价格和收入的需求函数中。如果 p_c、π_z 与 I 保持不变,那么 n 的外生增加会提高 q 的影子价格 $\pi_q(=np_c)$,从而减少对 q 的需求。q 决定了 n 的影子价格,因此其减少降低了 n 的影子价格,进而增加了对 n 的需求。但这又进一步提高了 π_q 并降低了 q,并有 π_n 的降低及 n 的增加,以此类推。n、q 之间的相互作用会一直持续,直到建立新的均衡。

如果 n、q 之间的相互作用足够强,那么 n(或 q)的小幅外生增加也可能导致 q(或 n)的大幅下降。两者相互作用的强度由效用函数中 n、q 之间的替代情况决定:如果两者的替代程度高,n 与 q 将持续相互作用,直到其中一个变量可以忽略不计。特别地,如果 n 与 q、n 与 Z 以及 q 与 Z 之间的替代弹性相同,那么只有当这个弹性小于 1 时,n 与 q 才可能为正相关。[10]因此,孩子的数量和质量之间的"特别"关系并不代表两者是相互替代的。相反,如果两者是替代品,那么是不可能达到均衡的。所以,孩子数量与质量之间的相互作用解释了为什么(例如)孩子得到的教育很大程度上依赖于孩子的数量——尽管我们没有理由相信每个孩子的教育和孩子的数量是可以相互替代的。

n 与 q 之间的相互作用如图 5.1 所示,其中 U_0 与 U_1 是 n 与 q 的凸无差异曲线(Z 被忽略或保持不变),AB 和 CD 代表预算约束方程。n 与 q 之间的相互作用导致预算约束曲线向原点凸出。[11] 只有当无差异曲线的曲率超过预算约束曲线的曲率时,才能达到内部均衡(如点 e_0 与点 e_1)。由于无差异曲线在 n 与 q 是相似替代品时曲率较小,故只有当两者并不满足相似互为替代品时,内部均衡才有可能。

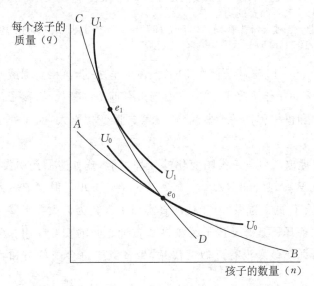

图 5.1 数量与质量的相互作用:一个典型家庭的无差异曲线和预算曲线

其他消费品的数量和质量也是相关的[参见 Theil(1952)、Houthakker(1952),以及 Hirshleifer(1955)对企业的应用分析],但因为不同物理单位的质量的关系并不如与不同孩子的质量的关系那样密切,故其他消费品的数量和质量可能不存在如此强烈的相互作用。例如,一个富有的人可能对同时拥有昂贵的汽车与廉价的汽车进行周密计划,但不太可能认真计划去同时拥有质量较高和质量较低的子女。本节分析也适用于其他消费品。

许多国家和地区的生育率在短时间内都发生了很大的变化。如表 5.1 所示,美国的出生率在 1960—1972 年下降了 38%,在 20 世纪 20 年代下降了 24%。日本的总生育率在 1950—1960 年下降了 45%,中国台湾地区的总

表 5.1　不同国家(地区)在不同时期的出生率变化

国家(地区)	时　　期	出生率变化(%)
(1) 美国	1920—1930 年	-24
(2) 美国	1960—1972 年	-38
(3) 日本	1950—1960 年	-45
(4) 中国台湾	1960—1975 年	-51
(5) 英格兰和威尔士	1871—1901 年	-26

注:(1)和(2)是 15—44 岁妇女的出生率;(3)和(4)是 15—49 岁妇女的总生育率;(5)是 15—44 岁妇女的出生率。
资料来源:美国人口普查局,1975c,1977b;日本统计局,1962;中国台湾地区行政管理部门,1974,1976;大不列颠登记总局,1957。

生育率在 1960—1975 年下降了 51%。在更早之前,英格兰和威尔士的出生率从 1871—1901 年下降了 26%。由于没有近似的替代品,孩子可以被视为一种具有温和价格弹性的消费品,通常其数量变化不大,除非处于很糟糕的商业环境中。

有学者提出了生育率大幅变化的几种可能,比如避孕药引发的"避孕革命"等(参见 Westoff and Ryder, 1977, pp.302—309),但这依然无法解释在 20 世纪 20 年代的美国及 60 年代的日本出生人数为何大幅下降。我认为最有说服力的解释还是源于孩子的数量和质量之间的相互作用。两者的相互作用意味着即使孩子没有近似替代品,生育意愿也会受价格和收入的高度影响。[12]

我们通过增加每个孩子的固定费用 P_n 对生育意愿进行更充分的讨论。在这里,P_n 包括怀孕和分娩时所花费的时间、物质支出、将要面对的身体不适等带来的风险、政府给予的儿童津贴(视为负成本),避孕和终止分娩的成本,以及几乎与孩子素质无关的所有其他心理和金钱方面的支出。把 p_q 设为与孩子数量无关的不同孩子共有的消耗(如传下来的旧衣服、从父母方获得的学习材料等)产生的支出。考虑上学可能获得的公共补贴,我们假设质量的边际成本和平均可变成本不同。由此可把预算约束等式写为:

$$p_n n + p_q q + p_c(q) qn + \pi_z Z = I \qquad (5.10)$$

在上述预算约束条件下,达到最大化效用需要满足的 n 与 q 的均衡条件为:

$$MU_n = \lambda(p_n + p_c q) = \lambda p_c q(1 + r_n) = \lambda \pi_n$$

$$MU_q = \lambda\left(p_n + p_c n + \frac{\partial p_c}{\partial q}nq\right) = \lambda p_c n(1 + r_q + \epsilon_{pq}) = \lambda \pi_q \tag{5.11}$$

其中,$r_n = p_n/p_c q$ 与 $r_q = p_q/p_c n$ 分别是数量和质量的固定成本与可变成本的比率,$(1 + \epsilon_{pq})$ 是质量的边际可变成本与平均可变成本的比率。因此:

$$\frac{MU_n}{MU_q} = \frac{\pi_n}{\pi_q} = \frac{q}{n}\frac{(1 + r_n)}{(1 + r_q + \epsilon_{pq})} \tag{5.12}$$

现在 n 与 q 的影子价格的比率不仅取决于 q 与 n 的比率,还取决于固定成本与可变成本的比率,以及质量的边际可变成本与平均可变成本的比率。

因此,比如说,可能由子女津贴减少或避孕成本减少带来了固定成本 n 的增加,使 π_n 相对于 π_q 与 π_z 增加,导致从 n 转向 q 及 Z 的替代。n 和 q 之间的相互作用意味着 q 的增加会进一步提高 π_n,而 n 的减少则会进一步降低 π_q,这促使 n 更多地向 q 进行替代。即使 n 的固定成本的增加幅度很小,且 n 与 q 之间的替代弹性也不大,n 的减少和 q 的增加仍然可能是大幅度的。

p_n 的补偿性增加使得图 5.1 的预算约束曲线围绕初始均衡位置从线 AB 旋转到线 CD。结合显示出的偏好表明,新的均衡必须在点 e_0 的左侧,点 e_1 也是如此。由于 n 和 q 之间的相互作用意味着,当 n 减小时点 e_1 处线 CD 的斜率增加,所以 n 的减少必须要使无差异曲线的均衡斜率与线 CD 已增加的斜率相等。

为说明这个过程,我们假设 p_n 是 π_n 的 25%,p_n 与 ϵ_{pq} 是可忽略的,花在 n 上的支出等于 R 的 10/27,花在 q 上的支出等于 R 的 8/27。如果 n 与 q 之间不存在相互作用,那么 n 的价格的 1% 补偿性增加,仅会让 n 的需求降低 $0.01(17/27)\sigma$,σ 为替代弹性(例如,当 $\sigma = 0.8$ 时,n 的需求会降低 0.5%)。然而,n 与 q 之间的相互作用放大了影响程度。4% 的 p_n 增长带来了 1% 的 π_n 的补偿性增加,会导致对 n 的需求在 $\sigma = 0.8$ 时降低约 1.1%,在 $\sigma = 1.0$ 时降低约 2.3%,[13] 分别是 n 与 q 没有相互作用时的 $2\frac{1}{4}$ 倍与 $3\frac{2}{3}$ 倍。因此,孩子固定成本的微小增加(这也许是由避孕知识的普及等外生因素改善的)或者质量的边际成本与平均成本的比率的微小下降,可使数量相对于质量的初始影子价格仅仅提高 10%—20%,进而减少对孩子的数量的需求,并以更大的百分比增加对孩子的质量的需求。

相对价格的初始小幅增加可以解释表 5.1 中生育率的大幅下降以及表 5.2 中生育质量的大幅提高。例如,当中国台湾地区的生育率下降 51% 时,而 25—34 岁的高中学历人口比例上升了 100%;当美国的出生率下降 38% 时,25—34 岁年龄组中高中学历人口的比例上升 33%。

表 5.2　不同国家(地区)在不同时期受教育水平的变化

国家(地区)	时　　期	出生率变化(%)
(1) 美国	1920—1930 年	+81
(2) 美国	1960—1972 年	+33
(3) 日本	1950—1960 年	+37
(4) 中国台湾	1960—1975 年	+100
(5) 英国	1871—1901 年	+21

注:(1)为在中学注册的 14—17 岁人数;(2)为完成高中教育的 25—34 岁人数;(3)为完成初中教育(现代体制)或者中学教育(旧式体制)的 25—34 岁人数;(4)完成高中教育的 25—34 岁人数;(5)为有文化的男性人数。

资料来源:美国商务部,1932,美国人口普查局,1963;日本统计局,1961;中国台湾地区行政管理部门,1976;West,1970,p.134。

5.3　数量-质量相互作用的进一步实证分析

计划生育政策与减少孩子价值在降低出生率方面具有相互强化的作用。Demeny(1979a,1979b)以及 Bogue 和 Tsui(1979)的研究指出,计划生育政策旨在通过控制家庭生育计划,避免非意愿妊娠并实现合理的生育间隔,从而降低总体出生率。理论上讲,政策目标通常是适度减少出生人数,比如,通过有效执行计划生育政策达到减少 10% 的出生人口,因为很大一部分新生儿是在未充分规划和准备的情况下诞生的,被视为"意外"。然而,数量与质量之间的动态关联意味着,一旦出生率下降,家庭和社会对每个孩子生活质量的期待通常会上升。换句话说,随着生育数量的减少,家庭可能更倾向于集中资源培养少数高质量的孩子,而不是分散投入众多子女身上。这种对孩子质量需求的提高,无形中抬高了生育每个孩子的实际成本,或是从另一个角度看,这种做法降低了生育多个孩子的相对价值。因此,生育率的下降不仅仅是政策直接影响的结果,还可能是家庭在权衡质量和数量之后的主动选择,进而导致实际出生率下降幅度超过最初政策目标设定的 10%。这一效应可能导致生育率出现超预期的降低。计划生育政策可能是出生率整体下降的导火索,对高质量孩子的需求增加以及对孩子数量需求的减少才是出生人数降低的主要原因。

经济学理论认为,任何消费品的价格变化都会反方向改变该消费品及其替代消费品的需求。孩子的数量和质量之间的相互作用表明,即使质量和这些消费品能同等地对数量进行替代,数量的价格的增加也会通过其他消费品提高质量[事实上,即使所有消费品的替代弹性都相同,数量的价格的增加也会使其他消费品数量随之减少,仅提高其质量;参见 Tomes(1978,Sec. A2d)中的证明]。表 5.1 和表 5.2 以及其他各种证据证实了孩子数量和质量之间存在强烈负相关的预测。

例如,在过去一百五十年里,犹太人在人力资本方面投入更多[参见 Schmelz(1971)关于 19 世纪和 20 世纪欧洲和美国犹太人相对较低的儿童死亡率的证据],并在近几十年拥有着较高的收入。但很少有人知道,犹太人的家庭规模小于平均水平。他们的出生率比 19 世纪初佛罗伦萨的平均出生率低 47%(Livi-Bacci, 1977, Table 1.23),婚姻生育率比 1875 年的慕尼黑天主教徒生育率低 20%(Knodel, 1974, Table 3.18)。犹太人在孩子的教育、健康和其他人力资本投资(参见 Brenner, 1979)的高边际回报率[即方程式(5.12)中较低的 ϵ_{pq}]降低了质量相对数量的价格,我以此解释他们家庭中的高成就和低生育率。

由于黑人在教育、健康和其他培训上的投资回报率低于白人,所以前者对孩子的培训所作的投资也就相对较少(Becker, 1975, Sec. IV.3)。数量与质量的相互作用意味着,黑人会对较高生育率下的投资机会作出反应。由于近年来黑人获得的机会有所增多,他们在能力提升方面投入了更多的资金(Freeman, 1981),这同时也降低了其相对于白人的生育率(Sweet, 1974)。

我们已经看到,在以前,农村孩子更为便宜的价格不仅使传统农业中农村家庭比城市家庭的规模大,而且使农村家庭对每个孩子的投资更少(Schultz, 1963; Barichello, 1979)。经济发展的早期阶段提高了城市中儿童在教育和其他培训方面的投资回报率,降低了城市家庭孩子的边际质量成本,并促使城市家庭对孩子的需求从数量向质量进一步转移。[14]然而,随着时代的发展,农业的机械化和复杂化也提高了农村的人力资本回报率,因而农村家庭对孩子的需求也开始从数量向质量转移[参见 Makhija(1980)关于印度农村的调查]。实际上，由于农村孩子的投资价格已经开始高于城市，故而当今许多发达国家的农村的生育率已下降至城市生育率以下。

由于受过教育的女性对孩子数量的需求较低（Michael，1973），所以数量与质量的相互作用意味着，她们会在孩子的教育和其他培训方面投入更多。因此，许多显示孩子受教育水平与母亲受教育水平之间存在正相关关系的回归分析，并不能证明两者之间有直接的因果关系。这个例子说明，在估计数量和质量的需求函数时，都应该考虑到两者之间的相互作用。其中一种方法是使用简化形式或联立方程式。例如，孩子的教育（或其他质量衡量标准）可能与其父母所受教育，其兄弟姐妹的数量及其他变量有关，而子女的数量与父母所受教育、子女所受教育及其他变量有关。一些考虑了相互作用的实证研究发现，质量对数量有负面影响，并且通常数量对质量也有负面影响。[15]

如果孩子死亡率的变化是外生的，那么仅需将孩子死亡率视为生育需求函数中的独立变量，就可以确定死亡率的变化对生育率的影响。但是，如果父母可以影响孩子的死亡率[16]，那么对幸存孩子的需求将与对生育的需求有相互作用。例如，避孕知识的外生改善会减少孩子的数量，增加孩子幸存的可能性，并提高孩子质量的其他方面。生育率的下降既不是由孩子死亡率下降造成的，也不是由生育率下降造成的，而都是由数量价格的增加与数量和质量之间的相互作用造成的（Gomez，1980）。

即使是孩子死亡率的外生下降，也会导致数量与质量之间的相互作用。比如，公共卫生计划的实施可能会使家长减少防止儿童死亡的努力，[17]并且他们会增加有关孩子质量方面的支出，因为这些支出的回报率会随着死亡率的下降而增加。如果父母的总支出增加，那么数量的有效价格可能会由于孩子死亡率的外源性下降而上升，从而减少对幸存孩子的需求（参见 O'Hara，1972）。外生提高儿童时期存活概率的给定百分比会使出生率降低更多。

经济发展带来的收入增加，以及教育和其他人力资本投资回报率的增加，影响了生育率和孩子的质量。既然收入的"净"增加可以通过数量与质量的相互作用来降低生育率，那么收入的增加与质量回报率的提高可能会显著降低生育率。因此，即使生育需求的"真实"收入弹性为正数且数值较大，经济发展仍会对生育率产生显著的负面影响。类似的分析表明，尽管在较不发达的国家中，富裕家庭拥有的子女数量比贫穷家庭多，但若考虑各发达国家不同家庭回报率的系统性差异，则富裕家庭可以拥有比贫困家庭更少的孩子。

附录 对生育经济理论的重塑

以经济方式研究生育强调父母的收入效应与养育子女的成本,除 Easterlin (1973)和其他一些人的研究(见第 7 章)以外,这种方法忽略了对同一家庭不同代际间决策联系的分析。此外,尽管马尔萨斯提出了著名的先例,但生育率并不曾与工资率、利率、资本积累和其他宏观经济变量[除了 Razin 和 Ben-Zion(1975)、Willis(1985)以外]相结合。

本附录中提出的模型基于下述假设:父母对他们的孩子是利他主义的。父母的效用不仅取决于他们自己的消费,还取决于每个孩子的效用和孩子的数量。我们通过将父母的效用与他们自己的消费及他们的孩子的效用联系起来,获得了一个有关于各代中后代的消费和后代数量的动态效用函数。我们大胆地在本附录中使用"重塑"一词,以强调各代系及不同代人的后代的效用函数。这个新的方法将为研究生育决定提供新的角度。

在下一节中,我们列出了父母对孩子的利他模式,并推导了代系家庭的预算约束和效用函数。使效用最大化的一阶条件表明,任何一代的生育率都会受各代人的实际利率和利他主义程度的积极影响,同时受各代人均消费增长率的消极影响。每个后代的消费正向取决于抚养他个人的净成本。

在模型中,我们考虑了对儿童死亡率、对儿童的补贴(或税收)以及对成年人的社会保障和其他转移支付对生育率的影响。虽然在向低儿童死亡率过渡期间对幸存儿童的需求有所上升,但当死亡率稳定在一个低水平后,对幸存儿童的需求即会恢复到先前的水平。

在与国际资本市场完全挂钩但与国际劳动力市场无关的经济体中,生育率的下降,是对国际实际利率的下降和经济体技术进步速度的提高作出的反应。这种对开放经济体生育率的分析,可能有助于解释西方国家在过去几十年中的低生育率。

我们将扩展分析消费、收入和效用的生命周期变化。生育率不是简单地提高儿童消费的支出函数,而是一个关于儿童生活资料和人力资本支出的函数。人口稳定状态下的总消费路径不取决于利率、时间偏好或消费的生命周期变化的其他决定因素。

5S.1　生育率与人口的模型

在本附录我们首先假设每个人的人生有两个阶段：童年时期与成年时期。之后我们会阐释如何将完整的生命周期与代际因素相结合并进行分析。由于考虑男女之间的婚姻情况会使问题复杂化，但对我们的核心分析不产生影响（参见 Bernheim and Bagwell，1988），因而我们假设每个成年人"不结婚"就拥有了孩子。同时，为了避开孩子与父母间的代沟问题，我们假设所有孩子都出生于父母成年之初。

对生育率的经济学分析认为，父母的效用取决于孩子的数量和"质量"。这些分析通常不会详细说明孩子是如何或为何影响效用的。尽管经济学家们普遍认为偏好是不可知的，但最近关于对孩子的利他主义的讨论围绕生育率进行了更为有力的分析。

20 世纪 70 年代，经济学家们开始系统地认识到家庭中利他主义的重要性［两项早期的研究成果见 Barro(1974)、Becker(1974b)］。显然，许多父母对其子女是利他主义的，从这个意义上讲，孩子的效用对父母的效用有积极影响。很多孩子也都关心父母和兄弟姐妹（以及其他亲属）的福利。我们将主要基于父母对孩子的利他主义的假设，进行生育率和人口变化的动态分析。

如果一个成人的效用（U_0）是他自己的消费（c_0）和每个孩子的效用（$U_{1,i}$）的可加分函数，那么：

$$U_0 = v(c_0, n_0) + \sum_{i=1}^{n_0} \phi_i(U_{1,i}, n_0) \tag{5S.1}$$

其中 v 是现阶段的标准效用函数（对于 $i=c_0, n_0$，满足 $v_c>0$ 且 $v_{ii}<0$）。由于父母对子女之间差异的反应对本附录讨论的问题而言并不重要，[18] 所以我们通过假设一个家庭的所有兄弟姐妹都是相同的来简化问题，即对于所有孩子而言，函数 $\phi_i=\phi$ 都是相同的。如果这个函数递增且是每个孩子效用的凹函数，那么当所有孩子都得到相同水平的效用时（即对所有的 i 与 j，有 $U_{1,i}=U_{1,j}$），父母的效用就会实现最大化：

$$U_0 = v(c_0, n_0) + n_0\phi(U_1, n_0) \tag{5S.2}$$

由于增加了 U_0 线性取决于 U_1 的假设，所以有 $\phi(U_1, n_0)=U_1 a(n_0)$，父母的效用函数可化为：

$$U_0 = v(c_0, n_0) + a(n_0) n_0 U_1 \qquad (5S.3)$$

其中，$a(n_0)$ 衡量的是父母对每个孩子的利他主义程度，并以此将孩子的效用转化为父母的效用。我们假定，对于每个孩子给定的效用 U_1 来说，父母的效用关于孩子的数量 n_0 递增且为凹。这个假设与方程式(5S.3)一起要求利他主义函数满足以下条件：

$$v_n + a(n_0) + n_0 a'(n_0) > 0，且 \ v_{nn} + 2a'(n_0) + n_0 a''(n_0) < 0 \qquad (5S.4)$$

在这个方程式中我们忽略了孩子数量的整数限制。注意，由于孩子可以提供负消费效用，v_n 有可能是负数。

如方程式(5S.3)所示，每个孩子的效用 U_1 取决于自身消费(c_1)、自己孩子的数量(n_1)及其效用(U_2)。把(U_2)用 c_2、n_2 和 U_3 的函数替换即可得到曾孙代的效用。如果效用函数的参数对于代系家族的所有世代而言都是相同的，并且如果童年时期的效用暂时都被忽略，那么对各代的消费和生育率进行迭代，我们就可以得到一个关于消费和同一家族所有后代的子女数量的代系效用函数：

$$U_0 = \sum_{i=0}^{\infty} A_i N_i v(c_i, n_i) \qquad (5S.5)$$

其中 n_i 代表孩子的数量，c_i 是在第 i 代中每个成年人的消费。A_i 代表第 i 代前的人对每个后代的利他主义程度，如方程式(5S.6)所示：

$$A_0 = 1, \ A_i = \prod_{j=0}^{i-1} a(n_j), \ i = 1, 2, \cdots \qquad (5S.6)$$

N_i 代表第 i 代的后代数，给定表达式为：

$$N_0 = 1, \ N_j = \prod_{j=0}^{i-1} n_j, \ i = 1, 2, \cdots \qquad (5S.7)$$

如果子女对父母也是利他主义的，那么代系效用将会取决于所有前代人与后代人的消费和生育率(参见 Kimball, 1987)。

如果自身消费的边际效用超过了仅有一个子女($n=1$)时对孩子的消费的边际效用，那么父母就是"利己"的。这个定义表明对于利己的父母而言，$a(1) < 1$。我们假设父母是"利己"的，因为在具有稳定的后代数量($N_i = 1$)的情况下，家庭中每个人都具有稳定消费($c_i = c$)的代系家庭的效用，如果仅在 $a(1) < 1$ 的条件下为有界，那么父母就是"利己"的。

我们暂时先不考虑方程式(5S.3)的线性利他函数,以及由其推导出的方程式(5S.5)的代系效用函数,首先从一个代系效用函数开始分析。如果我们假设代系效用在时间上是一致的,并且在不同世代的人均消费上是可加分的,[19]那么代系效用函数必然具有方程式(5S.5)的形式(参见 Becker and Barro, 1986)。[20]据此,方程式(5S.5)可能比我们推导出来的效用函数更具有普遍性。当然,偏好并不一定是可加分的且时间一致的,但这样的假设有助于我们利用经济理论研究生育率。实际上,在分析家庭决策时,没有任何假设能给出令人信服的理论或经验性的论证。此外,在代际资源分配的许多讨论中使用的社会偏好函数(诸如 Arrow and Kurz, 1970),是方程式(5S.5)中代系效用函数的特例。

每个成年人向市场[21]提供一单位的劳动并获得相应工资 w_i,父母在孩子初成年时留下不可剥夺的遗产 k_{i+1},遗产 k_i 按利率 r_i 收入利息,则第 i 代的成人将其收入和所继承的遗产 $[w_i+(1+r_i)k_i]$ 分别用于个人消费 c_i、留给子女的遗产 $n_i k_{i+1}$,以及抚养子女的费用。我们假设抚养每个孩子的成本都是 β_i,那么将所有孩子抚养成人的总成本为 $n_i\beta_i$。由此,第 i 代抚养一个孩子成人的总预算等式为:

$$w_i+(1+r_i)k_i=c_i+n_i(\beta_i+k_{i+1}) \tag{5S.8}$$

参数 β_i 代表抚养子女的成本,该成本与孩子的"质量"(通过孩子的消费 c_{i+1}、工资率 w_{i+1} 或继承遗产 k_{i+1} 来衡量)无关。为满足生育率相关文献中关于父母的时间价值的强调,我们有时会假设 β_i 与父母的工资率 w_i 正相关。我们同时假设父母的债务可以留给其子女,也就是说,尽管父母留给子女的人力资本不是负的,但遗赠 k_i 既可以是正的,亦可以是负的。[22]

求解代系家庭中初代人的优化问题,就是在初始资产为 k_0 且满足方程式(5S.8)的预算约束条件下,最大化方程式(5S.5)中的效用 U_0。在实现效用最大化的过程中,每个代系初代人的给定工资率 w_i、利率 r_i、抚养孩子的成本 β_i。每个成人的消费 c_0, c_1, c_2, $\cdots$,每个成人的资本存量 k_1, k_2, $\cdots$,以及后代子女的数量 N_1, N_2, $\cdots$,都必须与我们需要求解的问题保持一致。[23]

如果生育率不影响当期效用 v,并且对孩子的利他程度相对于孩子的数量而言具有不变的弹性,那么我们就可以对一阶条件的分析进行简化。也就是说,如果:

$$a(n_i)=\alpha(n_i)^{-\epsilon} \tag{5S.9}$$

在这个条件下,方程式(5S.6)中对后代的利他主义程度 A_i 仅仅取决于第 i 代中的后代人数,即 $N_i = \prod_{j=0}^{i-1} n_j$。特别地,$A_i = \alpha^i (N_i)^{-\epsilon}$。相反,如果我们假设 A_i 仅取决于 N_i(而不取决于 N_j,$j \neq i$),那么方程式(5S.9)必定为真,这样才能让第 i 代的代系效用仅与其后代子女数量和每个子女的消费有关。

条件 $0 < a(1) < 1$ 要求 $0 < \alpha < 1$,父母的效用递增且在给定每个孩子的效用时凹性于孩子的数量[即满足方程式(5S.4)中的不等式]要求约束条件为 $0 < \epsilon < 1$。通过将方程式(5S.9)中的利他主义函数代入方程式(5S.5)中的代系效用函数式,我们得到:

$$U_0 = \sum_{i=0}^{\infty} \alpha^i (N_i)^{1-\epsilon} v(c_i) \tag{5S.10}$$

假设我们改变了第 i 代中后代的数量 N_i,同时保持第 i 代的总消费 $C_i = N_i c_i$,以及其他世代中的人数及人均消费量(即对于 $j \neq i$,N_j 与 c_j)不变。那么,U_0 的变化衡量的是让第 i 代中更多人消费给定总量的商品所带来的利益或损失。由于生育孩子的成本很高,因此用这种方式增加的 N_i 必定要把 U_0 提高到接近效用最大化的水平(如果要生育孩子)。否则,在人们拥有更少的孩子时效用会更好。在保持每一代固定的 C_i 及 c_j 与 N_j 值不变的条件下,方程式(5S.10)中 U_0 对 N_i 的导数当且仅当满足方程式(5S.11)时为正:

$$\sigma(c_i) < 1 - \epsilon \tag{5S.11}$$

其中,$\sigma(c_i) = v'(c_i)/v(c_i)$ 是 $v(c_i)$ 相对于 c_i 的弹性。方程式(5S.11)对我们后面的讨论非常重要。

(我们仍然忽略对孩子数量的整数约束。)通过考虑方程式(5S.8)中每个预算约束条件的拉格朗日乘数得到一阶条件,其中一组一阶条件是:

$$\frac{v'(c_i)}{v'(c_{i+1})} = a(n_i)(1 + r_{i+1}) = \alpha \frac{(1 + r_{i+1})}{(n_i)^\epsilon}, \quad i = 0, 1, \cdots \tag{5S.12}$$

这组一阶条件适用于满足方程式(5S.4)的任意 $a(n_i)$,不过我们更关注的是方程式(5S.9)中的恒定弹性设定。

另一组一阶条件[24]为:

$$v(c_i) = [1 - \epsilon - \sigma(c_i)] = v'(c_i)[\beta_{i-1}(1 + r_i) - w_i], \quad i = 1, 2, \cdots$$

$$\tag{5S.13}$$

其中，$\sigma(c_i)$同样是$v(c_i)$相对于c_i的弹性，这里也有一个代系预算约束，它使所有资源的现值等同于所有支出的现值：[25]

$$k_0 + \sum_{i=0}^{\infty} d_i N_i w_i = \sum_{i=0}^{\infty} d_i (N_i C_i + N_{i+1}\beta_i) \tag{5S.14}$$

其中：

$$d_i = \prod_{j=0}^{i} (1+r_j)^{-1}$$

方程式(5S.12)是将消费从一代转移到下一代的套利条件。除了取决于生育率n_i外，这个等式还反映了一个我们熟悉的结论：在时期$(i+1)$和时期i，消费的效用替代率$v'(c_i)/v'(c_{i+1})$直接取决于时间偏好乘数α和利率乘数$(1+r_{i+1})$。得到的标准结论是：α的上升或者利率r_{i+1}的上升，会使得c_{i+1}相对于c_i上升。在我们修正后的套利条件下，生育率n_i的上升不仅会降低每个孩子的利他主义程度$a(n_i)$，而且会增加对未来消费的贴现。因此，在给定α与r_{i+1}值时，较高的生育率与c_{i+1}相对于c_i的减少有关。

方程式(5S.13)表明，追加一个孩子(或者等同于追加一个下一时期的成年后代)的边际收益必须等于边际成本。方程式(5S.13)右边是在第i代追加一个成人的净成本，方程式(5S.13)左边是在第i代保持总成本C_i不变时，追加另一个成年后代对效用的影响。[26]正如我们之前所讨论的，这个边际效用必须是接近最优点的正值，也即$1-\epsilon-\sigma(c_i)>0$[见方程式(5S.11)]。

方程式(5S.13)反映出，只有当孩子成为人们的经济负担时，也就是养育孩子的成本超过其一生收入的现值时，消费才是正值。由于这一点与许多国家，特别是现代国家的实际情况并不相符，所以，我们的分析似乎存在严重的偏差。比较明显的问题是我们忽视了对人力资本的投资。

为了弥补这个缺陷，我们把k看作成人为提高自身收入而在孩子身上投资的数量，即有：

$$w = e + (1+r)k \tag{5S.15}$$

其中，r代表人力资本投资的回报率(为简单起见，我们在这里设其为常数)，e代表独立于这些投资的收入。方程式(5S.13)变为：

$$v(c_i) = [1-\epsilon-\sigma(c_i)] = v'(c_i)[\bar{\beta}_{i-1}(1+r_i)-e] \tag{5S.13$'$}$$

除此以外，我们此次的分析与之前的分析是相同的。在方程式(5S.17)中，$\bar{\beta}$

代表不涉及人力资本的育儿成本。收入的固定组成部分 e 可能只是总收入的一小部分,尤其是在现代国家中。这样一来,我们就可以合理地假设方程式(5S.13′)右边为正值,也就是说养育子女的固定成本超过了收入的固定组成部分。

实际上,所有家庭都在对孩子的人力资本进行投资,这是一种比资产转移更为普遍的"遗产"形式。认为整个生命周期内资本积累比资本遗产更重要的观点,通常会忽视以人力资本进行投资将会给孩子留下可观"遗产"的形式(参见 Modigliani,1986)。

当我们使用 σ_i 的定义时,方程式(5S.13)就变为:

$$\frac{c_i[1-\epsilon-\sigma(c_i)]}{\sigma(c_i)}=\beta_{i-1}(1+r_i)-w_i,\ i=1,\ 2,\ \cdots \tag{5S.16}$$

如果 $\sigma(c_i)$ 是常数,那么方程式(5S.18)左侧将与 c_i 成比例。否则,我们假设 $\sigma(c_i)$ 随着方程式(5S.18)左侧 c_i 的增加一起缓慢地减少或者增加。方程式(5S.16)就意味着,c_i 是第 i 代生育其他后代的净成本的正函数。也就是说,当人们生育孩子的成本更高时,每个人都将以更高的消费水平继承遗产。实际上,(在 c_i 更高的情况下)生育成本的提高有利于每个后代"效用率"的提高。

这个结论表明,只有生育后代的净成本上升,各代的人均消费 c_i 才会上升。相反,一般的长期最优消费模型表明,如果实际利率超过(或低于)时间偏好率,那么消费会随着时间的推移而上升(或下降)。在我们的分析中,各代的人均消费增长率基本上与利率水平无关,也不依赖于纯粹的利他主义或时间偏好。

利率水平或利他主义程度的变化主要对生育率 n_i 产生影响。我们可以重写方程式(5S.12)来解释这种影响:

$$n_i=\left[\frac{\alpha(1+r_{i+1})v'(c_{i+1})}{v'(c_i)}\right]^{1/\epsilon},\ i=0,\ 1,\ \cdots \tag{5S.17}$$

由于未来每代人的 c_i 只取决于其生育后代的净成本,方程式(5S.16)实际上暂时对替代项 $v'(c_i)/v'(c_i)$,$i=1,\ 2,\ \cdots$ 进行了限制。在这种限制条件下,生育率 n_i,$i=1,\ 2,\ \cdots$ 随着利率 r_{i+1} 或净利他主义率 α 的上升而上升。

在生命周期分析中,较高的利率会提高长期消费增长率。方程式(5S.13)的分析表明,更高的利率提高了每个后代的消费水平,而不是提高其消费增长率。但是当利率上升时,由于方程式(5S.12)中的生育率稳定增长,所以子孙后代的总消费增长率也有所提高。

生育率的提高或许令人有些惊讶,因为人们可能预期"投资需求"n_i 与资本成本 r_{i+1} 成反方向变化。然而,当每个后代的消费量呈增加时,每个孩子的效用(U_{i+1})及生育额外一个孩子带来的边际效用也增加了。在稳定状态下,边际效用的这种增加主导了资本成本的增加。[27]

该模型还涉及财富变化的影响作用。这是该模型的另一个重要特点,我们用初始资产的转移来表示这种影响作用。方程式(5S.16)意味着,如果财富的变化不会改变抚养孩子的净成本,那么未来每代人的消费 c_i 就不会受到影响;因此方程式(5S.17)意味着未来的生育率 n_i,$i=1,2,\cdots$ 也不会发生改变。在未来人均消费量和生育率不变的条件下,代系预算方程式(5S.14)要求初始消费 c_0 或生育率 n_0 两者之一发生变动。令方程式(5S.17)中 $i=0$,我们可以观察到,c_0 的增加(或减少)必须伴随着 n_0 的增加(或减少)。因此,较富有的人的消费更高,同时也具有更大的家庭规模。

这个结论表明,所继承财富的增加只会扩大代系家庭的规模。未来每代人的后代数量 N_i 和总消费量 C_i 只会随着初始生育率 n_0 的增加而增加。为更直接地探究对 N_i 的影响,我们回顾一下式 $N_i = n_0 n_1 \cdots n_{i-1}$,$i=1,2,\cdots$,相应地替代方程式(5S.17)中的生育率,得到:

$$N_i = \left\{ \alpha^i \left[\frac{v'(c_i)}{v'(c_0)} \right] \prod_{j=1}^{i} (1 + r_j) \right\}^{1/\epsilon}, \quad i = 1, 2, \cdots \quad (5S.18)$$

财富的增加升高了 c_0 并降低了 $v'(c_0)$。由于所有 c_i 的未来值都不变,所以方程式(5S.18)表明 N_i,$i \geqslant 1$ 的所有值都会同比例上升。

有一个稍微令人惊讶的结论[受桑福德·格罗斯曼的启发]是,未来每个人的资本 k_i,$i=1,2,\cdots$ 都不受财富变化的影响。由于未来人均消费 c_i 和生育率 n_i 都保持不变,所以从方程式(5S.14)中的动态预算约束中可以得到这个结论。换句话说,父母留给每个孩子的遗产不受父母财富变化的影响。

越富裕的父母越倾向于将所有额外资源用于自己的消费,以及对大规模家庭的供养,财富完全回归到父母与每个孩子之间的平均值水平上。财富和生育率之间的正相关关系能帮助我们解释,为什么美国和其他国家的人均财富会退回到各代人的平均值水平上。庆幸的是,当我们放弃一些有关偏好和孩子成本的特殊假设(见后文)时,完全回归各代平均值水平这个不切实际的结论就不再成立了。

我们的模型在生育孩子的成本的变化对生育意愿的影响方面也有意外的收获。考虑在第 j 代中对抚养孩子的征税提高了 β_j,但 β_i,$i\neq j$ 不改变。此外,为了从财富效应中抽象出来,我们假定对初始资产 k_0 作出补偿性增加,使得财富的边际效用 $v'(c_0)$ 保持不变。方程式(5S.16)表明,c_{j+1} 上升的同时其他所有的 c_i 不变;由方程式(5S.17)可知,在那一代生育孩子的成本更高,故 n_j 下降。令人意外的结果是,n_{j+1} 增加的量恰好抵消了 n_j 的下降。由于方程式(5S.10)中代系效用是关于后代数量与各代人消费的时间可分函数,因而第 j 代的征税对后代数量的影响从第($j+1$)代开始就不存在了。代系效用并不完全依赖于任何一代的生育率。众所周知,时间可分的效用函数意味着,对时间点 i 的变量的需求仅取决于财富的边际效用和变量在时间点 i 的价格。因此,对于给定的财富边际效用,第 i 代的后代的数量和消费不会受到其他代的价格变化的影响。

现在我们考虑对养育孩子的净成本进行一个永久性的补偿性增加 $[\beta_i(1+r_{i+1})-w_{i+1}]$,并对每代人都增加相同比例,$i\geqslant j$。方程式(5S.16)表明,第($j+1$)代及其后每代的人均消费都增加了。更进一步地说,如果我们假设 $v(c_i)$ 相对于 c_i 的弹性近似一个常数 σ,那么 c_{j+1},c_{j+2},…就以等比例增加。在这种情况下,方程式(5S.12)中随时间变化而变化的消费套利条件可以简化为:

$$\left(\frac{c_{i+1}}{c_i}\right)^{1-\sigma}=\frac{\alpha(1+r_{i+1})}{(n_i)^\varepsilon},\quad i=0,\ 1,\ \cdots \tag{5S.19}$$

c_i,$i=j+1$,…的等比例增加要求第 j 代的生育率降低(因为 c_{j+1}/c_i 增大了),且此后每代的生育率都保持不变。

因此,在给定利率的情况下,即使对儿童征收永久性的(补偿性)税收,也只会降低税收颁布的那一代的生育率。然而,仅仅一代人生育率的下降也会通过相关的决策变量对子孙后代产生持久的影响,使得后世所有各代的子孙数量都有所下降。孩子成本的永久性变化只会对衡量后代存量的投资率的生育率产生暂时的影响。

β_i 的永久性增加也会永久性地提高人均消费 c_i。当 n_i,$i>j$ 不变时,随着 c_i 与 β_i 的增加,第 j 代以后的各代人的支出都会增加。更高的支出水平需要更高的人均资本和更多的遗产 k_i，$i>j$ 来支持。如果 β、r、w 始终保持不变，且 σ、ϵ 都是常数，那么就存在 n、c、k 的唯一不变值，分别等于：

$$n^* = \alpha^{1/\epsilon}(1+r)^{1/\epsilon} \tag{5S.20}$$

$$c^* = [\sigma/(1-\epsilon-\sigma)][\beta(1+r)-w] \tag{5S.21}$$

$$k^* = \frac{c^* + \beta n^* - w}{1+r-n^*} \tag{5S.22}$$

这些唯一稳态值是完全稳定的，并且可以在仅仅一代的任意初始资本存量中达到。生育率的稳态值正向取决于利率和利他主义程度，而与抚养孩子的成本和其他参数无关。

每个后代的稳态消费水平与抚养孩子的净成本 $[\beta(1+r)-w]$ 正相关。相比之下，在一般的生命周期模型中，消费随时间变化的增长率与利率正相关。在这些模型中，消费水平不存在稳态，除非利率等于时间偏好率。

我们对稳态和初代原动力的研究结论非常地突出，早期版本的许多读者都能推断出这些结论的得出主要依赖于以下假设：利他主义函数和当期效用函数具有恒定的弹性（分别是 ϵ 与 σ），子女不向父母提供消费效用（$v_n = 0$），子女不关心父母，以及子女的边际成本是不变的。其中一些假设对于初代原动力的研究至关重要，但它们并不是稳态主要性质的来源。最关键的假设是利他主义与时间偏好的比例与孩子的数量为负相关。[28] 给定这一假设，就足以在父母的效用函数中线性引入子女的效用函数 [参见 Becker 和 Barro(1986, pp.20—22) 的证明]。我们能看到，这与代系效用函数在各代消费中时间一致且离散相加的假设也是一致的。

即使在一般情况下，如果 $a(n)$ 是单调的，那么 n 的稳态值也将是唯一的。我们还没有证明一般情况下对稳态的收敛。但是，如果 $v_n = 0$ 且 $a(n) = \alpha n^{-\epsilon}$，我们就可证明当孩子的边际成本正相关于孩子的数量时的收敛性 [参见 Becker 和 Barro(1986) 附录第二部分]。虽然边际成本增加时依然能保持相对稳定状态，但稳定状态之间的转换需要几代人的时间。

作为增加动态效应的一个例子，我们考虑增加初始资产 k_0。当孩子的边际成本不变时，k_0 的增加会使 c_0 和 n_0 也增加，但不会改变 c_i 和 n_i 的未来值。如果边际成本上升，则 n_0 的增加会增加 c_1，而 c_1 的增加会提高 n_1，继而意味着 c_2 也增加了，以此类推。这样，财富的增加会提高后代的人均消费量和生育率。从长时间来看，这些效应会随着对稳态的接近而逐渐变小。虽然人均消费和人均资产仍向父母对子女的平均值水平回归,但这一过程不再是在单独一代人内完成的。显然,这个渐进过程与经验性证据更为一致。

5S.2 大萧条、二战及"婴儿潮"

大萧条使人们的实际收入和工资率急剧下降。由于很少有已婚妇女进入劳动力队伍,养育子女的成本(β)可能不会大幅下降(参见 Butz and Ward,1979a)。事实上,如果人们认为大萧条会长期延续,那么养育子女的净成本$[\beta_i(1+r_{i+1})-w_{i+1}]$就会因$w_{i+1}$的下降与$\beta_i$的基本不变而增加。因此,在大萧条时期收入效应和替代效应会导致生育率的下降。

二战期间,资源向军队转移意味着人民手中财富的减少,从而使生育率降低。养育子女的成本$[\beta_i(1+r_{i+1})-w_{i+1}]$相对于预期工资率$w_{i+1}$增加。这反映了在人们工资相对较高时,妇女的劳动力参与率、服役于军队的年轻男性的暂时缺席率有了大幅提高,可能还伴随更高的实际折扣率r_{i+1}。由此造成净育儿成本的暂时增加也降低了生育率。

我们用同样的分析思路分析经济大萧条和二战期间长期生育率下降之后的"婴儿潮"。如果在大萧条与二战时期内净育儿成本的增加是暂时的,那么为了弥补在生育率下降时失去的生育机会,战后时期的生育率会有所上升。我们并不像有关步兵生育率的文献所强调的那样,仅仅认为大龄的出生率可以弥补早期年龄较低的出生率。我们之前的分析表明,当育儿成本很高时,代系家庭在随后各代中都会弥补早先时期丧失的生育率。

5S.3 儿童死亡率及社会保障

自19世纪中叶以来,大多数西方国家的生育率都下降了。有时候人们被片面地认为是儿童死亡率的长期下降导致了对幸存儿童需求的目标人数的减少。我们的分析在儿童死亡率的下降对出生率及对存活儿童的需求的影响方面具有新的意义。

假定工资率和利率长期保持不变,父母忽略对儿童死亡影响的不确定性,仅考虑儿童时期存活的后代的部分 p 的数量变化。设养育孩子长大成人的固定边际成本为 β_s,孩子在长大成人前死亡的成本为 β_m,出生人数 n_b 时生育孩子的预期成本是$[p\beta_s+(1-p)\beta_m]n_b$,与此前每个存活孩子的成本相对应,这里的预期成本与预期幸存者数量($n=pn_b$)的比率为:

$$\beta = \beta_s + \beta_m (1-p)/p \qquad (5\text{S}.23)$$

与之前一样,父母要选择自己的消费、存活孩子的预期数量以及留给存活子女的遗产。但不同的是,这些选择现在受依赖于预期成本 β 的预算约束的影响。

儿童死亡率的持续下降降低了所有各代人养育孩子的成本。我们之前的分析表明,每一个成人(n_i)对存活孩子的需求在最初一代中会有所增加,但在之后的几代中不会升高。[29] 最初一代对存活孩子需求的增加导致出生率可能也会上升,尽管更高的生存率 p 减少了出生人数 n_b,但仍然需要满足一定数量的存活数。由于这些世代对存活孩子的需求不受 p 的增加的影响,所以之后几代的出生率一定会下降。

当儿童死亡率随着时间逐渐下降时,更多儿童能够存活至成年,家庭对于确保子代存活所需的投资和抚养成本也会相应减少。这是因为随着医疗保健和卫生条件的改善,儿童早逝的风险降低,家长们不必再为了应对可能的高夭折率而多生育子女作为保险。因此,在一段时间内,特别是在儿童死亡率快速下降阶段,每个家庭对于成功抚育成人的子女数量的需求可能会有所增加,进而导致出生率在短期内有所上升。然而,一旦儿童死亡率逼近极低水平,其下降空间将变得非常有限,抚养幸存儿童的成本的降低速度也随之大大放缓。此时,社会对生育行为的影响因素将转向教育、职业发展、生活质量以及个人价值观等方面的转变,这些因素通常会促使家庭重新评估生育数量,并可能降低生育意愿。Dyson 和 Murphy(1985)的研究证据表明,在经历儿童死亡率下降之后,出生率起初会有一个滞后效应,表现为先上升而后下降。这是因为社会适应新的人口动态需要一定时间,同时,随着现代化进程的加快和经济发展,人们的生活方式和生育观念会发生深刻变化。最终,当儿童生存率的提高程度足以抵消家庭对额外生育子女的需求时,出生率将会加速下降,直至它达到一个新的均衡点,使得出生率的下降幅度与由儿童死亡率下降而带来的子代存活率提高的百分比相匹配。这样一来,人口增长率也会随之进入稳定的低增长甚至负增长阶段。

社会保障和其他转移支付的增长是生育率持续下降的部分原因。我们的利他主义家庭模型表明,即使在孩子不赡养自己年迈的父母的情况下,向老年人公共转移支付的不断增加也会减少家庭对孩子的需求。

由于我们只考虑了成年阶段,所以我们建立的模型并没有准确地纳入对社会保障的考量。因此,对年轻的在职成年人现收现付的社保制度并不能为老年人提供经费支持。不过,若我们(非现实地)设想,当把对儿童的征税转移给成人时,我们也会得到类似的结论。

设 s_i 是第 i 代中具有代表性的成人所能接受的转移支付,τ_{i+1} 是第 i 代内每个孩子(或由孩子的父母代表孩子)支付的税收。在 $s_i N_i = \tau_{i+1} N_{i+1}$ 时,政府预算是平衡的,也就是:

$$\tau_{i+1} = s_i / n_i \qquad (5S.24)$$

在给定生育率数值的情况下,社会保障和税收提供的收益完全抵消了对具有代表性的家庭的代系财富的影响。因此,如果生育率没有改变,那么社会保障计划规模的变化就不会影响代际消费模式。父母会利用其社会保障收益来支付其子女的税款。在更普遍的情况下,父母会大量地增加遗产,以便他们的子女可以在不削减消费的情况下支付这些税收(参见 Barro, 1974)。

但是,生育率的内生性修正了这个所谓的李嘉图等价定理。在第 i 代,额外生育一个孩子需要支付的税收为 $\tau_{i+1} = s_i / N_i$,并在其成人时接受转移支付 s_{i+1}。因此,社会保障项目提高了每个孩子的终身成本:

$$\frac{s_i}{n_i} - \frac{s_{i+1}}{(1+r_{i+1})} \qquad (5S.25)$$

其中 $s_{i+1}/(1+r_{i+1})$ 是未来转移支付的现值。当 $(1+r_{i+1}) > n_i$ 时,在每人收益不变的条件($s_{i+1} = s_i = s$)下,净税收为正值[30];因而社会保障项目规模的扩大(s 的增加)会提高孩子的成本。这具有与抚养孩子的成本增加相同的替代效应。因此,我们之前对孩子成本变化效应的分析也适用于社会保障的情况。

例如,社会保障收益水平的持续增长与 β 的持续增加类似。保持财富的边际效用 $v'(c_o)$ 和利率不变,我们发现生育率仅在最初一代中下降,而在之后几代中则保持不变。因此,即使在孩子不赡养自己年迈的父母的情况下,社会保障收益的永久性增加往往也会暂时降低生育率。[31]

我们在此之前还发现,孩子抚养成本的持续增加将会提高之后各代的人均消费和财富。同样,较高的社会保障收益对抚养子女成本的正效应也会提高"资本强度"。这一结论与从生命周期模型中得到的一般结论相反。后者将生育率视为外生变量,并且忽视了消费与代际转移支付之间的相互作用,从而得出社会保障降低了资本强度的结论(参见 Feldstein, 1974)。

5S.4 开放经济和西方的生育率

我们的分析同样适用于开放经济中生育率的决定因素问题。开放经济的经济学定义为：与具有单一实际利率的国际资本市场相关的经济。由于假定劳动力不能跨越国界，故工资在每个经济体中是独立确定的。如果生产函数不同，并且规模报酬或者对工资征税的税率不同，那么在具有相同利率的经济体之间，工资率也会有所不同。

如果当期效用函数的弹性是常数 σ，ϵ 是利他主义函数的弹性，那么：

$$\rho_i^j \approx \frac{\log(\alpha^j)}{\epsilon^j} + \frac{r_{i+1}}{\epsilon^j} - \left(\frac{1-\sigma^j}{\epsilon^j}\right)g_i^j \qquad (5S.26)$$

其中 j 指代国家，r_{i+1} 指代第 $(i+1)$ 代人的长期实际利率，在 $n_i^j = 1 + \rho_i^j$ 中，ρ_i^j 是国家 j 中第 i 代与第 $(i+1)$ 代间成年人口的（自然）增长率，g_i^j 是国家 j 中第 i 代与第 $(i+1)$ 代间人均消费的增长率。方程式(5S.26)右边的第一项说明，在父母更为利他主义(α^j)的经济体中，人口增长得更快；第二项表明，当世界长期实际利率更高时，人口增长更为迅速。由于 $\epsilon^j < 1$，则人口增长的变化速度超过了利率的变化。对于较小的 ϵ^j 而言，长期利率的小幅变化也会导致人口增长率的巨幅变化。方程式(5S.26)最右边一项表明，当人均消费增长较慢时，人口增长速度更快。因为 $(1-\sigma^j)/\epsilon^j > 1$，所以人口增长的差异超过了消费增长的差异[见方程式(5S.11)]。

代际人均消费的增长等于生育后代的净成本的增长。后者与儿童生存概率的增长呈负相关，而与社会保障收益和对孩子的其他税收的增长呈正相关。据推测，更快的技术进步提高了人均消费的增长水平。因此，在技术进步较快、社会保障收益增长较快、儿童死亡率下降缓慢的开放经济体中，人口增长将相对较慢。

上述影响似乎与 20 世纪 50 年代末以来西方国家的低生育率的理解有关。在 20 世纪 70 年代中期以前，经济增长都极为迅速。具体而言，1950—1980 年包括美国在内的九个工业化国家，人均实际 GDP 的年增长率平均每年为 3.7％(Barro，1987，Ch.11)。到了 1950 年，西方国家的儿童死亡率已降至极低，并且很少再上升。而在过去四十年里，针对成年人的社会保障支出和其他转移支付大幅度增加。例如，1950—1982 年，美国和英国的人均实际社会保障支出分别每年增长了 7.5％和 5.0％(参见 Hemming，1984；

Bureau of the Census，1965，1984）。此外，直到 20 世纪 80 年代，国际实际利率一直保持在较低水平。在进行预期通货膨胀的调整之后，1948—1980年美国政府的短期实际利率年平均增长达到 1.8％（见 Barro，1987，Ch.7）。

所有这些因素都迫使生育率降低，特别是，因为这些因素的数值的微小变化会放大为生育率的较大变化。如果 20 世纪 80 年代实际利率的增长持续到 90 年代，社会保障和其他转移支付的增长速度更慢（这是必然趋势），从 20 世纪 80 年代开始的经济增长放缓情况依旧持续，那么未来十年里西方的生育率将会有所上升。

5S.5　生命周期与总消费

在本节中，我们将整个生命周期纳入模型，以比较生命周期内消费和代际消费的决定因素。我们还会说明总消费是如何与生命周期及代际消费联系在一起的。

我们忽略死亡年龄的不确定性，假设每人的寿命为 l。父亲在其 h 岁时拥有了所有的孩子，这里 h 的值决定了一代人的长度。在整个生命周期中，偏好随着 i 代人在年龄 j 时从消费 c_{ij} 中所得效用 $v_j(c_{ij})$ 的增加而增加。在整个生命周期中，这些当期效用被固定的时间偏好因子 δ 所折扣。因此，第 i 代终生生活的消费所产生的效用是：

$$v_i = \sum_{j=1}^{l} \delta^{j-1} v_j(c_{ij}) \tag{5S.27}$$

正如之前的分析，对每个孩子的利他主义程度与孩子的数量反向变化。具体而言，我们再次假设一个形式为 $\bar{\alpha}(n_i)^{-\epsilon}$ 的恒定弹性函数。这样，在代系效用函数中，与第 i 代效用对应的权重 A_i 为：

$$A_i = (\tilde{\alpha}\delta^h)^i (N_i)^{-\epsilon} = \alpha^i (N_i)^{-\epsilon} \tag{5S.28}$$

参数 α 包括了利他主义程度（$\tilde{\alpha}$）和时间偏好（δ^h）。

方程式（5S.27）中的生命周期效用只被时间偏好 δ 所折扣，而代系效用函数中的代际效用也被后代的利他主义程度 $\tilde{\alpha}$ 所折扣。即使完全理性的人不对未来打折扣（$\delta=1$），权重 A_i 也无需等于 1，因为理性人可能更偏好自己孩子的消费而非自己的消费；反之亦然。例如，在基因最大化的生物模型中，当父母只有一些基因与每个后代的基因相同时，他们更偏好自己的消费。代际效用——不是必要的生命周期效用——必须被折扣到处于稳定状态的代系效用范围内（即 $n_i=1$ 且对于所有的 i，k 而言，$c_{ij}=c_{kj}$）。

当以整个生命周期内代际资源为约束条件达到代系效用最大化时，一阶条件为整个生命周期内的消费和跨世代的套利关系提供了一般状态；后者与方程式（5S.12）基本相同。如果我们再次假设效用对消费的弹性是常数 σ，那么我们就可以明确地找到年龄和代际消费增长率的套利关系。如此，得到生命周期的套利条件为：

$$\frac{\gamma_{j+1}}{\gamma_j}\left(\frac{c_{ij}}{c_{i,\,j+1}}\right)^{1-\sigma}=\frac{1}{\delta(1+r)} \text{，对于所有的 } i,\,j \text{ 而言} \qquad (5S.29)$$

其中，γ_j 是在年龄 j 时分配给消费（c_{ij}^σ/σ）的效用权重（比如，对于年幼的孩子来说，γ 值相对较小）。代际条件是：

$$\left(\frac{c_{ij}}{c_{i+1,\,j}}\right)^{1-\sigma}=\frac{n_i^\varepsilon}{\alpha(1+r)^h} \text{，对于所有的 } i,\,j \text{ 而言} \qquad (5S.30)$$

方程式（5S.16）现在变成：

$$\left[(1-\varepsilon-\sigma)/\sigma\right]\bar{c}_i=(1+r)^h\beta_{i-1}-\overline{w}_i \quad \text{对于 } i=1,\,2,\,\cdots \text{而言}$$

$$(5S.31)$$

第 i 代人终生消费和收入的现值（$\bar{c}_i$ 及 $\overline{w}_i$）代替了方程式（5S.16）中成人时期的消费和收入。方程式（5S.31）意味着，在每个年龄段，代际人均消费增长率等于代际消费平均增长率。注意，每个子孙消费的均衡增长不取决于时间偏好 δ、利他主义程度 $\bar{\alpha}$ 或利率。相反，方程式（5S.29）表明，在整个生命周期中消费的增长并不取决于孩子的成本，而是以一般方法依赖于利益和时间偏好，因此，即使父母不是"自私的"（即 $\bar{\alpha}=1$），整个生命周期中的消费增长和代际增长相等也只是偶然现象。我们再次看到，代际再生的模型与不再生的具有无限生命个体的模型有着非常不同的含义。

第 i 代的生育率仍然由方程式（5S.17）给定，除了规定的 $\alpha=\bar{\alpha}\delta^h$ 外。生育率与利他主义的程度 $\bar{\alpha}$、时间偏好乘数 δ 和利率 r 都呈正相关。生育率也受到生育孩子的代际净成本增长的负面影响。请注意，父母对孩子消费的支出并不属于决定利他主义父母生育意愿的那部分支出，并且，孩子在父母授意下得到的收益与其独立选择时得到的收益之间不存在差异。[32]

在这两个时期人均消费的变化是不同年龄的个人变化的总和：

$$\frac{\Delta c_t}{c_t}=\sum_{j=0}^{l}\left|\left(\frac{c_{jt}}{c_t}\right)\Delta\theta_{jt}+v_{jt}\left(\frac{\Delta c_{jt}}{c_{jt}}\right)\right| \qquad (5S.32)$$

其中,c_t 是在时间 t 的人均消费,c_{jt} 是在时间 t 年龄为 j 的人的消费;$\theta_{jt} = N_{jt}/N_t$,N_{jt} 是在时间 t 年龄为 j 的人的数量,N_t 是总人数;$v_{jt} = \theta_{jt}c_{jt}/c_t$ 是年龄为 j 的人占总消费的比例;符号 Δ 表示两个时期之间的变化,同时我们假定所有特定年龄的人都是同质的。

方程式(5S.32)右边的第一项取决于人口的年龄分布随时间的变化。这一项在人口统计达到稳态时为零(即对于所有的 j,$\Delta\theta_{jt} = 0$)。人口学的基本定理指出,特定年龄的出生率和死亡率不变的密集型人口会趋向于接近人口统计稳态(参见,例如 Coale et al.,1983)。

方程式(5S.32)右边的第二项取决于代际消费的增长,后者则是由孩子成本的增长决定的。如果孩子的净成本以不变的增长率 g 进行增长,那么方程式(5S.32)意味着人均消费量的稳态也将以这个速度增长。因而,稳态人均消费增长率与时间偏好、利他主义程度和利率无关,仅取决于儿童成本的增长率。

许多人认为,当年龄分布不变时,人均消费随时间的变化与有限生命周期内的消费变化无关(参见 Modigliani,1986)。一些研究将典型个人模型化,好像这些个体能长生不老似的,以适应对总消费决定因素的生命周期解释,并用父母对孩子(Summer,1981,p.537)利他主义假设合理化这个过程。但是,我们不了解一些研究是如何基于生命周期模型,发现长期实际利率与人均消费的长期增长率之间存在密切关系的。

虽然利他主义可以合理化代系家庭的初代成员实际上拥有无限生命的假设,但内生生育率极大地改变了父母利他主义的含义。在我们的模型中,由于生育率完全吸收了时间偏好和长期实际利率等变量的影响作用,每个后代的稳态消费路径与这些变量都无关。因此,即使每个代系家庭都能真正长生不老,人均消费的长期变化也不会取决于长期实际利率或时间偏好。

本附录探究了父母的利他主义对孩子影响的意义:父母的效用取决于他们自己的消费、生育率和每个孩子的效用。对孩子的利他主义意味着一个家庭所有世代的福利通过代际效用函数建立了联系,这个函数有关于消费、生育率及后代数量。代系家庭初代人的行为是在代际资源的约束条件下实现代际效用的最大化,而这里的代际资源取决于初代人所继承的财富、养育子女的成本以及所有代人的收入。

效用最大化要求,多生育一个后代的边际收益与生育该后代的净成本相等。成本负相关于孩子的终身收入,正相关于育儿成本和对人力资本投资的成本。这个最优化条件意味着，每个后代的消费与生育一个后代的净成本之间存在正相关关系。

效用最大化也给出了代际消费的套利条件。在这个条件下，生育率（而不是每个后代消费的增长率）会对利率的变化和利他主义程度作出反应。如果养育子孙的成本不随时间而变化，那么生育率仅取决于利率（正向）、时间偏好乘数（正向）和利他主义程度（正向）。更一般的情况是，生育率也与代际净成本的增长负相关。

从第 i 代开始对孩子的永久性税收会降低第 i 代的生育率，因为相对于其他代的成本而言，税收提高了抚养孩子的成本。如果利率没有变化，那么第 i 代之后所有世代的生育率都不会再受影响，因为养育子女的成本在每一代人中都是同样的。同理，儿童死亡率的永久性下降最初会提高人口增长率，社会保障的永久性扩张最初会降低生育率；但是，如果利率不变，那么上述两种变化都不会对生育率产生永久性影响。

如果一个经济体与国际资本市场相联系，就会产生实际利率。我们认为，在这样一个开放经济中，生育率正相关于世界的长期实际利率，负相关于该经济中的技术进步速度和转移支付的增长率。我们推测这一分析可以帮助理解自 20 世纪 50 年代中期以来西方国家生育率的下降。

在我们的模型中，整个生命周期内的消费变化率以一定标准依赖于利率和时间偏好，而一代人时间内的人均消费变化率却并不取决于利率或时间偏好。因此，在一个稳态经济中，人均消费随时间的变化率与长期利率无关。

我们的分析忽视了不确定性、婚姻和出生间隔。尤为重要的一个观点是，父母与孩子通过有效的代际转移建立了连接。不过，一个高度简化的代系家庭行为模型似乎也能捕捉到有关生育和长期消费行为等的一些重要方面。如果确实如此，那么我们可能就需要采取新的方法来分析生育率、人口增长和消费的趋势及长期波动了。

注 释

① 达尔文（Darwin，1958，pp.42—43）写道：1838 年 10 月，也就是说，在我开始系统研究 15 个月后，我偶然为了消遣而读了马尔萨斯的《人口论》，由于长期观察动物和植物的习惯，我很好地了解了生物为生存而挣扎的情况，我

立刻意识到,在这种情况下,有利的变异往往会得到保存,而不利的变异往往会遭到破坏。最终结果将是新物种的形成。于是,我终于有了一个可以行得通的理论。

阿尔弗雷德·R.华莱士(Alfred R. Wallace, 1905, p.361),自然选择理论的共同发现者,也声称自己受到了马尔萨斯的影响。

② 参见 Makhija(1978)、Singh 等人(1978)。亚当·斯密谈到殖民时期的美国时说:"在那里,劳动得到了非常好的回报,一个孩子众多的家庭不仅不是负担,反而是父母财富和繁荣的来源。据计算,每个孩子在他们离家之前所提供的劳动,对他们来说值一百英镑的净收益"(1937, pp.70—71)。最近一项关于美国农场儿童贡献的研究,可参见 Rosenzweig(1977)。

③ 印度农村和巴西的学校教育与农业劳动之间的替代关系由 Makhija(1978)和 Singh 等人(1978)进行分析。义务教育法也可能有助于增加农场孩子的入学率(参见 Landes and Salmon, 1972)。

④ 例如,在 1966 年和 1974 年,加利福尼亚州每 1 000 名年龄在 15—44 岁的未婚妇女中,白人妇女的非婚生子女出生率分别为 18% 和 19%,黑人妇女的非婚生子女分别为 69% 和 66%(Berkov and Sklar, 1976)。

⑤ 关于这个公式的早期推导,可参见 Becker(1956);关于这个公式的广泛讨论,可参见 Sheps 和 Menken(1973)。

⑥ 从方程式(5.5)和 288 个月内大约 11 次出生的结果,我们可以推断出 $C+S=26$ 个月。如果 S,即怀孕期间和怀孕后的不孕时间,大约是 17 个月(Menken and Bongaarts, 1978),那么 C 大约是 9 个月。f 下降 10% 会使 C 上升 10% 到约 10 个月,母乳喂养时间延长 3 个月会使 S 延长约 2 个月。然后($C+S$)将从 26 个月增加到 29 个月。此外,如果婚姻推迟到 23 岁,那么 E 减少到 252 个月。因此 $n'=252/29\cong8.7$。

避孕中断可将受孕的概率降低 90% 以上(Michael, 1973)。如果在交配的一半时间内使用,则有:

$$C''=\frac{1}{p\dfrac{(0.9f)}{2}+0.1p\dfrac{(0.9f)}{2}}=2\left(\frac{1}{fp}\right)=2C\cong18$$

那么有 $n''=252/(18+20)=6.6$。

⑦ 如果($C+S$)不受 E 下降的影响,从 20 岁到 22 岁结婚年龄的增长——E 从 288 下降到 264——总是使 n 减少 8.3%。然而,f 下降的效果取决于 C 与 S 的比例。例如,如果 $S=17$ 和 $C=9(n=11)$,f 下降 10% 只会使 n 下降 3%,而如果 $S=17$ 和 $C=127(n=2)$,f 下降 10% 会使 n 下降 8%。

⑧ 虽然可靠的史料证据明显不足,但显然,在 20 世纪 60 年代的美国,交配频率有所上升,而出生率迅速下降(Westoff, 1974)。

⑨ 方程式(5.7)可以写为：

$$(p_cn)q+(p_cq)n+\pi_zZ=I+p_cnq\equiv R$$

或者

$$\pi_qq+\pi_nn+\pi_zZ=R$$

⑩ 证明见 Becker 和 Lewis(1973)以及 Tomes(1978)。更一般地，只有当 n 和 q 都会被消费时，下式才成立：

$$\sigma_{nq}<\frac{1-k_z\sigma_z}{1-k_z}$$

其中 σ_{nq} 是 n 和 q 之间的替代弹性，σ_z 是 Z 和 n 以及 Z 和 q 之间的替代弹性，k_z 是 R 中 Z 的份额。因此，如果 $\sigma_z\geqslant1$，则 $\sigma_{nq}<1$，并且最大可能的 σ_{nq} 与 σ_z 是负相关关系。也就是说，如果其他消费品是孩子的近似替代品，那么孩子的数量和质量就不能是近似替代品。

⑪ 如果 $p_cnq=S'$，那么：

$$p_cn+p_cq(dn/dp)=dS'=0$$

且

$$p_c(dn/dq)+p_c(dn/dq)+p_cq(d^2n/dq^2)=0$$

或者

$$d^2n/dq^2=(-2dn/dq)/q>0$$

⑫ 我并没有充分认识到数量与质量之间的相互作用在我关于生育率的第一篇论文中的重要性。我声称经济学理论对价格与数量之间的定量关系几乎没有"什么可说的"。虽然孩子没有很好的替代品，但可能有很多较差的替代品(Becker，1960，p.215)。

⑬ 参见 Becker and Lewis，1973，Eq.(A.19)。感谢 H.格雷格·刘易斯纠正了我之前计算中的一个错误。

⑭ 例如，在 19 世纪后半叶和 20 世纪初，意大利和德国(普鲁士)的城市生育率相对于农村生育率有所下降(Knodel，1974，Table 3.2；Livi-Bacci，1977，Table 3.8)。

⑮ 见 Makhija(1978)关于印度农村的研究，Singh 等人(1978)关于巴西农村的研究，Castañeda(1979)关于哥伦比亚城市的研究，Gomez(1980)关于墨西哥的研究，Barichello(1979)关于加拿大的研究，以及 Tomes(1978)、De Tray(1978)和 Rosenzweig 与 Wolpin(1980)关于美国的研究。Makhija(1978)和 Castañeda(1979)发现，数量对质量的影响为正或零。

⑯ Scrimshaw(1978)对表明父母控制的大量证据进行了精辟的评述。此外，请注意，18 世纪欧洲占统治地位的家庭所生的孩子有三分之二活到 15 岁，而维也纳普通人所生的孩子只有三分之一活到 15 岁(Peller，1945，p.94)；

1931 年,印度收入相对较高的帕西人出生时的预期寿命为 53 岁,而普通人则为 32 岁(United Nations,1953,p.63)。另见 Gomes(1980)关于近几十年墨西哥内源性死亡率的文章。

⑰ 第 6 章和第 11 章分析了公共资源和其他资源的变化对父母努力的影响,Scrimshaw(1978,pp.391,395)提供了父母对公共卫生计划反应的经验证据。

⑱ 参见第 6 章的讨论以及 Sheshinski 和 Weiss(1982)、Behrman 等人(1982)的观点。

⑲ 时间一致性意味着每一代都会受到上一代生育和消费决策的影响。请注意,时间一致性并没有排除父母与孩子之间的冲突,因为孩子们可能想得到比父母愿意留下的更多的遗产。我们对凯文·墨菲在讨论代系效用函数的性质方面所给予的帮助表示感谢。

⑳ Abel(1986)通过假设父母的效用是儿童效用的凹函数而不是线性函数来扩展我们的分析。他的公式化相当于假设未来几代的消费以一种特殊的非加性方式进入代系效用函数。

㉑ 劳动-休闲选择很容易被纳入其中,包括休闲和消费在 v 函数中,并考虑一个"全额收入"预算方程(见 Tamura,1985)。

㉒ 庞氏游戏——其中债务永远增长得和利率一样快(或超过利率),被一个假设所排除,即债务的现值必须趋近于零。如果所有的资本存量都是正数,那么显然父母留给孩子的遗产也是正数。

㉓ 我们假设代系始祖可以选择整个时间路径。然而,由于目标函数在时间上是一致的,子孙后代面临同样形式的问题,他们没有动力偏离最初的选择。

㉔ 二级条件是 $\varepsilon+(1-\varepsilon)\,vv''/(v')^2<0$(参见 Becker and Barro,1986,Appendix)。如果 $\sigma(c_i)$ 是常数 σ,那么这个条件简化为 $(\sigma+\varepsilon)<1$,这是表达式(5S.11)。我们假设效用函数和预算约束参数导致效用水平为正数。对于 β、w、r、c 和 n 等常数值处于稳定状态的情况,这一结果需要满足 $(1+r)>n$ 的条件,这是利率超过人口增长率的必要条件。从方程式(5S.12)和方程式(5S.9)可以看出,常数 c 意味着 $n=[\alpha(1+r)]^{1/\varepsilon}$,因此 $(1+r)>n$ 要求 $(1+r)^{1-\varepsilon}<1/\alpha$。因此,如果利率过高,效用将是无界的。当 r 足够大时,n 超过 $(1+r)$ 的原因是 $(1+r)$ 的增加比 n 的增加得更多。封闭经济限制了 r 的稳态值在 $(1+r)>n$ 的区域(参见 Barro and Becker,1985)。

㉕ 代际预算方程是从每个时期的约束条件算起,如方程式(5S.8)所示,只要满足横截性条件:未来的资本存量现值趋于零。我们还使用了上述注释㉒所讨论的借款约束。

㉖ 在 C_i 不变的情况下,区分方程式(5S.10)中相对于 N_i 的相应项。排除系数 $\alpha^i(N_i)^{-\varepsilon}$ 之外,结果就是方程式(5S.13)的左侧部分。

㉗ 如果养育一个孩子的成本 A 随 n_i 的增加而增加,那么与孩子数量优化相关的一阶条件[即方程式(5S.13)的修正形式]就意味着通常的投资-需求演算。对于给定的 c 值,r 的增加意味着 n 的较低值满足这一一阶条件(在稳定状态下)。然而,由于 c_i 在稳定状态下是恒定的——或者更一般地说,如果 $v(\cdot)$ 是同调的,并且 c_i 在稳定状态下以外生率增长,方程式(5S.12)中的消费套利条件仍然意味着 r 和 n 之间存在正的稳态关系。r 的增加意味着 c 的增加足够多,使得 n 的增加与向下倾斜的投资需求函数一致(对于给定的 c)。如果父母以 $v(c_i, n_i)$ 的形式从孩子那里获得直接的服务价值,那么这些结果将不会有太大变化。类似于方程式(5S.12)的一阶条件仍然确保了 r 和 n 在稳态下呈正相关。只要父母和孩子无私地联系在一起,这个结果就会随之而来。

㉘ Uzawa(1968)以及 Epstein 和 Hynes(1983)也开发了时间偏好率可变的模型。在他们的模型中,利率取决于未来的消费水平。与具有恒定时间偏好的模型相比,即使利率恒定,他们的模型通常也会产生稳态的消费水平。

㉙ 如果一个孩子的边际成本随着孩子数量的增加而增加,那么当死亡率永久下降时,生育率会增加一代以上。然而,最终对幸存儿童的需求会恢复到以前的水平。

㉚ 更一般地说,我们需要社会保障支出总额的增长速度比利率慢,即 $n_i s_{i+1}/s_i < 1+r_{i+1}$。

㉛ 关于社会保障对生育率的初步影响的讨论,请参见 Becker 和 Tomes(1976,Note 15)、Wildasin(1986)以及 Willis(1986)。

㉜ 关于儿童成本的经验研究通常包括到特定年龄为止的所有消费支出,例如 18 岁,减去他们到那个年龄的收入(参见 Espsenshade, 1984),并没有太多研究讨论为什么这是在研究儿童需求时合适的措施。

家庭背景和孩子的机遇

第 5 章阐明了对孩子的支出取决于父母的收入和偏好、孩子的数量以及孩子的质量成本。孩子的福利取决于对孩子的支出、家庭的声望和社会关系、孩子所继承的遗传基因，以及通过成为特定家庭文化中一员所吸收的价值和技能。来自成功家庭的孩子更有可能凭借上一代花在他们身上的额外时间，以及他们优秀的文化和基因禀赋来获得成功。

本章将系统地分析家庭支出和孩子个人的禀赋对其收入的影响。我们首先用一个简单的模型将孩子的收入与其父母的收入和禀赋、好或坏的运气及其他变量等联系起来，再将人力资本投资与非人力资本的遗赠和赠与区分开来。由于人力资本必须是自筹资金，其回报率对禀赋和其他个人变量更为敏感。

即使是同父同母的孩子，他们的收入往往也大不相同，因为他们的运气不同，而且父母投资的构成和水平取决于孩子的能力、障碍、性别和其他特征。本章我们会讨论被忽略的兄弟姐妹之间不平等的问题，重点讨论父母是否重男轻女，以及父母是否扩大或缩小了能力较高的孩子和能力较低的孩子之间的差异。

本章将考虑禀赋对孩子数量和质量之间相互作用的影响，并且我们将发现禀赋的增加会减少对每个孩子的花费并增加孩子的数量。我们将解释在拥有相同的偏好、收入和价格的条件下，为什么来自富裕家庭的人拥有更少的孩子，以及为什么有许多兄弟姐妹的人看起来比其他人拥有更多的孩子。

6.1 收入的确定

假定每个人能活两"代"：在第一代里他是一个孩子，他的父母将时间和其他资源投入养育其直到成人的过程中；在第二代里他是一个成年人，他创造收入、进行消费并对自己的孩子进行投资。假设父母的效用取决于他们自己的消费和其子女的质量，而孩子的质量用成年人的财富来衡量。这里的财富则不同于上一章中关于孩子的支出，因为一些支出提高了孩子的消费而不是成年人的财产，而财产则部分地由禀赋和其他因素决定。按这种方法计算的孩子的质量与孩子的成年效用不同，后者可能取决于他们自己的孩子的质量；正如我们将在第 7 章数学附录的条目 H 中看到的那样。

第 t 代父母的效用函数是：

$$U_t = U(Z_t, I_{t+1}) \tag{6.1}$$

其中，Z_t 是父母的消费，I_{t+1} 是他们下一代孩子成人时的财富水平。我们暂时通过假设父母只有一个孩子来忽略孩子的数量和质量之间的相互作用，并通过假设所有资本都是同质的来忽略人力资本和非人力资本所造成的不同影响。如果 y_t 是对每个孩子的投资，π_t 是每单位 y_t 获得的消费量（Z_t），那么父母的预算方程将是：

$$Z_t + \pi_t y_t = I_t \tag{6.2}$$

其中，I_t 是父母的财产。如果第（$t+1$）代中每单位资本的价值为 w_{t+1}，则第 t 代的投资回报率由方程式（6.3）定义：

$$\pi_t y_t = \frac{w_{t+1} y_t}{1 + r_t} \tag{6.3}$$

其中，r_t 是每代人的收益率，每代可能是二十年或更多年。

孩子的总资本等于投资于孩子的资本、孩子的禀赋 e_{t+1}，以及由于市场部门的运气而得到的"资本收益"的总和 u_{t+1}。由于所有资本都是同质的，孩子的财产等于：

$$I_{t+1} = w_{t+1}y_t + w_{t+1}e_{t+1} + w_{t+1}u_{t+1} \qquad (6.4)$$

在第 7 章之前,我们都暂时忽略政府税收,因此不需要区分税前财产和税后财产。由于财产可以被转化为"永久性"的收入来源,因此我将 Z_t 和 I_t 作为一代人消费和收入的固定流量,① 虽然我的基本分析更直接地适用于财产和流量的现值。

如果把方程式(6.3)与方程式(6.2)代入方程式(6.2),那么把 Z_t 和 I_t 两个变量放入效用函数,就可以得到预算约束:

$$Z_t + \frac{I_{t+1}}{1+r_t} = I_t + \frac{w_{t+1}e_{t+1}}{1+r_t} + \frac{w_{t+1}u_{t+1}}{1+r_t} = S_t \qquad (6.5)$$

父母的消费和孩子的收入不仅取决于父母的收入,还取决于禀赋和孩子运气的贴现价值。这些价值的总和用 S_t 表示,可以称为"家庭收入"。②

父母要最大化在其对家庭收入的期望的约束条件下关于 Z_t 和 I_t 的效用。如果他们能正确地预测他们孩子的禀赋和市场运气,那么由方程式(6.5)给出的均衡条件为:

$$\frac{\partial U}{\partial Z_t} \Big/ \frac{\partial U}{\partial I_{t+1}} = 1 + r_t \qquad (6.6)$$

如果假定效用函数是同质的,那么 Z_t 和 I_{t+1} 都有单一的家庭收入弹性,这些均衡条件决定了 Z_t 和 I_{t+1} 的需求函数,并且 y_t 相对于 S_t 是线性的:

$$\frac{I_{t+1}}{1+r_t} = \alpha(\delta, 1+r)S_t$$

$$Z_t = (1-\alpha)S_t \qquad (6.7)$$

并且 $\quad \frac{1}{1+r_t}w_{t+1}y_t = \alpha S_t - \frac{1}{1+r_t}w_{t+1}e_{t+1} - \frac{1}{1+r_t}w_{t+1}u_{t+1}$

参数 δ 衡量孩子的收入对其自身消费的偏好,$\partial\alpha/\partial(1+r) \gtreqless 0$ 是效用函数中 Z_t 和 I_{t+1} 之间的替代弹性,其值可能大于 1、等于 1 或小于 1。

由方程式(6.6)给出的均衡条件假定收益率与对孩子的投资量无关,并且假定父母可以通过让子女偿还债务来获得超过自身收入的消费。在人力资本与非人力资本被区分开来之前,一直保留使用这两个假定。

通过将家庭收入的界定代入方程式(6.7),孩子的收入生成等式可写为:

$$I_{t+1} = \alpha(1+r_t)I_t + \alpha w_{t+1}e_{t+1} + \alpha w_{t+1}u_{t+1}$$

$$= \beta_t I_t + \alpha w_{t+1} e_{t+1} + \alpha w_{t+1} u_{t+1} \tag{6.8}$$

其中，$\beta_t = \alpha(1+r_t)$，且有：

$$w_{t+1} y_t = \beta_t I_t - (1-\alpha) w_{t+1} e_{t+1} - (1-\alpha) w_{t+1} u_{t+1} \tag{6.8'}$$

如果父母正确预期孩子的运气与禀赋，那么这两者中任意一个的增加都不会以相等的数额增加孩子的收入，因为父母可以通过减少对孩子的投资把部分增加用于自己的消费，我们可以从 y_t 对 e_{t+1}（或 u_{t+1}）的负相关关系中看到这一点。方程式(6.8)中 I_{t+1} 与 e_{t+1}（及 u_{t+1}）之间的均衡关系取决于 α，即在孩子身上花费的 S_t 的比例。方程式(6.8)同时表明，I_{t+1} 通过 β_t 与 I_t 建立了联系，β_t 可以被称为"对孩子投资的嗜好"。这种嗜好将父母的收入和孩子的收入联系起来，并且它将会是下一章分析不平等和代际流动的重要组成部分之一。

禀赋的概念是本章分析的基础。假设孩子获得的禀赋由下列因素决定：家庭声誉和家庭"关系"，父母的遗传基因构成孩子能力、种族和其他特征的贡献，以及通过特定的家庭文化而获得的学识、技能和目标。显然，禀赋还受父母、祖父母和其他家庭成员性格的影响，也可能受其他家庭成员自身"修养"的影响。

一个线性的禀赋生成方程可以写为：

$$e_{t+1}^c = \sum_{j=0}^m f_j \bar{e}_{t-j} + h_p e_t^p + \sum_{k \in f} \sum_{j=0}^m h_{jk} e_{t-j}^k + q_p^c + \sum_{k \in f} q_k^c + v_{t+1} \tag{6.9}$$

其中，e_{t+1}^c 是其父母禀赋等于 e_t^p 的孩子的禀赋，e_{t-j}^k 是第 $(t-j)$ 代家庭的第 k 个家庭成员的禀赋，h_p 与 h_{jk} 分别代表转移给（"继承"）孩子的占比 e_t^p 与 e_{t-j}^k 的部分，$\bar{e}_{t-j}$ 是第 $(t-j)$ 代人的平均禀赋，$(f_j \bar{e}_{t-j})$ 项是融合 $(t-j)$ 代中所有家庭的文化或社会资本之影响的一种简单方式。[关于沿着这些途径进行文化资本转移的范式，参见 Cavalli-Sforza 和 Feldman(1973)]。q_p^c 与 $\sum q_k^c$ 两项分别代表父母和所有其他家庭成员的支出，这些支出直接提高了孩子的禀赋。v_{t+1} 是孩子禀赋的随机决定因素。通过把方程式(6.9)代入方程式(6.8)，我们会发现，孩子的收入越大，父母的收入和投资嗜好就越大，父母和其他家庭成员的禀赋以及所继承的禀赋就越多，家庭不同成员对孩子禀赋的支出也就越多。

在禀赋上的支出直接（通过 q_p^c 与 $\sum q_k^c$）和间接（作为 h_p 与 h_{jk} 的决定因

素)地进入禀赋生成方程。这些支出不同于其他对孩子的支出(y_t),主要原因在于后者是"私人资本",只有其接受者才会受益,而对禀赋的支出则是使所有成员都受益的"家庭资本";也就是说,只有父母才愿意为 y_t 作出贡献,因为我们已经假定父母直接关心的是孩子的福利,而叔叔、阿姨、表亲等其他亲戚可能愿意对禀赋作出贡献,因为这些禀赋的外部效应有益于所有的家庭成员。

但是,由于每个人都有可能试图对其他人的禀赋支出"搭便车",故而有必要引导这些亲属贡献其适当的份额。幸运的是,对家庭资本的最优投资比对公共产品的最优投资更容易实现(Samuelson,1955),因为家庭中的其他成员都知晓家庭资本对每个成员的价值。此外,家庭往往会任命一名"当家人",用来负责协调对家庭资本和其他家庭项目的支出。③

孩子的禀赋与父母的禀赋的关系比与其他亲属的禀赋的关系更密切($h_p > h_{jk}$)。尽管在一些早期的家庭群体中,祖父母、叔叔、阿姨甚至曾祖父母具有几乎同样大的影响力,但父母与孩子的联系在遗传方面和在环境方面都是最为密切的。现代核心家庭与过去规模更大的家庭之间的差异表明,继承能力并非严格地取决于生理和文化进程的固有性质,而是部分地受到家庭的控制。

父母可以通过监督孩子的成长、训练,指导孩子对职业、婚姻和其他事情的选择,以确保孩子的行为符合其父母、祖父母、叔叔、阿姨和其他亲属的社会地位,从而提高孩子对禀赋的继承能力。如果外人评估个人的技能和其他特征时,无法直接获得信息而必须很大程度地依赖家庭背景时,该家庭就会有更多的动力对孩子的监督作出高昂投入(参见第 10 章和第 11 章)。父母以外的亲戚也愿意为此作出贡献,因为当侄女或侄子提高家族声誉时,他们自己及其亲属都会因此而受益。

在过去几个世纪中,考试、强制性契约和其他直接评估技能、可信度、其他特征以及误差率等方法的出现与发展,使得依据家庭背景评估个人信息的方式逐渐被淘汰。由于现在祖父母、叔叔和阿姨等人对年轻亲戚的禀赋进行投资的积极性较小,所以这些亲戚的重要性逐渐下降也就不足为奇了。

孩子的特殊能力、动力或障碍往往会在对孩子进行投资以前先暴露出来,因此家庭可以据此对其子女的禀赋运气[方程式(6.9)中的 v_{t+1}]进行完全预测。然而,孩子的市场运气取决于生产可能性、商品价格和生产要素价格的波动,这些因素通常只有在孩子接受教育和大部分其他培训并进入劳动力队伍之后才会显现出来。家庭往往要经过对孩子进行大量投资以后，才能深知孩子的市场运气。

如果家庭能够对孩子的禀赋运气而不是孩子的市场运气进行完全预期，且父母不关心风险[④]并使效用函数最大化，效用函数取决于他们自己的消费和对孩子的预期收入，那么孩子的均衡预期收入将与家庭的预期收入成正比：

$$E_t(I_{t+1}) = \beta_t E_t(S_t) = \beta_t I_t + \alpha w_{t+1} e_{t+1}$$

因此：

$$I_{t+1} = \beta_t I_t + \alpha w_{t+1} e_{t+1} + w_{t+1} u_{t+1} \tag{6.8}$$

并且

$$w_{t+1} y_t = \beta_t I_t - (1-\alpha) w_{t+1} e_{t+1} \tag{6.8$'$}$$

其中，E_t 代表在时间点 t 基于所获得的信息作出的预期。方程式(6.8)和方程式$\overline{(6.8)}$的唯一区别在于市场运气的系数。如果运气无法预期，那么投资的增加无法抵消部分霉运，减少投资也不能抵消部分好运。因此，市场运气的系数将从方程式(6.8)中 I_{t+1} 的 α 提高到方程式$\overline{(6.8)}$中的1，从方程式(6.8$'$)中 y_t 的 $-(1-\alpha)$ 提高到方程式$\overline{(6.8$'$)}$的0。

6.2　人力资本与非人力资本

一个恒定的对孩子的投资回报率可以视为一个不算好的非人力资本的初步近似值。它是由有效市场决定的，并且基本上与投资者的个人特征没有太大关系。但是，人力资本回报率则显著受到孩子的性别、种族、能力、年龄、时间分配、社会背景以及其他许多特征的影响。此外，由于不是良好的附属贷款抵押品，人力资本的投资通常由父母提供资金（或自筹资金）；因此，每个人对人力资本的投资都是独立存在的市场，而并非一个唯一的有效市场。

保持每个人的非人力资本回报率相同的假设，现在我们假设人力资本回报率随着投资的人数增多而下降（我们将简单地考虑依赖于个人和家庭特征的利率）。即使是不太依附孩子的家庭，也通常会在子女的营养、住所和其他人力资本(而不是在子女的非人力资本)上有数额不小的投资(否则他们将无法生存)。故人力资本的小额投资回报率可能高于非人力资本的回报率。

对子女投资很少的家庭会把投资完全放在人力资本上。人力资本的边际回报率随着投资的增加而下降,最终会等于非人力资本的固定回报率。更多的投资将被投到非人力资本中,使非人力资本的恒定回报率超过人力资本的边际回报率。

如果我们继续假设人力资本完全由父母投资,并且父母对禀赋(家庭资本)没有进行任何投资,那么我们的分析表明,对于其父母只投资于人力资本的孩子而言,他们的收入生成函数是:

$$I_{t+1} = \alpha(1+r_t^h)I_t + \alpha w_{t+1}(e_{t+1}+u_{t+1})$$
$$\text{和} \quad w_{t+1}y_t^h = \alpha(1+r_t^h)I_t - (1-\alpha)w_{t+1}(e_{t+1}+u_{t+1}) \tag{6.10}$$

其中,r_t^h 是人力资本投资 y_t^h 的平均回报率。显然 $dr_t^h/dy_t^h < 0$ 且 $r_t^h > r_t^n$,这里的 r_t^n 是非人力资本的市场回报率。由于 r_t^h 随着 I_t 的增加而减少,y_t^h 随着 I_t 的增加而增加,因而方程式(6.10)在父母的收益方面并不呈线性关系。

对于其父母既投资于人力资本,也投资于非人力资本的孩子而言,他们的收入生成方程是:

$$I_{t+1} = \alpha(1+r_t^h)I_t + \alpha w_{t+1}(e_{t+1}+u_{t+1}) + \alpha w_{t+1}\bar{y}_t^h \frac{(\bar{r}_t^h - r_t^n)}{1+\bar{r}_t^h} \tag{6.11}$$

其中,$\bar{r}_t^h$ 是人力资本投资额为 $\bar{y}_t^h$ 时的人力资本平均回报率,两种资本的边际回报率都是 r_t^n。由于边际资本就是在恒定回报率为 r_t^n 时的非人力资本,所以这个收入生成方程式在 I_t 处是线性的。

一个家庭是否"富有",可以通过它是否对孩子进行人力资本和非人力资本投资来定义。定义的分界线在于父母的偏好、非人力资本的回报率、人力资本回报率与投资额度之间的关系,以及父母收入与子女禀赋之间的相关性。尽管美国所有家庭实际上对孩子的健康、教育和其他人力资本都有投资,但据 Blinder(1973)的估计,只有不到40%的父母会同时对孩子的非人力资本进行充分投资。

"继承"一词通常局限于非人力资本的赠与和遗赠,从分析上讲,更令人满意的概念还应包括对孩子人力资本的投资。图 6.1 绘制了本节所分析的人力资本、非人力资本的继承与父母收入之间的关系。当父母的收入超过 I^r 时,孩子会继承非人力资本和人力资本;反之,当父母的收入低于 I^r 时,孩子只继承人力资本。此外,对人力资本的继承与超过 I^r 的收入无关,但与低于 I^r 的收入密切相关。然而,对非人力资本的继承与低于 I^r 的收入无关,但与超过 I^r 的收入密切相关。来自美国的经验性证据与上述结论基本一致:在没有继承非人力资本时,孩子的教育与父母收入之间的关系比继承人力资本后更为密切(Tomes,1979),贫困家庭的孩子比富裕家庭的孩子的收入差距更大。而与我们的常识一致的是,较富裕家庭的孩子在继承上的差距远大于贫穷家庭的孩子。

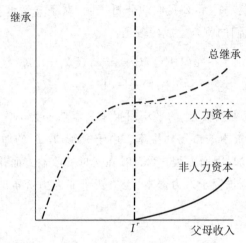

图 6.1　对人力资本和非人力资本的继承与父母的收入之间的关系
注:当父母开始对非人力资本进行投资时,I^r 代表收入。

　　在贫穷家庭中,对孩子人力资本投资的边际回报率超过了非人力资本的市场回报率,因为贫困家庭更难以通过借贷的方式来增加对孩子的投资。增加贫困家庭进入资本市场可能性的公共(或私人)政策[可能是一种贷款计划,用于资助与所得税制度相关的还款教育和其他培训(Friedman,1955;Shell et al.,1968)],将提高社会对人力资本投资的效率,同时能使机会均等并减少不平等(Becker,1967,1975)。在下一章中我们会对这些政策与累进所得税的作用进行比较分析。

6.3　孩子之间差异的补偿与强化

　　虽然父母有时会以不同的方式对待自己的孩子——例如,在长子继承制下,长子继承全部不动产,而女孩的受教育程度往往比男孩少——但兄弟姐妹们可能并不"喜欢"这些待遇较好的孩子。为了论证这一点,同时也为了区分偏好与机遇,我们假设父母对他们的所有孩子都是中立的。也就是说,如果他们的效用函数是:

$$U_t = U(Z_t, I_{t+1}^1, I_{t+1}^2, \cdots, I_{t+1}^n) \tag{6.12}$$

其中,I_{t+1}^i 是第 i 个孩子的成年收入,孩子的数量(n)是给定的,I_{t+1}^i 与 I_{t+1}^j 的边际替代率在 $I_{t+1}^i > I_{t+1}^j$ 时小于 1,在 $I_{t+1}^i = I_{t+1}^j$ 时等于 1:

$$\frac{\partial U}{\partial I_{t+1}^i} \bigg/ \frac{\partial U}{\partial I_{t+1}^j} \lesseqgtr 1,\ \text{当}\ I_{t+1}^i \gtreqless I_{t+1}^j\ \text{时} \tag{6.13}$$

显然,所谓中立的父母也偏爱他们运气欠佳的孩子,而不管这些孩子的性别、出生次序或其他特征如何,这是因为从低收入的孩子那里得到的边际效用总是超过从高收入的孩子那里得到的边际效用。

如果 r_t^i 是对第 i 个孩子额外投资的回报率,那么当方程式(6.14)成立时,效用达到最大化:

$$\frac{\partial U}{\partial I_{t+1}^i} \bigg/ \frac{\partial U}{\partial I_{t+1}^j} = \frac{1 + r_t^j}{1 + r_t^i} \tag{6.14}$$

方程式(6.13)与方程式(6.14)共同说明,当且仅当第 i 个孩子的边际回报率大于其他孩子的边际回报率时,这个孩子的均衡收入会大于其他孩子的收入。

即使是同一父母的孩子,他们在出生时也有不同的缺点和能力,并且在与环境相互作用时会有不同的机遇、运气和其他经历。规范来说,在方程式(6.8)和方程式(6.9)中,他们有不同的市场运气(u)、禀赋运气(v)。中立的父母会通过对禀赋与运气更好的孩子投资更多以加剧孩子之间的差异,还是会对运气欠佳的孩子进行补偿?如果父母同时投资于孩子的非人力资本和人力资本,那么所有孩子的边际回报率都是相同的,并将等于非人力资本投资的市场回报率。方程式(6.13)和方程式(6.14)意味着,所有孩子的收入也是一样的,因为中立的父母会完全补偿他们运气欠佳的孩子。

能力较高的孩子的人力资本回报率可能会较高,因为他们能从额外的人力资本中获益更多:

$$\text{如果,}\ r_t^{*h} = f(y_t^h, e_{t+1}),\ \text{那么}\ \frac{\partial f}{\partial y_t^h} < 0,\ \frac{\partial f}{\partial e_{t+1}} > 0 \tag{6.15}$$

其中，r^{*h}是人力资本的边际回报率。由于当父母对两种资本都进行投资时，r^{*h}必须等于r^n（非人力资本的市场利率），所以额外的人力资本将投资于禀赋较好的孩子，从而将他们的边际回报率降低至其他孩子的较低回报率水平上：若$e^i_{t+1}>e^j_{t+1}$，则$r^{*h_i}_t=r^{*h_j}_t=r^n_t$，定有$y^{h_i}_t>y^{h_j}_t$。人力资本投资对禀赋差异的扩大，使得收入的差异将超过禀赋的差异；但是收入趋向于均等，因为非人力资本的投资完全抵消了禀赋和人力资本的差异。

用代数表示，如果：

$$\left.\begin{array}{c}I^i_{t+1}\equiv w_{t+1}(e^i_{t+1}+u^i_{t+1})+w_{t+1}y^{h_i}_t+w_{t+1}y^{n_i}_t=I^j_{t+1}\\ \text{其中，}I^j_{t+1}\equiv w_{t+1}(e^j_{t+1}+u^j_{t+1})+w_{t+1}y^{h_j}_t+w_{t+1}y^{n_j}_t\end{array}\right\}\quad(6.16)$$

那么：

$$y^{n_i}_t-y^{n_j}_t=(e^i_{t+1}+e^j_{t+1})+(y^{h_i}_t-y^{h_j}_t)+(u^i_{t+1}-u^j_{t+1})\quad(6.17)$$

方程式（6.17）左边给出的非人力资本差异，完全抵消了方程式（6.17）右边给出的禀赋和人力资本差异。

对于只投资于孩子的人力资本的贫穷家庭来说，结论更加不确定。如果对每个孩子的投入都是相同的，那么禀赋较高的孩子的边际回报率会更高，而禀赋较差的孩子的边际效用也会更高。只有当回报率的差异超过方程式（6.14）中所定义的边际效用的差异时，父母才会将更多的人力资本投资于禀赋更好的孩子。在相对贫穷的家庭中，公平和效率之间存在着矛盾。只有在效率重于公平时，父母才会对更有天资的孩子进行投资。因此，贫穷家庭里的兄弟姐妹之间的收入差距往往会比富裕家庭小，但同时贫穷家庭的总收入差距会更大一些。

当更有能力的孩子是利他主义者并且关心其兄弟姐妹的福利时，效率和公平之间的冲突就会减少，我们将在第8章中具体讨论这一情形。此外，由于更有能力的孩子长大成人后会自愿把资源转移给其兄弟姐妹，故而较贫穷的家庭也可以在不牺牲其他孩子的利益的情况下，通过对更有能力的孩子进行更多的人力资本投资来实现高效率。即使更有能力的孩子不是利他主义者，贫穷的家庭也可以通过法律制度或社会规范来强制他们"同意"照顾其他兄弟姐妹，并以此对他们投入更多的人力资本。

因此，我们推断，较贫穷的家庭也会将更多的人力资本投入到更有能力的孩子身上，尽管这样的关系比在富裕家庭中要弱。美国的经验性证据表明，能力较强的孩子在其兄弟姐妹中受教育的程度更高、收入更高，在富裕的家庭中更为明显(Griliches，1979；Tomes，1980a)。

在为所有孩子贡献非人力资本的(更富裕的)家庭中，对人力资本的投资数额仅取决于孩子自身的特性，并不直接依赖于其兄弟姐妹的数量或能力。不过，当其兄弟姐妹的能力更强时，他们获得的非人力资本的赠与和遗赠更多，因为非人力资本总是补偿性的。在较贫穷的家庭中，投资于人力资本的数额直接取决于兄弟姐妹的能力(以及数量)，因为较贫穷的父母必须在投资的公平和效率之间进行选择。如果不同孩子的收入在父母的效用函数中没有强替代关系，并且如果更有能力的孩子对兄弟姐妹是利他主义的，或者同意补偿其兄弟姐妹，抑或是能力较差的孩子能向能力更好的孩子学习，那么一个贫穷的、有能力强于他自己的兄弟姐妹的孩子会生活得更好些。⑤

"人们尝试过补偿性教育，但显然已经失败……补偿性教育的主要目标——弥补弱势儿童的教育滞后，从而缩小'少数'学生和'多数'学生之间的成绩差距——在迄今为止任何评估过的大型补偿性教育项目中，都没有得到实现"(Jensen，1969)。阿瑟·詹森(Arthur Jensen)在其著名而有争议的关于补偿性教育和智力的论文开头中如此说。人们对他关于补偿性教育失败的断言的争论，比对他将补偿性教育项目的明显失败与被补偿的低智儿童(主要是非裔儿童)联系在一起的争议少得多。我的分析对关于不同群体儿童的相对智力的争论没有作出任何直接补充，却与此间接相关。这是因为，即使参与试验的儿童的能力与其他儿童一样，仍然能够对假定的补偿性教育的失败作出解释，尤其是当对照组包含参与试验的儿童的兄弟姐妹时。

公共补偿性教育项目将资源重新配置给贫困家庭的一些孩子。花费在这些孩子身上的公共资源的增加，会促使关心公平的父母将时间和其他支出从这些孩子身上转移到其他孩子和他们自己身上。也就是说，派生的"父母补偿性项目"抵消了这些项目，也抵消了公共卫生项目(Scrimshaw，1978，pp.391，395)和对孕妇的食物补贴(Jacobson，1980)。如果为这些项目提供资金的税收完全是由其他家庭提供的，那么参与该项目的孩子的家庭资源将会随着对孩子全部支出的增加而增加。不过，由于父母支出的下降，这些孩子的总支出仅会增加全部支出的一小部分。对这些孩子总支出的增加程度，取决于家庭资源和对孩子福利需求的收入弹性。

如果这些项目提高了父母支出的回报率，那么他们可能不会减少甚至可能增加他们对参与项目的子女的支出。不过，这些补偿性项目的主要作用仍然是将家庭支出重新配置到参与项目的孩子身上，使这些孩子的总支出得到小幅的净增加。因此,这些计划可能会被认为是失败的,因为不应该把收入的再分配作为主要目的。

因此,对补偿性项目的失败的解释是无需假设被补偿孩子的能力或动机较差,他们的能力或动机其实可能高于平均水平,也并不意味着这些项目的计划或管理不善,它们其实可能会比一般意义上的成功项目得到更好的运行。阿瑟·詹森和其他人没有真正意识到的是,家庭时间和其他资源将从参与项目的孩子那里转移给其兄弟姐妹和父母。

人们普遍认为,大多数贫穷社会里的传统父母喜欢儿子胜于女儿。表3.1显示,贫穷国家的父母通常在男孩的教育方面投资更多,而杀害女婴的情况比杀害男婴更常见(Goode,1963;Dickemarin,1979),尽管 Jaynes(1980)提供了男婴多于女婴被杀的证据,支持这一观点的其他证据包括:对偏好问题的回答[参见 Sun 等人(1978)对中国台湾地区的调查];没有女儿的家庭比没有儿子的家庭要花费更多的努力去停止生育(出处同上,表18);男孩死亡后母亲再受孕的倾向比女孩死亡后更大(Schultz and DaVanzo,1970);一个家庭中存活男孩的数量对女童死亡率具有负面影响(Gomez,1980);男孩所占比例对家庭规模和出生间隔的正面影响(Ben-Porath and Welch,1976);不同的社会背景。[6]

男性的 Y 精子与女性的卵子的结合将会生育出一个男孩。当男人有大量的 Y 精子时或当女性的阴道或卵子更容易接受 Y 精子时,母亲更容易生育男孩(Barash,1977,p.178)。如果社会重男轻女,那么已知容易生育男孩的人将会在婚姻市场中获得更高的收入或资金转移,[7]这些会促使他们早婚,并在丧偶或离婚后更快地再婚。

对生育男孩的倾向可以用前一次婚姻所生育孩子中男孩的比例,或者父母、兄弟姐妹、祖父母和其他近亲所生育孩子中男孩的占比评估。由于没有生育儿子的妇女容易被离弃,故婚姻市场必须考虑生育男孩的倾向。一个突出的例子是伊朗前王后索拉娅。当男人的第一任妻子没有生育儿子时,男人会再娶更多的妻子(Goode,1963,p.112;Goody,1976,pp.42,48,51,90—92)。我不知道是否在许多社会中,男方会给那些家庭背景表明其更有可能生育男孩的女性以较高的收入和聘金(或嫁妆)。

Papps(1980)对巴勒斯坦一个村庄的新娘聘金的调查中,没有发现母亲生育孩子的性别对提供给她的聘金有任何影响。也许是这种倾向很难在较高的置信度上进行评估,又或许是对所生孩子的性别的一般倾向已经能为家庭带来足够数量的男孩。如果家庭中有四个孩子能活到成年且男孩和女孩有同样的生存概率,那么只有不到10%的家庭中没有男孩。如果需要一个儿子继承姓氏或家业,那么没有儿子的男性可以娶第二个妻子来生育更多的孩子或者收养一个亲戚或陌生人的儿子(Goody, 1976, pp.68, 90—95)。

我们也许夸大了社会对男孩的偏好,因为前面提到的许多证据显示,家庭中孩子性别的差异很小。此外,家族传承所需要的"血缘财产"的证据并不意味着儿子在原始社会中比女儿更有价值:由 Becker 和 Posner(1981)的研究可知,在大约80%的社会里,杀死女婴所需补偿的血缘财产等于或超过杀死男婴所需补偿的血缘财产。进而言之,对儿子投资的增加包括减少男婴被杀的比率,但这并不意味着父母更喜欢儿子,而仅仅说明对儿子的投资回报率更高。第3章和第4章的讨论解释了为什么在贫穷国家中对儿子投资比对女儿投资更有利可图[也可参见 Rosenzweig 和 Schultz(1980)提供的关于印度的证据]。如果对孩子的需求高,以及女性作为母亲的价值非常重要,那么即使对男孩投资更多,男性的价值也只会更低[参见第3章,特别是方程式(3.20)]。

从11世纪开始的五六个世纪里,英格兰一直要求长子继承所有土地——长子继承制(Sayles, 1952)。⑧一千多年来,伊斯兰法律对所有孩子的遗产继承作了详细规定,要求女孩继承的遗产低于男孩(Anderson, 1976)。而罗马法律对孩子之间的遗产继承分配的限制则很少(Goudy, 1911)。

围绕遗产继承的不同限制对孩子财产的影响,取决于这些限制是否能被受忽视的孩子的支出所抵消。也就是说,如其他公益项目对特定孩子带来的有利影响一样,这对子女财产的影响取决于父母是否可以补偿被忽视的孩子。如果所有土地都必须转给长子,而其他资产不受管制,那么父母可以通过抵押土地(从而减少土地对长子的价值)将收入给更年幼的子女,⑨或者给继承遗产较少的女儿嫁妆⑩或其他礼品(比如,通过声明儿子继承权而筹集的资金)等。这些方式绕开了对遗产继承的相关规定,所以并不能成为父母的效用函数偏向于长子而非女儿或其他方面的强有力证据。

6.4 禀赋及数量、质量之间的相互作用

本节将分析禀赋对孩子数量和质量之间相互作用的影响。假设兄弟姐

妹被认为具有相同的禀赋和市场运气,那么我们已经证明持中立态度的父母的每个孩子都会得到相同的收入。因此可以说,持中立态度的父母最大化了孩子的数量和每个孩子收入的间接效用函数:

$$U_t = U(Z_t, \ I_{t+1}, \ nt) \tag{6.18}$$

其中,n_t 是孩子的数量。[⑪]个人收入与家庭收入的方程式为:

$$\left.\begin{array}{l} Z_t + \dfrac{n_t w_{t+1} y_t}{1+r_t} = I_t \\[3mm] Z_t + \dfrac{n_t I_{t+1}}{1+r_t} = I_t + \dfrac{n_t w_{t+1} e_{t+1}}{1+r_t} + \dfrac{n_t w_{t+1} u_{t+1}}{1+r_t} = S_t \end{array}\right\} \tag{6.19}$$

其中,y_t 是对每个孩子的相同投资。

如果以家庭收入为约束最大化方程式(6.18)给出的效用函数,那么均衡条件为:

$$\left.\begin{array}{l} \dfrac{\partial U_t}{\partial Z_t} = \lambda = \lambda \pi_z \\[3mm] \dfrac{\partial U_t}{\partial n_t} = \lambda \left[\dfrac{I_{t+1} - w_{t+1}(e_{t+1} + u_{t+1})}{1+r_t} \right] = \dfrac{\lambda w_{t+1} y_t}{1+r_t} = \lambda \pi_n \\[3mm] \dfrac{\partial U_t}{\partial I_{t+1}} = \dfrac{\lambda n_t}{1+r_t} = \lambda \pi_I \end{array}\right\} \tag{6.20}$$

其中,假设 r_t 与 y_t 和 n_t 无关。由于忽略了质量的固定成本,且回报率独立于孩子的数量,故质量的影子价格(π_I)取决于孩子的数量(见第 5 章给出的理由)并且与之成比例。即使忽略数量的固定成本,数量的影子价格(π_n)也并不与总质量成比例,而是与每个孩子的支出成比例。

家庭收入的增加并没有改变孩子的禀赋和市场运气,从这种收入的增加中可以看到总体质量(I_{t+1})与孩子支出(y_t)之间的差异对数量和质量之间相互作用的影响。如果他们的真实收入的弹性相等,并且 π_n 和 π_I 互不影响,那么孩子的总质量和总数量会增加相同的百分比。然而,对孩子的支出将增加更多的百分比,因为只有通过增加支出才能提高总体质量。因此,即使总质量和数量对收入具有相同的反应,对孩子的支出对收入的反应也会大于对数量的反应(第 5 章中的假设)。

此外,与 n_t 相关的 y_t 的上升会增加与 π_I 相关的 π_n,并且减少 n_t 到 I_{t+1} 与 y_t 的替代。因此,即使 I_{t+1} 与 n_t 具有相同的实际收入弹性,在均衡条件下，I_{t+1} 的上升幅度也会超过 n_t 的上升幅度。事实上，由于存在数量和质量之间的相互作用以及孩子的总体质量和对孩子的支出之间的区别，即使在收入的实际弹性为正且数值较大时，所观察到的数量的收入弹性也可能是负的（Simon，1974）。

如果家庭收入因孩子的禀赋或市场运气的增加而增加，且回报率未受影响，则父母对每个孩子的支出就会有所减少，因为父母希望在家庭收入较高时消费更多。当对孩子的支出减少时，数量的影子价格就会降低，那么父母会用孩子总质量替代数量。因此，即使总质量的实际弹性是正值且较大，当孩子的禀赋或市场运气增加时，所观察到的总质量的弹性也可能很低，甚至可能是负的。

由资本（w）所产生的长期收入预期增长率的上升，会通过增加孩子的（预期）禀赋来提高家庭收入。如果回报率不受影响，那么对每个孩子的投资都会减少。而因为数量的影子价格降低，数量和质量之间的相互作用使得数量得到增加。只要有非人力资本的赠与与遗赠的减少，就会存在以此形式的对每个孩子的投资的减少。因此，不会提高非人力资本回报率的不提高和预期收入增长率的大幅提高，可以大大减少给子女留下遗产的家庭的数量。

然而，已增加的增长可能会提高投资的回报率，特别是在教育以及孩子其他普通培训的投资的回报率方面，因为普通培训在动态经济中更为有用（Schultz，1975，1980）。在此情况下，数量和质量的影子价格（π_n 和 π_I）最初将下降相同的百分比，父母从 Z_t 向 n_t 与 I_{t+1} 进行替代。如果 n_t 与 I_{t+1} 最初增加了相同的百分比，那么均衡条件下，I_{t+1} 的增加会超过 n_t 的增加，因为 y_t 和 π_n 相对于 n_t 和 π_I 有所增加。事实上，当 I_{t+1} 和 y_t 显著上升时，n_t 可能会下降。这为第 5 章中的论点提供了一些支持，即 19 世纪西方国家城市人力资本回报率的增加使城市生育率下降，并显著提高了对城市教育和其他人力资本的投资。

本节的最后几段讨论孩子数量和质量的需求函数可观察到的属性：

$$\left. \begin{array}{l} n_t = \mathrm{d}_n(I_t,\ e_{t+1} + u_{t+1},\ r) \\ I_{t+1} = \mathrm{d}_I(I_t,\ e_{t+1} + u_{t+1},\ r) \end{array} \right\} \tag{6.21}$$

为了简化对这些函数的讨论，我们假设每单位资本的收益和回报率长期不变，因此对于所有的 t 而言，$w_t = 1$，$r_t = r$。采用线性近似并假设回报率仅

影响其他变量的系数,那么像方程式(6.8)一样,我们可以把上述函数写为:[12]

$$n_t = c_0 + c_1 I_t + c_e(e_{t+1} + u_{t+1}) \tag{6.22}$$

$$I_{t+1} = b_0 + b_1 I_t + b_e(e_{t+1} + u_{t+1}) \tag{6.23}$$

数量与质量的相互作用往往会扩大$(e_{t+1} + u_{t+1})$对$n_t(c_e)$及I_t对$I_{t+1}(b_1)$的影响,并降低I_t对$n_t(c_1)$及$(e_{t+1} + u_{t+1})$对$I_{t+1}(b_e)$的影响。事实上,在孩子的数量和质量的影子价格保持不变时,即使家庭收入增加会增加对孩子数量和质量的需求,数量与质量的相互作用也可能使得c_1与b_e成为负数。

遗憾的是,我们无法直接估计这些需求函数。由于我们对文化和许多特征的生物遗传知之甚少,所以很难对禀赋进行衡量。[13]但我们可以排除禀赋,使孩子的数量和质量只与自己的收入、滞后数量和质量及运气有关。为了更好地说明这一点,我们将方程式(6.9)中的禀赋生成方程简化为:

$$e_{t+1} = a + he_t + v_{t+1} \tag{6.24}$$

其中,e_t是父母的禀赋,a是常数。

通过把方程式(6.22)延后一个时期并结合方程式(6.24),对孩子数量的需求完全可以用可观察量和一系列的相关残差表示(下一章会考虑孩子的质量):

这里有:
$$n_t = c_0^* + c_1 I_t - hc_1 I_{t-1} + hn_{t-1} + u_{t+1}^*$$
$$c_0^* = ac_e + c_0(1-h)$$
且
$$u_{t+1}^* = c_e(u_{t+1} - hu_t + v_{t+1}) \tag{6.25}$$

孩子的禀赋用祖父母的收入(I_{t-1})、父母的兄弟姐妹的收入(n_{t-1})以及父母的市场运气(u_t)代替。

兄弟姐妹的数量有一个正系数,它等于其对禀赋(h)的继承能力。这个系数表明,当每个人的偏好和生育孩子的能力相同,并且父母和祖父母的收入保持不变时,有许多兄弟姐妹的人往往有更多的孩子。因此,家庭生育率差异的持续存在(Fisher,1958,Ch.9;Ben-Porath,1973;Williams,1979;Tomes,1980b),并不意味着家庭偏好的差异会在代际持续传递,它似乎比家庭收入差异存在的时间更长。

R.A.费希尔(R.A. Fisher)用生育力上存在的生物差异的遗传,解释了家庭生育率的差异。我的分析认为家庭差异也可以用继承来解释(保持I_t、

I_{t-1} 和 u_{t-1}^* 为常数),在方程式(6.25)中,兄弟姐妹的数量的系数等于家庭资本贡献中所有文化因素和所有生物因素的(平均)继承能力。生育率的生物决定因素可能对家庭生物总资本只有很小的贡献,对包括文化资本在内的家庭资本的总体贡献微不足道。

方程式(6.25)的迷人之处在于,父母和祖父母的收入变化似乎有反向影响:其系数的比率小于零并且等于$(-h)$,这里的 h(继承能力)是兄弟姐妹的数量的系数。孩子的数量和质量之间强大的相互作用($c_I<0$)使得父母收入的系数为负,而祖父母收入的系数为正。

人们会期望孩子的数量只会间接地依赖于祖父母的收入。事实上,理查德·伊斯特林(Richard Easterlin)在一系列重要且有影响力的论文中强调了代际影响对了解生育决定因素的重要性。他特别指出,在富裕家庭中长大的人比其他收入相同的人想要更少的孩子,拥有一个富有童年的人会增加对自己消费的偏好并减少对孩子的偏好(Easterlin, 1973)。如果观察到的父母收入相对孩子需求的弹性为正($c_I>0$),那么方程式(6.25)似乎可以支持伊斯特林的观点,因为以祖父母的收入来衡量童年时期的富有程度,童年时期更为富有的孩子成年后的生育意愿相较于其他孩子似乎更低。然而,这样一种明显的消极影响并不能通过偏好的派生变化引发,因为方程式(6.25)是在没有假设偏好受童年富有或贫穷的影响下得到的。因此,孩子童年时期家庭的富裕程度与生育率[14]之间存在明显负相关的证据,并不能证明对孩子的偏好会受到富有童年的不利影响。

我特意强调两者"明显"的负相关,是因为方程式(6.25)中祖父母的收入和其兄弟姐妹数量的系数是有误的。在不改变 I_t 和 u_{t+1}^* 的情况下,只有当 v_t[没有出现在方程式(6.25)中]的减少足够抵消 I_{t-1} 的增加对 I_t 的影响时,I_{t-1} 才会增加。由于 v_t 的下降会减少 n_t,v_t 的补偿性变化(而非 I_{t-1} 的变化)才是造成 I_{t-1} 对 n_t 有明显消极影响的主要原因。

我们必须认识到,增加祖父母的收入而不改变禀赋不仅会增加子女的收入(I_t),还可能增加或减少他们的子女数量(n_{t-1})。I_t 的增加会根据所观察到的对数量的需求的收入弹性为正数或负数(即 $c_I \gtrless 0$)而增加或减少 n_t。

注　释

① 关于生命周期决策的讨论,这里忽略了,参见 Ghez 和 Becker(1975)、Heckman(1976)或 Blinder 和 Weiss(1976)。

② 家庭收入是社会互动理论中社会收入的一个特例,参见 Becker(1974b)。

③ 第8章讨论了当家人在组织家庭决策中的作用。

④ 如果父母关心风险,那么他们的投资受到效用函数的三阶导数的影响;参见 Loury(1976)。

⑤ Zvi Grilich(1979)认为,投资于兄弟姐妹的人力资本金额之间的差异小于投资于能力相同的无关儿童之间的差异。我的分析支持兹维·格里利奇斯的建议,前提是公平主导这些家庭的效率。参见 Sheshinski 和 Weiss(1982)以及 Tomes(1980a)对这些问题的扩展理论分析。在 Tomes(1980a)所分析的贫困家庭小样本中,公平似乎确实占主导地位。

⑥ 例如,在讨论中国台湾地区农村问题时,玛杰里·伍尔夫(Margery Wolf, 1968)说,"在一个女人生下一个男孩之前,她只是她丈夫家的临时成员……随着儿子的出生,她成为其中一个后代的母亲,享有声望和尊重"(p. 45)。或者在伊拉克的一个小村庄里,"男孩真的是最好的;他们可以在母亲年老时照顾她。女孩有什么好?"(Fernea, 1965, p.292)。另见 Goody (1976)关于非洲和亚洲的文章。

⑦ 儿童预期效用的货币价值为:

$$V_c = \frac{EU_c}{\lambda} = \frac{U_b p_b + U_g (1 - p_b)}{\lambda} = p_b (V_b - V_g) + V_g$$

其中 λ 是收入的边际效用,U_b 和 U_g 分别是儿子和女儿的效用,V_b 和 V_g 分别是这些效用的货币价值,p_b 是儿子的概率。如果儿子的概率仅由女性的特征决定,如果所有女性都有一个孩子,并且如果 π_i 是概率为 p_b^i 的女性的溢价,那么分别与第 i 个和第 j 个女性结婚的相同男性将同样富裕,如果:

$$\pi_i - \pi_j = V_c^i - V_c^j = (p_b^i - p_b^j)(V_b - V_g)$$

因此,如果 $p_b^i > p_b^j$ 且 $V_b > V_g$,则 $\pi_i > \pi_j$,并且:

$$\frac{d(\pi_i - \pi_j)}{d(V_b - V_g)} = p_b^i - p_b^j > 0 \quad \text{如果} \ p_b^i > p_b^j$$

⑧ 亚当·斯密预言长子继承制可能还会持续几个世纪(Smith, 1973, p.362)。

⑨ 例如,信托的概念在14世纪的英国发展起来,部分是为了逃避长子继承权[来自约翰·朗拜因(John Langbein)的口头交流]。此外,许多传给长子的地产因抵押贷款和其他产权负担而大幅贬值,参见 Cooper(1976)的讨论。

⑩ 穆斯林思想家推翻了这一论点,认为儿子应该继承更大的份额,因为女儿会收到嫁妆。

⑪ 由于所有孩子的收入相同,他们父母的均衡效用为:

$$U^* = U(Z_t^*, I_{t+1}^{*1}, I_{t+1}^{*2}, \cdots, I_{t+1}^{*n_t^*}) = U(Z^*, I_{t+1}^*, \cdots, I_{t+1}^*)$$

其中上标 $*$ 表示平衡值，U_t^* 仅取决于 Z_t^*、I_{t+1}^* 和 n_t^*，如方程式(6.18)所示。

⑫ 我从奈杰尔·托马斯未发表的分析中受益匪浅。

⑬ 例如，参见 Goldberger(1978)对智力生物遗传性证据的详细且具有批判性的回顾。

⑭ 一些研究发现，祖父母的收入存在负系数，而另一些研究(Williams，1979；Tomes，1980b)发现，祖父母的收入存在正系数或零系数。然而，方程式(6.25)表明，所有这些估计都有偏差，因为残差 (u_{t+1}^*) 通过 u_t 对这些变量的影响与 I_t 和 n_{t-1} 相关(见第 7 章)。

7

不平等与代际变动[*]

在我早期的一个研究中,我曾写道:

> 然而,我们应该如何解释,尽管经验信息的快速积累以及对(收入分配)问题的研究兴趣日益增加⋯⋯但经济学家们都莫名其妙地忽视了对过去一代人的收入分配的研究? 我认为,除了缺乏真诚和大胆的努力以外,根本原因还在于缺乏一种既能将一般经济理论联系在一起,又能解释不同地区、国家和不同时期的实际差异的理论。(Becker, 1967, p.1)。

虽然上面所说的收入分配问题自那时起就受到了巨大的关注,例如 Rawls(1971)、Okun(1975)等,但能让人满意的关于实际分配的理论依然尚未形成。

对收入分配的全面分析应该包括同一家庭不同世代间的收入不平等(通常被称为代际社会变动),以及同一代中不同家庭的收入不平等。社会学家和经济学家对引起不平等的原因持有不同观点,前者主要关注代际变动,后者则主要考察同一代人中的收入不平等。社会学家强调祖先通过影响个体的背景、阶层或种姓来决定其社会经济地位(Blau and Duncan,

---

* 本章内容主要来自我和 N.多姆斯(Nigel Tomes)合著的一篇文章,其中一部分载于《政治经济学杂志》(*Journal of Political Economy*) 1979 年第 6 期,第 1153—1189 页。本书经芝加哥大学出版社同意转载。

1967；Boudon，1974）。另一方面，由经济学家们提出的大多数不平等模型都忽略了通过家庭间的不平等的传递，因为他们假设不平等很大程度上是由运气和能力配置的随机过程决定的（参见 Roy，1950；Champernowne，1953）。

最近提出的两种分析认为，统一研究代际变动和不平等是存在可能性的。人力资本理论认为，不平等可能来源于不依赖于运气或其他随机力量的最大化行为。[①]本书提出的家庭经济学方法认为，人不是独自生存的，而是具有多代成员的家庭的一部分。成员为增加家庭收入作出贡献，并照顾延续家庭香火的孩子。

年长的家庭成员是家庭的核心决策者。决策者可以牺牲子孙后代的利益来增加当前的消费，但出于对子女和其他未来家庭成员利益的考虑，他们不会选择这样去做。家庭代际之间的这种联系靠从父母向孩子转移的家庭禀赋来维系。

本章的分析将人力资本研究与不平等问题结合，父母可以通过在孩子或其他成员的人力资本和非人力资本中选择最佳投资来最大化他们的效用。此外，我们的分析还会使人们认识到禀赋和市场报酬取决于运气，因此收入也部分取决于运气和最大化行为之间的相互作用。

不论从任何一个初始状态出发，家庭收入和代际流动的不平等都随着时间的推移而逐步接近均衡水平。这一均衡水平取决于运气和各种家庭参数，特别是对禀赋的继承能力和对孩子投资的偏好，有时甚至也会意外地依赖于经济增长率、税收和补贴，甚至是对"动乱"事件的预测，以及对少数群体的歧视和家庭声望。例如，累进的税收补贴制度会增加可支配收入的不平等，对少数群体的歧视不仅会减其少收入，还会淡化其家庭背景对收入的影响。

7.1　收入不平等的均衡

即使所有家庭都基本是同质的，但由于禀赋和市场运气的不平等，家庭收入也将是不平等的。当然，任何一代人的收入不平等都不仅取决于那一代人运气的不平等，还明确地取决于前几代人的运气。由于运气好的父母对子女的投资更多，因此子女收入的增加会促使他们增加对下一代子女的投资，直到所有后代都能从第一代的运气中受益。由于投资取决于上一章所介绍的衡量对孩子偏好的参数 β 和衡量禀赋继承能力的参数 h，前几代人的运气对既定一代人的收入不平等的影响也取决于这两个参数。

假设每个家庭的资本回报率 (r)、每单位资本的收入 (w) 与资本积累总量无关（这里不分析要素市场的均衡）。暂时假设这些参数是长期不变的，那么，通过对单位的选择，可得 $r_t=r$ 且 $w_t=w=1$。

如果家庭中的每个人都未婚生子，那么所有家庭成员会永远地保持其自身特性，并且家庭的运气都可以按照许多代人所期望的那样永远持续下去。当每个人都与具有相同禀赋、相同收入、相同运气的人结婚（本章后面将会考虑不完美的婚配）时，家庭成员也可以有效地保持自己的本质。

如果每个家庭只有一个孩子，对该孩子的同质人力资本或非人力资本的投资回报率恒定，并且所有家庭具有相同的效用函数、回报率和继承能力，那么由方程式 (6.8) 可以写出第 $(t+1)$ 代的第 i 个家庭里唯一继承人的均衡收入方程式：

$$I_{t+1}^i=\alpha(I+r)I_t^i+\alpha e_{t+1}^i+\alpha u_{t+1}^i=\beta I_t^i+\alpha e_{t+1}^i+\alpha u_{t+1}^i \qquad (7.1)$$

其中，e_{t+1}^i 是他的禀赋，u_{t+1}^i 是他的市场运气，α 是用于孩子身上的那部分家庭收入，β 是对孩子的投资偏好。如果长期以来的平均禀赋 $(\bar{e})$ 不变，那么简化的禀赋-生成方程式可写为：

$$e_{t+1}^i=a+he_t^i+v_{t+1}^i=(1-h)\bar{e}+he_t^i+v_{t+1}^i \qquad (7.2)$$

其中，h 是对禀赋的继承程度，e_t^i 是父母的禀赋，v_{t+1}^i 是孩子获得禀赋的运气。把方程式 (7.2) 代入方程式 (7.1)，我们就可以得到收入生成方程式：[②]

$$I_{t+1}^i=\alpha a+\beta I_t^i+\alpha he_t^i+\alpha v_{t+1}^i+\alpha u_{t+1}^i \qquad (7.3)$$

由于所有家庭都被假定是同质的，所以如果在任何一代中与在以前各代的运气都相同，那么任何一代的收入也会相同。因此，任何一代收入的不平等都取决于之前所有各代的运气配置情况。由此可以通过把方程式 (7.2) 和方程式 (7.3) 重新代入方程式 (7.3)，使第 $(t+1)$ 代的第 i 个家庭的收入与其前 $(m+1)$ 代的收入、禀赋以及中间世代的运气联系起来进而得到清楚的说明：

$$
\begin{aligned}
I_{t+1}^i ={}& \alpha a\sum_{j=0}^m\beta^j\sum_{k=0}^{m-j}h^k+\beta^{m+1}I_{t-m}^i+\alpha h\Big(\sum_{j=0}^m\beta^{m-j}h^j\Big)e_{t-m}^i \\
& +\alpha\sum_{j=0}^m\beta^j u_{t+1-j}^i+\alpha\sum_{k=0}^m\sum_{j=0}^k\beta^j h^{k-j}v_{t+1-k}^i
\end{aligned} \qquad (7.4)
$$

从总体来说，$0<h<1$，或者说父母只有一些禀赋被传给了孩子。每代

人的回报率(r)的单位是百分比,由于人类各代间隔时间为二十年或更长,故每年的适度百分比就意味着每代人有相当大的百分比。因此 r 会大于 0.5,甚至会大于 1;$\beta=\alpha(1+r)$ 也可能大于 1,因为家庭收入用于子女的比例(α)非同小可。

但是如果现在假定 β 与 h 都小于 1,那么 I_{t-m}^i 与 e_{t-m}^i 的系数会随着 m 的增大而趋近于 0,且 αa 的系数会趋向于一个常数。原因在于:

$$\sum_{j=0}^{k}\beta^j h^{k-j} = \begin{cases} \dfrac{\beta^{k+1}-h^{k+1}}{\beta-h}, & \beta \neq h \\ \beta^k(k+1), & \beta = h \end{cases} \tag{7.5}$$

方程式(7.4)可以被扩展到无限代,并且(对于 $\beta \neq h$)可写为:

$$I_{t+1}^i = \frac{\alpha a}{(1-\beta)(1-h)} + \alpha \sum_{k=0}^{\infty}\beta^k u_{t+1-k}^i$$
$$+ \alpha \sum_{k=0}^{\infty}\left(\frac{\beta^{k+1}-h^{k+1}}{\beta-h}\right)v_{t+1-k}^i \tag{7.6}$$

在任何一代中,第 i 个家庭的收入仅用该代人和该家庭所有前代人的运气来表达:家庭参数 α、β 和 h,以及社会参数 a。从任意收入和禀赋的初始分配开始,收入分配会随着时间的推移而变化,并最终接近于方程式(7.6)的右边。

如果 u_t 和 v_t 是两个具有有限方差的同分布的随机变量,则收入方差必定会接近一个稳态水平,而无需给 u_t 和 v_t 的偏好或效用函数附加任何的额外约束。如果 u_t 和 v_t 是独立分布的,那么可以把稳态方程简单地写为(参见本章数学附录的条目 A):

$$\sigma_I^2 = \frac{\alpha^2}{1-\beta^2}\sigma_u^2 + \frac{\alpha^2(1+h\beta)\sigma_v^2}{(1-h^2)(1-\beta^2)(1-h\beta)} \tag{7.7}$$

其中,σ_I^2、σ_u^2 与 σ_v^2 分别是 I、u、v 的方差。

由于禀赋运气和市场运气的期望值都等于零,所以方程式(7.6)意味着任何一代人的预期收入或平均收入都必然趋于稳态水平:

$$\bar{I} = \frac{\alpha a}{(1-\beta)(1-h)} = \frac{\alpha \bar{e}}{1-\beta},\text{因 } a=\bar{e}(1-h) \tag{7.8}$$

平均收入的均衡水平是家庭参数(α 和 β)以及社会参数($\bar{e}$)的一个简单函数,与对禀赋的继承能力(h)无关。已投入资本作出的贡献部分为:

$$d = 1 - \frac{\bar{e}}{\bar{I}} = 1 - \frac{1-\beta}{\alpha} = 2 + r - \frac{1}{\alpha} \qquad (7.9)$$

若 $\alpha > 1/(2+r)$，则 $d > 0$。并不令人感到意外的是，该部分与投资回报率及家庭收入投资于孩子的比例正相关。虽然方程式(7.1)的推导假设父母可以举借债务并由孩子来偿还，但方程式(7.9)表明，只要家庭收入的相当一部分都花在孩子身上，那么在均衡状态下，普通家庭可以做到不借贷就对孩子进行投资。显然，由于 $r \geqslant 0.5$，若 $\alpha \geqslant 0.4$，则 $d > 0$。

论述社会正义和政治进程的作者们，通常对度量不平等的相对标准(如基尼系数或方差系数)感兴趣。如果方程式(7.7)除以方程式(7.8)的平方，那么收入方差的均衡系数的平方为：

$$\begin{aligned}
CV_I^2 &= \frac{1-\beta}{1+\beta}CV_u^2 + \frac{(1+h\beta)(1-\beta)}{(1-h^2)(1-h\beta)(1+\beta)}CV_v^2 \\
&= \frac{1-\beta}{1+\beta}CV_u^2 + \frac{(1+h\beta)(1-\beta)}{(1-h\beta)(1+\beta)}CV_e^2 \qquad (7.10)
\end{aligned}$$

因为 $\sigma_v^2 = (1-h^2)\sigma_e^2$(参见本章数学附录的条目 A)。市场运气和禀赋运气的不平等都可通过与平均禀赋的关系来衡量：

$$CV_u = \frac{\sigma_u}{\bar{e}}, \quad CV_v = \frac{\sigma_v}{\bar{e}}$$

当然，收入不平等的均衡取决于市场运气和禀赋运气，并且与此成正比。然而，比例的系数是由家庭禀赋的继承能力和投资于孩子的偏好决定的。由于 $\beta < 1$，所以市场运气的系数必定小于1——可能都不到 1/3，因为 β 几乎肯定会大于 1/2。因此，父母对预期事件的反应大大减小了市场运气对不平等的影响程度。

继承禀赋运气的系数大于市场运气的系数，且当 h 与 β 都很大时，差距会更大。例如，当 $\beta = 0.6$，$h = 0.5$ 时，CV_v^2 的系数大约是 CV_u^2 的系数的 2.5 倍，CV_e^2 的系数约为 CV_u^2 的系数的 2 倍。能被孩子自动继承的禀赋运气对收入不平等的影响会更大，这就解释了为什么禀赋运气在 h 越大时对收入不平等的影响越大。

继承禀赋运气的系数不仅大于市场运气的系数，且禀赋运气的不平等可能显著大于市场运气的不平等。禀赋运气是一种"固定效应"，由童年经历和遗传基因决定，并往往持续一辈子；而市场运气则是短暂的，每年都会有所波动。因此,如果每年市场运气的不平等程度与禀赋运气的不平等程度差不多,那么禀赋运气的"永久"或终身不平等就会比市场运气中的终身不平等要大得多。我们将会看到,禀赋运气和市场运气的终身不平等是如何从各代人的永久收入数据中估算出来的。

根据方程式(7.7),回报率的增加提高了投资偏好,$\beta = \alpha(1+r)$,投资偏好的提高则增加了收入的均衡标准差。但由方程式(7.8)可知,β 的增加也提高了平均收入的均衡水平。实际上,平均收入增长的百分比超过了标准差增长的百分比。因此,回报率和投资偏好的增加会降低方程式(7.10)中的收入方差系数。人力资本理论中一个众所周知的结论却正好与之相反,该结论认为人力资本回报率的提高会扩大不平等。这一结论只考虑了回报率变化对收入不平等的影响,而忽略了人力资本投资的分配与数额水平的变化对收入的长期影响。[3] 本章稍后通过方程式(7.10)所显示出的收入不平等与回报率之间的负相关关系,来确定歧视、税收和经济增长对不平等的影响。

h 与 β 相乘而非相加会是方程式(7.10)中最有趣的特点。当 β 增大时,h 的增加对收入不平等的影响更大。通过模型中每代人的收入与禀赋之间的协方差,这种关系反映了继承能力与对孩子的投资之间的相互作用[参见数学附录中的方程式(7A.1)]。

可以从与家庭效用有没有最大化时的不平等的比较中看出,效用最大化对继承能力与投资之间的相互作用,以及对方程中决定不平等的其他性质的影响。如果投资于孩子的数额与回报率、家庭收入、禀赋和运气无关,那么继承能力和投资就不会相互影响,进而禀赋不平等对收入不平等的贡献就会大大降低。[4] 例如,令 $h = 0.5$ 且 $\beta = 0.6$,那么禀赋不平等的系数将是效用最大化下市场运气系数的 2 倍,并且与没有效用最大化下市场运气的系数相同。因此,代际不平等传递的机制模式并未将父母对其自身或子女所处环境的最优反应纳入,这大大低估了禀赋不平等的贡献,从而低估了家庭背景对不平等的影响。

如果父母无法预测其子女的市场运气,但他们不受风险影响并且预期客观,那么方程式(7.10)中 CV_u^2 的系数将简单地乘以 $1/\alpha^2$(见第 6 章)。由于 α 小于 1,因此我们不能完全预期的"动乱"会增大个人收入的波动性以及总收入的周期性变化(关于后者,参见 Sargent and Wallace,1975)。此外,市场运气的系数可能会大于禀赋运气的系数,因为父母无法通过投资的多少来抵消子女的坏或好的市场运气。

7.2　代际变动

　　一个既定家庭在不同世代的收入和地位的变化通常被称为代际变动、"精英流动"（Pareto，1971）或机会均等。同一代中不同家庭之间较低的不平等程度与不同代中各家庭高度稳定的地位相一致；各家庭不稳定的地位与同一代中较大的不平等程度相一致。大量文献讨论了各种不平等的类型，却没有将其统一于一个共同的分析框架中。在这一节，我的目标是用代际不平等的分析框架来分析代际变动，并论述对孩子的投资偏好和继承程度也是代际变动的重要决定因素。

　　家庭对孩子收入的影响，可以通过孩子收入、父母收入及祖父母收入之间的相关性来衡量。如果继承程度（h）是可以忽略的，那么无论市场运气与禀赋运气如何不平等，孩子收入和父母收入之间的均衡相关系数都等于对孩子投资的偏好 β。[⑤] 如果 h 不能忽略，并且市场运气中的不平等程度相对于禀赋运气的不平等程度也较轻（前文中已有阐释），那么孩子收入与父母收入及禀赋之间的均衡多重相关系数将超过 β，超过部分仅取决于 β 和 h（参见本章数学附录的条目 B）。

　　现在，我想考虑一种不同的、在某种程度上更能揭示代际变动的度量方式：父母、子女、孙辈和后代的收入变化。如果继承程度可以忽略不计，那么父母的收入会增加 δI_t，因为在 $h=0$ 时，较好的市场运气或禀赋运气使孩子的收入增加 $\beta\delta I_t$，孙子女的收入增加 $\beta^2\delta I_t$，第 m 代后代的收入增加（见方程式 7.4）：

$$\delta I_{t+m}=\beta^m\delta I_t, \quad m=1, 2, \cdots \tag{7.11}$$

只要 $\beta<1$，这些收入的增加就将会单调下降，并且在 $\beta<0.8$ 时，收入的增加会趋近于 0——"富不过四代"。因此，如果对孩子投资的效用最大化，仅仅与同一家庭的不同代际相关，那么，除非家庭对孩子的投资偏好接近 1，否则代际变动会非常显著。

　　如果投资与收入或者其他变量无关，仅由家庭提供，那么当 y_t 是外生变量时，父母禀赋增加 δv_t，会使孩子的禀赋增加 $h\delta v_t$，孙子女的禀赋增加 $h^2\delta v_t$，第 m 代后代的禀赋增加：

$$\delta I_{t+m}=h^m\delta v_t, \quad m=1, 2, \cdots \tag{7.12}$$

如果$h<1$，那么这些禀赋的增加也会单调下降。而且由于h通常小于0.75，故而在几代之后禀赋的增量会趋近于0。因此，如果文化和生物方面的遗传仅与同一家庭的不同代际相关，那么，除非继承程度接近1，否则代际变动会非常显著。

如果对孩子的投资取决于家庭环境，并且继承能力也不可忽略，那么父母收入的增加就不会使后代的收入简单地按照方程式(7.11)和方程式(7.12)进行增加。继承能力和投资是相互作用的。特别地，即使h和β都小于1，其后代的收入仍会继续增长，并且可能需要经过多个世代，代际收入的增量才会低于最初增量的25%。因此，投资与继承能力之间的相互作用，可以大大增加祖先的收入和禀赋对当代人收入的影响。

例如，考虑第t代中第i个家庭的禀赋运气的增加$(\sigma \upsilon_t^i)$是由市场运气的下降来补偿的，从而使自己的收入(I_t^i)保持不变。由孩子的禀赋增加$h\sigma \upsilon_t^i$造成家庭收入(S_t^i)的增加，第t代父母倾向于增加自己的消费并减少对孩子的投资。那么，孩子自己的收入(I_{t+1}^i)的增量仅是其禀赋增量的一部分(α)，其余部分则由父母花在自己的消费上。孙辈子女的收入(I_{t+2}^i)也会有所增加，一部分原因是子女自己的收入增加了，另一部分原因是这些孙子孙女继承了一些他们父母增加的禀赋。孙辈子女收入总额的增量为：

$$\delta I_{t+2}^i = \beta \delta I_{t+1}^i + \alpha \delta e_{t+2}^i = \alpha h \beta \delta \upsilon_t^i + \alpha h^2 \delta \upsilon_t^i \tag{7.13}$$
$$= \alpha h(\beta + h)\delta \upsilon_t^i = (\beta + h)\delta I_{t+1}^i$$

因此，如果$\beta + h > 1$（即继承程度和对孩子投资偏好的总和超过1），那么父母禀赋的补偿增加会使孙辈子女收入的增加超过子女收入的增加。

可以用同样的方式推导对曾孙辈、曾曾孙辈，以及更往后的后代收入的影响。例如，如果$(\beta + h)$远远大于1，那么，曾曾孙辈子女收入的增加也会超过曾孙辈子女收入的增加。方程式(7.4)中的系数e_{t-m}^i给出了将第m代子女的收入变化与父母禀赋的补偿性变化联系在一起的通用公式。该系数与平均收入的均衡水平有关，并可以通过下式进行估算：

$$\frac{\delta I_{t+m}^i}{\bar{I}} = h(1-\beta)\sum_{j=0}^{m-1}\beta^{m-1-j}h^j \frac{\delta e_t^i}{\bar{e}}$$
$$= \begin{cases} h(1-\beta)\dfrac{\beta^m - h^m}{\beta - h}\dfrac{\delta e_t^i}{\bar{e}} = h(1-\beta)g_m \dfrac{\delta e_t^i}{\bar{e}}, & \beta \neq h \\ h(1-\beta)m\beta^{m-1}\dfrac{\delta e_t^i}{\bar{e}}, & \beta = h \end{cases} \tag{7.14}$$

参数 g_m 是 β 和 h 中的对称多项式,当 $\beta+h<1$ 时,最初一代人的 g_m 有最大值。当 $\beta+h>1$ 时,g_m 在上升到一个峰值后会单调下降,且若 $(\beta+h)$ 越大,峰值出现得越晚(参见本章数学附录的条目 C)。图 7.1 绘出了在 β 和 h 三组值下 g_m 的路径。在曲线 A 中,β 和 h 都较低,$h=0.20$ 且 $\beta=0.45$,那么到第四代时,g_m 仅为初始值的 16%;在曲线 B 中,$h=0.30$ 且 $\beta=0.80$,g_m 在上升一代人的时间后下降,那么到第十代时,g_m 不足初始值的 25%;在曲线 C 中,$h=0.70$ 且 $\beta=0.90$,g_m 上升五代人的时间后缓慢下降,直到第十五代时才等于其初始值,并且仅在第二十九代之后才小于初始值的 25%。

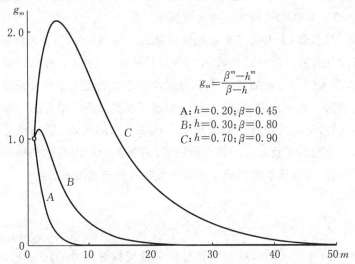

图 7.1　对于投资偏好和继承程度具有不同数值的收入变化的世代模型

注:m 表示家庭收入剧烈变动后的世代数字,g_m 衡量随后收入的效应。

由于运气总是捉摸不定的,也就是说,方程式(7.4)中的 u 和 v 具有相同的符号,并且连续数代不可忽略,故一个既定家庭的收入可能正好高于或低于连续几代人的平均收入水平。由于假定这些随机变量独立分布,故连续两代以上有特别好或特别坏运气的概率很低。然而,如果继承程度和对孩子投资的偏好很大,那么对于一个只在一代人的时间里有特别运气,而之后各代运气都一般的家庭而言,其收入也会显著高于或低于连续几代人的平均收入水平。

因此,只要继承程度和投资都较为可观,同一家庭里连续几代人的福利就会紧密相连。继承程度和禀赋大小并不严格地由人类遗传生物学所决定,也受到社会组织的一定影响。有些社会因为没有能直接评估个人特征的准确方法,故而常常依赖于对其家族的声誉进行评估。因此,可以通过投资于家庭禀赋来控制和指导其成员的个人特征(见第 6 章和第 11 章),从而激励他们维护和提高家庭的声誉。作为这些努力的结果,同一家庭的成员变得比在"开放"社会中的同一家庭的成员更加相似,因为在"开放"社会中家庭对成员控制所获利益较少。因此,如果投资偏好相同,当堂兄弟、叔叔、侄子、祖父母、孙辈和其他家庭成员对彼此更为关心时,孩子的收入会更接近他们的父母、祖父母及其他亲属的收入。

在继承程度较高的情况下,同一家族中的成功或失败的影响会更为深远。也许美国的亚当斯家族会受到如此多的关注,就是因为在这个开放的社会中,许多代人都获得成就是不同寻常的。在像印度这样相对封闭的传统社会中,成功的家庭可能更为普遍,也不值得引人注目。

7.3　家庭和市场参数的估计

禀赋的概念似乎是另一个"空盒"。由于人们对许多特征的文化继承性和生物遗传性都知之甚少,因此禀赋很难被度量。但第 6 章已经阐明了如何把对孩子的需求与更容易测量的变量相关联,通过同样的方法,可以把禀赋从收入生成方程中消掉[对这个问题的探讨要归功于舍温·罗森(Sherwin Rosen)]。如果把方程式(7.1)和方程式(7.3)相结合,我们就得到一个二阶随机差分方程,其结果只取决于同一家族连续三代人的收入及其市场运气和禀赋运气:

$$I_{t+1}^i = \alpha \bar{e}(1-h) + (\beta+h)I_t^i - \beta h I_{t-1}^i + \alpha u_{t+1}^{*i}$$
$$= \alpha \bar{e}(1-h) + (\beta+h-\beta h)I_t^i + \beta h(I_t^i - I_{t-1}^i) + \alpha u_{t+1}^{*i} \qquad (7.15)$$

其中,$u_{t+1}^{*i} = u_{t+1}^i - hu_t^i + v_{t+1}^i$ 且当 β, $h<1$ 时,有 $(\beta+h-\beta h)<1$。

父母和祖父母收入的变化对孩子收入的影响取决于投资偏好和继承程度。如果收入要降低到均衡水平 $\alpha\bar{e}/(1-\beta)$,那么两个参数都必须小于 1。父母和祖父母之间收入差异的正系数衡量的是他们这一代的增长势头对孩子这一代的影响。

u_t 正影响于 u_t^*,负影响于 u_{t+1}^*,故残差 u^* 在长期内是负相关的。当 h

较大时，u_{t+1}^* 与 u_t^* 之间协方差的绝对值就会较大，且 $h<1$，$E(u_{t+1}^*)=0$，故从方程式(7.15)中得到的残差会围绕原点进行阻尼振荡。h 越大，振荡越明显。

如果父母的收入 I_t、父母和孙辈的市场运气 u_t 和 u_{t+1}，以及孙辈的禀赋运气 v_{t+1} 都保持不变，那么祖父母收入 I_{t-1} 的增加会使孙辈的收入降低 I_{t+1}。祖父母收入的增加会提高父母的收入，而这又会增加孙辈的收入。从这个角度来看，祖父母和孙辈的收入之间的负相关关系是令人意外的[⑥]。方程式(7.15)中的负相关关系假定父母的收入及随机项 u_{t+1}、u_t 和 v_{t+1} 保持不变，那么只有当父母的禀赋运气 v_t 降低时[参见方程式(7.3)]，祖父母的收入才能够在不改变这些变量的条件下增加。即使当 I_t 保持不变时，v_t 的下降也会减少 I_{t+1}（因为孩子继承了部分的禀赋），因而 I_{t-1} 的增加似乎降低了 I_{t+1}，而这仅仅是因为暗含的 v_t 减少了。

关于代际变动的许多讨论都考虑了马尔可夫及产生收入和财富的相关过程，但没有考虑到潜在的行为(Hodge, 1966; Singer and Spilerman, 1974)。我们的分析表明，这样的估计可能会使人们对因果关系的认识产生偏误。例如，方程式(7.15)中 I_{t+1} 的减少并不是由 I_{t-1} 的增加引起的，而是由 v_t 的潜在减少引起的。

如果方程式(7.15)中两个收入的系数已知，那么就能确定 β 与 h，[⑦]进而不用具体探究禀赋就能确定禀赋的继承程度。如果知道了残差 u^* 的方差和协方差，那么在没有禀赋信息的情况下，与市场运气的方差相关的禀赋运气的方差也可以被确定了（参见本章数学附录的条目D）。由于 $\alpha=\beta/(1+r)$，故一旦确定了 β，关于回报率的信息就可以被用来估计花费在孩子身上的家庭收入的那一部分 α。最后，把 β、h、α 与 σ_v^2/σ_u^2 代入方程式(7.7)，从有关收入方差的信息中确定禀赋运气和市场运气的方差。因此，如果可以估算出方程式(7.15)中的参数，那么理解不平等和代际变化的决定因素所需的所有信息都可以在没有禀赋信息（即投资偏好、继承程度、花在孩子身上的家庭收入的部分，以及市场运气与禀赋运气的不平等程度）的情况下获得。

方程式(7.15)中的收入参数可以从稳定环境下同质家庭三代人的收入信息中估算。由于残差 u_{t+1}^* 与 I_t 负相关（因为 u_t 与 I_t 正相关），所以 I_t 应由与 u_{t+1}^* 无关的"工具"来替代，例如曾祖父母的收入。[⑧]如果没有合适的"工具"，但是最小二乘法可用，那么 $I_t(\beta+h)$ 的系数将向下偏斜，而 $[I_{t-1}(-\beta h)]$ 的系数向上偏斜。例如，如果 $\alpha=h=0.5$，$\beta=0.7$，$\sigma_u=1$ 且 $\sigma_v=2$（有关 σ_v 远大于

σ_u 的原因,前文已作出论证),从大样本中得出的对 $\beta + h = 1.2$ 的最小二乘法估计值为 1.11,对 $-\beta h = -0.35$ 的最小二乘估计值为 -0.27。因此,从注释⑦中方程式($*$)推导出的 β 的估计值会轻微向上偏斜至 0.78,但 h 的估计值几乎向下偏斜近 30% 至 0.36。

遗憾的是,很少有数据集简单包含有关父母的收入和孩子的收入的优质信息,更别说祖父母的收入信息了。如果孩子的收入只与父母的收入有关,那么在能对收入进行准确衡量的条件下(参见本章数学附录的条目 E),对 $(\beta + h)$ 的最小二乘估计值将在 β 与 $(\beta + h)$ 之间波动。由于连续几代人的收入数据质量较低,实际估计值可能会低得多[参见 Diamond(1980)的估计和讨论]。

7.4 异构家庭

市场运气和禀赋运气带来的收益分配会比收入分配更加均等,由方程式(7.6)可知,收入是不同世代运气的加权总和。然而,这并没有什么令人惊讶的,尽管实际收入的分布总是呈右偏态。即使决定运气的禀赋和市场能力都是对称分布的[见第 3 章和 Rosen(1978)],凭运气所得的收益的分布也可能具有很大的偏斜。方程式(7.8)所示的所有家庭都拥有相同的长期均衡收入的含义更令人烦扰。众所周知,美国非洲裔和其他种族的收入在很多代时间里都低于平均水平。

通过放弃所有家庭都为同质的假设,我们可以在不改变基本方法和模型线性的情况下修正上述结论。由于在市场歧视、偏好、天赋、能力、机会等方面存在差异,他们可能具有不同的效用函数、回报率、预期禀赋和继承程度。如果 r、h、$\bar{e}$ 和 α 在各家庭中有所不同,但对于既定家庭的所有世代来说都是相同的——如果子女完全继承所有的参数值,那么仅仅引入表示第 i 个家庭的参数的上标即可修正方程式(7.6)。

如果所有家庭的 β 和 h 都小于 1,那么方程式(7.8)中第 i 个家庭的长期收入均衡可以表示为:

$$\bar{I}^i = \frac{\alpha^i \, \bar{e}^i}{1 - \beta^i} \tag{7.16}$$

第 i 个家庭的均衡收入与继承程度无关,但与平均禀赋、花费在孩子身上的家庭收入部分及对孩子投资的偏好正相关。[⑨]例如,美国非洲裔家庭的均衡收入低于欧洲裔家庭,部分原因是前者的人力资本投资回报率较低(Becker, 1975)。

由于每个家庭的收入都在均衡水平附近波动,如果其均衡收入低于平均收入水平,那么同一家庭的不同代人的收入通常就会低于平均收入水平;同理,如果均衡收入高于平均收入水平,那么同一家庭的不同代人的收入通常就会高于平均收入水平。结果就是,均衡收入的分配会影响代际变动的程度,该程度可以用孩子的收入与父母和其他祖先的收入之间的相互关系,或者当代人收入变化对其后代收入的影响来衡量。特别地,如果投资偏好和继承程度不同,那么方程式(7.15)中 I_t 和 I_{t-1} 的系数或方程式(7.14)中的函数 g_m 在不同家庭之间就会有所变动。

由于非洲裔的人力资本回报率较低——Freeman(1981)提供的一些证据表明近年来这种差距可能有所缩小,如果非洲裔家庭与欧洲裔家庭的效用函数相同,那么前者的投资偏好会更低。[⑩]因此,正如 Diamond(1980)和Freeman(1981)的证明所示,非洲裔家庭中父母收入的变化对子女收入的影响也会更小。

收入的均衡分布取决于收入分布及家庭参数的均值。事实上,即使市场运气和禀赋运气都忽略不计,收入分布的偏度也可能很大。例如,如果所有家庭的平均禀赋($\bar{e}$)和在孩子身上的花费占收入的百分比(α)相同,并且如果继承程度及市场运气和禀赋运气可以忽略不计($u=v=h=0$),那么收入生成方程可写为:

$$I_{t+1}^i = \alpha \bar{e} + \beta^i I_t^i \qquad (7.17)$$

如果 β^i 是对称分布的,且对所有的 i 有 $I_0^i=1$,那么 I_1^i 是与 β^i 有相同方差的对称分布。但是由于 β^i 与 I_1^i 正相关,I_2^i 的方差会大于 I_1^i 的方差,且 I_2^i 的分布为右偏态。I_3^i 分布的偏度和不平等程度会超过 I_2^i 的偏度和不平等程度,且两者的偏度与不平等程度会持续增加,直至收入达到均衡分布(参见本章数学附录的条目 F)。收入分布偏态的主要原因是,父母的均衡收入与他们对孩子的投资偏好正相关。有更多投资偏好的家庭收入较高,它们把收入的一小部分用于消费,剩下的大部分则用于对后代的投资。

7.5 政府对收入的再分配

到目前为止,税收、补贴和其他公共开支一直被忽略,但其实我们可以

很轻易地将这些纳入对收入分配的分析之中。第 t 代第 i 个家庭所支付的税收与所得收益之间的差额可以近似为:

$$T_t^i = b + sI_t^{gi} + \Omega_t^i \tag{7.18}$$

其中,I^g 为"应纳税"的收入,b 与 s 为常数,Ω 的均值为 0,且被假定为与禀赋运气及市场运气分布无关。如果 $b<0$ 且 $s>0$,那么税收-收益制度倾向于是"累进的",因为净税额在较高的收入水平中占据较大比例;如果 s 是恒定的,那么税收-收益制度将在边际收入水平上"成比例"。变量 Ω 部分地衡量了确定应纳税收入的难度(例如,将闲暇排除),以及相似收入者在政治权力上的差异。例如,农民、老师和卡车司机因为拥有更大的政治权力,所以比熟食业主、汽车修理工和劳工等获得更多的政治权益。

我们可以把家庭可支配收入定义为:父母扣除其纳税和收益后的收入(他们自己的可支配收入)与孩子可支配禀赋和市场运气对父母的价值的总和:

$$S_t^d = I_t^d + \frac{(1-s)(e_{t+1}+u_{t+1})-(b+\Omega_{t+1})}{1+r_a} \tag{7.19}$$

其中,r_a 是税后投资回报率。如果父母了解所有政府计划对家庭的影响,那么他们就会在家庭可支配收入的约束条件最大化其效用,该效用取决于父母自身的消费和孩子的可支配收入。收入和投资的生成方程分别为:

$$I_{t+1}^d = \beta_a I_t^d + \alpha(1-s)(e_{t+1}+u_{t+1}) - \alpha b - \alpha\Omega_{t+1} \tag{7.20}$$

$$\begin{aligned} y_t &= \beta_a I_t^d - (1-\alpha)(1-s)(e_{t+1}+u_{t+1}) \\ &\quad + (1-\alpha)b + (1-\alpha)\Omega_{t+1} \end{aligned} \tag{7.21}$$

其中,$\beta_a = \alpha(1+r_a)$ 是税后投资偏好。[11]孩子每缴纳一美元税款,父母的可支配收入就会减少 α 美元,因为父母对孩子的投资增加了 $(1-\alpha)$ 美元。

方程式(7.19)意味着,家庭可支配收入既不受由孩子纳税给父母进行补贴的影响,也不受父母纳税给孩子进行补贴的影响:

$$如果 \ dI_t^d = \frac{(db+d\Omega_{t+1})}{1+r_a},那么 \ dS_t^d = 0 \tag{7.22}$$

此外,如果可支配家庭收入不变,那么孩子的可支配收入也不变。父母会增加或减少对孩子的支出[见方程式(7.21)]以抵消对孩子的税收或收益。因此,方程式(7.19)—方程式(7.21)直接说明了,为什么用未来税收融资的公共债务,或者对年轻人征税以实现向老年人的转移支付,可能并不会给未来各代人或后辈年轻人带来负担,也不会给当代人或老辈人带来好处。[12]同样,公共教育和其他旨在帮助青年人的项目可能不会给他们带来太多的好处,因为父母的支出也相应地减少了。[13]

因此,假设每一代人的预算都平衡,那么我们的分析几乎不损失任何普适性:

$$对于所有\ t,\ \bar{T}_t = 0$$

它意味着:

$$b = -s\ \bar{I}^g,且\ \bar{I}^d_t = \bar{I}_t - \bar{T}_t = \bar{I}_t \tag{7.23}$$

其中,$\bar{I}_t$ 是税前平均收入。如果所有家庭是同质的,那么从方程式(7.20)中可以直接推导出平均收入的均衡水平:

$$\bar{I}^d = \bar{I} = \frac{\alpha(1-s)\bar{e}}{1-\beta_a - \alpha s l} \tag{7.24}$$

其中,$l = \bar{I}^g / \bar{I}$。s 的增加通过降低税后回报率来减少了 β_a,[14]而如果 α 提高不多,那么 s 的增加同样也会减少方程式(7.24)中的分子。由于税后回报率的下降阻碍了对孩子的投资,所以 s 的增加很有可能会减少均衡收入。

可支配收入的均衡标准差也很容易从方程式(7.20)中推导出来。用均衡平均收入的标准差除均衡平均收入,可以得到方差的均衡系数:

$$CV^2_{I^d} = \frac{(1-\beta_a - \alpha s l)^2}{1-\beta_a^2}\left[CV_u^2 + \frac{(1+h\beta_a)}{(1-h\beta_a)}CV_e^2 + \frac{CV_\Omega^2}{(1-s)^2}\right] \tag{7.25}$$

其中,$CV_\Omega = \sigma_\Omega / \bar{e}$。从方程式(7.24)和方程式(7.25)中很容易得出结论,即如果 α 和 σ_Ω^2 没有显著提高,s 的增加会减少可支配收入的均衡标准差。不过,由于 s 的增加也会使平均收入减少,故其对方差系数的影响并不太明显。

如果应纳税收入的定义与税前收入的定义有明显关系,那么我们就可以确定对方差系数的影响。应纳税收入取决于能否取消对孩子的投资、能否从应纳税收入中扣除折旧、能否对利息累计部分征税等类似问题。我们考虑两种看似合理的定义:

$$I_t^{g_1} = y_{t-1} + e_t + u_t = I_t$$
$$I_t^{g_2} = I_t^{g_1} - \frac{y_{t-1}}{1+r} = I_t - \frac{y_{t-1}}{1+r} \tag{7.26}$$

第一个方程是前几节提到的税前收入,第二个方程是对孩子的投资进行折旧。如果我们继续假设税前回报率 r 不受资本积累的影响,那么与这些应纳税收入定义相对应的税后投资偏好是:

$$\alpha(1+r_{a_1})=\beta_{a_1}=\alpha(1-s)(1+r)$$
$$\alpha(1+r_{a_2})=\beta_{a_2}=\alpha[1+(1-s)r]$$

(7.27)

方程式(7.25)括号外的项(由于 $\ell_1=1$)是:

$$f_1=\frac{(1-\beta_{a_1}-\alpha s\ell_1)^2}{1-\beta_{a_1}^2}=\frac{(1-\beta_{a_1})^2}{1-\beta_{a_1}^2}\quad 对于\ I^g=I^{g_1}$$

$$f_2=\frac{(1-\beta_{a_2}-\alpha s\ell_2)^2}{1-\beta_{a_2}^2}\quad\quad\quad\quad 对于\ I^g=I^{g_2}$$

(7.28)

如果 α 不受影响,r 大于 0.52,s 大于($+0.1$),那么 s 的增加必然会使 f_1 增加。s 的增加也会使得 f_2 增加,尤其在 r 大于 l_2 时。⑮

s 的增加会降低 CV_e^2 的系数并升高方程式(7.25)括号内 CV_Ω^2 的系数,可能也会影响 Ω 本身的方差。由于 s 的增加也提高了方程式(7.25)括号外各项的值,故我们的分析并不支持普遍认为的以下观点:累进税收或收益制度下的再分配缩小了可支配收入的不平等。事实上,这种再分配甚至可能扩大了可支配收入的不平等。

大多数关于不平等的讨论,忽略了税收或收益与除收入以外的其他变量之间的关系(在我们的公式中用 Ω 来表示),并且这些讨论没有打破均衡分配带来的初始影响。尽管累计的再分配最初通过减少税后收入的方差缩小了不平等(如果 Ω 的方差变化很小),但由于家庭减少了对子孙后代的投资,所以不平等的均衡水平仍然可能会提高。也许,这种初始效应与均衡效应之间的冲突解释了为什么过去五十年来,再分配的大幅增长对税后收入不平等的影响并不明显。

因此,累进所得税制不仅会通过阻碍投资使效率降低,而且会扩大均衡可支配收入的不平等。相比之下,鼓励贫困家庭进入资本市场以筹划其人力资本投资的政策,可以在提高效率的同时减少不平等(参见第 6 章的讨论)。

7.6　经济增长

由于我们已经假设 β 和 h 小于 1,且每单位资本收入(w)、回报率(r)和平均禀赋($\bar{e}$)都长期不变,那么收入的均衡水平也保持不变。比如说,如果w由自动化技术的进步而随着时间增长,那么方程式(6.8)的收入生成方程可写为:

$$I_{t+1}^* = \frac{\beta}{1+\gamma}I_t^* + \alpha w_{t+1}e_{t+1} + \alpha w_{t+1}u_{t+1}$$
$$= \beta^* I_t^* + \alpha w_{t+1}e_{t+1} + \alpha w_{t+1}u_{t+1} \qquad (7.29)$$

其中,$I_t^* = (w_{t+1}/w_t)I_t = (1+\gamma)I_t$ 是第 t 代人以 w_{t+1} 为单位的收入值,γ 是 w 中每代人给定的增长率。由于在孩子的禀赋增加时,父母令减少对其的投资,因而投资偏好从 β 降为 β^*。

如果 β^* 与 h 小于 1,那么方程式(7.29)意味着,第 t 代人平均收入的均衡水平等于:

$$\bar{I}_t = \frac{\alpha w_t \bar{e}}{1-\beta^*} \qquad (7.30)$$

由于每代人的 w_t 以 γ 的速度增长,所以 $\bar{I}_t$ 是可变的,而且会以相同的速度增长。γ 的增长提高了收入的均衡增长率。对每个既定的 w_t 而言,γ 的增加同时降低了对孩子的投资偏好,故而也降低了收入的均衡水平。

收入方差的均衡系数仍然是不变的,因为收入的标准差和平均收入均以每代人 γ 的速度增长。与方程式(7.10)的唯一区别是 β 被 β^* 代替;同样,除了 β 再次被 β^* 代替以外,代际变动的相对程度与方程式(7.14)相同。

由于代际变动和方差系数与投资偏好呈负相关,故 γ 的增加会增加代际变动并扩大一代人之间的不平等。收入的更快增长,与世代之间机会的更加均等,以及一代人内更不平等的结果都有关系。经济增长与“不平等”之间没有明确的内在联系(Paukert,1973,Diagram 1)并不令人奇怪;特别地,经济增长还可能与较高的投资回报率和较低的继承程度相关。

如果 β^*(和 h)小于 1,那么即使 β 大于 1,收入分配也会收敛到一个固定的方差系数。本章对 $\beta<1$ 的假设可以被下述更宽松的假设所代替:

$$\beta = \alpha(1+r) < 1+r \qquad (7.31)$$

因此,每一代人的回报率可能会大大超过 1,家庭收入中的绝大部分会被用于对孩子的投资。但是,只要家庭收入增长率足够大,本章的分析就具有普适性。

7.7　孩子的数量

对每个家庭只有一个孩子的假设进行一般化,即假设孩子的数量是外生决定的。那么,父母的效用函数和家庭收入取决于孩子的数量和收入:

$$U_t^i = U(Z_t^i,\ I_{t+1}^i,\ n_t^i) \tag{7.32}$$

且

$$Z_t^i + \frac{n_t^i}{1+r}I_{t+1}^i = I_t^i + \frac{n_t^i(e_{t+1}^i + u_{t+1}^i)}{1+r} \tag{7.33}$$

其中,对所有的 t 来说,$w_t = 1$。n_t^i 是第 t 代中第 i 个家庭拥有的孩子的数量,假设所有兄弟姐妹都是同质的。由于孩子数量的增加会使追加每个孩子的收入的总成本随之增加(如第 5 章、第 6 章所述),所以对孩子投资的影子成本为:

$$\pi_{I_{t+1}}^i = \frac{n_t^i}{1+r} \tag{7.34}$$

如果最大化与 Z_t 和 I_{t+1} 相关的 U_t,以方程式(7.33)中给定的 n_t 为约束条件,那么 I_{t+1} 的收入生成方程可以写为:

$$\begin{aligned}
I_{t+1}^i &= \frac{\alpha(\pi_{I_{t+1}}^i,\ n_t^i)(1+r)I_t^i}{n_T^i} + \alpha(e_{t+1}^i + u_{t+1}^i)\\
&= \hat{\beta}_t^i I_t^i + \alpha(e_{t+1}^i + u_{t+1}^i)
\end{aligned} \tag{7.35}$$

其中,$\hat{\beta}_t^i = [\alpha(\pi_{I_{t+1}}^i,\ n_t^i)(1+r)]/n_t^i$ 是第 t 代中第 i 个家庭根据孩子数量调整后的对孩子的投资偏好。家庭收入中花在孩子身上的比例(α)取决于追加孩子收入的影子成本(π_I),也有个别取决于孩子的数量(孩子数量的变化通常会改变自身消费的边际效用与孩子收入的边际效用的比率)。

花在孩子身上的那部分家庭收入的增加速度(如果有的话)小于数量的增长速度,导致孩子数量的增加会降低调整后的投资偏好(β)。因此,有更多孩子的家庭对每个孩子的投资都相对较少,父母收入对每个孩子收入的影响也较弱。此外,当孩子在家庭成员中的分布偏态较大时,由于调整后的投资偏好的分布会更为不平等且更偏斜,故收入分布的偏态也会更大,即更加不平等。

这种分析的困难之处在于,孩子的数量并不是外生的——正如我们在第 5 章和第 6 章所看到的那样,它取决于父母的效用最大化行为以及孩子的质量与父母的消费。同时确定的"可观察到的"对孩子数量和质量的需求函数[见方程式(6.21)]为:

$$n_t = d_n(I_t, e_{t+1} + u_{t+1}) \tag{7.36}$$

$$I_{t+1} = d_I(I_t, e_{t+1} + u_{t+1}) \tag{7.37}$$

孩子数量和质量之间需求的相互作用提高了禀赋运气或市场运气的影响,降低了父母收入对孩子数量的影响。事实上,即使在数量和质量的影子价格保持不变的情况下,如果父母收入的增加会显著提高孩子的质量,那么其也会同时减少孩子的数量。同样,两者的相互作用也会提高父母收入的影响,而降低禀赋运气或市场运气对孩子质量需求的影响。

重新代入方程式(7.2)的 e_{t+1} 与方程式(7.3)中的 I_t,n_t 和 I_{t+1} 就成为关于整个过去和现在的市场运气和禀赋运气的价值(u_{t+1},u_t,…;v_{t+1},v_t,…)、继承程度(h)和方程式(7.36)与方程式(7.37)中的参数的函数。这些派生函数可以用来推导人均收入和每个家庭子女数量的均衡分布,以及孩子数量和父母收入之间的均衡协方差(Tomes and Becker,1981)。

如果兄弟姐妹的禀赋运气或市场运气不同,并且人力资本与非人力资本有所区别,父母对子女性别的偏好也是中立的[见方程式(6.12)],那么更富有的家庭会对能力较大的孩子投入更多的人力资本和更少的非人力资本;而相对"贫穷"家庭(即只投资于人力资本的家庭)当且仅当在效率支配公平的情况下,才会为更有能力的子女投入更多的人力资本。较富裕家庭的父母对孩子之间的差异作出的反应会扩大由运气所得收益的不平等以缩小孩子总收入的不平等,而对于效率或公平为导向的较贫困家庭的父母而言,他们的做法是扩大或缩小孩子收入的不平等。

7.8　婚配匹配

第 3 章和第 4 章假定,婚姻市场的参与者以与其他参与者的竞争为约束条件来实现效用最大化。如果每个参与者都完全了解所有参与者的特征,那么有效的婚姻市场将会让那些具有类似家庭背景、智力、偏好和其他特征的人结为夫妻。但是,如果有关参与者的信息是不完善的,那么婚姻的匹配程度就可能大大降低(见第 10 章)。

未考虑婚姻和两性生育的分析很容易解释每个家庭的长期情况。幸运的是,当我们考虑人们为生育而结婚时,也可以用这种方法对每个家庭进行分析,即使夫妻之间的匹配程度很低。为了简化讨论,假设父母的两个孩子是同质的,但只有一个孩子(长子或次子)在婚后继承了家庭的姓氏,并假设所有孩子在成年后都会结婚,但目前而言,每个孩子的收入都完全取决于他们自己的禀赋、市场运气以及父母的投资,因而我们接着假设孩子成人结婚后不生育。如果孩子继承了父母平均禀赋的一部分(h),那么第 i 个家庭中孩子的收入生成方程式是:

$$I_{t+1}^i = \frac{\beta}{2}(I_t^i + I_t^{k_i}) + \frac{\alpha h}{2}(e_t^i + e_t^{k_i}) + \alpha(1-h)\bar{e} + \alpha(v_{t+1}^i + u_{t+1}^i)$$

$$(7.38)$$

其中,$e_t^i = (1-h)\bar{e} + (h/2)(e_{t-1}^i + e_{t-1}^{k_i}) + v_t^i$,$I_t^i + I_t^{k_i}$ 是其父母的总收入。假定继承了第 t 代第 i 个家庭姓氏的人与第 k_t 个家庭的人结婚,且对于所有的 t 而言,有 $w_t = 1$。

配偶的收入和禀赋之间的相似性取决于婚姻市场的信息。我们假设,配偶的这些特征是通过以下线性随机匹配方程确定的:

$$I_t^{k_i} = \bar{I}_t(1-R_I) + R_I I_t^i + \phi_t^i$$
$$且 \quad e_t^{k_i} = \bar{e}(1-R_e) + R_e e_t^i + \psi_t^i$$

$$(7.39)$$

假设随机变量 ϕ_t 和 ψ_t 与 I_t 和 e_t 不相关,但彼此之间相关。系数 R_I 和 R_e 测量的是每个特征的婚姻匹配程度,并假定此数值长期不变。婚姻市场信息的完善会提高 R_I 和 R_e,并降低 ϕ 和 ψ 的变异性。⑯虽然具有类似家庭背景的人更容易结婚(R_I 和 R_e 大于 0),但同一家庭的不同几代人通常会与家庭背景不同的人结为夫妻(也就是说,k 取决于 t 和 i)。

将这些等式代入方程式(7.38),得到收入生成方程:

$$I_{t+1}^i = \tilde{\beta}I_t^i + \alpha\tilde{h}e_t^i + z_{t+1}^i$$

$$(7.40)$$

其中,$\tilde{\beta} = (\beta/2)(1+R_I)$,$\tilde{h} = (h/2)(1+R_e)$,且有:

$$z_{t+1}^i = \alpha(1-h)\bar{e} + \frac{\beta}{2}(1-R_I)\bar{I}_t + \frac{\alpha h}{2}(1-R_e)\bar{e}$$

$$+\alpha(v_{t+1}^i + u_{t+1}^i) + \frac{\beta}{2}\phi_t^i + \frac{\alpha h}{2}\psi_t^i \tag{7.41}$$

禀赋可以从方程式(7.40)中消掉(通过之前使用的方法),以获得连接三代人的收入的联合方程:

$$I_{t+1}^i = (\tilde{\beta} + \tilde{h})I_t^i - \tilde{\beta}\tilde{h}I_{t-1}^i + \alpha z_{t+1}^{*i} \tag{7.42}$$

其中,z_{t+1}^{*i}取决于z_{t+1}、h和一些随机变量的滞后值。

除β被$\tilde{\beta}$代替、h被$\tilde{h}$代替外,方程式(7.40)和方程式(7.42)与方程式(7.3)和方程式(7.15)是相同的(见本章数学附录的条目G)。ϕ和ψ是随机项的一部分。当$R_I = R_e = 1$时,方程式(7.40)和方程式(7.42)与前面的这些方程相同,所以之前的分析相当于假设收入和禀赋具有完全匹配的婚姻。然而,这两种特征的完美匹配并不可行,部分原因是为每个参与者在市场上都有一个既定的收入和禀赋的"约束"(参见 Wessels,1976;Goldberger,1979;Note G),但主要原因仍在于有关这些特征的信息是不完全的。虽然对家庭背景和其他方面特征的评估很容易,但对禀赋和市场运气却难以评估。信息不完全会降低婚姻的匹配程度,并提高婚姻中随机决定因素的重要性。

婚姻市场信息的改善提高了收入和禀赋的匹配程度,因此提高了$\tilde{\beta}$和$\tilde{h}$。由于β和h的增加导致收入的均衡方差增大,因而改善的信息和更高的匹配程度也会增加收入的均衡方差,[17]尽管这种影响会因婚姻匹配的随机决定因素(ϕ和ψ)的变异性降低而被淡化。

如前文所述,如果β和h足够大——$(\beta+h)$远大于1,那么后代的收入将远远高于或远远低于许多代人的平均收入水平,这仅仅由其祖先的富有或贫穷所引起。方程式(7.42)表明,当婚姻匹配程度较低时,$(\tilde{\beta}+\tilde{h})$是代际变动的相关决定因素。那么,如果$\beta$和$h$都小于1,且婚姻中没有很好的收入和禀赋进行匹配,那么代际变动则必定相当大。例如,当一个祖先富有或贫穷时,如果婚姻与收入和禀赋随机相关,那么后代的收入将单调且迅速地恢复至β和h小于1的正常态。原因在于:

$$如果 R_I = R_e = 0, \beta, h < 1, 则 \tilde{\beta} + \tilde{h} < 1 \tag{7.43}$$

除了运气的好坏之外,除非大部分婚姻都门当户对,否则家庭不会世世代代都富甲一方或家徒四壁。

我始终假设，一个人的收入并不取决于其伴侣的特征，这相当于假设平均收入与婚姻的匹配程度无关。[18]然而，第 3 章、第 4 章和第 10 章对婚姻市场的分析表明，正是因为已婚家庭的产出取决于夫妻双方的特征，婚姻的匹配程度才显得尤为重要。由于婚姻市场信息的改善，R_t 和 R_e 的增加提高了婚姻的平均产出，因为婚姻的匹配程度更高了。因此，尽管收入水平的标准差会增大（平均收入可能会增加更多的百分比），但 R_t 和 R_e 的增加可能会大大降低收入变动的均衡系数。其他有关于婚姻匹配对收入不平等的影响的观点认为，婚姻匹配程度的增加必然会增加不平等程度，但这忽视了婚姻匹配程度对婚姻生育情况的影响（参见，例如 Blinder，1973，1976；或者 Atkinson，1975，pp.150—151）。

如果单位资本的收入增长率（w）等于每代人的增速 γ，那么调整后的投资偏好和继承程度就应为：

$$\tilde{\beta}=\frac{\beta(1+R_t)}{2(1+\gamma)}\text{且}\tilde{h}=\frac{h(1+R_e)}{2} \tag{7.44}$$

如果 $R_t \cong 0.6$（约等于夫妻之间教育程度的相关性），$R_e=+0.5$，且 $\gamma \cong +0.4$（从二十五年间的综合情况来看，w 每年约增长 1.2%），那么 $\tilde{\beta}=0.57\beta$，$\tilde{h}=0.75h$。因此，高速增长和严重不匹配的婚姻将大大降低对孩子的投资偏好和继承程度，从而显著降低收入的绝对变异性和代际的不变性（如图 7.1 中的函数 g_m 所测量）。然而，收入的相对变异性会随着收入的增长而提高，也可能因为婚姻匹配程度对婚姻产出具有可观影响而在婚姻不完全匹配时提高。

7.9　总结和结论

本章提出的关于不平等和代际变动理论的关键假设是，每个家庭都使得两代人的效用函数最大化——这也是贯穿整本书的一个假设。效用取决于父母的消费和孩子的质量，而孩子的质量是通过孩子成年后获得的收入来衡量的。本章数学附录的条目 H 表明，用孩子成年后的效用来衡量其质量，得到的分析是相似的。

当孩子从父母那里得到人力资本和非人力资本时，其收入就会增加。家庭声誉和人脉的继承，家庭环境所提供的知识、技能和目标，以及基因所决定的种族和其他特征,也会提高孩子的收入。通过这些投资与禀赋的继承,孩子的命运与其父母紧密联系在一起。

孩子的收入还取决于衡量他们禀赋运气和市场运气的随机变量。运气的分配是许多收入分配模型的基础,但这些模型没有考虑效用的最大化。由于对孩子的最佳投资取决于他们自身的市场运气和禀赋运气,因此在我们的分析中,运气和效用最大化相互作用。

父母效用的最大化以父母的收入、孩子继承的禀赋以及对孩子禀赋运气和市场运气的预期为约束条件。父母对孩子的最佳投资取决于对孩子的投资偏好,这是我们的分析中的一个重要参数。这种偏好与花费在孩子身上的那一部分家庭收入、对孩子的投资回报率以及婚姻的匹配程度正相关,与收入增长率负相关。

孩子收入的均衡水平取决于他们的禀赋运气和市场运气、父母的收入和禀赋,以及两个基本参数——禀赋的继承程度和对孩子的投资偏好。如果这些参数都小于1,则家庭之间的收入分配会趋向于一个静态分布。收入变化的静态系数越大,市场运气和禀赋运气的分配将会越不平等,继承程度越大,对孩子的投资偏好就越小。可以通过降低长期收入增长率或增加回报率来提高对孩子的投资偏好。

不同家庭之间的回报率、平均禀赋或其他参数的差异会扩大收入的不平等程度,并通过与收入和运气的相互作用来扩大收入分配的差距。例如,具有较高投资偏好的家庭拥有较高的收入;即使运气和所有参数都是对称分布的,这种相互作用也会增加不平等并使收入分布更加向右偏斜。

政府的累进再分配政策通常被认为可以缩小可支配收入的不平等程度。但我们的分析却得到一个令人惊讶的结论:累进税和政府支出可能会扩大可支配收入长期均衡分配中的不平等程度,主要原因是较低的税后回报率阻碍了家长对子女的投资。

当继承程度与投资偏好较大时,父母和其他家庭成员的收入与禀赋对子女及后代子孙的收入水平有更显著的影响。如果这两个参数都小于1,那么即使其中一代人较高的收入对其多代之后的后裔的收入的影响可以忽略不计,子女、孙辈子女和其他靠前的后代的收入也会显著增加。事实上,如果这两个参数的总和超过1,那么在后代收入下降之前会有几代人的收入先增加,并且后代收入的最大增幅可能会超过初始增加的收入。由于继承程度与投资偏好之间存在相互作用,上述效应并不会持续淡化,例如,继承程度的增加会扩大投资偏好对收入变化的影响。

当投资偏好与其他参数在不同家庭之间的差距更大时，家庭背景对孩子相对经济地位的影响更大。例如，一个低于平均投资偏好的家庭的各代收入都会低于平均收入，因为他们对后代的投资较少。

本章的分析有力地证明了，收入分配理论不必是帕累托分布、特殊概率机制或者关于继承的任意假设的混合，而是以构成微观经济学核心的最大化行为和均衡原则为基础。我们提出的理论把运气、家庭背景、婚姻匹配、文化、生理以及经济继承对收入分配的影响结合起来。此外，我们对决定不同世代不同家庭的收入的分析形成了统一的理论，并可用于分析同代之间与世代之间的不平等，而不需要割裂地使用经济学或社会学方法进行分析。

数学附录

A. 由方程式(7.6)得，如果 β，$h<1$，那么：

$$\sigma_I^2 = \alpha^2 \sigma_u^2 \sum_{k=0}^{\infty} \beta^{2k} + \alpha^2 \sigma_v^2 \sum_{k=0}^{\infty} \left(\frac{\beta^{k+1} - h^{k+1}}{\beta - h}\right)^2$$

$$= \frac{\alpha^2 \sigma_u^2}{1-\beta^2} + \alpha^2 \sigma_v^2 \sum_{k=0}^{\infty} \frac{\beta^{2(k+1)} + h^{2(k+1)} - 2h^{k+1}\beta h^{k+1}}{(\beta - h)^2}$$

第二项的总和可以写为：

$$\left(\frac{\beta^2}{1-\beta^2} + \frac{h^2}{1-h^2} - \frac{2h\beta}{1-h\beta}\right)\frac{1}{(\beta-h)^2}$$

或者：

$$\frac{\beta^2(1-h^2)(1-h\beta) + h^2(1-\beta^2)(1-h\beta) - 2h\beta(1-h^2)(1-\beta^2)}{(\beta-h)^2(1-h^2)(1-\beta^2)(1-h\beta)}$$

该式等于：

$$\frac{(\beta-h)^2(1+h\beta)}{(\beta-h)^2(1-h^2)(1-\beta^2)(1-h\beta)}$$

从方程式(7.6)两边的方差中可以得到一个更为简单易懂的均衡方差的导数：

$$\sigma_{I_{t+1}}^2 = \beta^2 \sigma_{I_t}^2 + \alpha^2 h^2 \sigma_{e_t}^2 + 2\alpha\beta h \operatorname{cov}_{I_t e_t} + \alpha^2 \sigma_v^2 + \alpha^2 \sigma_u^2 \qquad (7A.1)$$

因 $e_t^i = a + h e_{t-1}^i + v_t$，故有 $\operatorname{cov} I_t e_t = \beta h \operatorname{cov} I_{t-1} e_{t-1} + \alpha \sigma_e^2$。

如果方差和协方差处于静态均衡，则：

$$\operatorname{cov}_{I_t e_t} = \operatorname{cov}_{I_{t-1} e_{t-1}}, \quad \sigma_{I_{t+1}}^2 = \sigma_{I_t}^2 = \sigma_I^2, \quad \sigma_{e_{t+1}}^2 = \sigma_{e_t}^2 = \frac{\sigma_v^2}{1-h^2}$$

进而方程式(7A.1)可写为：

$$(1-\beta^2)\sigma_I^2 = \frac{\alpha^2 \sigma_v^2}{1-h^2} + \frac{2\alpha^2 \beta h \sigma_v^2}{(1-\beta h)(1-h^2)} + \alpha^2 \sigma_u^2$$

因而：

$$\sigma_I^2 = \frac{\alpha^2}{1-\beta^2}\sigma_u^2 + \frac{\alpha^2(1+\beta h)}{(1-h^2)(1-\beta h)(1-\beta^2)}\sigma_v^2$$

B. 由于 $I_{t+1}^i = \beta I_t^i + \alpha h e_t^i + \alpha u_{t+1}^i + \alpha v_{t+1}^i + a$ 为常数，在均衡状态 $\operatorname{cov}_{I_t e_t} = (\alpha \sigma_e^2)/(1-h\beta)$ 且 $\sigma_{I_{t+1}}^2 = \sigma_{I_t}^2 = \sigma_I^2$ 的情况下，根据多重相关系数的定义得：

$$R^2(I_{t+1}; I_t, e_t) = \frac{\beta^2 \sigma_{I_t}^2 + \alpha^2 h^2 \sigma_{e_t}^2 + 2\alpha h\beta \operatorname{cov}_{I_t e_t}}{\sigma_{I_{t+1}}^2}$$

$$= \beta^2 + \frac{\alpha^2 \sigma_{e_t}^2}{\sigma_I^2}\left(h^2 + \frac{2h\beta}{1-h\beta}\right) > \beta^2$$

如果 $\sigma_u^2/\sigma_e^2 \cong 0$，则令 $\sigma_v^2 = (1-h^2)\sigma_e^2$，那么从方程式(7.7)中得到 $\sigma_I^2 \cong (1+h\beta)\alpha^2\sigma_e^2/(1-h\beta)(1-\beta^2)$，进而有：

$$R^2 \cong \beta^2 + \frac{(1-\beta^2)h(2\beta+h-\beta h^2)}{1+h\beta}$$

(注意, $\partial R^2/\partial h > 0$)

C.

$$\dot{g}_m = \frac{\partial g_m}{\partial m} = \frac{\beta^m \log \beta - h^m \log h}{\beta - h}$$

如果 $\beta > h$，那么当 $(\beta/h)^m \gtreqqless \log h/\log \beta$ 时，由于 $\beta < 1$，有 $\dot{g}_m \lesseqqgtr 0$。

等式右边是一个常数，左边随着 m 的增大可以无限地增大，所以 g_m 必定会在一个限定的 m 处达到一个单独的高峰后开始单调递减。因此，由于 $g_1 = 1$ 且 $g_2 = \beta + h$，所以当 $\beta + h < 1$ 时，不论 m 取值范围如何，g_m 都会下

降,当 $\beta+h>1$ 时, g_m 在 $m>1$ 处达到高峰。m 的最大值可从下式得出:

$$\dot{g}_m = 0 = \beta^m \log \beta - h^m \log h$$

或有:

$$\hat{m} = \frac{\log\left(\dfrac{\log h}{\log \beta}\right)}{\log \beta - \log h}$$

如果 $\beta=kh$, $1<k<1/h$, 则有:

$$\frac{\partial \hat{m}}{\partial h} = \frac{1}{h} \frac{1}{\log h \log kh} > 0$$

或者,在 β 和 h 同比增加时, $\hat{m}$ 也会增加。

　　D. 因为:

$$\sigma_{u^*}^2 = \alpha^2 \left[\sigma_u^2 (1+h^2) + \sigma_v^2 \right]$$

$$\text{且} \quad \text{cov}_{u_t^* u_{t+1}^*} = \alpha^2 (-h\sigma_u^2)$$

那么:

$$\sigma_v^2 / \sigma_u^2 = (-h\sigma_{u^*}^2 / \text{cov}_{u_t^* u_{t+1}^*}) - (1+h)^2$$

因此, σ_v^2/σ_u^2 可由 h、$\sigma_{u^*}^2$ 和 $\text{cov}_{u_t^* u_{t+1}^*}$ 决定。

　　E. I_{t+1} 对 I_t 的回归可以消掉方程式(7.15)中的 I_{t-1} 与 u_t。对回归系数的最小二乘估计值为:

$$bI_{t+1} I_t = \beta + h - \beta h b_{I_{t-1} I_t} - \alpha h b_{u_t I_t}$$

其中, b_{yx} 是 y 对 x 的一个简单回归系数。由于 $b_{I_{t-1} I_t}$ 和 $b_{u_t I_t}$ 都是正值,又有 $b_{I_{t+1} I_t} = b_{I_{t-1} I_t} = R_{I_{t+1} I_t} \leqslant 1$,其中 $R_{I_{t+1} I_t}$ 是 I_{t+1} 与 I_t 之间的相关系数,可得:

$$b_{I_{t+1}} I_t = \frac{\beta + h - \alpha h b_{u_t I_t}}{1 + \beta h} \leqslant \min(1, \beta+h)$$

这里的偏差是不可忽略的。

　　I_{t+1} 对 I_t 的回归同样可以消掉方程式(7.3)中父母的禀赋(e_t),得到:

$$b_{I_{t+1} I_t} = \beta + \alpha h b_{e_t I_t} > \beta$$

因此:

$$\beta < b_{I_{t+1} I_t} < \min(\beta+h, 1)$$

F. 由于第 i 个家庭的均衡收入为 $\bar{I}^i = \alpha\,\bar{e}/(1-\beta^i)$，所以当 β^i 对称分布时，这些收入的分布呈右偏态，因为像 $(1-\beta^i)$ 这样的正态均匀分布变量的倒数的分布是呈右偏态的。

为证明这一点，我们令 $1-\beta^i = x_i$，$y_i = 1/x_i$，且 x_p 和 y_p 分别是 x 和 y 分布中的第 p 个百分点，则通过假设 x 为对称分布，我们可以得到衡量 x 偏度（非参数）的一种方式：

$$s_x = \frac{x_p - x_{50}}{x_{50} - x_{100-p}} = 1$$

因倒数的排序是相反的，所以对于所有的 p，有 $y_p = 1/(x_{100-p})$，则：

$$s_y = \frac{y_p - y_{50}}{y_{50} - y_{100-p}} = \frac{\dfrac{1}{x_{100-p}} - \dfrac{1}{x_{50}}}{\dfrac{1}{x_{50}} - \dfrac{1}{x_p}} = \frac{x_p}{x_{100-p}} > 1$$

其中，$p > 50$。

即使所有家庭都具有相同的均衡投资偏好，如果暂时部分继承了或高或低的偏好，那么收入分配也会出现偏斜。如果：

$$\beta_{t+1}^i = (1-c)\bar{\beta} + c\beta_t^i + \delta_{t+1}^i, \quad 0 < c \leqslant 1$$

那么，方程式（7.17）就变为：

$$I_{t+1}^i = \alpha\,\bar{e} + (1-c)\bar{\beta}I_t^i + c\beta_{t-1}^i I_t^i + \delta_t^i I_t^i$$

由于 β_{t-1}^i 和 I_t^i 正相关，故 $\beta_{t-1}^i I_t^i$ 的分布将会呈右偏态。

G. 方程式（7.39）可以很容易地把 e_t^i 纳入 I_t^{ki} 的决定式，把 I_t^i 纳入 e_t^{ki} 的决定式中：

$$I_t^{ki} = c_I + R_{II}I_t^i + R_{Ie}e_t^i + \phi_t^i$$

$$\text{且}\quad e_t^{ki} = c_e + R_{eI}I_t^i + R_{ee}e_t^i + \psi_t^i$$

通过这样的一般化处理，调整后的继承程度（h）取决于回报率（r）及 e^i 对 $I^{ki}(R_{Ie})$ 的影响。同理，调整后的投资偏好取决于 h、r 以及 I^i 对 $e^{ki}(R_{eI})$ 的影响：

$$\tilde{\beta} = \frac{\beta}{2}\left(1 + R_{II} + \frac{h}{1+r}R_{eI}\right)$$

$$\text{且}\quad \tilde{h} = \frac{h}{2}\left(1 + R_{ee} + \frac{1+r}{h}R_{Ie}\right)$$

除此之外，方程式(7.40)与方程式(7.41)基本没有改变。

H. 本附录用父母的效用函数取决于孩子的效用函数或福利的假设，替代了父母的效用函数取决于孩子的收入的假设（另见第 8 章）。此外，对不平等和代际变动的相关分析是类似的。

如果第 t 代父母的效用函数取决于他们自己的消费和孩子的福利，用孩子的效用函数的单调变换来衡量，那么：

$$U_t = V [Z_t, \psi(U_{t+1})] \tag{7A.2}$$

其中，$(\mathrm{d}\psi/\mathrm{d}U_{t+1}) > 0$。由于孩子的效用函数取决于他们自身的消费和他们的子女——第 t 代父母的孙子女——效用函数的变化，又因为假设不同代人的效用函数是相同的，故方程式(7A.2)可以写为：

$$U_t = V(Z_t, \psi \{V[Z_{t+1}, \psi(U_{t+2})]\}) = V^* [Z_t, Z_{t+1}, \phi(U_{t+2})] \tag{7A.3}$$

孙辈子女的效用函数仍取决于他们自己的消费和他们孩子的效用函数，如此类推到各世代。通过将这些连续后代的各种效用函数替换为第 t 代的效用函数，我们可以将后者写为一个他们自己及其所有后代的消费函数：

$$U_t = U(Z_t, Z_{t+1}, Z_{t+2}, \cdots) \tag{7A.4}$$

每一代人或消费，或投资于孩子（对第二代之后的后代的投资不是必需的）。如果用第 $(t+1)$ 代的预算方程替代第 t 代的投资 y_t，则第 t 代的预算方程变为：

$$Z_t + \frac{1}{1+r}Z_{t+1} + \frac{1}{(1+r)^2}y_{t+1} = I_t + \frac{1}{1+r}e_{t+1} + \frac{1}{1+r}u_{t+1} \tag{7A.5}$$

其中，y_{t+1} 是第 $(t+1)$ 代对第 $(t+2)$ 代的投资。用第 $(t+2)$ 代的预算方程替代第 $(t+1)$ 代的投资 y_{t+1}，对之后所有的 y_{t+i} 都是如此，则第 t 代的预算方程可写为下列基本形式：

$$Z_t + \frac{1}{1+r}Z_{t+1} + \frac{1}{(1+r)^2}Z_{t+2} + \cdots$$
$$= I_t + \frac{1}{(1+r)}(e_{t+1} + u_{t+1}) + \frac{1}{(1+r)^2}(e_{t+2} + u_{t+2}) + \cdots \tag{7A.6}$$

方程式(7A.6)右边给出了第 t 代的"家庭财富"，或者可以理解为在第 t 代时自身收入与之后各代的禀赋和市场运气的现值的总和。方程式(7A.6)左边说明,家庭财富用于当前的消费及其所有后代消费的总和。

只有对从第 t 代到此后所有世代的市场运气和禀赋运气有了充分了解时,第 t 代的家庭财富才是已知的。这是一个已经超过了最大预测能力的要求,更为合理的做法是考虑相反的极端,并假设后代的运气根本无法预料。如果每个家庭都对风险漠不关心,那么取决于不同世代的预期消费的效用函数的最大化,就会受到家庭预期财富的约束。均衡状态意味着,第 t 代的家庭预期财富取决于第 $(t-1)$ 代的家庭预期财富、投资偏好 (β) 以及现实的市场运气和禀赋运气。

更重要的是连续三代人收入之间的均衡关系:

$$I_{t+1} = k + (\beta+h)I_t - \beta h I_{t-1} + (u_{t+1} - hu_t) + (v_{t+1} - hv_t)$$
$$+ \frac{h(\beta-h)}{1+r-h}v_t \tag{7A.7}$$

I_t 与 I_{t-1} 的系数——$(\beta+h)$ 和 $(-\beta h)$——与方程式(7.15)中的系数是相同的。现时和滞后的市场运气及现时的禀赋运气的系数,与方程式(7.15)中的系数相似,而滞后的禀赋运气在方程式(7A.7)中的系数为负,并且不进入方程式(7.15)之中。由于方程式(7A.7)和方程式(7.15)中 I_t 和 I_{t-1} 的系数是相同的,所以就家庭背景对孩子收入的影响而言,取决于孩子福利的效用函数和取决于孩子收入的效用函数,其分析具有同样的意义。此外,他们对于确定收入均衡分配的决定也具有类似的意义。

附录　人力资本和家庭兴衰[*]

自帕累托提出较多收入和财富的分布能合理地近似于一个特定的偏态分布(自那时起就被称为帕累托分布)以来,经济学家们一直在探讨个人和家庭的工资、收入与财富方面分配不平等的问题。然而,他们很少注意到由父母、子女和后代的收入或财富之间的关系所决定的家庭代际不平等现象。熊彼特是唯一一个既用经验证据,又用理论分析来系统考察代际变动的经济学家(参见 Schumpeter, 1951)。

---

[*] 本附录由我和 N.多姆斯合著,最初发表在《劳动经济学杂志》1986 年第 4 期,第 S1—S39 页。经同意后,在此重印,在形式上稍作修改。

另一方面,一些社会学家就孩子和父母的职业、教育及其他特征方面提出了相当多的经验证据。Blau 和 Duncan(1967)在其有影响力的著作《美国职业结构》(*The American Occupational Structure*)中考虑了家庭背景对孩子成就的影响。早在 1889 年,约翰·杜威(John Dewey)就写道:"平均而言,那些父母是特例或父母偏离平均值的孩子,其本身对均值的偏离仅仅是他们父母的 1/3……贫困家庭的孩子不太可能生活得更好,而各方面条件都稍好一些的家庭的孩子不到三分之二。"(Dewey,1889,pp.333—334;O.D.邓肯的论点引起了我们的注意)。

虽然关于家庭间不平等的讨论几乎与同一家庭代际间不平等的讨论割离,但从我们的分析中可以看出,这些不平等都是密切相关的。特别地,父母和孩子收入之间关系的回归对平均值的偏离意味着,随着时间的推移,收入不平等程度会越来越大,而趋向均值的回归则意味着更小和更稳定的不平等程度。这些论点在父母与子女关系的简单马尔可夫模型中是显而易见的:

$$I_{t+1} = a + bI_t + \varepsilon_{t+1} \qquad (7S.1)$$

其中,I_t 是父母的收入,I_{t+1} 是孩子的收入,a 与 b 是常数,假设影响孩子收入的随机因素(ε_{t+1})与父母的收入无关。

如果 b 大于或等于 1,则收入不平等将随时间的推移继续扩大;但如果 b 的绝对值小于 1,则收入不平等将趋向一个恒定水平。很明显,b 的大小还衡量了富裕父母的子女是否会没有其父母富裕,以及贫穷父母的子女是否会比其父母生活得更好。这个例子意味着,即使在严格的等级统治社会中,除非不平等会随着时间的推移持续扩大($b \geq 1$),否则富裕家庭和贫困家庭在几代之内就会出现很大的阶层变动。

孩子成就相对于父母成就的回归对平均值的偏离程度,是衡量一个社会中机会平等程度的指标。本附录补充分析了不平等机会的决定因素(有时也被称为代际变动),或者如本附录的标题所称——家庭兴衰。我们可以混合使用这些术语。

社会学家们对代际变动做了许多实证研究,但都缺乏解释其发现的框架或模型。我们试图通过提出一种系统的模型,来弥补这一缺陷并填补相关文献普遍存在的空白。该模型依赖于所有参与者的效用最大化行为、不同市场的均衡,以及决定参与者之间不平等程度的随机力量。

要对家庭兴衰的诸多方面进行全面分析,则必须考虑父母对孩子的利他主义和人力资本投资,婚姻市场中夫妻的匹配程度和对孩子的需求,父母对特殊儿童或残疾儿童的照顾,以及对下一代甚至再后几代机遇的期望等因素。虽然这些因素和其他行为方面可以被放入一个基于最大化行为的一致框架中,但必须承认的是,我们没有对所有因素都以令人满意的方式进行处理。不过,我们的研究指出了如何在未来对其开展更全面的分析。

我们对人力资本的大部分分析,都是基于我在"威廷斯基讲座"(Becker,1967)中提出的用以解释不同家庭中不同投资的模型。但是,那次讲座重点关注的是收入和财富的不平等和偏态,并没有推导父母和子女的收入与资产之间的关系。这里的分析方法也是基于我们一系列关于婚姻、生育率、父母的利他主义及父母与孩子之间的长期均衡关系的论文而提出的[特别参见Becker(1974b)和本书、Becker 和 Tomes(1976, 1979),以及 Tomes(1981)]。

本附录与 Becker 和 Tomes(1979)的论文在思想上非常接近,但是也有很大的区别。我们认为现下的论述会有相当大的改进与完善。我们现在将人力资本和收入与其他财富区分开来,并对代际债务转移作了限制。我们假设父母的效用取决于孩子的效用,而非孩子的永久性收入。我们还考虑内生生育率对父母和孩子的财富与消费之间关系的影响。这些改进解释了为什么本附录的分析有时与早先的论文有很大不同。一篇批判本书部分内容的文章、Becker 和 Tomes(1984)的论文、本附录的早期版本,以及 Goldberger(1985)有时候都没有注意到这些差别。

由于代际之间的不平等和家庭之间的不平等密切相关[如方程式(7S.1)所示],任何对不平等的合理分析都必须考虑婚姻模式、生育率、对未来各代人的期望以及人力资本投资几个方面。越来越多的文献试图将更现实的家庭行为模型归纳进收入和财富分配模型之中。[19]尽管这些文献和我们的论述有许多相似之处,但实际上只有我们把家庭兴衰和人力资本投资结合起来,后者与资产积累、消费演变和对孩子的需求相互作用。

7S.1 收益和人力资本

7S.1.1 完全的资本市场

有些孩子是具有优势的,因为他们出生于背景雄厚、注重孩子培养以及具有其他有利的文化和基因特征的家庭中。基因和文化都从父母传递给孩子,前者编码在 DNA 中,后者编码在家庭遗风中。相比于生物特征的传递,人们对文化特征的传承知之甚少,甚至不了解基因和文化对每个家庭独特禀赋的相对贡献。我们不需要将文化禀赋与基因禀赋区分开来,我们也不会试图确定文化传承的确切机制。遵循以前的论文(Becker and Tomes,1979;也可参见Bevan,1979),我们假设两者的传递都通过随机线性方程或马尔可夫方程得到第一个近似值:

$$E_t^i = \alpha_t + hE_{t-1}^i + v_t^i \qquad (7S.2)$$

其中,E_t^i 是第 t 代第 i 个家庭的禀赋(或禀赋的向量),h 是对这些禀赋的继承程度(或程度的向量),v_t^i 衡量传承过程中的非系统成分或运气。我们假设父母不能对孩子的禀赋进行投资。

由于可以用父母和孩子(也许还有祖父母)的收入的准确数据来估计继承程度,也就不必对禀赋继承的大小或者甚至符号作出更严格的限制。但是,禀赋仅部分继承的假设(即 $0 < h < 1$)是对文化禀赋的一种合理概括,众所周知这种禀赋是对基因特征的继承。这一假设意味着禀赋将会向平均值回归:有良好禀赋的父母,其子女的禀赋也往往高于总平均水平,但低于父母禀赋的平均水平;而父母禀赋较差的孩子的禀赋也往往低于总平均水平,但高于父母禀赋的平均水平。

α_t 项可被解释为同一社会中给定群体内的所有成员共有的社会禀赋。如果社会禀赋长期不变,且 $h < 1$,则平均禀赋最终会等于 $1/(1-h)$ 与社会禀赋的乘积(即 $\lim \bar{E}_t = \alpha/[1-h]$)。然而,例如,在政府对社会禀赋进行投资时,$\alpha$ 可能不是一个常数。

实际上,所有考虑工资和能力的收入分配的常规模型,都假设能力能自动转化为收入,有时也会被对不同种类能力的需求所修正(例如,参见 Roy,1950;Mandelbrot,1962;Tinbergen,1970;Bevan and Stiglitz,1979)。这个假设在理解收入分配的某些总体特征(如偏度)时很有用,但在分析父母对子女收入的影响时却不尽如人意。父母不仅会将他们的一些禀赋传给孩子,还通过支付孩子的技能、健康、学习、动力、"信誉"等诸多特征的花费来影响孩子成人后的收入。这些花费取决于孩子的能力以及父母的收入、偏好、生育率、对孩子的教育和其他人力资本的公共支出,等其他变量。由于工资实际上是大多数人的唯一收入,所以父母主要通过影响孩子的潜在工资来影响孩子的经济福利。

为了简单分析这些影响,我们假设人的一生分为童年时期和成年时期两

个时期,并假设成人的工资取决于人力资本(H)(信誉可能是对其进行衡量的一个方面)和市场运气(l):

$$Y_t = \gamma(T_t, f_t) H_t + l_t \tag{7S.3}$$

单位人力资本的收入(γ)是由要素市场的均衡决定的,它与技术知识(T)正相关,与经济中人力资本与非人力资本的比率(f)负相关。由于我们关心的是家庭之间的差异,而所有家庭的 γ 都是相同的,故 γ 的确切值在我们的分析中往往并不重要。因此,我们假设对 H 的衡量指标已选定,使得 $\gamma=1$。

虽然人力资本包含许多方面,如技能、能力、个性、外表、声誉和信誉,但我们还可以通过假设不同家庭中的人力资本和所涉及的各方面都是同质的,来作进一步简化。研究表明,童年时期的投资对于孩子后来的发展至关重要(参见,例如 Bloom,1976),我们由此假设累积的人力资本总量(包括在职培训)与童年时期的人力资本积累总量成正比。继而成年时期的人力资本和预期收入由对父母禀赋的继承(x)以及促进孩子发展的公共支出(s)决定:

$$H_t = \Psi(x_{t-1}, s_{t-1}, E_t), \ \Psi_j > 0, \ j = x, s, E \tag{7S.4}$$

孩子的能力、早期学习以及家庭文化和基因"基础结构"的其他方面,往往会提高家庭和公共支出对人力资本生产的边际效应:

$$\frac{\partial^2 H_t}{\partial j_{t-1} \partial E_t} = \Psi_{jE} > 0, \ j = x, s \tag{7S.5}$$

父母支出的边际回报率(r_m)由方程式(7S.6)来定义:

$$\frac{\partial Y_t}{\partial x_{t-1}} = \frac{\partial H_t}{\partial x_{t-1}} = \Psi_x = 1 + r_m(x_{t-1}, s_{t-1}, E_t) \tag{7S.6}$$

其中,由方程式(7S.5)得出 $\partial r_m / \partial E > 0$。

尽管不同人的人力资本可能在生产过程中是高度替代的,但每个人都形成了一个独立的人力资本"市场",其回报率取决于对他投资的总额以及人力资本总量。当对一个人的投资越来越多,投资成本随他所放弃的收入的增加而增加,最终使其边际回报率下降。此外,随着他的剩余工作时间的缩短,收益下降的速度甚至会更快[参见 Becker (1975)的更广泛讨论]。

非人力资本或资产通常可以在相对有效的市场上进行购买或出售。因此,我们推测,资产回报率对每人所拥有的资产数量的敏感度要低于人力资本的回报率。尽管一些理论认为两者存在正相关关系[参见 Ehrlich 和 Ben-Zion

(1976)以及 Yitzhaki(1984)提供的证据],但人们对能力、其他禀赋和财富对不同资产的回报的影响却知之甚少。我们的分析只需要合理假设:资产的回报对任何个体的禀赋和积累的敏感度远不及人力资本的回报(Becker,1967,1975)。该假设的一个简单特例是:所有人的资产回报率都是一样的。

在对孩子进行大量投资之前,孩子的禀赋运气(v_t)对父母而言大多都已昭然若揭。因此,我们假设这些投资的回报率是完全为父母所知的(只要已知社会环境 α_t 和公共支出 s_{t-1})。父母必须决定,如何将他们的总"遗产"在他们孩子的人力资本和资产之间进行分配。我们最初假定,父母可以在某一资产利率下借款来为孩子的支出筹措资金,且这些负债的还款义务由成年后的孩子承担。

假设父母不需要减少自己的消费或闲暇时间就可以最大化孩子的福利,那么,无论最大化孩子的净收入(收入减去负债)是否必要,父母都会选择借款。这就要求在政府支出与私人支出可以相互替代的条件下,对孩子的人力资本的支出等于利率的边际回报率:

$$r_m = r_t,\text{或}\hat{x}_{t-1} = g(E_t, s_{t-1}, r_t) \tag{7S.7}$$

由方程式(7S.6)可得:

$$g_E > 0, \ g_r < 0, \ g_s < 0 \tag{7S.8}$$

由于借贷的资金可以成为孩子的负债,故父母可以把对孩子的投资从他们自身的资源和对孩子的利他主义中分离出来(分离理论的一个例子)。

在图 7S.1 中,最佳投资由水平的"资金供给曲线"rr 与向下倾斜的需求曲线(HH 或 $H'H'$)的交点给出。该图明确地表明,禀赋更好的孩子积累了更多的人力资本,父母对禀赋为 E 的孩子积累了 ON 单位的支出,而对禀赋为 $E' > E$ 的孩子,父母所积累的支出为 $ON' > ON$。因此,由于方程式(7S.3)把人力资本转化为孩子成人后的预期工资,故禀赋更好的孩子会有更高的预期工资。而禀赋与工资之间的正相关关系扩大了禀赋对工资的总影响,以及工资相对于禀赋的分布所存在的不平等和偏斜。

利率的上升使对孩子人力资本的投资减少,从而减少孩子的工资。比较图 7S.1 中的 ON 和 $\overline{ON}$ 可得,公共支出的增加带来的影响并不明显。如果公共支出的每一美元都可以由私人支出进行完全替代,则人力资本的生产将由其总和($x+s$)与 E。公共支出的增加因而等于私人(父母)支出的减少,而人力资本的积累将保持不变。不过由于私人支出不可能是负的,故公共支出

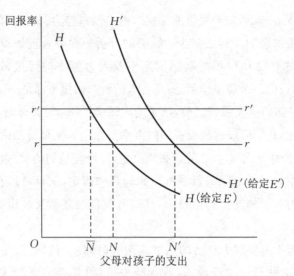

图 7S.1　父母对孩子支出的回报率

的大幅度增加,也会提高人力资本的积累。

请注意,孩子的人力资本和收入并不取决于其父母的资产和收入,因为贫穷的父母可以通过借贷来为子女筹措最佳投资所需的资金。但子女的收入受父母的收入影响,因为赠与和遗留的资产和债务对父母的收入和财富较为敏感。事实上,富裕的父母会倾向于自行筹措人力资本的所有积累,并且还会增加大量的资产赠予。

尽管孩子的收入和人力资本与父母的收入和财富没有直接关系,但它们可能通过禀赋的继承程度而间接相关。继承程度越高,父母与子女的人力资本和收入的关系就越密切。为了得出父母和子女收入之间的关系,我们把方程式(7S.7)中给出的 x 的最优水平代入方程式(7S.3)的收入生成方程,得到:

$$Y_t = \Psi[g(E_t, s_{t-1}, r_t), s_{t-1}, E_t] + l_t = \Phi(E_t, s_{t-1}, r_t) + l_t \quad (7S.9)$$

$$\text{其中 } \Phi_E = \Psi_g g_E + \Psi_E = \left(\frac{\partial Y}{\partial x}\right)\left(\frac{\partial x}{\partial E}\right) + \left(\frac{\partial Y}{\partial E}\right) > 0$$

由于方程式(7S.9)的 E 与 Y、l、g、r 相关,因而 E_t 可以被方程式(7S.2)中的 E_{t-1} 代替,则 Y_t 与 Y_{t-1}、l_t、v_t、l_{t-1} 及其他变量相关:

$$Y_t = F(Y_{t-1}, l_{t-1}, v_t, h, s_{t-1}, s_{t-2}, r_t, r_{t-1}, \alpha_t) + l_t \quad (7S.10)$$

意料之中的是,当孩子对禀赋的继承能力(h)更强时,父母的收入和子女的收入之间的关系更密切。他们的收入之间的关系还取决于禀赋对收入的总

影响(Φ_E)。如果这种影响独立于禀赋水平($\Phi_{EE}=0$),那么:

$$Y_t = c_t + \alpha_t \Phi_E + h Y_{t-1} + l_t^* \tag{7S.11}$$

$$其中\ l_t^* = l_t - h l_{t-1} + \Phi_E v_t$$

$$c_t = c(s_{t-1}, s_{t-2}, h, r_t, r_{t-1})$$

若政府对不同家庭的支出(s_{t-1},s_{t-2})有所不同,则不同家庭的截距c_t也会不同。随机项l_t^*与父母的市场运气负相关。

如果孩子在成人后的运气(l_t^*)保持不变,则孩子的收入将以($1-h$)的速度落回至平均水平。在子女终身实际收入(Y_t)对父母终身实际收入(Y_{t-1})的OLS回归中,父母终身收入中的暂时性成分(l_{t-1})使得其系数向下倾斜。如果所有家庭的c_t都相同,那么回归系数的期望值等于:

$$b_{t,\,t-1} = h \left(1 - \frac{\sigma_l^2}{\sigma_y^2} \right) \tag{7S.12}$$

其中,σ_l^2和σ_y^2分别是l_t和Y_t的方差。当终身收入中暂时性成分的不平等占终身收入总不平等的比例较小时,这个系数与继承程度就更为接近。

具有特殊种族、宗教、等级和其他特征而遭受市场歧视的家庭的收入低于没有这些特征的家庭。即使父母的收入相等,因这些特征而受到歧视的人的收入也低于有同样特征但不受歧视的人的收入。只要歧视会降低来自给定禀赋的收入,那么,在继承程度一定的情况下,受歧视的人的收入就会减少,因为歧视会减少与父母和子女收入相关的方程的截距[即方程式(7S.11)中的($c_t + \alpha_t \Phi_E$)]。

7S.1.2　不完全进入的资本市场

从资本市场中获得对孩子投资的资金,把收入转移从父母的慷慨行为和所持资源中区分开来。然而,长期以来,经济学家们都认为人力资本对借贷人来说并不是好的抵押品。孩子可以通过不积极工作或者从事物质收入较低但精神获得较高的职业来"逃避"对市场的债务,并以此违约。关于工作努力和就业机会的信息的私人性质的"道德风险",会极大地影响人力资本的收益。此外,大多数社会都不愿意从孩子那回收其父母签订的债务,这可能是因为少数不关心子女福利的父母会通过给孩子留下巨额债务来提高自己的消费。

为了突出地说明为孩子签订的不完全债务的不良影响,我们假设家长必须通过出售资产、减少自己的消费、减少孩子的消费或增加孩子的劳动力活动,来为对孩子的投资筹措资金。考虑没有资产的父母,[20]他们不得不部分地减少自己的消费来为孩子人力资本的有效投资提供资金（如图 7S.1 中的 ON），因为他们无法为子女签订债务。相对于投资于孩子的资源的边际效用来说，减少自己的消费能够提高其边际效用，从而减少对孩子的部分支出。因此，通过限制父母留给孩子的债务，既减少了对孩子的投资，也减少了父母自身的消费。比较富裕的父母更倾向于同时拥有更高的消费和对孩子进行更多的投资。

因此，没有资产的父母对子女的支出不仅取决于如方程式（7S.7）所示的孩子的禀赋和公共支出，还取决于父母的收入（Y_{t-1}）和他们对孩子的慷慨程度（w），甚至可能也与孩子及其后代子孙的运气的不确定性（ε_{t-1}）有关：

$$\hat{x}_{t-1} = g^*(E_t, s_{t-1}, Y_{t-1}, \varepsilon_{t-1}, w), \quad g_y^* > 0 \tag{7S.13}$$

如果公共支出影响私人支出的回报率，那么公共支出和私人支出就不会完全替代，例如，当对学费进行补贴时。然而，如果两者是完全替代的，那么 g^* 将仅取决于 s_{t-1} 和 Y_{t-1} 的总和：公共支出的增加等于父母收入的增加。孩子的禀赋对投资的影响是双重的（$g_E^* \gtreqless 0$），因为孩子禀赋的增加提高了孩子的资源和对孩子人力资本投资的生产率。当父母预期孩子会较为富裕时，对孩子追加支出的边际效用就会降低，使得父母对孩子的支出受到阻碍。

图 7S.2 中与图 7S.1 中支出的需求曲线相似，且在禀赋较高的孩子的家庭中这种曲线会更高。家庭投资成本不再是一成不变的，也不再对所有家庭都是一样的。对孩子支出的增加会降低父母的消费，进而提高父母消费

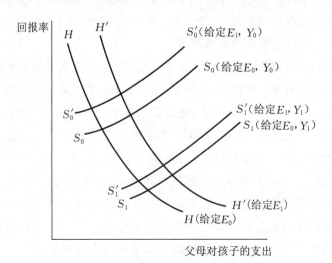

图 7S.2　资本约束下的父母对孩子的支出

的主观贴现率(资金的影子成本)。对拥有收入较高或禀赋较低的孩子的父母而言,这些贴现率较低。每个家庭对孩子的支出取决于供求曲线的交点。父母收入增加使得供给曲线向右移动,导致对孩子支出增加(图 7S.2 中的 S_1 和 S_1')。交点的分布决定了投资和回报率的分布,因此,就像 Becker(1967, 1975)的观点,也决定了收入分配中的不平等和偏态。

把方程式(7S.13)代入方程式(7S.3)和方程式(7S.4)的收入生成方程,我们得到:

$$Y_t = \Psi[g^*(E_t, Y_{t-1}, k_{t-1}), s_{t-1}, E_t] + \ell_t \qquad (7S.14)$$
$$= \Phi^*(E_t, Y_{t-1}, k_{t-1}) + \ell_t$$

其中 k_{t-1} 包括 w、s_{t-1} 和 ε_{t-1}。现在,孩子的收入直接取决于父母的收入,间接取决于对禀赋的继承。一些作者(Bowles, 1972;Meade, 1976;Atkinson, 1983)主张是直接影响,因为与父母的"接触"被认为提高了孩子的机会,其他人也认为是直接影响,因为父母直接从孩子的人力资本中获得效用。幸运的是,在分析中我们可以把对"接触"和对"效用"的影响从父母的收入对资本获取的影响中区分出来。

父母的收入对子女收入的间接影响是通过对禀赋的继承产生的,我们可以用 E_{t-1} 代替 E_t,再用方程式(7S.14)代替 E_{t-1},得到:

$$Y_t = F(Y_{t-1}, Y_{t-2}, l_{t-1}, v_t, h, \alpha_t, k_{t-1}, k_{t-2}) + l_t \qquad (7S.15)$$

父母收入带来的直接影响和间接影响的总和为:

$$\frac{\partial Y_t}{\partial Y_{t-1}} = \Phi^*_{Y_{t-1}} + \frac{h\Phi^*_{E_t}}{\Phi^*_{E_{t-1}}} > 0 \qquad (7S.16)$$

保持父母的收入不变,祖父母收入带来的间接影响为:

$$\frac{\partial Y_t}{\partial Y_{t-2}} = -h\Phi^*_{Y_{t-2}}\left(\frac{\Phi^*_{E_t}}{\Phi^*_{E_{t-1}}}\right) < 0 \qquad (7S.17)$$

对投资孩子而进行的融资作出限制,间接地把祖父母的收入与孙辈子女的收入联系在一起。也就是说,父母的收入不足以支撑父母的资源和禀赋对孩子的影响。方程式(7S.17)表明,当子女的收入和孙辈子女的运气保持不变时,祖父母收入的增加会降低孙辈子女的收入。对融资的约束使祖父母与孙辈子女的收入之间形成负相关关系,并扩大了子女收入对孩子收入的积极影响。[21]

如果 Y_t 与 E_t 和 Y_{t-1} 近似线性相关,那么:[22]

$$Y_t \cong c_t' + (\beta^* + h)Y_{t-1} - \beta^* h Y_{t-2} + l_t^* , \ \beta^* = \Phi_Y^* \qquad (7S.18)$$

父母的收入系数超过继承程度的部分,等于投资于孩子人力资本的边际偏好(β^*)。如方程式(7S.12)一样,终身收入中的暂时性成分项使 Y_{t-1} 系数的 OLS 估计向下偏移。Y_t 与 Y_{t-1} 之间相关性的普通最小二乘估计值趋于:[23]

$$\beta^* < b_{t, t-1}^* = \frac{b_{t, t-1, t-2}^*}{1 + h\beta^*} \leqslant \min(1, \ \beta^* + h, \ b_{t, t-1, t-2}^*) \qquad (7S.19)$$

其中,$b_{t, t-1, t-2}^*$ 是 Y_t 与 Y_{t-1} 的偏回归系数。因此,父母和子女的终身收入之间的偏回归系数与简单回归系数,都提高了资本市场对投资孩子的偏好的约束影响的上限。对父母的终身收入进行 OLS 估计的偏差。有时可以通过使用如叔叔或曾祖父母的终身收入等变量工具来克服(参见 Goldberger,1979;Behrman and Taubman, 1985)。

在方程式(7S.14)中,父母与子女收入之间的直接关系可能是凹函数而不是线性函数,因为随着父母收入的增加,自行负担对孩子的投资的障碍就会减少。当对孩子人力资本的投资足以使边际资产回报率降低时,父母收入的进一步增加就会使遗留给孩子的资产增多,但不会影响对孩子人力资本的投资数量(如果资产利率与父母的收入无关)。据推测,在较富裕的家庭中,与父母的"接触"和父母从对孩子人力资本的投资中获得的直接效用更为关键。因此,相较于这些不同的解释,资本约束对父母和子女收入关系的曲率有着更为不同的意义。

Becker 和 Tomes(1979)认为,由于 β^* 与 h 在方程中是对称的,所以即使知道如方程式(7S.18)中所示的,与孙辈子女收入相关的父母收入和祖父母收入的系数的实际值,在没有其他信息(如哪一个的系数更大)的情况下,我们也无法区分 β^* 和 h。方程式(7S.11)中不包括 β^*,用这个简单方程可以把不受资本约束的富裕家庭的收入联系起来。因此,如果富裕家庭中父母收入的系数是已知的,那么就能确定 h,进而可以通过 h 的信息区分方程式(7S.18)中的 β^* 和 h。

由于系数 β^* 衡量的是因受资本约束而对子女进行福利最大化投资受限的父母对孩子人力资本投资的边际偏好,因而对于不受资本约束的较为富裕的家庭来说,β^* 不会进入其收入生成方程[方程式(7S.11)]。换句话说,在较富有的家庭中，$\beta^* = 0$。即使在低收入家庭中，β^* 相对于 h 的大小也没有普适的假设，因为 β^* 取决于对孩子的公共转移支付、收入和其他变量。

在我们的早期研究（参见，例如 Becker and Tomes，1979）中，系数 β 衡量了当父母可以将债务留给孩子且没有区分人力财富与其他财富时，父母将财富留给孩子的边际偏好。我们早期的研究和本附录的下一部分表明，这种偏好取决于父母对孩子的慷慨程度，且对收入水平的反应可能并不敏感。在大多数家庭中，这个系数可能很大，这个推测激发了我们早期研究中对 $\beta > h$ 的假设，这个假设用于从如方程式（7S.18）等方程的系数中区分 β 和 h。

戈德伯格（Goldberger，1985，pp.19—20）正确地指出，我们没有对这个假设做单独地证明。本附录在 β 和 h 的区分问题上将有所突破：我们可以通过给孩子留下遗产的较富裕家庭中父母和孩子收入方程式的系数来确定 h。给定 h，则 β^*（或者 β 与父母收入之间更为一般的关系）可以根据资本受限的贫困家庭中父母或祖父母在收入方程式中的系数来确定。我们甚至可以从富裕家庭中父母消费与孩子消费之间的关系，确定父母给孩子留下遗产的边际偏好 β。

与贫困家庭和中等家庭相比，富裕家庭可以更容易地为对孩子的给定水平的投资而自筹资金与平均禀赋相比，富裕家庭具有更高的禀赋，这提高了富裕家庭相对于贫困家庭对人力资本投资的财富最大化水平。实证观察有力地证明，相较于贫困家庭，较富裕的家庭更容易对孩子提供最佳的人力资本投资。其含义是，对孩子投资的财富效应超过了禀赋效应。如果禀赋大幅度趋向平均值，那么财富效应将占据主导地位，因为在这个时候富裕家庭中孩子的禀赋将远远低于他们的父母，而贫穷家庭中孩子的禀赋将远远高于他们的父母。我们的证据表明，与收入相关的禀赋确实能够大幅地趋向平均值。

如果资产回报率对收入和禀赋不是非常敏感，那么富裕家庭用于帮助孩子实现财富最大化的投资所需的资源更多，这意味着富裕家庭中对孩子投资的均衡边际回报率，低于资本受更多约束的贫困家庭和中等家庭中对孩子投资的均衡边际回报率，即使较富裕的家庭中禀赋和平均回报率都相对较高。随着父母收入的增加，均衡边际利率趋于下降，但可能并不是单调下降，最终，人力资本的边际回报率将等于资产回报率，而随着父母收入的继续增长，边际回报率将会趋于稳定。由于贫困家庭的孩子继承的禀赋较少，而且其父母的资本约束又限制了他们所继承禀赋的市场价值，因而贫穷家庭的孩子将处于劣势。

如果富裕家庭的边际回报率较低,那么人力资本从这些家庭向相较贫困的家庭的孩子的再分配将会提高不同家庭的平均边际回报率。这种再分配可以提高效率,即使在富裕家庭中,禀赋和对孩子投资的平均生产力更高(另见 Becker,1967,1975)。由"不平等"衡量的"公平"与效率之间存在的一般冲突就会消失:将投资重新分配给较劣势的孩子相当于对资本市场效率的提高。

即使公共支出和私人支出可以完全替代,增加对受资本约束的家庭的孩子的人力资本投资的公共支出,也可以增加对这些孩子投资的总金额。原因在于,如果对其他家庭征税,那么,公共支出就增加了一个家庭的总资源。在受资本约束的家庭中,其所增加的资源由父母和对孩子的投资共享了,两者分享的比例则由边际投资偏好(β^*)决定。如果公共支出和私人支出是完全替代的,那么父母的补偿反应抵消了政府支出花费在孩子身上的部分($1-\beta^*$)。也就是说,为了进一步使其他家庭成员保持平等,即使是受资本限制的父母,也会将一些获益于政府支出的孩子所花费的时间和支出,重新分配给其兄弟姐妹和父母自身。父母这样的补偿反应显然极大地削弱了公共健康项目、对较贫困孕妇的食物补贴、一些启蒙教育项目以及社会保障项目的作用(参见本书第 6 章和第 11 章的讨论)。

我们已经看到,在给孩子留下财产的家庭中,对孩子的总投资不受公共支出对孩子的花费的影响,这里的公共支出与父母支出是可以完全替代的。父母会减少自己的支出以完全抵消这些公共支出。但公共支出和私人支出也可能不是完全替代的。例如,如果公共支出提高了家庭支出的回报率,那么公共支出的增加甚至可能会增加家庭支出,因为"替代效应"抵消了"再分配效应"。

戈德伯格(Goldberger,1985,pp.9—10)对我们在讨论各种公共计划时强调再分配效应或收入效应抵消替代效应的观点进行了批判[Simon(1986)重复了其批评]。自发表第一份联合论文以来,我们已明确指出,政府计划可能会通过改变父母对孩子投资的回报率而产生替代效应(参见 Becker and Tornes,1976,p.SI56)。再分配效应显而易见,而替代效应在哪个方向上作用都是模糊不清的。因此,我们更强调许多项目的再分配效应,包括启蒙项目、福利、对孕妇的援助和社会保障等项目。例如,社会保障计划的替代效应是什么?是否有证据证明启蒙项目提高而非降低父母支出的边际回报率？（参见第 6 章）虽然对教育的补贴可能会提高家长在教育方面支出的回报率，但实际上如果与住房的定量配给结合起来考虑，那么它们可能会降低边际回报率（参见 Peltzman，1973）。

由政府补贴导致的家庭支出的再分配，可以解释为什么很多公益项目似乎对参与者的作用较弱（参见第 6 章和第 11 章的讨论）。当然，对参与者的弱作用并不意味着替代效应可以忽略不计，也不意味着再分配效应得到了加强，而是代表这些计划没有对替代效应产生足够的抵消。

如果规定孩子要赡养父母，那么资本受限的父母可以通过减少他们在整个生命周期的储蓄来为孩子的支出提供资金。在许多社会中，较贫困的父母和中等收入水平的父母在老年时期都能获得孩子的支持，而不是靠出售自己年轻时获得的黄金、珠宝、地毯、土地、房屋或其他资产来维持生活。我们的分析表明，这些父母选择依靠孩子而不是资产的原因是，对孩子投资的回报率高于对其他资产投资的回报率。

实际上，较贫穷的父母和中等收入水平的父母与子女之间，往往隐含着不完全依靠社会制裁而执行的契约：父母对孩子进行投资以换得老年时期孩子对父母的赡养。如果父母对孩子的投资产生了高回报，那么父母和孩子都会因为这种契约而生活得更好，其中投资的回报包括孩子对规避父母特别长寿而进行的任何保险。

7S.2　资产和消费

我们的分析表明，在对子女投资的边际回报率降至资产利率之前，留给孩子的遗产和赠与不会迅速增加。由于资产收益对积累总额的反应比较迟缓，父母投资的进一步增加更多会选择以资产的形式而非人力资本的形式进行。上述结论意味着，只有少数较为富裕的家庭会给孩子留下大量遗产，孩子的资产与人力资本的比例随父母财富的增加而上升。经验证据有力地表明，与较贫困的家庭相比，较富裕的家庭中资产和非人力资本的收入更为重要。

实证研究还表明，储蓄占收入的比例在合理水平上保持不变，或者随着包括"永久性"收入在内的收入增加而增加［参见 Mayer（1972）的研究综述］。然而，这些研究对储蓄的衡量是有缺陷的，因为人力资本的投资和由代际禀赋增长或减少所导致的"资本的收益或损失"没有被视为存款。中低收入家庭主要投资于子女的人力资本。由于禀赋会向均值回归，故父母倾向于增加低收入水平孩子的禀赋,而减少高收入水平孩子的禀赋。因此,实证研究低估了中低收入家庭的相对储蓄,因为这些家庭的代际资本收益和人力资本投资都相对较大。我们认为,对储蓄概念的定义要能恰到好处地体现储蓄比例随着永久性收入的增加而下降这一特征。总而言之,我们可以预期到,对孩子投资的均衡边际回报率会随着收入的增加而下降。

我们对少数富裕家庭会给孩子留下大量遗产的结论,并不像卡尔多(Kaldor,1956)和帕索迪(Pasintti, 1962)或如阿特金森(Atkinson, 1983)所言,事先假设了利他主义中阶级差异或储蓄倾向的其他差异的存在。在我们的分析中,所有家庭被认为对孩子具有相同的利他主义,因而也都有着同样的储蓄和财产遗留的倾向。诚然,明显的"阶级"差异在储蓄中是存在的:较贫穷的家庭主要对孩子的人力资本进行"储蓄",而这并不算入储蓄或遗产。

一个人的资产取决于父母的遗产和他本人在自身生命周期中的积累。我们假设父母通过最大化他们的预期效用来决定留下的遗产,这个决定受期望收入和生命周期中资产积累的约束。为了进一步分析遗产问题,我们必须转向父母对效用最大化的具体行为。我们现在继续假设每个成年人都不结婚,并拥有一个孩子。

假设父母的效用函数对于他们自身的消费和孩子的各种特征而言是可加分的。只要这些特征与孩子的总资源正相关,我们的大部分析就无需考虑这些特征的具体数值。然而,我们可以通过假设父母的效用取决于孩子的效用(U_c),来简化父母和孩子的消费之间的关系,方程式如下:

$$U_t = u(Z_t) + \delta U_{t+1} \tag{7S.20}$$

其中,Z_t 是父母的消费,δ 是衡量父母利他主义程度的常数。

如果方程式(7S.20)给出的偏好函数对于所有世代都是一样的,且忽略童年时期的消费,那么父母的效用间接地等于所有后代消费的总效用贴现:

$$U_t = \sum_{i=0}^{\infty} \delta^i u(Z_{t+1}) \tag{7S.21}$$

父母的效用直接取决于孩子的效用,但由于他们的孩子的效用又与之后各代相关,故父母的效用也间接地与所有后代的效用相关。

我们假设父母成功地实现了代际效用的最大化[如方程式(7S.21)所揭示的]。这个假设排除了孩子为获得超过父母效用最大化的转移支付而与父母讨价还价的可能。我们作出一个更一般的假设,即父母最大化他们自己和他们孩子的效用的加权平均,而权重由议价能力决定[参见 Nerloveetal (1986)对该假设的规范应用]。但是,这种一般化不会改变任何主要的结论。

由于各代人的回报率和收入都是完全确定的,所以最大化效用的一阶条件即一般条件。例如,在消费的替代弹性不变的情况下,存在:

$$u'(Z) = Z^{-\sigma}, \ \sigma > 0 \tag{7S.22}$$

$$\ln Z_{t+1} = \frac{1}{\sigma} \ln(1+r_{t+1})\delta + \ln Z_t \tag{7S.23}$$

其中,r_{t+1} 衡量了在时间 t 对孩子投资的边际回报率。指数函数表达式为:

$$u'(Z) = e^{-pZ}, \ p > 0 \tag{7S.24}$$

$$Z_{t+1} = \frac{1}{p} \ln(1+r_{t+1})\delta + \ln Z_t \tag{7S.25}$$

如果父母通过借贷筹措对孩子投资的资金并由孩子承担还债义务,那么资金的边际成本就等于家庭所有财产的资产利率。如方程式(7S.23)或方程式(7S.25)表明的那样,在所有具有相同利他主义程度(δ)和替代程度(σ 或 p)的家庭中,代际消费的相对变化或绝对变化都相同。每个家庭在代际保持其相对或绝对稳定的消费地位,且消费不会向均值回归。换句话说,父母这一代的任何程度的相对或绝对的消费不平等都会被完完全全地传递给下一代。

尽管如此,无论父母的利他主义程度如何,只要孩子没有充分继承禀赋,孩子的收入就仍然会趋向平均值。当收入向平均值回归时,消费并不会自动回归到平均水平,这是因为,父母可以对其子女相对于父母自身收入的高低进行预期。他们可以通过借贷或资产来抵消收入的预期回归对财富的影响。

因此,尽管收入可能会回归到平均值,但如果父母完全通过从资本市场借贷来满足对子女人力资本的需求,那么用消费衡量的福利就根本不会趋向平均值。随着父母的收入增加,其留给子女的遗产会增加,并且遗留的债务将减少。在关于家庭流动的大量文献中,这种代际收入和消费对均值的回归所存在的重大差异似乎都被忽视了。

但如方程式(7S.23)和方程式(7S.25)所体现的含义——不同家庭中消费和总资源之间的所有初始差异都会被完全传递给未来的下一代——仍然

是模糊不清的。当然,当代人的总资源基本上与遥远祖先的资源无关。随着时间的推移,导致过去消费和总资源的影响力消失的主要原因包括:难以向孩子转移债务、未来的不确定性、家庭财富对生育率的影响,以及婚姻的匹配程度。我们将依次对这些因素进行考察。

只有当孩子承担了父母的债务时,消费与收入才会完全分离开来。如果父母没有给孩子留下债务,那么没有资产的父母就不能抵消其子女禀赋和收入向上的偏移。资本约束可能只对部分后代有约束力,这使父母面临一个复杂的效用最大化问题。效用最大化的结果可以由一个家庭中每一代内生决定的主观贴现率和边际回报率进行概括,它指导并反映了该代人作出的决策。无论对借贷渠道的约束如何阻碍了父母向子女的借款,这些影子价格都高于资产利率。对于拥有足够资产的(更富裕的)父母对留给孩子遗产的贴现率等于资产利率。

我们认为,受约束的父母的均衡边际回报率随收入的增加而逐渐下降。而方程式(7S.23)或方程式(7S.25)意味着,随着父母收入的增多,代际消费的相对增速或绝对增速也会下降。但对于较富裕的家庭来说,其边际回报率等于资产利率,代际消费的相对增速或绝对增速将保持不变。因此,贫困家庭中子女的消费将快速回落至平均水平,而富裕家庭中子女的消费向平均水平回归的速度则较慢。结论是,父母的消费与子女的消费之间为凸形曲线关系,且贫困家庭收入的正向回归速度比富裕家庭收入的负向回归速度更为缓慢。

富裕家庭给孩子留下的遗产,是孩子的收入向平均值进行任何回归的缓冲剂。与较富裕的家庭相比,最富裕的家庭只要通过增加足够的遗产来抵消其子女的收入对平均值的强负向回归,就可以在长期内保持自己的消费水平,进而引导遗产对均值的偏离。

我们对消费的分析假定我们完全掌握了后代运气的不确定性,尽管其实际上是难以把握的。如果每一代人都已知其对孩子人力资本的投资和留给孩子遗产的数额,但又不能完全确定孩子的收入,更不能确定其后代的收入,那么预期效用最大化的一阶条件是:

$$\epsilon_t u'(Z_{t+1}) = \left(\frac{\delta^{-1}}{1+r_{t+1}}\right) u'(Z_t) \tag{7S.26}$$

其中,ϵ_t 是指,获得关于第 t 代和第 $(t+1)$ 代之间后代的收入和其他财福的新信息以前,在第 t 代时进行的预期。

用指数函数表示上述一阶条件,得:

$$Z_{t+1}=c+\frac{1}{p}\ln(1+r_{t+1})\delta+Z_t+n_{t+1} \tag{7S.27}$$

其中,c 为一个正的常数,n_{t+1} 是围绕 Z_{t+1} 和 $\hat{Z}_{t+1}$ 进行波动的分布,其与 Z_t 无关。如果资本市场允许为所有家庭对其子女的财富最大化投资提供资金,那么在所有家庭中,$r_{t+1}=r_a$,其中 r_a 是资产利率。方程式(7S.27)意味着,消费的增长是随机不定的[Kotlikoff 等人(1986)推导出了当寿命不确定时的相似结论]。更一般地说,方程式(7S.27)表明,如果效用函数是指数函数,那么不确定性会给消费增加一个随机项,但并不会从根本上改变我们对消费向平均值回归程度的分析的含义。

方程式(7S.26)左边二阶导数的近似值清楚地表明,不确定性对一般效用函数中平均值回归程度的影响,取决于这个效用函数的二阶导数和高阶导数的符号和大小。[24] 即使每种消费都具有不确定性,这种不确定性也可能导致消费向平均值回归。对于经验上似乎具有相反意义的效用函数而言,不确定性也可能会导致消费偏离平均值,或者以较高的而非较低的消费水平向平均值回归。因此,我们不能就不确定性对父母和孩子消费的平均值回归程度的影响做出任何明确的论述。

7S.3 生育率与婚姻

婚姻向平均值的回归以及财富对生育率的积极影响,有助于解释为什么富裕家庭的消费和总资源的差异不会无限期地传递给子孙后代。这里我们只进行简要分析。Becker 和 Tomes(1984)、Becker 和 Barro(1988)以及本书第 11 章的附录,也讨论了生育率、婚姻对消费和遗产的影响。

我们首先抛弃所有父母都只有一个孩子的假设,并一般化方程式(7S.20)中的效用函数:

$$U_p=u(Z_p)+a(n)nU_c \tag{7S.28}$$

其中,$a'<0$,U_c 是 n 个同质孩子中每个孩子的效用,$a(n)$ 是对每个孩子的利他主义程度。最优孩子数量的一阶条件是孩子的边际效用等于边际成本。孩子对父母的边际成本等于孩子的净支出,包括各种遗产和其他赠与。边际成本取决于环境和父母的决策。

前一节的分析表明,富裕家庭的消费和总资源可能不会负回归,因为这些家庭可以通过足够的遗产与赠与来抵消其子女收入的向下回归。值得庆幸的是,这种与实际不符的分析并不适用于孩子数量有所不同的情况。比较富裕的家庭倾向于将更多的资源用于更多的子女。相较于孩子数量不产生变化时,这种可能性减少了每个孩子能得到的遗产[参见 Becker 和 Barro (1985)的证明]。生育率对财富增长的正向反应会导致每个孩子的消费和财富迅速回落。

没有资产的较贫困家庭和中等收入家庭要想避免给子女留下债务,就必须在每个孩子的收入、孩子的数量和父母的消费之间进行权衡。正如许多研究所发现的那样(参见 Blake, 1981),投资于每个孩子的人力资本以及每个孩子的收入都与孩子数量呈负相关关系。相较于生育率与父母的收入无关的家庭,在两者呈负相关的家庭中,收入向平均值回归的程度更小。

关于此前对孩子之间反应差异的分析,我们不做更多的补充(参见 Becker and Tomes, 1976;Tomes, 1981;以及本书第 6 章)。这一分析表明,比较富裕的家庭将更多的人力资本投资于禀赋更好的孩子,并用更多的遗产和赠与来补偿其他孩子。比较贫穷的家庭对孩子人力资本的投资面临以下冲突:对禀赋更好的孩子进行更多投资以实现效率 vs.对禀赋较差的孩子进行更多投资以实现公平。

尽管有人认为兄弟姐妹之间的收入差异有助于确定代际收入的变动程度(参见 Brittain, 1977,pp.36—37),但兄弟姐妹之间的相互关系和代际变动的程度并没有必然联系。原因在于,兄弟姐妹之间的收入差异是由某一代人的个体特征决定的,比如,父母的效用函数中兄弟姐妹之间的相互替代,而代际收入变动则由代际差异决定,如禀赋对平均值的回归(进一步讨论参见 Tomes, 1984)。

婚姻向平均值的回归——被称为不完全匹配的婚姻——也增加了收入、消费和资产向平均值回归的程度。尽管如此,婚姻的影响并不像看起来的那么明显,因为父母往往能预期孩子的婚姻匹配情况。例如,较为富裕的父母会使用赠与和遗产来部分抵消与富家子女结婚的偏好对子女福利的影响,正如他们会使用赠与和遗赠来抵消禀赋的向下回归一样。虽然通过姻亲之间对本应给其子女的赠与的讨价还价,来对父母行为和孩子婚姻预期之间的关系进行全面分析是非常复杂的[一些问题在第 7 章,Becker 和 Tomes (1984)有过讨论],但那些模型只是简单地忽略了对孩子婚姻的预期,这些模型很难令人满意(参见 Stiglitz，1969；Pryor，1973；Blinder，1976；Atkinson，1983)。

我们尚未把生育率和婚姻完全纳入对代际变动的分析——我们在 Goldberg(1985，p.13)的观点中加入"完全"两字,他说:"可以坦率地说,(生育和婚姻)都没有被纳入代际系统中。"尽管如此,本节的讨论、Becker 和 Barro (1988)及本书第 11 章附录中关于生育率的讨论,还有 Becker 和 Tomes (1984)关于婚姻的讨论都表明,基于效用最大化的分析可以将生育率、婚姻和代际变动融入一个具有实用意义的共同框架中。

7S.4　实证研究[25]

只有少数实证研究将不同世代的收入或财富联系起来,这可能是因为收集这些信息比较困难,也可能是因为社会学家对此缺乏足够的兴趣。表 7S.1 和表 7S.2列举了几项研究中关于工资、收入和财富对平均值的回归程度的估计值,同时也列举了决定因素(若有)的系数、观测数量和对每一个回归中包含的其他变量(若有)的注释。

基于美国独立数据集中的三项研究,以及英国、瑞典、瑞士和挪威的分别研究,表 7S.1 列举了儿子和父亲的工资或收入的数据(除了对日内瓦的研究外),[26]尽管父亲和儿子的平均年龄相差都很大,但 Atkinson(1981)、Behrman 和 Taubman(1983)都有证据表明,儿子和父亲平均年龄的差异对向平均值回归程度的估算的影响并不大。

大多数研究的点估计值表明,父亲的工资(或收入)增加 10% 会使儿子的工资增加不到 2%。点估计的最大值是对英国约克的估值,其中儿子的小时工资提高了 4.4%。除了马尔莫(Malmö)的研究以外,所有研究的置信区间都非常大,因为父亲的工资变化只能"解释"儿子工资变化的一小部分。此外,响应误差和父亲工资(或收入)中的暂时性成分,可能会使这些回归系数产生严重的偏差。[27]本附录此前的分析表明,终身收入中的暂时性变化和对祖父母收入的遗漏都会导致回归系数向下偏误。如果父母的收入影响不大[见方程式(7S.18)],且终身收入中的暂时性成分也不大,那么由忽略祖父母的收入所产生的误差就会很小。

Hauser 等人(1975)通过使用父母四年收入的平均值和儿子三年收入的平均值来减少响应误差和暂时性成分。Hauser(1990)则利用了父母四年收入的平均值和儿子参加工作头五年收入的平均值。Tsai(1983)不仅对父母

表 7S.1 儿子的收入或工资以线性、半指数和线性指数形式对父亲的收入或工资的回归

地点和儿子的年份	父亲年份	变量			系数	t	R²	N	ε	研究者
		因变量	自变量	其他						
威斯康星										
1965—1967	1957—1960	E	IP	None	.15	8.5	.03	2 069	.13	Hauser et al. (1975)
[a]	1957—1960	Log E	IP	None	.000 6	10.6	.05	N.A.	.09	Hauser (in press)[b]
1974	1957—1960	Log E	Log IP	None	.28[c]	15.7	.09	2 493	.28	Tsai (1983)[b]
美国										
1981—1982		Log E[d]	Log E[d]	None	.18	3.7	.02	722	.18	Behrman and Taubman (1983)
美国										
1969（年轻白人）	当儿子14岁时	Log H	Log I3	[e]	.16	3.2	—	1 607	.16	Freeman (1981)
1966（老年白人）	当儿子14岁时	Log H	Log I3	[e]	.22	7.3	—	2 131	.22	Freeman (1981)
1969（年轻黑人）	当儿子14岁时	Log H	Log I3	[e]	.17	1.9	—	634	.17	Freeman (1981)
1969（老年黑人）	当儿子14岁时	Log H	Log I3	[e]	.02	0.4	—	947	.02	Freeman (1981)
美国纽约										
1975—1978	1950	Log H	Log W	None	.44	3.4	.06	198	.44	Atkinson (1981)
1975—1978	1950	Log W	Log W	None	.36	3.3	.03	307	.36	Atkinson (1981)
瑞典马尔默										
1963	1938	Log I	ICD	None	.08	1.8	.19	545	.17[f]	de Wolff and van Slipe (1973)
					.12	2.4	.19	545	.13	
					.69	10.9	.19	545	.79	

续表

地点和儿子的年份	父亲年份	变　　量			系数	t	R^2	N	ϵ	研究者
		因变量	自变量	其他						
瑞士日内瓦										
1980	1950	IHH	IHH	None	.31	4.1	.02	801	.13	Girod (1984)
挪威萨尔普斯堡										
1960	1960	Log I	Log I	None	.14	1.2	.01	115	.14	Soltow (1965)

注：ϵ＝儿子收入或工资对父母收入或工资的弹性；E＝工资；H＝小时工资；I＝收入；$I3$＝从事三种职业的收入；ICD＝收入阶层变量；IHH＝家庭收入；IP＝父母收入；W＝周工资。

a　参加工作的前 5 年；

b　罗伯特·M.豪泽也是如此（私人通信，1984 年 10 月 2 日）；

c　对反应变动性的调整；

d　对工作经验的调整，工作经验等于或少于 4 年的儿子除外。该回归是加权回归，以便使每个父亲都有相同的权数；

e　工作经验，对 14 岁时居住地区的三个代表；

f　弹性等于收入等级之间的差异。

表7S.2 儿子的财富对父亲或祖父的财富的回归

地点和儿子的年份	父亲的年份	注	对父亲财富的系数	对祖父财富的系数	R^2	N	研究者
美国，1976 年以前	1930—1946	a, b	.69 (7.5)	—	.29	173	Menchik(1979)
	1860	b	.76	—	.25	199	Menchik(1979)
1860	1860	c, d	.21 (1.6)	.05 (2.0)	.46	45	Wahl(1985)
1860	1860	d, e	.26 (2.1)	−.008 (−1.6)	.14	106	Wahl(1985)
1870	1870	c, d	.30 (5.5)	.05 (2.4)	.27	46	Wahl(1985)
1870	1870	d, e	.46 (2.1)	−.03 (−1.6)	.10	125	Wahl(1985)
英国							
1934，1956—1957	1902，1924—1926	b	.48 (3.7)	—	—	—	Harbury and Hitchens(1979)
1956—1957，1965	1916，1928	b	.48 (5.3)	—	—	—	Harbury and Hitchens (1979)
1973	1936	b	.59 (8.4)	—	—	—	Harbury and Hitchens (1979)

注：圆括号内为 t 检验值。

a Menchik(1979)还将以下变量作为补充变量：父母和孩子的死亡间隔期，兄弟姐妹的数量（加 1），前夫（妻）孩子代表。

b 线性指数回归。

c Wahl(1985)用一个"工具"来代表父母的财富，用以下变量来确定这个工具：户主的年龄（和年龄的平方），农业和非农业人口，是否与父母有血缘关系。祖父母的财产是实际财产。

d Wahl(1985)用父母和外祖父母的数据代替父亲和祖父的数据。共用上面注 c 中列示的变量来确定这个手段。

多年的收入进行了平均，而且还使用了 1957 年所作的对收入的回顾性报告。在 Hauser(1990) 等的基础上，我们使用 Bielby 和 Hauser(1977) 的分析，对父亲收入的响应误差进行了校正。Behrman 和 Taubman(1983) 排除了工作经验不足四年的儿子的数据，因为他们的收入并不能恰当地代表其终身收入。DeWolff 和 van Slijpe(1973) 及 Freeman(1981) 通过将父亲所在职业的平均收入视为其终身收入，以此减少暂时性成分的影响。

尽管对响应误差和暂时性成分收入进行了上述修正，但在所有研究中，对工资和收入的回归系数的点估计都很低（瑞典的高收入除外）。此外，Peters(1985) 运用"国家纵向调查"中的数据［与 Freeman(1981) 使用了相同的调查］所进行的一项研究也发现，当使用儿子四年收入的简单平均数对父亲五年收入的简单平均数进行回归时，回归系数很小（低于 0.2）。

收入在生命周期中的变化为终身收入向平均值的大幅回归提供了一些间接证据。根据定义，每个人的禀赋在一生中是固定的。因此，工资与生命周期的关系应该比其与代际关系更加密切，因为禀赋不能完全地从父母传递给子女（代际禀赋并非一个"固定效应"）。换句话说，相对于家庭中的其他成员而言，一个人在不同年龄段与自己的相似程度，往往超过他与他父亲在相同年龄段时的相似程度。根据美国一项为期七年的调查结果估算，在不同年龄段里，男性收入中的"永久性"成分之间的相关系数约为 0.7（参见 Lillard and Willis，1978，Table 1）。儿子对父亲禀赋的继承程度，肯定要比不同年龄收入的永久性成分之间的相关程度低得多。

表 7S.1 中的证据表明，由于资本约束，所以儿子对禀赋的继承程度(h) 和父母对孩子的人力资本投资的偏好(β^*) 都不大。例如，如果父亲和儿子的终身收入之间的回归系数小于等于 4，并且终身收入中暂时性成分的方差小于总终身收入方差的 1/3，$h = \beta^*$，则 h 和 β^* 都小于 0.28。此外，如果 $\beta^* = 0$，则 $h \leqslant 0.6$，如果 $\beta^* \geqslant 0.4$，则 $h \leqslant 0$［参见注释㉒］。

如果资本约束完全消失，那么同样的家庭能进入收入最高、最负盛名的职业吗？［对于这种担忧，请参见 Herrnstein(1971) 经常被引用的文章。］答案是否定的：从事最佳职业的家庭是变化不定的，即使是在"唯才是用"的社会中也是如此。因为与工资相关的禀赋并不是能被高度继承的——h 小于 0.6，并且可能会远小于 0.6。另一种解释是，父亲和儿子终身收入之间的相关系数不大于 0.4，特别地，祖先的所有优势或劣势往往在三代之后就殆尽了："穷富不过三代。"在这样的"开放"社会中，父母对孙辈子女及其之后的后代的收入影响不大,因此,他们很少试图通过家庭声誉和其他手段来影响后代收入的激励。

特别地,由于决定收入的因素是代际可变的,因此某一代的"贫穷文化"往往会在世代之间消失。例如,对于工资只有平均值一半的父母的子女而言,他们会期望自己这一代人的工资超过平均值的 80%,而他们的子女可能期望获得仅略低于平均值的工资。

但家庭背景非常重要。例如,即使向平均值的回归程度为 80%,父母工资为平均值两倍的人的工资也比父母工资仅为平均值一半的人的工资高30%。相对于 10%—15% 的工会会员奖金(Lewis,1986),或者因两年额外教育而获得的 16% 的工资增长(Mincer,1974)而言,30% 可以认为是很大比例了。由此可见,出身于成功家庭的孩子确实有更大的经济优势。

部分由种族、社会地位或其他"永久性"特征歧视造成贫困的家庭,可能发展得更为缓慢。显然,美国的黑人比其他移民的发展慢得多,部分原因就是公众和个人对黑人的歧视。虽然很多人研究了黑人相对于白人的社会地位随时间的平均变化[参见,例如 Smith(1984)的优秀研究],但很少有人研究过黑人家庭中父子收入之间的关系。表 7S.1 中的证据表明,年龄较大的黑人的工资比年龄较大的白人的工资更快地向平均值回归。不过这个证据可能并不真实,因为响应误差较高,且有关黑人的研究显然会更复杂(参见 Bielby et al.,1977)。在过去的二十年里,年轻黑人得到的机会明显增多。表 7S.1 中的证据表明,年轻黑人的工资向平均值的回归比较缓慢,这说明歧视确实加速了工资向平均值的回归(参见本附录前面的理论讨论)。

戈德伯格(Goldberger,1985,pp.29—30)指出,我们以前研究中所用的 β 值要比本节实证研究中提出的 β^* 值高得多。但 β 与 β^* 是不同的:再次申,β 指的是不受资本约束的家庭将遗产留给孩子的偏好。因此,低值的 β^* 与高值的 β 并不矛盾。低值的 β^* 与低值的 h 意味着收入有相当大的代际变动,而高值的 β 则意味着家庭成员在财富和消费方面的代际变动较小,这些家庭更愿意把财富留给子女(我们忽略财富和孩子的消费以及财富和每个孩子的消费之间的区别)。

在本附录中,我们对收入、财富和消费进行区别,并对代际资本约束和生育行为加以关注,极大地厘清了我们对代际变动的思考。但是,由于低值的 β^* 与高值的 β 之间没有关系,因而我们没有理由认为实证研究中较低的 β^* "会导致(我们自己)撕扯头发,咬牙切齿"(Goldberger,1985,pp.29—30)。而且,除了生育率和婚姻以外,我们还期望 β 有较高的值。

表 7S.2 提供了美国和英国关于父母与子女财富关系的三项研究材料。Harbury 和 Hitchens(1979)及 Menchik(1979)对这些财产的遗嘱进行检验,而 Wahl(1985)则使用了 1860 年和 1870 年人口普查中的财富数据。在美国,由财产遗嘱检验得到的父子资产之间的估计弹性约为 0.7,这不仅低于 19 世纪的英国人口的财产弹性的估计值,也低于在英国的财产遗嘱检验得到的资产弹性的估计值。

Wahl(1985)发现,在考察祖父母和父母财富的数据时,祖父母的财产有一个很小的负系数,但是在考察他们的实际财富时,这个系数变为了正值。将理论分析与方程式(7S.18)结合起来意味着,当父母财产的影响不大时,祖父母财产的负系数确实会很小,这与 Wahl(1985)的研究结论一致。Behrman 和 Taubman(1985)发现,祖父母的受教育年限与其后三代人的受教育年限之间存在一个很小的正系数(但在统计意义上并不显著)。他们的发现可能与我们的理论不一致,尽管方程式(7S.18)确实意味着,当父母的受教育年限系数很小(在他们的研究中这个系数应低于 0.25)时,祖父母的受教育年限的系数可以忽略不计。

表 7S.1 和表 7S.2 中的数据有很多局限性,以至于我们无法确定财产和收入回归平均值的速度是否会放慢一些,尽管财产似乎是如此。如果父母将遗产留给孩子以减缓孩子的总财产和消费向平均值的回归,那么财产对平均值的回归就会缓慢一些。但是,如果较富裕的父母比较贫穷的父母拥有更多的孩子,那么财产对均值的回归就会非常迅速。Wahl(1985)发现,在 19 世纪生育率和父母的财产之间确实存在强烈的正相关关系。

在 20 世纪的美国和其他国家的许多家庭里,由于生育率下降、收入增加、政府对教育的补贴以及社会保障快速增长,对孩子投资的资本约束可能会有所减少。Goldin 和 Parsons(1984)提出的证据与 19 世纪下半叶美国贫困家庭中存在的大量资本约束的现象是一致的。这些家庭迫使孩子很早就辍学,以提高他们对家庭收入的贡献。随着时间的推移,受教育年限的不平等程度缩小,以及家庭背景对孩子受教育程度的影响下降,都表明美国家庭中资本约束在减少(Featherman and Hauser, 1976)。

有证据表明,欠发达国家的家庭背景对孩子成就的影响比在美国更大。例如,在玻利维亚和巴拿马,父亲受教育程度对儿子受教育程度的影响就比在美国更大。此外,无论是在巴拿马还是在美国,父亲受教育程度所带来的影响随着时间的推移都有明显的减弱（参见 Kelley et al., 1981, pp.27—66；Heckman and Hotz, 1985）。

我们建立了一个父母向子女及其后代传递收入、资产和消费的模型。该模型以家长关心子女福利的效用最大化为基础，代际变动程度或家庭的兴衰，取决于不同世代投资和消费机会的效用最大化与不同种类的运气之间的相互作用。

我们假设文化和基因禀赋会自动地遗传给孩子，父母和孩子的禀赋之间的关系由"继承程度"决定。收入的代际变动取决于对禀赋的继承程度。事实上，如果所有父母都愿意通过借贷来为孩子提供最佳投资，那么收入的代际变动程度基本上等同于对禀赋的继承程度。

资源有限的情况下，以人力资本作为补偿抵押的贷款并不容易获得，因而贫困家庭的父母很难通过借贷来筹集对孩子投资的资金。这种资本市场的限制使贫困家庭减少其对孩子的投资。收入方面的代际变动不仅取决于孩子对禀赋的继承程度，还取决于贫困家庭为孩子投资自筹资金的意愿。

收入的代际变动程度也由不同家庭中孩子的数量决定。当投资必须由家庭来筹措资金时，多生育一个孩子就会减少家庭对每个孩子的投资金额。因此，家庭规模与父母收入之间的负相关关系也会降低收入的代际变动。

资产作为缓冲剂抵消了禀赋向平均值的回归，进而抵消了孩子收入向平均值的回归。特别地，成功的家庭总是会把资产留给孩子以抵消预期中孩子的收入向平均值的回归。

可以随意进入资本市场的父母，能通过转移资产或借贷来抵消工资向平均值回归对孩子消费产生的任何影响。这有效地将父母和孩子消费之间的关系，从对禀赋的继承程度与工资向平均值的回归中分离出来。由于低收入家庭对孩子人力资本投资的均衡边际回报率往往较高，故在不愿给孩子留下资产的中低收入水平家庭中，其消费通常是向平均值正回归。而在愿意给孩子留下财产的较富裕家庭中，其消费和总资源通常是向平均值负回归，主要原因在于生育率与父母的财富正相关。由此可知，规模较大的家庭也可以用这种方法减少留给每个孩子的财产。不匹配的婚姻也会导致消费和财产向平均值的回归。

我们考察了关于父母和子女的工资、收入和资产的十多项实证研究。除了遭受歧视的家庭以外，在美国和其他较富裕的国家中，工资向平均值的回归似乎很快，资产向平均值的回归也紧随其后。祖辈具有的所有工资优势或劣势几乎在三代内就会烟消云散。贫穷似乎不再是一个能持续多代人的"文化"了。

收入向平均值的快速回归意味着,对父母禀赋的继承程度和对孩子投资的资本约束都不大。我们推测,随着生育率的下降以及收入和对教育补贴的增加,这些制约因素会变得越来越不重要。

在本附录和以前的研究中,我们主张家庭行为理论对了解不平等和家庭兴衰是非常必要的。但在提出这个观点的同时,我们并没有试图降低实证导向研究的重要性。事实上,我们一直认为实证研究是理论分析的必要补充。如果我们关于最大化理论的观点被误解为是对没有严格按照最大化行为模型开展的实证和统计研究价值的否定,那么我们对此表示歉意。

但我们坚持认为,我们的家庭行为模型有助于理解公共政策及其他因素对不平等和家庭兴衰的影响。在这里,我们与 Goldberger(1985)的观点有所分歧,他对我们在理论中加入过多的、不以最大化行为模型为基础的公式的行为进行了否定。在他看来(特别参见 Goldberger, 1985, pp.30—33),我们的理论与一个家庭中不同代人的工资或收入的简单回归模型几乎没有什么不同。通过简要总结我们的研究意义,也许可以辩证地看待他对我们研究的批判:

(1)相较于贫困的家庭而言,在较富裕的家庭中,收入会更快地向平均值回归。尽管孩子的禀赋与父母的收入呈正相关关系,但人力资本投资从较富裕的家庭到较贫困的家庭的再分配,往往能提高投资的整体效率。其原因在于,较贫穷家庭的投资受到资金筹措渠道的限制。

(2)与收入不同,如果生育率与父母的财产无关,那么相较于较富裕的家庭,较贫穷的家庭中消费向平均值回归得更快。事实上,在给孩子留下财产的较富裕家庭中,消费确实不会向平均值回归。

(3)我们的分析还表明,生育率与父母的财产呈正相关关系,因而减少了可以留给每个孩子的财产,并导致富裕家庭中每个孩子的消费与父母消费向平均值的回归。

不管采用何种方法,我们都无法找到其他任何有关家庭的分析能具有相同的研究意义。这些研究意义虽然尚未经过实证检验,但 Goldberger(1985)对我们的主要质疑在于分析的新颖性而不是有效性。通过考虑公共项目,我们还可以发现其他的研究意义。

Becker 和 Tomes(1979,pp.1175—1178)认为,累进税可能会扩大税后

收入在长期的相对不平等。虽然标准差有明显的下降,但由于父母给孩子留下的财产减少了,平均收入最终也会因为父母给孩子留下财产的减少而降低。Goldberger(1985,pp.24—25)的计算支持了我们的分析,即累进程度的增加实际上可能导致税后收入不平等的扩大。但是,他的计算还表明,相对的不平等在几代人的时间后才会开始扩大。由于他没有考虑较大的累进效应对税收体系中非系统因素不平等的影响,他也就夸大了不平等开始扩大之前的延时期,并低估了最终不平等净增加的可能性(参见 Becker and Tomes,1979,pp.1177—1178)。[28]

我们在此不对不平等问题进行专门的探讨。但我们相信,根据我们建立的模型,随着累进程度的增加,税后不平等可能会加剧。由于对如方程式(7S.11)、方程式(7S.18)和方程式(7S.27)等方程中系数的影响,所得税可能会让我们的分析做些改变。如果以这些方程或其他方程为基础的实证模型或回归模型,不是从代际行为模型推导而出的,那么这些模型往往不能确定这些方程中的系数,因而也很难用其分析所得税对这些方程中系数的影响。

这一结论也适用于家庭面临的其他政策和各种环境变化的情况。事实上,这些结论并不是仅仅针对不平等和代际变动的分析,同时也致力于应用在对所有社会行为的分析中。

我们通过对不同的公共项目进行分析来进一步说明这个问题。考虑公共债务和社会保障对一个家庭不同代人消费的影响。Barro(1974)使用父母利他主义模型来研究社会保障和公共债务是否会对消费产生显著影响,这与我们在生育率固定时的利他主义模型相似。给孩子留下财产的父母在获得社会保障或公共债务的收益以后,并不会将其用于增加他们自身的消费;相反,他们会增加遗产以抵消公共项目对孩子消费的影响。然而,对于利他主义的父母来说,如果他们留给孩子的债务受到限制,那么获得社会保障和公共债务会提高他们自身的消费,并降低他们子女的消费(参见 Drazen,1978)。

为避免误解,我们急需补充一点:我们并不是说所有的公共项目都是通过家庭内部的补偿性减少来抵消的。对于这个例子中的贫困家庭,或者对生育率变化下的所有家庭来说,这种假设都是不正确的(参见 Becker and Barro,1988,以及本书第11章附录)。此外,我们已阐述累进所得税减少了对孩子进行投资的激励。我们的主张并非是中立的,但我们对家庭行为的分析有助于理解各种公共项目对家庭兴衰的影响。

在对我们的观点进行评价时,系统的实证证据是非常必要的。在此,再次重申我们的观点来结束本章:我们相信实证证据将进一步证实,以效用最大化框架为基础,对家庭行为进行分析,可以为进一步考察现代社会中的家庭兴衰提供启发。

注 释

① 参见 Mincer(1958)和 Becker(1967,1975),也参见 Roy(1950)、Mandelbrot(1962)、Houthakker(1975)以及 Rosen(1978)。

② 在一篇关于社会流动性的有趣文章中,Conlisk(1974)提出了一个方程系统,其形式类似于本书方程式(7.3);见他的方程式(16),第84页。然而,他的系统不是从效用最大化行为推导出来的,也没有包括 l_t^i、e_t^i、v_{t+1}^i 和 u_{t+1}^i 之间的关系,这些关系是由最大化行为所隐含的,并在方程式(7.3)中找到的,例如 α 的变化对 β 的影响。此外,由于他方程中的系数与投资回报率无关,与父母对孩子偏好的重要性无关,与其他市场和家庭特征无关,他的方程不能用来确定这些特征对收入分配的影响(不引入行为假设)。

③ 参见 Chiswick(1974)或 Becker(1975)的研究。该研究分析考虑了回报率变化对投资均衡分布的影响,没有发现不平等与回报率之间的任何关系(Becker,1967,1975)。

④ 均衡收入方差为:

$$\sigma_I^2 = \sigma_y^2 + \sigma_e^2 + \sigma_u^2 = \sigma_y^2 + \frac{\sigma_v^2}{1-h^2} + \sigma_u^2$$

其中 σ_y^2 是投资于儿童的金额的给定方差。均衡平均收入为:

$$\bar{I} = \bar{y} + \bar{e} = \frac{\bar{e}}{1-d}$$

其中 $\bar{y}$ 是给定的儿童平均投资,d 在方程式(7.9)中定义。那么:

$$CV_I^2 = (1-d)^2 CV_u^2 + (1-d)^2 CV_e^2 + d^2 CV_y^2$$
$$= (1-d)^2 CV_u^2 + \frac{(1-d)^2}{1-h^2} CV_v^2 + d^2 CV_y^2$$

其中 $CV_y = \sigma_y/\bar{y}$。

⑤ 由于 $I_{t+1}^i = \beta I_t^i + \alpha e_{t+1}^i + \alpha u_{t+1}^i$,那么:

$$R(I_{t+1}, I_t) = \frac{\beta \sigma_{I_t}}{\sigma_{I_t}} = \beta$$

因为如果 $h=0$,则 e_{t+1} 与 I_t 无关,而在平衡状态下 $\sigma_{I_t} = \sigma_{I_{t+1}}$。

⑥ 然而，请参见第 6 章关于孙子女数量与祖父母收入之间负关系的讨论。

⑦ 如果 $\beta+h=a_1$，并且 $\beta h=a_2$，那么：

$$(\beta-h)^2=a_1^2-4a_2$$
$$\beta-h=\pm\sqrt{a_1^2-4a_2}$$

因为假定 $\beta>h$，所以：

$$\beta=\frac{a_1+\sqrt{a_1^2-4a_2}}{2},\ h=\frac{a_1-\sqrt{a_1^2-4a_2}}{2} \qquad (*)$$

⑧ 因此，如果能够获得四代人的信息，就可以识别出这些参数（Goldberger，1979）。

⑨ 一个比完全可继承性更合理的假设是，有些参数只是部分遗传。第 $(t+1)$ 代在儿童身上的支出比例以及投资于第 t 代的倾向可能与第 n 代参数有关：

$$\alpha_{t+1}^i=(1-b^i)\bar{\alpha}^i+b^i\alpha_t^i+\epsilon_{t+1}^i,\ 0\leqslant b^i\leqslant 1$$
$$\text{且}\ \beta_{t+1}^i=(1-c^i)\bar{\beta}^i+c^i\beta_t^i+\delta_{t+1}^i,\ 0\leqslant c^i\leqslant 1$$

其中 ϵ^i 和 δ^i 是干扰，而 $\bar{\alpha}^i$ 和 $\bar{\beta}^i$ 是第 i 个家庭的平衡值。很容易证明均衡收入与 b^i 和 c^i 无关，并与 $\bar{\alpha}^i$、$(1-\bar{\beta}^i)^{-1}$ 和 ϵ^i 成正比，如方程式（7.16）所示。

⑩ 投资于孩子的倾向，$\beta=\alpha(1+r)$，也会受到 r 的间接影响，因为 r 的增加会降低或提高 α，作为父母消费和子女收入在效用函数中的替代弹性。然而，如果子女的收入不是父母的"劣等"消费品，那么 β 必须与 r 同方向变化。

⑪ 方程式（7.21）意味着，如果父母预期到 Ω_{t+1}^i，那么 $(t+1)$ 期的税前收入（Ω_{t+1}^i）就不会独立于税前收入（I_{t+1}^i），因为他们的投资在 Ω_{t+1}^i 增加时会增加。这解释了为什么我假设 Ω_t^i 与 u_t^i 和 v_t^i 无关，但不一定与应税收入（I_t^g）无关。

⑫ 参见 Barro（1974）及其后来的作品（1976，1978）以及 Feldstein（1976）的观点，也见第 11 章。

⑬ 这些项目中的有些在第 6 章中有讨论。Peltzman（1973）和 McPherson（1974）发现对高等教育的补贴对高等教育入学的影响相当小。

⑭ 如果父母消费与子女可支配收入之间的替代弹性小于 1，那么减税后的收益率下降会使用于子女的可支配家庭收入比例上升。投资税后倾向性，$\beta_a=\alpha(1+r_a)$，将会减少，然而，由于任何 α 的增加都不会完全抵消 r_a 的下降（参看注释⑩）。s 的增加可能会降低方程式（7.24）的分母，如果任何 αsl 的增加超过了 β_a 的下降。

⑮ 通过微分，如果 $\partial f_1/\partial s>0$ if $r>(1+r)^2(1-s)\alpha(1-\alpha)$。如果 $s\geqslant0.1$，当 $r>0.225(1+r)^2$ 或者 $r>0.52$ 时，这个不等式将得到满足——因为 $\alpha(1-$

$\alpha)\leqslant 1/4$。

在 f_2、$\partial f_2/\partial s>0$ 的情况下,如果 $r-l_2>r\beta_a(1-\alpha sl_2)-l_2\beta_{a_2}^2$。如果 $r>l_2$ 且 $1-\alpha sl_2\leqslant\beta_{a_2}$,这个不等式必然成立,而且当这些不等式相反时,它也可能成立。

⑯ 因为所有人都假定要结婚,所以 $\sigma_{Ik}^2=\sigma_{Ii}^2$ and $\sigma_{ek}^2=\sigma_{ei}^2$。因此:

$$\sigma_{\phi_t}^2=(1-R_I^2)\sigma_{I_t}^2 \text{ and } \sigma_{\psi_t}^2=(1-R_e^2)\sigma_{e_t}^2$$

R_I 和 R_e 的增加会分别降低 σ_ϕ^2 和 σ_ψ^2。

⑰ 其他人也得出结论认为,同类匹配的增加会加剧不平等(参见 Blinder,1973,1976;Atkinson,1975)。柏拉图主张按气质和家庭背景进行负向排序,因为他认为正向排序会加剧不平等现象。

我们要对出身良好的人说——哦,我的孩子,你应该像智者所赞同的那样缔结婚姻……,永远尊敬下等人,并与他们结成联盟;这将有利于城市和团结的家庭……自知过于刚愎自用的人……应该希望成为有教养的父母的后代;脾气相反的人应该寻求相反的联盟……每个人的天性都倾向于与自己最相似的人结合,这样一来,整个城市在财产和性情上就变得不平等了;因此,在大多数国家里,就会出现我们最不希望发生的结果……富人不应嫁入富人的家庭,有权势的人也不应嫁入有权势的家庭……我们应该努力……使人们相信,在他们结婚时,子女性情的平和比财富的多寡更为重要……我们应该努力……(Plato,1953,pp.340—341)

⑱ 方程式(7.40)意味着平均收入与 R_I 和 R_e 无关,因为通过预期:

$$E(I_{t+1})=\tilde{\beta}E(I_t)+\alpha\tilde{h}\bar{e}+\frac{\beta}{2}(1-R_I)E(I_t)+\frac{\alpha h}{2}(1-R_e)\bar{e}+\alpha\bar{e}(1-h)$$
$$=\beta E(I_t)+\alpha\bar{e}$$

因此,在静态均衡下:

$$E(I)=\frac{\alpha\bar{e}}{1-\beta}$$

这与方程式(7.8)相同,并且与 R_I 和 R_e 无关。

⑲ 这一领域的重要贡献者包括 Stiglitz(1969)、Blinder(1974)、Conlisk(1974)、Behrman 和 Taubman(1976)、Meade(1976)、Bevan(1979)、Laitner(1979)、Menchik(1979)、Shorrocks(1979)、Loury(1981)以及 Atkinson(1983)。

⑳ 甚至那些一生都在积累资产的家长,在投资孩子时也可能缺乏资产。

㉑ Goldberger(1985,pp.16—17)或许恰当地批评了我们对于祖父母财富(或收入)的负系数过于惊讶,因为我们的模型隐含了这样的系数。(Becker and Tomes,1979,在该书第 1171 页上说,负系数"可能令人惊讶";在这本书第

一版的第 148 页上,我说过"这很奇怪")然而,我们从未声称祖父母财富的增加会降低孙辈的财富;Goldberger(1985, p.2)的讨论在这方面是有误导性的。我们想知道那些从假设的孙子、父母和祖父母的财富关系出发的人会如何解释在 Wahl(1985)的研究中发现的祖父母财富的负系数,这项研究将在后面的表 7S.2 中报告。

㉒ Becker 和 Tomes(1979,Eq.25)也推导出了类似的方程。但是那里的系数 β 指的是把所有资本遗留给孩子的倾向性,而不是指不能留下债务的父母对孩子人力资本的投入倾向。

方程式(7S.18)中的近似值将是线性的,如果孩子们、父母和祖父母的收入情况捐赠和创收方程是对数线性关系。那么(β^*+h)就会给出父亲每增加 1‰ 的收入,孩子收入就会增加多少百分比,同理于 $-\beta^* h$。

㉓ 方程式(7S.18)意味着:

$$b_{t,\,t-1} \cong \beta^* + h - h\left[b^*_{(\beta^* y_{t-2}+l_{t-1})\cdot y_{t-1}}\right]$$

$$\cong \beta^* + h - \frac{h\sigma_l^2}{\sigma_y^2} - h\beta^* b^*_{t-1,\,t}$$

如果经济处于长期均衡状态(参见 Becker and Tomes, 1979),则 $b^*_{t,\,t-1} = b^*_{t-1,\,t}$,$\sigma^2_{y_{t-1}} = \sigma^2_{y_t}$,并且方程式(7S.19)中的等式如下。Becker 和 Tomes (1979,Appendix E)推导了 $b^*_{t,\,t-1}$ 与方程式(7S.19)右侧之间的关系。

㉔ 如果 r_{t+1} 是常数,那么对方程式(7S.26)中 u'_{t+1} 的二阶近似给出:

$$\frac{d\hat{Z}_{t+1}}{dZ_t} = v\,\frac{u''_t}{u'_t}\varphi\left[\frac{u'_{t+1}+\dfrac{v(u_{t+1})^3}{2}}{u''_{t+1}+\dfrac{v(u_{t+1})^4}{2}}\right]$$

其中 $(u_{t+1})^j$,$j=3,4$ 是第 $(t+1)$ 代消费效用的第 j 阶导数,而 v 是 n_{t+1} 围绕 Z_{t+1} 的给定方差。当 $(u)^4$ 相对于 $(u)^3$ 较大时,左侧的表达式更有可能小于 1(回归均值)。

㉕ 我们感谢 Hauser 等人(1975)让我们关注到几项关于代际流动性的研究,这些研究使用了威斯康星州高中毕业生的数据,并指导我们在研究中纠正了各种调整以修正回应和测量误差。

㉖ 这些研究各有各的局限性。Hauser 等人(1975)只调查了一个州的家庭(威斯康星州),只包括那些高中毕业的儿子;Behrman 和 Taubman(1983)样本中的所有父亲都是双胞胎;Atkinson(1981)样本中的父亲在约克郡的收入平平;De Wolff 和 Van Suijpe(1973)研究的是来自马尔默市的父亲;Girod (1984)对日内瓦州的学生进行了调查;Solow(1965)使用了一个来自挪威某一小城市的非常小的样本。

㉗ 这些估计也可能是有偏见的(方向不明确),因为关于工作时间以及来自就业的非货币收入的信息不可获得[参见 Becke 和 Tomes 的讨论(1984,Note 13)]。

㉘ 尽管戈德伯格承认我们只声称不平等可能长期增加,但他批评了第 7 章中的说法,即初始效应和均衡效应之间的这种冲突可能解释了为什么过去五十年再分配的大幅增长对税后不平等的影响很小。Becker 和 Tomes(1979,p.1178)也有类似的说法。戈德伯格在我们的陈述中省略了"也许",并说我们猜测。他问道,在过去五十年里,可支配收入的均值和方差都下降了,这是真的吗?如果没有,他的模型提供了什么解释(即贝克尔—托马斯模型)。

这些都是奇怪的问题。我们并没有愚蠢到认为只有税收制度影响了过去五十年的收入增长,我们也没有试图评估其他力量是如何影响不平等的。既然我们可以用我们的模型证明累进所得税不一定会长期降低不平等程度,既然不平等程度在过去五十年中并没有显著下降,我们就推测累进所得税是否确实在这一时期降低了不平等程度。当然,这一时期的其他变化可能掩盖了所得税对不平等的负面影响,但这需要证明,而不是简单地假设。

8

家庭中的利他主义

亚当·斯密在其一篇著名的文章中指出,人们在市场交易中是利己的:"我们每天享有的食物并不是出于屠夫、酿酒师或面包师的仁慈,而是出于他们对自己利益的考虑。我们不是在利用他们的利他之心,而是利用他们的利己之心来达到自己的目的。我们从不说我们需要什么,而只说什么对他们有利"(Adam Smith,1937,p.14)。在早期的一项研究中,他讽刺地说,"我们从不准备怀疑任何人在利己主义方面都有缺陷"(Adam Smith,1853,p.446)。市场交易中的利己主义几乎成为随后所有关于经济体系的讨论的假定前提。对这一点的反对意见都被驳回,因为他们模糊地提到了"人性",或者断言利他主义在市场领域生存的斗争中输给了利己主义。

然而,利他主义在家庭中被普遍认为是重要的。亚当·斯密还曾说过:"每个人都比其他人更敏感地感受到自己的快乐和痛苦……除他自己之外,他自己家庭的成员,那些通常和他住在同一所房子里的人,他的父母,他的孩子,他的兄弟姐妹,自然是他最热烈的情感对象。自然地,他也会经常成为对他们的幸福或痛苦有最大影响的人"(Adam Smith,1853,p.321;参见 Coase(1976)对亚当·斯密的精辟论述)。

8.1　利他主义效应

首先,假设一个人 h,他对他家庭的另一个成员,比如他的配偶 w,具有有效的利他主义。"利他主义"意味着, h 的效用函数完全取决于 w 的幸福(参见第 7 章数学附录的条目 H),而"有效"意味着 h 的行为被他的利他主义所改变。严格来说,利他主义的定义是:

$$U_h = U[Z_{1h}, \cdots, Z_{mh}, \psi(U_w)]$$
$$\partial U_h / \partial U_w > 0 \tag{8.1}$$

其中, U_h 和 U_w 分别是利他主义者和他的受益者的效用, ψ 是 U_w 的正函数, Z_{jh} 是 h 消费的第 j 个商品。对于 $j=1, \cdots, m$,如果 Z_{jh} 的均衡水平不同,如果 U_w 不进入他的效用函数,那么他的利他主义是有效的。

如果 h 实际上是利他主义的,并且把他的一部分收入花在 w 身上而不是他自己的消费上,以及如果 h 和 w 消费的单个(或加总)商品的数量是 Z_h 和 Z_w,那么 h 的预算约束是:

$$Z_h + y = I_h \tag{8.2}$$

其中 Z 的价格被设置为 1, y 是花在 w 身上的钱, I_h 是 h 从婚姻市场得到的收入。这对配偶的总消费等于她[①]的收入和来自 h 的赠与的总和;

$$Z_w = I_w + y \tag{8.3}$$

其中, I_w 代表 w 从婚姻市场得到的收入,如果 w 嫁给了一个不同于 h 的利己主义者,就用方程式(8.3)中的 $(Z_w - I_w)$ 代替方程式(8.2)中的 y,由此可以推导出 h 的家庭收入方程 S_h:

$$Z_h + Z_w = I_h + I_w = S_h \tag{8.4}$$

由于利他主义者最大化了自己的效用(受制于其家庭的约束),就效用[②]而言,他可能被称为利己主义者,而不是利他主义者。也许——但请注意, h 也通过他对 w 的转移支付提高了 w 的效用。我给出的利他主义的定义与行为相关——与消费和生产选择相关——而不是对人类"真正"的动机进行哲学讨论。

像 h 这样有效的利他主义者对资源的分配是由均衡条件决定的：

$$\frac{\partial U/\partial Z_h}{\partial U/\partial Z_w}=1 \tag{8.5}$$

这个方程式[通过最大化方程式(8.1)得到,以家庭收入方程式为条件]可被求解以导出 h 对 Z_h 和 Z_w 的需求函数：

$$Z_h=Z_h(S_h) \text{ 和 } Z_w=Z_w(S_h) \tag{8.6}$$

其中,在他的家庭收入增加且 $y>0$ 的情况下,如果 h 想同时增加 Z_h 和 Z_w,那么对于 $i=h$, w,有 $\partial Z_i/\partial S_h>0$。

他的行为如图8.1所示,其中 Z_h 沿横轴绘制,Z_w 沿纵轴绘制,U_0、U_1 和 U_2 是 h 的无差异曲线。如果他的预算线是 S_hS_h,那么均衡点为点 e。在点 e 处,无差异曲线的斜率 $(\partial U/\partial Z_h)/(\partial U/\partial Z_w)$ 等于这条线的斜率,即 -1。当家庭收入的增加使 S_h 的预算线平行移动到 $\bar{S}_h$ 时,Z_h 和 Z_w 的新均衡值由点 $\bar{e}$ 给出,那时 Z_h 和 Z_w 都大于点 e 的值。

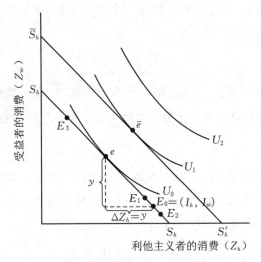

图 8.1　由其偏好和消费决定的利他主义者对其受益者的捐赠

如果 h 在"捐赠"点 E_0 的无差异曲线的斜率(绝对值)小于预算线的斜率,那么他的利他主义就是有效的。有效的利他主义沿着家庭收入线使均衡点从被赋予的位置(其中 $Z_h=I_h$, $Z_w=I_w$)移动到点 e, $y(y=Z_w-I_w)$ 提供了捐赠,$Z_h(Z_h=I_h-y)$ 提供了利他主义者的消费。显然,h 不仅在他的

消费和对 w 的捐赠之间分配他自己的收入,而且还决定了其受益人的总消费。

如果 w 是利己主义的,并且她的效用只取决于 Z_w,那么从捐赠点 E 到均衡点 e 的移动将提高 w 和 h 的效用。而沿着预算线超过点 e 的任何进一步移动都将提高 w 的效用,但降低 h 的效用,这就是 h 在点 e 停止向 w 捐赠行为的原因。图 8.2 中的曲线 $S_h S_w$ 提供了由家庭收入约束③描绘的效用-可能性边界。正向倾斜部分(S_{he})是 h 的利他主义的结果,沿着这个部分向点 e 的所有移动都是对 h 和 w 的帕累托最优改进。

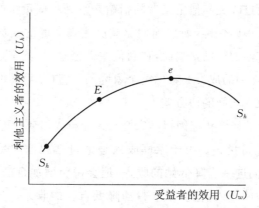

图 8.2 当他们的收入既定且利他主义者的捐赠发生变化时,一个利他主义者和其受益者的效用边界线

图 8.1 中预算线的位置,以及 Z_w 和 Z_h 的均衡消费的位置,仅由家庭收入,即 h 和 w 的自身收入总和决定。因此,h 和 w 之间的自身收入再分配会改变捐赠状况,但不会改变预算线。如果捐赠点仍然保持在均衡位置的右侧,如图 8.1 中点 E_1 和点 E_2 在点 e 的右侧一样,则 Z_h 和 Z_w 的消费将不受影响,因为点 e 仍然是均衡位置。h 对 w 捐赠的数量的变化将完全抵消 w 收入的任何减少(如点 E_2)或增加(如点 E_1)。因此,任何趋向 w 的收入再分配和脱离 w 的收入再分配,都对 w 或 h 的消费没有影响,只要 h 保持有效的利他主义,他的捐赠或者足够的消费都足以完全抵消这些再分配。

如果对 w 的再分配足够大,以至于将捐赠点推向初始均衡点的左边,那么 h 将不再是有效的利他主义者,因为 w 将"过于"富有。尽管如此,h 通过消除对 w 的捐赠来抵消对 w 的再分配。本来他想抵消更多的再分配,但他缺乏从利己主义的 w 那里索取额外捐赠的权力。

如果 h 或 w 中的任何一个发生了意外,从而大大减少了他(或她)自己的个人收入,那么家庭收入也会减少同样的数量。然而,受灾者的消费会以一个比较小的程度减少,因为家庭收入的减少会诱使利他主义者通过降低自己和受益者的消费来减轻收入减少的后果。例如,如果 I_w 下降,h 将增加他对配偶的捐赠,从而减少他自己的消费,以抵消其配偶收入下降的一部分;相反,如果 I_h 下降,h 将会减少他的捐赠和其配偶的消费。

通过这种方式,利他主义者帮助家庭成员抵御灾难和其他不确定性后果:利他主义家庭的每个成员都可以在一定程度上得到这一保障,因为所有其他成员都有通过改变利他主义者的捐赠来承受一些负担的责任。由于利他主义家庭有更多的保障,所以他们比利己主义家庭的成员更愿意采取提高自己收入可变性的行动。然而,在利他主义家庭中,其家庭收入的可变性可能更小,因为他们的成员会考虑整个家庭的利益(见后面的讨论),并试图减少不同成员收入之间的协方差。

利他主义者的经济状况因提高家庭收入的行为而变得更好,因降低家庭收入的行为而变得更糟。由于家庭收入是他自己和他的受益者收入的总和,所以如果他们进一步降低她的收入,他会避免增加自己的收入;如果他们进一步提高她的收入,他会采取行动降低自己的收入。为了以几何方式展示这种行为,让图 8.3 中的点 E_0 表示 h 和 w 的初始捐赠,S_hS_h 是他的预

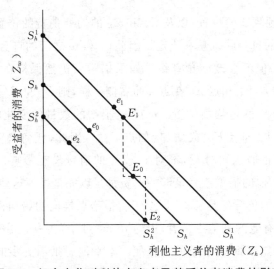

图 8.3　机会变化对利他主义者及其受益者消费的影响

算线,e_0 表示初始均衡位置。如果一项行动使他收入的减少少于她收入的增加(新的捐赠点 E_1),那么新的预算线 $S_h^1 S_h^1$ 一定会高于 $S_h S_h$,他在点 e_1 的经济状况会比在点 e_0 更好。另一方面,如果一项行动使他的收入增加少于她的收入增加(新的捐赠点 E_2),那么新的预算线 $S_h^2 S_h^2$ 一定会低于 $S_h S_h$,他在点 e_2 的经济状况会比在点 e_1 更差。

特别是,一个利他主义者不会搬到这样一个社区:在那里,如果他正在工作的妻子的收入降低得更多,他的收入就会有所提高;如果他的收入提高得更多,当他妻子的收入降低时,他就会搬家。随着已婚妇女劳动力参与率的上升,"有附加条件"的留守者和"有附加条件"的搬家者——如第一个例子中的他和第二个例子中的她——随着时间的推移变得越来越重要。这不仅意味着多人家庭的移徙不如单身家庭频繁,而且表明失业与迁徙正相关[关于分析和证据,参见 Mincer(1978)]。

一个利己主义的受益者会试图以牺牲她的捐赠者为代价来提高她的效用吗? 或者说他的利他主义影响了她对他的行为? 如果他的赠与超出了她的控制范围,那么一个利己主义的受益者会使她自己的收入最大化,因为这将使她的消费和效用最大化。她会采取一切提高自己收入的行动,而避免一切降低自己收入的行动,不管这些行动对他的收入有什么影响。然而,他的赠与是不会超过她所能控制的范围的。例如,如果提高她自己的收入会使他的收入降低更多,他就会减少自己对她的捐赠以超过她收入的增加部分(如果他的赠与大于她收入的增加),因为家庭收入下降了;因此,她的最佳消费水平也下降了[见方程式(8.6)]。但她和他的情况会更糟,并且她会因为自己的利己主义损害了他的行为感到痛苦。

因为 W 最大化:

$$S_w = Z_w = I_w + Y \tag{8.7}$$

如果 y 降低得更多,那么她会避免采取提高 I_w 的行为,如果 y 升高得更多,她会乐意采取降低 I_w 的行为。特别是,如果 I_h 提高得更高,她会愿意降低 I_w,因为那样的话,由于家庭收入和 h 对 Z_w 的需求增加,h 会以比 I_w 更大的下降幅度来提高 y。从方程式(8.4),我们知道:

$$S_w = Z_w = S_h - Z_h \tag{8.8}$$

虽然 S_w 和 S_h 不相等(它们因 Z_h 而不等),但如果 Z_w 是 h 的优质商品,它们会一起增加或减少。然后 w 会通过最大化家庭收入来最大化她自己的效用。如果 Z_w 是 h 的次等商品,那么当 S_h 降低时,Z_w 会上升,I_w 和 S_h 的减少会使 w 的状况变得更好,因为她会被 h "大量"补偿。由于不良投资丰富,w 可以通过将 I_w 减少到零甚至零以下来提高她自己的效用。因此,对受益者来说,如果要得到正收入,似乎要求她的效用对于她的捐赠者而言是一种优质商品。

当然,利他主义的捐赠者和利己主义的受益者之间的利益是不同的。利己主义的受益者所喜欢的捐赠比他们的捐赠者愿意作出的捐赠更大。例如,捐赠者不愿意越过图 8.2 中的点 e 进入效用-可能性曲线的负斜率部分。然而,他们利益之间的这种冲突并不意味着,也不应该与他们所选择的行动之间存在任何冲突相混淆。

既然一个利己主义的受益者想要家庭收入最大化,那么她就被看不见的利己之手牵着走,即使她对她的捐赠者是利己的。换句话说,稀缺资源——"爱"——被经济地使用了④,因为利他主义者的充分关心甚至会诱使利己主义的受益者表现得好像她关心自己一样关心她的捐赠者。虽然我在其他地方称之为"坏小孩定理"[参见 Becker(1974b, 1976a)以及下一节的讨论],但它适用于所有类型的利他主义者和利己主义受益者之间的相互作用。这个简单而卓越的定理对效率、劳动分工和家庭行为的许多其他方面都有重大影响。

例如,一个利他主义者和他的利己主义的受益者都将所有相互影响的"外部性"内在化。他们不仅把自己的行为对他人收入的影响内化,而且把对消费的直接影响内化。例如,当一个利他主义者(或他利己主义的受益者)用手抓饭的价值超过其配偶忍受厌恶的价值时,他就会这么做;或者,当他深夜躺在床上看书的价值超过其配偶遭受的睡眠损失价值时,他也会这么做(参见本章数学附录的条目 A)。这些例子说明了,个人举止和其他行为规则是如何在有效率的利他主义者的家庭中自动变化的,这些行为规则表明了对家庭成员福祉的关注。

也许这个分析的一个令人惊讶的含义是,当利他主义者或者利己主义的受益者都决定用手抓饭吃或躺在床上看书时,双方的经济情况会更好。由于这时利他主义者的效用会提高,他对她的赠与会比她自己的赠与多,即他的捐赠大于其行为给她最初造成的损害。他也会减少对她的捐赠,使其小于她的行为给他造成的最初损害。通过这种方式,受益者可以被利他主义者捐赠的变化所补偿,从而使他或她的境况变得更好。如果利他主义的受益者最初受到损害,那么这些变化是正的;如果利他主义者最初受到损害,那么这些变化是负的。

　　一个利己主义的受益者会愿意以牺牲家庭收入为代价来增加自己的收入,如果这种增加超过了她从其捐赠者那里获得的赠与,她就会这样做。此时,他会受到损害,因为他被推到一个"角落",在那里他停止向她捐赠,但她的境况会变得更好,因为她的收入的增加超过了他的捐赠的减少。例如,如果收入在 h 和 w 之间重新分配,从图 8.4 中的捐赠点 E_0 到点 E_1,利己主义者 w 的消费将增加 aE_1,即使 h 不再对她进行捐赠。虽然利他主义者在"角落"时不会使家庭收入最大化,但就像 h 在点 E_1 时的情况一样,他不会忽视他的行为对他(潜在)受益者的影响。[5]

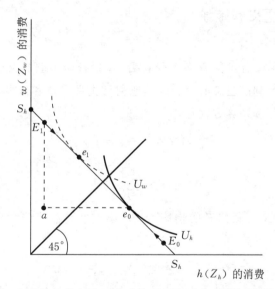

图 8.4　由他们的偏好和消费决定的两个人之间的互惠利他主义

　　因此,利他主义者和他的利己主义受益者只有在捐赠为正的情况下,才能使他们的联合收入最大化。如果利他主义的受益者也是利他主义者,并且她的效用函数取决于她的捐赠者的福利,那么联合收入最大化将更有可能。如果她的收入相对于他来说足够多,也就是说,如果捐赠比家庭收入预算线和她的无差异曲线的切点(图 8.4 中的点 e_1)更有利于她,那么她就会向他捐赠。如果捐赠比预算线和他的无差异曲线的切点(图 8.4 中的点 e_0)对他更有利,那么他就会向她捐赠。当捐赠在他们的切点之间时,双方都不想向对方捐赠。

当捐赠点在切点的右边或左边时,即当一方为另一方作出捐赠时,两者都会使家庭收入最大化。如果这些点是相同的——例如,如果图 8.4 中的点 e_0 和点 e_1 是相同的——无论捐赠或他们的行为对收入的影响如何,两者都总是会使家庭收入最大化。如果它们具有相同的效用函数,或者更一般地说,如果它们的无差异曲线的斜率在相同的 Z_h 和 Z_w 值下等于 1,那么这些点将是相同的。然而,如果两者都比利他主义者更加利己主义,即当它们的消费相等时,自身消费的边际效用将超过对方消费的边际效用,那么这些斜率在相同的值下就不等于 1。[⑥]

多人的利他主义和嫉妒

一个利他主义者可能有多个受益者,包括孩子、配偶、父母和兄弟姐妹等。一个向几个利己主义的孩子或其他利己主义受益者作出捐赠的利他主义者的效用函数和预算方程是:

$$U_h = U(Z_h, Z_1, \cdots, Z_p)$$

$$\text{和} \quad Z_h + \sum_{i=1}^{p} y_i = I_h \tag{8.9}$$

其中 y_i 是对第 i 个受益者的捐赠,Z_i 是第 i 个受益者的消费和效用,$i = 1, \cdots, p$,因为:

$$I_i + y_i = Z_i, \text{对于 } i = 1, \cdots, p \tag{8.10}$$

通过替代:

$$Z_h + \sum_{i=1}^{p} Z_i = I_h + \sum_{i=1}^{p} I_i = S_h \tag{8.11}$$

其中 S_h 是利他主义者的家庭收入。其一阶条件是:

$$\frac{\partial U}{\partial Z_i} = \frac{\partial U}{\partial Z_j}, \text{对于 } i, j = h, 1, \cdots, p \tag{8.12}$$

在均衡状态下,利他主义者从自身收入或任何受益者收入的小幅增加中获得相同的效用(假设 $y_i > 0$)。

对单一受益人产生的所有影响在很多时候是持续存在的。特别是,当一个利他主义者最大化他自己的收入或消费以及他的受益者的收入或消费的总和时,他把他的行为对不同受益者的所有外部影响都内化了。此外,每一个受益者,无论多么利己主义,都会被利他主义者的反应所引导,将他的行为对利他主义者自身收入和消费的影响内化。

当其他受益者不进行报复时,利己主义受益者会忽略他的行为对其他受益者的影响吗?例如,假设珍妮和他们无私的父亲都不知道汤姆损害了珍妮的利益,利己主义的汤姆会以降低妹妹珍妮的收入 1 500 美元为代价,来把自己的收入提高 1 000 美元吗?"坏小孩定理"否定地回答了这些问题。

坏小孩定理　每个利他主义的受益者,无论其多么利己主义,都会最大化其捐赠者的家庭收入,从而将他的行为对其他受益者的所有影响内化。

为了证明这个定理,应该说明,如果汤姆采取损害珍妮的行动,那么他们的家庭收入会下降 500 美元。由于汤姆和珍妮倾向于比他们的爸爸消费更优质的商品(见我们前面的讨论),当他的家庭收入下降时,他们的父亲就会降低他们的消费水平。他可以通过减少给汤姆的 1 000 多美元(假设最初超过 1 000美元)来降低汤姆的消费,他也可以通过增加不到 1 500 美元的捐赠来降低珍妮的消费。由于汤姆被他父亲的这一反应弄得状况更糟了,因而他不愿这么做。事实上,如果珍妮的收入得到足够的提高,汤姆甚至会采取行动来降低自己的收入,因为这时他的父亲对汤姆的捐赠将超过汤姆收入的减少量。

尽管"坏小孩定理"假设,利他主义者知道其受益者的效用函数和消费水平,但他们并不知道受益者效用和消费水平变化的原因。特别需要指出的是,他们的父亲并不知道汤姆是损害珍妮利益的幕后黑手,因此他无法阻止汤姆采取损害珍妮的行动,进而减少家庭收入。

"坏小孩定理"有一个令人惊讶的拓展,可以延伸到对嫉妒行为的解释。

推论　每一个受益者,无论多么羡慕其他的受益者或他的捐赠者,都能最大化受益者的家庭收入,从而帮助那些被嫉妒的人!

例如,如果家庭收入因此而减少,汤姆不会采取有损于他嫉妒的妹妹的行动,即使对他个人有好处,他也不会这么做,甚至还可能会帮助她;如果家庭收入因此而增加,即使这样做有损于他的个人利益,他也会采取帮助她的行动。或者说,如果在一夫多妻制家庭中,家庭收入因此而减少,那么第一个妻子不会采取行动损害她所嫉妒的第二个妻子的利益,如果家庭收入因此而增加,那么第一个妻子还有可能会帮助第二个妻子。

为了证明这个推论,我们把嫉妒的汤姆(或嫉妒的妻子)的效用函数写成:

$$\psi = \psi(Z_t, Z_j) \tag{8.13}$$

其中$\partial\psi/\partial Z_j = \psi_j < 0$表示汤姆对珍妮的嫉妒。他们的利他主义的父亲的效用函数完全取决于他自己的消费、汤姆的效用和利己主义者珍妮的效用:

$$U_h = U[Z_h, \psi(Z_t, Z_j), Z_j] \tag{8.14}$$

珍妮消费的增加虽然直接提高了其父亲的效用,因为$\partial U/\partial Z_j = U_j > 0$,但也间接降低了其父亲的效用,因为$\partial U/\partial\psi > 0$和$\psi_j < 0$。然而,如果他们的父亲最初对珍妮有所捐赠,那么正数的直接效应必须大于负数的间接效应[⑦],也就是说:

$$\frac{dU_h}{dZ_j} = \frac{\partial U}{\partial Z_j} + \frac{\partial U}{\partial\psi}\psi_j > 0,\text{如果 } y_j > 0$$

如果汤姆和珍妮的效用ψ和Z_j优于他们的父亲的效用,那么当家庭收入减少时,汤姆会因损害珍妮利益的行为而使自己的经济状况变得更糟;同理,当家庭收入增加时,汤姆会因帮助珍妮的行为而使自己的经济状况变得更好,因为其父亲对汤姆的捐赠发生了引导性变化。如果汤姆自己的消费水平有了更大的提高,那么当珍妮过得更好时,嫉妒的汤姆也会过得更好(参见本章数学附录的条目 B)。

当汤姆的效用函数转向更大的嫉妒时,会使得他父亲对珍妮的捐赠减少;事实上,如果汤姆变得足够嫉妒,那么父亲对珍妮的捐赠可能会减少到零。如果是这样的话,他们的父亲将较少关注珍妮的收入变化,而更重视汤姆的收入变化。这样一来,汤姆可能会从对珍妮利益的损害、减少家庭收入的行为中受益,因为他的父亲可能不会减少对汤姆的捐赠。当然,如果父亲不认可孩子之间的嫉妒,那么他的效用函数可能只取决于汤姆的消费,而不取决于汤姆的效用函数(见下一节对价值商品的讨论)。

然而,当不以某些成员的有效利他主义为依据时,一个家庭中的嫉妒就更具破坏性。例如,如果一个父亲嫉妒他利己主义的孩子,他们会试图降低而不是提高他的效用。利他主义引导利己主义的孩子和其他受益者表现出利他主义的行为,而嫉妒引导孩子和其他受害者表现出嫉妒的行为。

如果一个人 e 嫉妒他家庭中利己主义的成员 m,那么他们的消费可以被

认为是减少嫉妒的一种商品生产的负投入:

$$E = f(Z_1, \cdots, Z_m), \text{以及} \partial E / \partial Z_k < 0$$

$k = 1, \cdots, m_\circ$

e 的效用函数是:

$$U_e = U(Z_e, E) = V(Z_e, Z_1, \cdots, Z_m)$$

$$\partial U / \partial E > 0 \text{ 且} \partial V / \partial Z_k < 0 \qquad (8.15)$$

如果嫉妒受害者的消费被大量减少,嫉妒者是愿意减少自己的消费的。如果花在受害者身上的每一美元都使受害者的消费减少一个单位,那么嫉妒者的预算约束和其受害者的消费就变成:

$$Z_e + \sum_{k=1}^{m} y_k = I_e \qquad (8.16)$$

$$\text{且} I_k - y_k = Z_k$$

其中,y_k 为花在第 k 个嫉妒受害者身上的收入。

代入方程式(8.16),可以得到:

$$Z_e - \sum Z_k = I_e - \sum I_k = R_e \qquad (8.11')$$

其中,R_e 是 e 的"嫉妒收入",即嫉妒者与其受害者的收入之差。e 把嫉妒收入 R_e 的一部分花在自己的消费 Z_e 上,另一部分花在减少自己的嫉妒上(提高 E)。由于 U_e 与 R_e 单调相关(当 E 的价格保持不变时),我们有以下定理:

嫉妒定理 I　一个有效率的嫉妒者希望他的嫉妒收入能够最大化,并会采取一切行动来扩大他自己和受害者之间的收入差额。特别是,如果他们的收入降低得更多,嫉妒者会更愿意降低他的收入;如果他们的收入提高得更少,嫉妒者会愿意提高他自己的收入。

这个著名定理可以很容易地用图 8.5 来说明。在图 8.5 中,点 F_0 是最初的捐赠位置,点 R_e^0 是嫉妒者 e 的嫉妒收入,假设连接点 F_0 和点 R_e^0 的预算线斜率为(+1),点 f_0 是使其效用最大化的点。I_e 和 I_k 之间差额的扩大增加了他的嫉妒收入,并使他的预算线向右移动;如果 I_k 减少得比 I_e 多,那么新的捐赠点可能是点 F_1,新的预算线 $F_1 R_e^1$ 移动到最初预算线 $F_0 R_e^0$ 的右边,这是因为 R_e^1 超过了 R_e^0。显然,e 会采取任何行动来提高 R_e,并把他的预算线向右移动。

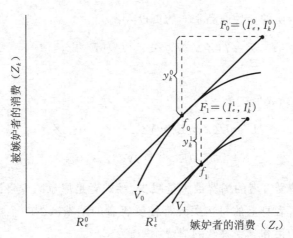

图 8.5　嫉妒的支出取决于嫉妒者的偏好、消费和被嫉妒者的消费

被嫉妒者 k 在点 f_1 的经济情况比在点 f_0 更糟，因为当他的境况较好时，e 会增加他的嫉妒消费，从而 k 将采取降低 R_e 的行动来损害 e。那时，e 会充分减少他在嫉妒上的支出，让 k 过得更好。更一般地说，所有受害者都想降低嫉妒者的嫉妒收入，并损害他的利益，因为这样会让他们过得更好。因此，与利他主义者和其受益者之间的和谐相反，嫉妒制造了嫉妒者和其受害者之间的冲突。然而，嫉妒也可以在受害者之间产生和谐，就像利他主义在受益者之间产生和谐一样，这是因为即使是利己主义的嫉妒受害者，也希望能够提高其他嫉妒受害者的收入（以此来打击嫉妒者）。受害者的行为可以用下面的定理来形式化，这个定理对应了利他主义的"坏小孩定理"。

嫉妒定理 II　所有被嫉妒伤害的人都想最小化嫉妒者的收入和效用。因此，他们只采取行动来降低嫉妒者和受害者之间的收入差距。特别是，如果嫉妒者的收入减少得更多，或者其他受害者的收入增加得更多，那么每个人都会减少自己的收入。

"坏小孩定理"和有关嫉妒的定理意味着，如果坏小孩们要扮演坏小孩的角色，他们就必须有坏小孩的父亲们——坏小孩的妻子们必须有坏小孩的丈夫们。如果兄弟姐妹、父母或丈夫对孩子或妻子是利他主义的，那么即使是利己主义者，嫉妒的孩子或妻子也会表现出利他主义；如果父母或丈夫嫉妒自己的孩子或妻子，那么，他们的孩子或妻子就会表现出对自己父母和丈夫的嫉妒。然而，"坏小孩定理"并不意味着，有利他主义成员的家庭是完美和谐的。利己主义的孩子希望父母给予更大的捐赠，利己主义的妻子希望丈夫给予更大的捐赠,嫉妒的孩子或妻子也希望其兄弟姐妹或妯娌给出更小的捐赠。孩子用哭闹、哄骗以及其他办法来推迟断奶时间,或者减轻惩罚,并且一般会增加父母花费在孩子身上的金钱、时间和精力[参见 Trivers (1974)的讨论]。

这种家庭收入分配上的冲突不应与收入生产的冲突相混淆,也不意味着任何此类冲突。事实上,"坏小孩定理"暗示了在有利他主义成员的家庭中收入的和谐生产:即使利己主义和嫉妒的孩子或配偶在所有影响生产⑧的决策中也表现出利他行为(除非利他主义者被逼到了一个"角落"里)。因此,既有利他主义成员又有利己主义成员的家庭既没有完美的和谐,也没有普遍的冲突,只有生产的和谐和分配的冲突。当然,当家庭中更多的成员是利他主义者时,分配上的冲突就会有所减少,生产中的和谐也会更加稳固。

如果一个利他主义父母的配偶也是利他主义的,并且为他们的孩子捐赠资源,那么这个利他主义父母的家庭经济境况会变得更好。由于子女的福利会影响父母双方的福利,因此从父母双方那里得到的捐赠数量将取决于其配偶的捐赠数量。事实上,双方都可能试图搭对方捐赠的便车[参见 Samuelson(1955)、Tiedman 和 Tullock(1976)对公共物品的讨论]。

"坏小孩定理"可以解释为什么父母会把一些捐赠推迟到自己的晚年:他想为他的孩子提供一个长期的激励来考虑整个家庭的利益。事实上,他可能会保留一些捐赠,直到他去世,这样他就可以有最后的决定权。⑨他通常不会把所有的捐赠都推迟到最后,部分原因是他必须与他的孩子建立良好的信任关系。

这一分析可以解释为什么利他主义的父母会把遗产留给他们的孩子,即使捐赠税比遗产税低⑩,即使捐赠对孩子来说更有用。这也意味着较富裕的家庭比较贫穷的家庭能从年长的孩子身上引导出更多的利他主义行为,因为富人对孩子进行的人力资本投资与非人力资本投资一样多,并且他们更愿意把非人力资本保存下来作为遗赠或捐赠给予自己年长的孩子。

"坏小孩定理"可以调和我们早期分析的含义,即富裕的父母在贫困的孩子身上花费更多的非人力资本,其证据是父母给不同孩子的遗产往往是相似的(参见,例如 Menchik, 1980;Tomes, 1980a)。同样,遗产和捐赠之间的区别是至关重要的,因为富裕的父母通常会用捐赠来补偿得到遗产较少的孩子。⑪如果捐赠能够完全补偿这些孩子,那么这些相等的遗产对于所有年龄较大的孩子,可能会引致相同数量的利他主义。但是,如果用遗产对这些孩子进行补偿,那么得到捐赠的年龄较大的孩子身上可能只会被引出较少的利他主义。

如果养老金市场不完善,而父母又过早去世,那么即使是贫穷的父母,他们也会留下遗产(Tomes,1979)。由于较贫穷的父母不会完全补偿那些得到较少捐赠的孩子(见第 6 章),这种"出于无意"留给这些孩子的遗产会更多。在一个小型不动产的样本中,遗产往往会更倾向于被给那些得到捐赠较少的孩子(Tomes,1980a)。

"坏小孩定理"也解释了为什么捐赠通常不是匿名的。即使是利他主义者,也想让受益者知道谁是他们的捐赠者,这样他们就可以将自身的利益融入他们的行为中。因此,捐赠者坚持实名制并不意味着,他的捐赠真的是为了社会声望的"购买"或者作为明确的交换条件,而是可能只涉及一种认识,即即使是直接的捐赠,也能引导利己主义的受益者产生明显的利他行为。

报复性威胁可以诱使完全利己主义的家庭成员考虑他们的行为对其他家庭成员的影响。然而,报复性威胁的效力随着成员年龄的增长而下降,剩下的"行动"也越来越少;报复本身不能完全引导利他主义行为,即使是在家庭成员年纪小的时候也一样[参见 Lardner(1979,1980)和 Taylor(1980)的讨论]。此外,无意识的行为往往不容易与故意的有害行为区分开来,因为这些行为可以被伪装起来,并被有力地宣称是无辜的。虽然利己主义的家庭不需要仅仅依靠欺骗的威胁,因为他们可以通过谈判制定契约和其他协议来采取利他主义行为,但这些安排也可能被欺骗、欺诈、怀疑以及监管和强制执行协议的成本所破坏。

利他主义的家庭无需签订契约就可以避免这些问题(也可以参见 Kurtz,1977),因为即使是利己主义和嫉妒的家庭成员,也会被引导做出利他主义的行为。维持安定和强制执行的支出是不必要的,以宣称无辜来掩饰有害的行为也是没有用的;这是因为利他主义者不会报复,[12]但会自动对家庭收入的变化作出反应,而不考虑原因。的确,当每个参与者都有一个有限但很长的行动反应时,即使稍微有一点利他主义的人,也可以引导出完全合作的行为。利他主义的家庭对"最后一步"问题也有部分免疫力,因为通过遗产和其他延迟的捐赠,利己主义的家庭成员会被引导去做利他主义的事,直到利他主义者去世,甚至更晚的时候。[13]

一些利他主义者对合作和高效率行为的影响,可以用乐善好施者的情况来说明(Landers and Posner,1978)。当一个利己主义者遇到有人溺水、被袭击或遭遇其他可怕事件的情况时,如果没有金钱或精神上的补偿,他会拒绝提供帮助。然而,一个利他主义者可能会帮助他人,即使他面临危险,甚至即使他的利他主义微弱到在不幸发生之前他没有以任何方式提供帮助,但他还是会提供帮助。尽管在不幸发生之前,他所提供帮助的边际效用可能很小,但由于受害者的福利即将大幅下降,这个帮助行为让利他主义者总效用的增加可能超过他努力的负效应,或者他所承担的风险。这个例子不仅展示了在利己主义失败的情况下,利他主义是如何引致有效行为的,而且展示了即使程度很微弱,利他主义也是如何显著改变行为的。

本书第 2 章表明,家庭中广泛的专业化和劳动分工,特别是生育和抚养子女的妇女和参与市场活动的男子之间的专业化和分工,鼓励了那些推卸责任和以牺牲其他成员为代价来改善自身福祉的行为。由于利他主义者和他的受益者会最大限度地增加家庭收入,并且不推卸责任,也不会牺牲他人的利益来增加自己的福祉,所以利他主义促进了劳动分工和资源的有效配置。

与亚当·斯密及其他经济学家的观点相反,Emile Durkheim(1933)断言,劳动力广泛分工的主要优势不是增加生产,而是增加参与分工的劳动者的情感和谐("有机团结")。[14]我认为利己主义者之间的劳动分工可能会鼓励欺骗和逃避责任,而不是有机团结。不同于上述观点,我认为感情的和谐是一种原因而不是有效分工的结果。[也可参见 Durkheim(1977a)在赫什利弗的论述]从劳动分工到情感和谐的唯一可能联系是,利他主义家庭和其他组织的繁荣和生存,这是一个即将被分析的话题。

8.2　家族效用函数

如果利他主义者或嫉妒者关心他们的受益者或受害者的效用,那么对利他主义和嫉妒的分析就很容易扩展到许多消费品,如方程式(8.17)所示:

$$U_h = U[Z_{1h}, \cdots, Z_{mh}, \psi_1(Z_{11}, \cdots, Z_{m1}),$$
$$\cdots, \psi_p(Z_{1p}, \cdots, Z_{mp})] \tag{8.17}$$

其中,Z_{ij} 是第 j 个家庭成员对第 i 种消费品的消费,$j=h$,$1, \cdots, p$,当第 k 个利己主义受益者的效用增加时,ψ_k 增加。利他主义者 h 向他的受益者捐

赠"美元",因为当他们使用这些使自己的效用最大化时,h 的效用也最大化。他的预算方程式是:

$$\sum_{i=1}^{m} \pi_i Z_{ih} + \sum_{k=1}^{p} y_k = I_h \tag{8.18}$$

其中,π_i 是第 i 个消费品的价格,y_k 是捐赠给第 k 个受益者的美元。在 k 的预算方程中代入 y_k 后,利他主义者的家庭收入为:

$$\sum_{i=1}^{m} \pi_i Z_{ih} + \sum_{k=1}^{p} \sum_{i=1}^{m} \pi_i Z_{ik} = I_h + \sum_{k=1}^{p} I_k = S_h \tag{8.11''}$$

方程式(8.11″)的最左边显示的是被利他主义者和其受益者消费的家庭收入,显然,他们消费的消费品是不同的。

所有利他主义的受益者都自愿最大化家庭收入和利他主义者的效用,即使他们没有决策的决定权,因为他们自己的效用是随着利他主义者的效用而增加或减少的。因此,一个利他主义的家庭可以说具有一种家庭效用函数,所有成员自愿最大化这一效用函数,而不管家庭收入的分配如何(只要利他主义者没有被驱使到"角落"里去)。

家庭效用函数的这一推导可以与保罗·萨缪尔森(Paul Samuelson,1956)在一篇著名的关于社会无差异曲线的文章中的讨论进行对比。在没有进行充分阐述的情况下,他提到了一个包含"家庭社会福利函数"的概念,这个概念被嫁接到不同家庭成员的独立效用函数上。此外,他认为,一个家庭成员"对自己产品的偏好具有独立于其他家庭成员消费的特殊性质。但由于血浓于水,不同家庭成员的偏好是通过一个'共识'或'社会福利函数'相互关联的,这个函数考虑了每个成员消费水平的应得性或道德价值"(Samuelson,1956,p.10)。我对这种说法的不解之处在于,不同家庭成员的消费"应得性"是否能被简单地纳入每个家庭成员的偏好中。因为根据我的分析,它们不是通过一种"共识"来相互关联的。

萨缪尔森在其文章(Samuelson,1956,p.21)中指出,"如果在家庭内部可以进行收入的最佳再分配,以保持每个家庭成员的美元支出具有同等的道德价值,那么就可以为整个家庭推导出一套与消费总量相关的无差异等高线:可以说,家庭的行为好像最大化了这样一个群体偏好函数"(原文最初为斜体)。根据我的分析,"最优再分配"是利他主义和自愿捐赠的结果,"群体偏好函数"与利他主义者的户主是相同的,即使他没有主导权力。[15]虽然他的"无差异等高线"并不简单地取决于家庭对每种消费品的总消费,但家庭消费独立于家庭收入的分配(除了"角落")。家庭消费与家庭收入水平正相关,与商品的相对价格负相关。

如果 h 的效用函数取决于另一个成员 j 的效用,同时 j 的效用函数取决于 h 的效用,那么一个无限回归将在捐赠行动中得以确立。例如,由于 h 是利他主义者,从 h 到 j 的捐赠直接提高了 j 的效用,这也间接提高了 h 的效用,并反过来间接提高了 j 的效用,因为 j 也是互惠的利他主义者,以此类推。从理论上讲,这种无限回归可以表示为:

$$U_h = U(Z_{1h}, \cdots, Z_{mh}, \psi_h\{Z_{1j}, \cdots, Z_{mj}, \psi_j \\ [Z_{1h}, \cdots, Z_{mh}, \psi_h]\}) \tag{8.19}$$

然而,如果对互惠利他主义的程度加以适当的限制,家庭效用函数仍将存在。基本限制意味着从自己消费中得到的边际效用往往超过从他人消费中得到的边际效用(参见本章数学附录的条目 C)。

即使是利他主义父母,也不仅仅接受年幼孩子的效用函数,这些孩子太缺乏经验,以至于不知道什么是"对他们有益的"。[16]父母们可能希望孩子学习时间长一点,不要太贪玩,要多听父母的话。在他们积累更多的经验和教育之前,父母总是会控制孩子的消费和其他行为。当然,孩子们(在现代,尤其在青少年时期)可能会认为他们知道得足够多,而他们的父母已经与时代重要的变化脱节,在日新月异的社会中,这种代际之间的冲突会愈演愈烈。但父母与年龄较大的孩子之间的冲突通常不那么严重,因此利他主义的父母更愿意向那些按他们的意愿进行消费的孩子捐赠。

父母有时希望孩子不要按他们的想法行事,这不仅是因为父母是利他主义的,认为自己掌握了更多信息,而且因为他们是在与孩子一起竞争,他们可以从自己孩子的成就中获得声望;或者也可能是出于其他"利己主义"的原因。父母的效用函数可以写成:

$$U_h = U[Z_{1h}, \cdots, Z_{mh}, Q_1(Z_{11}, \cdots, Z_{m1}), \\ \cdots, Q_p(Z_{1p}, \cdots, Z_{mp})] \tag{8.20}$$

其中,Q_k 代表父母从第 k 个孩子的消费中获得的收益,它与 k 的效用函数不是单调相关的。如果 Q_k 不与 k 的效用函数密切相关,父母将不会从无限制的捐赠中获得什么好处;事实上,如果 Q_k 与 U_k 呈负相关,父母的经济境况会因为无限制的捐赠而变得更糟。父母可能会捐赠特定商品,或者限制对子女所捐赠的美元的使用方式。[17]

Q_k 和 U_k 之间的冲突意味着家庭不存在共同的效用函数,不同的家庭成员会使不同的效用函数最大化。因此,这种家庭中的冲突超过了利他主义家庭中的冲突。事实上,如果 Q_k 和 U_k 是负相关的,这种冲突将类似于嫉妒家庭中的冲突。

8.3 家庭中的利他主义和市场中的利己主义

在本章一开头,我就提出利己主义在市场交易中很常见,利他主义在家庭中也很常见;但是,我没有解释为什么同样的人在其家庭中是利他主义的,而在他们的商店和公司中却是利己主义的。原因并不是利己主义的父母和孩子,或者利他主义的卖家和买家并不存在——我们可以看到,被忽视的孩子和父母以及乌托邦式的冒险者也进行生产和消费。我认为,利他主义在市场交易中不太常见而在家庭中更常见,因为利他主义在市场中不太"有效率"而在家庭中更"有效率"。

尽管亚当·斯密和其他经济学家关于市场交易中利己主义行为盛行的说法得到了历史性的、极具价值的讨论,但这些说法并不能从基本理论中推导出来。最近的研究表明,目的性行为(目标取向行为)比随机行为和其他非目的性行为更有可能在市场竞争中生存下来[参见 Hirshleifer(1977a)的观点],但这些讨论没有考虑利他主义的目的性行为是否能与利己主义的目的性行为具有同样久的生命力,或者具有更久的生命力。亚当·斯密(Adam Smith, 1853)曾试图解释为什么人们对自己的家庭比对陌生人更利他,但他没有考虑当利他主义行为和利己主义行为在市场交易中产生冲突时会发生什么事情。

一个简明扼要的论点是,利他主义不能在市场交易中与利己主义竞争,因为利他主义者通过对他们的产品和服务收取低于市场的价格来赚取更低的货币利润和其他货币收入。这种观点朴实地表明,利他主义者获得精神收入而不是金钱收入——他们在销售产品和服务时也要消费——并且,他们要生存,也要使货币收入最大化,只是他们不试图消费太多。[18]

利他主义并不常见,不是因为利他主义者接受精神收入而不是货币收入,而是因为市场交易中的利他主义是产生精神收入的一种低效方式。例如,考虑一家公司,出于利他主义的原因,它以低于成本的价格向一些客户出售产品。客户从利他主义中获得的收益的货币价值约为 $\Delta p(x_0 + 1/2\Delta x)$,其中 Δp 是价格补贴,x_0 是客户在没有补贴的情况下进行的消费。如果他们没有得到补贴的话,Δx 是补贴引起的消费增加,$1/2\Delta p\Delta x$ 是由补贴带来的消费者剩余。另一方面,公司的利润减少了 $\Delta p(x_0 + \Delta x)$,这超过了从消费者那里赚取的收益的货币价值。

如果向所有消费者收取相同的价格,并且向幸运的消费者赠送现金,那么公司和这些消费受益者可以从减少相同数量的利润中获得更大的效用,或者从较小的利润减少中获得相同的效用。如果捐赠等于 $\Delta p(x_0 + \Delta x)$,那么厂商的成本是相同的,但是这些消费者效用会增加货币价值,因此利他主义公司的效用增量的货币价值将大于 $\Delta p(x_0 + 1/2\Delta x)$,因为捐赠可以按需消费,并且与这种产品的消费无关。同样的论点暗示,现金捐赠比雇员受益者的高工资率或者雇主受益者的低工资率更有效。

结论是,基于利他主义,进行现金交易的公司所得到的效用,比其他具有相同偏好和市场机会的公司更大,后者总是给予消费者、工人或供应商补贴。因此,进行现金交易的公司比利用市场交易来传递利他主义的公司更有效率。尽管市场交易中有效率的参与者可能是高度利他主义的,但他们表现得好像很利己主义,即要使他们的货币收入最大化。他们通过与市场交易无关的现金交易来表达自己的利他主义,19 世纪末和 20 世纪初美国工业巨头的巨额慈善捐赠就是一个戏剧性的例子。

这一论点并不排除家族企业雇用儿童或其他亲戚。"坏小孩定理"表明,利他主义的受益者比其他员工更有可能考虑公司的利益,避免出现逃避、盗窃和其他对公司有害的行为。(此外,公司可能会雇用亲戚,即使他们不是利他主义者,因为雇主了解其亲戚的技能、性格和所需支付的费用。雇主可以利用这些信息来分配其亲戚去做适当的工作,并借机试探他们的亲戚是否因为从公司偷东西而过得"过于富裕")通过规定工作时间或采取奖金形式的现金交易,公司可以向员工受益者支付超过其价值的薪酬,而不会导致他们在工作时间发生低效变化。由此,我们可以理解为什么即使市场交易中的利他主义是低效的,小型家族企业在农业、服务业和其他行业还是可以蓬勃发展(见第 2 章)。

随着受益者人数的增加,对受益者的平均捐赠最终会下降。由于当捐赠很少时,利己主义的受益者较少考虑他们的捐赠者的利益,一个拥有许多受益者的大型组织的利他主义领导人，很容易被其受益者的有害行为推到零捐赠的"角落"里。这些人声称："全人类的朋友不是我的朋友。"大公司的数量远远大于大家庭的数量，因为专业化投资带来了规模经济，而劳动分工对公司来说更重要（见第 2 章）。利他主义在家庭中比在公司中更普遍，部分原因是利他主义在小组织中更有效率。

利他主义在家庭中很常见，不仅因为家庭很小，有很多互动，还因为婚姻市场倾向于将利他主义者"分配"给他们的受益者。一个利己主义的受益者将她作为捐赠者配偶的家庭收入与婚姻市场中其他参与者的家庭收入进行比较。她接受捐赠后的家庭收入[方程式(8.7)]是：

$$S_w = Z_w = I_w + y$$

其中，Z_w 是她的消费，y 是他对她的捐赠，I_w 是她自己和一个在其他方面完全相同的利己主义参与者的收入。利他主义者与其受益者的家庭收入[方程式(8.4)]是：

$$S_h = Z_h + Z_w = I_h + I_w$$

其中，I_h 是利己主义者的收入，他们在其他方面与 h 完全一样，由于妻子的消费要计算两次（这两次消费都进入了他们的效用函数），所以他们比那些结了婚但是既没有捐赠者也没有受益者的人要有更好的经济状况。[19]因此，我们可以很容易地解释为什么拥有关心或者"爱"的婚姻很可能是配偶均衡类型的一部分（可参见第 11 章对大家庭的讨论）。

利他主义的父母可能不会比利己主义的父母拥有更多的孩子，但是他们在人力资本或孩子的质量上投资更多，因为利他主义的父母的效用是由其孩子获得的投资回报提高的（也可参见 Ishikawa, 1975）。因此，利他主义家庭的孩子往往比利己主义家庭的孩子更"成功"，这使得利他家庭的影响超出他们的数量。此外，他们的影响可能会随着时间的推移而增长，因为成功的父母往往会有成功的孩子，而对孩子的利他主义很可能会代代相传。

我们的分析也解释了为什么父母通常给予孩子的比孩子给予父母的要多。[20]即使父母和孩子都同样利他，父母也会付出更多，因为他们对孩子的投资的效率更高。为了说明这一点，我们假定所给予的仅仅是转移资源，并且回到前面章节中更普遍、更可信的假设，即捐赠的生产率取决于许多因素，包括接受者的性格特征等。对孩子的捐赠往往比对父母的捐赠更有成效，因为孩子的剩余寿命更长，[21]而且没有积累像他们年长的父母那样多的人力资本。那么,即使孩子是同样利他主义的,父母也会给予孩子更多。

图8.6假设父母和孩子有相同的偏好,并且无差异曲线U_0和U_1关于45度线对称,沿着该线的斜率为-1。如果捐赠点的位置E在45度线上,若给定的每一美元给接受者增加一个单位的消费,两者都不会给对方捐赠。然而,如果他们的转化曲线AB的斜率在45度线上超过1,由于父母对子女的捐赠比子女对父母的捐赠效率更高,那么当父母给予子女的捐赠为$y_c(1+r)$,子女接受父母的捐赠为y_c时,两者的效用均将被最大化,其中r是给子女捐赠的回报率。

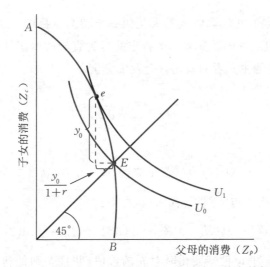

图 8.6　当他们有相同的偏好时父母对孩子的有效捐赠

8.4　结语

即使利他主义只局限于家庭,它仍然指导着所有资源的大部分配置。包括现代市场导向型社会在内的所有社会中的家庭,都承担了相当大一部分经济活动——一半或者更多——因为他们生产了成员的大部分消费、教育、健康和其他人力资本。我认为,利他主义支配家庭行为的程度可能与利己主义支配市场交易的程度相同,如果我的看法正确,那么利他主义在经济生活中的作用比人们通常理解的重要得多。但是,经济活动与市场交易的同一性,极大地夸大了利己主义行为的普遍性。

在过去的二百年里,随着经济科学将亚当·斯密的理论精细化,对利己主义经济效应模型的探索得到了极大的发展。现在已知多样化的关于利己主义在不同市场分配资源的方式,但不幸的是,关于利他主义的同等复杂的分析模型却一直没得到发展。我希望本章对利他主义的分析可以成为这一模型进一步发展的基础。[22]

数学附录

A. 尽管这是真正家庭收入最大化的一个相当直接的含义,但所给予的证明可能是有启发性的。如果一个特定的行为直接改变了 dZ_h^0 和 dZ_w^0 对 h 和 w 的消费,利他主义者的效用就会发生变化:

$$dU^0 = \frac{\partial U}{\partial Z_h}dZ_h^0 + \frac{\partial U}{\partial Z_w}dZ_w^0$$

在均衡条件下:

$$对于 j=h 或 w 来说, \partial U/\partial Z_j = \lambda h$$

此处 λh 是 h 的收入边际效用,代入后,可得:

$$dU^0 = \lambda_h dZ_h^0 + \lambda_h Z_w^0 = \lambda_h(dZ_h^0 + dZ_w^0) = \lambda_h dV^0$$

其中 dV^0 是在 h 和 w 消费变化时对 h 的价值,并且 h 和他利己主义的受益者 w 都只采取提高 h 效用的行动——也就是提高家庭收入——因为只有这些行动才能让他们过得更好。因为 $\lambda h > 0$:

$$当 dV^0 \gtreqless 0 时, dU^0 \gtreqless 0$$

这是需要证明的。由于 h 的效用函数取决于 w 的效用,这种分析很容易推广到许多由 h 和 w 消费的消费品上。

B. 如果 $\psi_j < 0$ 和 Z_j 增加,汤姆仍将生活得较好,即使 $d\psi = \psi_t dZ_t + \psi_j dZ_j > 0$,或者:

$$dZ_t + (\psi_j/\psi_t)dZ_j > 0$$

汤姆提高珍妮和家庭收入的行为会使他的经济情况变得更糟,如果:

$$当(dI_t + dI_j) > 0 时, dI_t + (\psi_j/\psi_t)dI_j < 0$$

然而,已增加的对汤姆的捐赠和可能减少的父亲对珍妮的捐赠,会使 dZ_t 相对于 dZ_j 增加,以满足第一个不等式。因此,当第二组不等式成立时,汤姆、珍妮和他们的父亲会过得更好。同理,第二个不等式被逆转似乎可以改善汤姆的行为,实际上却使他的经济境况变得更糟。他们的父亲减少了对汤姆的捐赠,并可能增加对珍妮的捐赠,会使 dZ_t 相对于 dZ_j 降低,以颠倒第一个不等式。

C. 分析柯布—道格拉斯函数:

$$U_h = [g_h(Z_{1h}, \cdots, Z_{mh})]^{a_h} U_j^{b_h}$$

和

$$U_j = [g_j(Z_{ij}, \cdots, Z_{mj})]^{a_j} U_h^{b_j}$$

其中 a_h、a_j、b_h 和 b_j 大于零。通过代入下式:

$$U_h = g_h^{\frac{a_h}{1-b_h b_j}} g_j^{\frac{a_j b_h}{1-b_h b_j}} = g_h^{\alpha_h} g_j^{\beta_h}$$

和

$$U_j = g_h^{\frac{a_h b_j}{1-b_h b_j}} g_j^{\frac{a_j}{1-b_h b_j}} = g_h^{\beta_j} g_j^{\alpha_j}$$

其中 $b_h b_j$ 独立于 U_h 和 U_b 的转换,因为它们是柯布—道格拉斯形式。从其他人效用变化而来的边际效用是有限的,因此这些效用函数存在的条件是:

$$b_h b_j = \left(\frac{\partial U_h}{\partial U_j}\bigg|_{g_h=g_h^0}\right) U_h^{-1} U_j \left(\frac{\partial U_j}{\partial U_h}\bigg|_{g_j=g_j^0}\right) U_j^{-1} U_h < 1$$

或者

$$\frac{\partial U_h}{\partial U_j}\bigg|_{g_h^0} \frac{\partial U_j}{\partial U_h}\bigg|_{g_j^0} < 1$$

当用一般效用函数代替柯布—道格拉斯函数时,很容易证明最后一个不等式仍然是一个充分必要条件。

从 a_h 可能比 b_h、a_j 可能比 b_j 小的意义上来说,自己的消费可能没有其他人的效用重要。然而,如果 $b_h b_j < 1$,由于 $\alpha_h \alpha_j > \beta_h \beta_j$,那么自己的消费必定倾向于比其他人的消费更重要:

$$\alpha_h \alpha_j = \left(\frac{\partial U_h}{\partial g_h} U_h^{-1} g_h\right)\left(\frac{\partial U_j}{\partial g_j} U_j^{-1} g_j\right) > \beta_h \beta_j$$

这里：

$$\beta_h \beta_j = \left(\frac{\partial U_h}{\partial g_j} U_h^{-1} g_j \right) \left(\frac{\partial U_j}{\partial g_h} U_j^{-1} g_h \right)$$

或者

$$\frac{\partial U_h}{\partial g_h} \frac{\partial U_j}{\partial g_j} > \frac{\partial U_h}{\partial g_j} \frac{\partial U_j}{\partial g_h}$$

这一方程式更适用于一般效用函数，也可参见本章注释⑥。

注 释

① 为了区分利他主义者和利他主义的受益者，我用阳性名词表示利他者，用阴性代词表示利他主义的受益者。

② 考虑下面这句话："我嫉妒你们……我嫉妒你们拥有的一切权利。我自信满满，我对你们没有任何庸俗的感激之情；我几乎觉得你们反倒应该感谢我，因为我给了你们享受慷慨的机会……我来到这个世界可能是为了增加你们的幸福。我可能生来就是你们的捐赠者，有时会给你们一个机会来帮助我解决我的小问题"（Dickens，1867，p.41）。

③ 感谢谢尔温·罗森的建议；也可参见 Collard(1978，p.106)的研究。

④ 根据罗伯逊的说法，"我们（经济学家）可以……大力促进节约，也就是充分而节约地利用稀缺资源'爱'——我们和其他人一样知道，爱是世界上最珍贵的东西"（Robertson，1956，p.154）。

⑤ 因为利己主义的受益人最大化 $S_w = I_w + y$，所以当 $y = 0$ 时，她会单独最大化 I_w。利他主义者会把下式最大化：

$$S_h = I_h + m_h I_w$$

其中 $m_h I_w$ 是 w 的收入相对他自己而言的货币价值，并且下式是在均衡位置上他的无差异曲线的斜率：

$$m_h = \frac{\partial U}{\partial Z_w} \bigg/ \frac{\partial U}{\partial Z_h}$$

如果他的捐赠是正值($y > 0$)，那么 $m_h = 1$，他将使 $I_h + I_w = S_h$ 最大化或使家庭收入最大化。不过，如果他的捐赠为 0，并且 $0 < m_h < 1$，他就不会忽略她的收入变化，虽然她的收入变化的重要性要小于他自己的。

⑥ h 的效用函数可以说是倾向于利己主义的、中性的，或者倾向于利他主义的，因为当 $Z_h = Z_w$ 时，$\partial U / \partial Z_h \gtreqless \partial U / \partial Z_w$，这同样适用于 w。如果 h 和 w

的效用函数都倾向于利他主义,他们的愿望就很难实现,因为这时他们两者都要求对方比自己消费得更多一些。当两种效用函数都倾向于利己主义时,这种"过度"利他主义的冲突在形式上就等同于"过度"利己主义的冲突。

为了说清楚这一点,现在让图 8.4 中的点 e_1 代表 h 所偏好的均衡位置,点 e_0 代表 w 所偏好的位置。如果在点 E_0 处捐赠,则 h 和 w 都可能要求从 h 到 w 那里得到一些捐赠。但是,一旦 w 收到足够多的捐赠,并将其放在点 e_0,她将拒绝接受额外的捐赠,除非 h 可以通过向 w 提供一个全有或全无的选择——要么不捐赠,要么提供一个足够大的选择,从而将捐赠放在点 e_0 之外。同样,如果捐赠位于点 e_1 的左侧,w 希望将捐赠移到点 e_0,但 h 不希望接受捐赠点位于点 e_1 右侧的捐赠。当捐赠点介于点 e_0 和点 e_1 之间时,双方都想进行捐赠,但都不接受任何捐赠(参见本章数学附录的条目 C)。

⑦ 在均衡状态下,父亲会从汤姆和珍妮的消费中获得同样的效用:

$$\frac{dU/dZ_j}{\partial U/\partial Z_t} = 1 = \frac{\partial U/\partial Z_j + (\partial U/\partial \phi)\psi_j}{(\partial U/\partial \phi)\psi_t} = \frac{\partial U/\partial Z_j}{\partial U/\partial Z_t} + \frac{\psi_j}{\psi_t} = 1$$

汤姆和珍妮消费水平之间的直接边际替代率和间接边际替代率之和等于 1。因为 $\psi_j < 0$ 且 $\psi_t > 0$,所以直接边际替代率的均衡比他们没有嫉妒时的要大。

⑧ "我知道,因为每个妻子都告诉我,她们嫉妒丈夫的感情;当他喜欢一个妻子的孩子胜过另一个妻子的孩子,或者给其中一个而没有给另外两个买礼物时,她们就会觉得自己被抛弃了。然而这三个妻子是相互依赖的,因为她们知道如果没有其他人的帮助,她们的生计会更加困难。基本的嫉妒和琐碎的厌恶是存在的,但它们被日常生活的必需品所淹没和减轻"(Femea,1965,p.170)。

⑨ 只有李尔王才明白这一点:

李尔王:你说我愚蠢吗,孩子?

愚蠢者:你放弃了所有,那些你生来就有的一切。

——莎士比亚,《李尔王》

⑩ 捐赠品的边际税率似乎低于遗产,但最近的一项研究(Adams,1978)表明,捐赠品和遗产的真正边际税率可能相似。

⑪ 关于捐赠品的证据太有限了,无法检验这种含义[参见 Menchik(1980)的讨论]。

⑫ 这一点在系列漫画《东迪》(Dondi)(参见《芝加哥论坛报》,1979 年 12 月 17 日)的以下对话中得到承认;在此,我要感谢史蒂芬·斯蒂格勒让我注意到了这一点。

东迪的养父:你奶奶给我买了这些花式溜冰鞋,因为她爱我。

东迪：那不是真的，查理。她只不过是在贿赂你，让你不要再欺负我了！

东迪的养父：这是一回事。

⑬ 利己主义的家庭和利他主义的家庭一样，都可以将遗产移交拖延到最后。

⑭ "因此，我们需要从新的角度考虑劳动分工。在这种情况下，与它产生的道德效果相比，它所能提供的经济服务是微不足道的；它的真正功能是在两个或两个以上的人之间创造一种团结的感觉"(Durkheim, 1933, p.56)。

⑮ Samuelson(p.9)似乎相信，如果群体偏好函数与户主的函数相同，户主必须拥有主导权力。

⑯ 也许更恰当的说法是，年幼孩子的基本效用函数是可以被接受的，但不能相信这些孩子能最大限度地发挥他们的效用，因为他们对家庭生产函数知之甚少。

⑰ 在《天生我才》(Wizard of Id)系列漫画中，一个醉汉对另一个醉汉说："你能一口气喝下这瓶酒吗？"另一个回答："我怎么知道你有没有买好下酒菜呢？"

⑱ 对非洲裔和其他人的歧视不同于货币收入最大化，因为歧视者放弃了货币收入来降低精神成本。因此，他们无法在较低的货币收入和较高的精神收入之间取得均衡(参见 Becker, 1971)。

⑲ 利他主义的捐赠者和其受益者结合比和利己主义的伴侣结合生活得更好，因为利他主义的婚姻比利己主义的婚姻更有效率和生产力。

⑳ 这一点从圣经时代就已经被观察到了。例如，使徒保罗曾记载，"孩子不应该为父母而舍命，但父母应该为孩子而舍命"(Ⅱ Corinthians, 12:14；我把这一点归功于奈杰尔·托马斯)。

㉑ 生物学家认为，来自非人类父母的捐赠也比其后代的捐赠更具有生产力，因为后代还有更多的生殖潜力保留下来(Balash, 1977, p.299)。

㉒ Boulding(1973)、Phelps(1975)、Hirshleifer(1977b)、Kurz(1977)、Collard(1978)，以及其他一些研究也讨论了利他主义的经济方面的议题。

9

非人类物种的家庭

经济分析不仅是理解人类行为的有力工具,也是理解其他物种行为的有力工具。显然,所有物种都必须"决定"是在单一配偶体系下还是在多配偶体系下进行匹配;是繁衍许多后代,给予每一个后代较少的照顾,还是生育较少后代,给予每一个后代较多的照顾;是依照性别和其他标准进行严格的劳动分工;对待后代及其他动物是采取利己主义行为方式还是利他主义行为方式。

本章运用前几章节提出的对人类家庭的分析来研究其他物种。其中,第 3 章至第 5 章的分析解释了后代的质量和数量,以及不同物种选择的配偶制度,包括鸟类、哺乳动物类和两栖动物类。[①]同样,我们可以将该方法应用于劳动分工、利他行为(参见 Becker, 1976a),以及不同物种家庭生活的其他方面。

9.1　动物后代的数量和质量

任一物种的成员为了食物、配偶和其他有限的资源而相互竞争。由于可以占有包括配偶在内的资源,强壮、聪明和有吸引力的个体在生育和养育后代方面更加成功。如果成功繁衍后代的特征可以被遗传,这些特征在后代的繁衍中会更为普遍。这个自然选择的过程就是现代生物学的基础。

　　生育相对较多后代的动物个体的遗传性状，以及后代现有的遗传性状都是自然选择的结果，而不管这些特性是否在其他方面造成不利影响。因此，自然选择意味着动物种族在繁衍过程中存在基本竞争，集中所有时间和精力，以最大可能提升其幼崽及后代存活概率的动物个体，其物种特征将更容易被遗传。考虑到基因携带着遗传性状，自然选择的过程意味着，成功的动物个体将在后代中最大限度地复制自己的基因（Dawkins，1976）——生物学家把这种最大化称为遗传学上的"适应性"。

　　我们可以认为适应性由如下生产函数所决定：

$$G=G(n,q) \tag{9.1}$$

其中，n 是复制或已生育后代的数量，q 代表每一个后代再繁殖的价值。适应性的最大化受限于有限的精力供给和时间供应，同时也受到 n 和 q 的生产函数的约束：

$$e=e_n+e_q$$

$$n=n(e_n,\gamma)，其中\frac{\partial n}{\partial e_n}>0 \tag{9.2}$$

和

$$q=q(e_q,n,\delta)，其中\frac{\partial q}{\partial e_q}>0,\frac{\partial q}{\partial n}<0$$

其中，e_n 和 e_q 分别代表用于 n 和 q 的资源量，e 代表资源的总供给量，γ 和 δ 分别代表对 n 和 q 的其他影响因素。成功的动物个体会生育更多且更优质的后代，因为它们要么有更多的精力和其他资源（更多 e），要么更有效率（γ 和 δ 有更高的值）。

　　如果 n 和 q 的生产函数可以通过简单函数而变得接近：

$$n=\frac{e_n}{p_n(\gamma)}$$

和

$$q=\frac{e_q}{p_q(\delta)+p(\delta)n} \tag{9.3}$$

那么预算方程式可以写为：

$$p_n n+p_q q+pnq=e \tag{9.4}$$

$p_n n$ 项是指生育后代的成本,与后代的"质量"无关。这些固定成本对几乎所有物种的雌性来说都很重要,因为它们在产卵上花费了大量资源。雄性通常可以低成本地使雌性的卵子受精,但它们可能会花费大量资源来争夺雌性。$p_n q$ 项代表增加后代质量的固定成本,与后代的数量无关。雌性动物有时会为了有利的筑巢地点而展开竞争,这类筑巢地点可以使它们更好地养育所有幼崽,让幼崽有更好的生存机会,或是说,在这些地点雄性动物能够更容易地保护自己的大量幼崽。pnq 项是可变成本,取决于幼崽的数量和质量。

如果在 n 和 q 之间进行资源配置,将可确保在方程式(9.4)中的预算约束下使适应性最大化:

$$\frac{\partial G}{\partial n}=G_n=\lambda(p_n+pq)=\lambda\pi_n \tag{9.5}$$

和

$$\frac{\partial G}{\partial q}=G_q=\lambda(p_q+pn)=\lambda\pi_q$$

其中,π_n 和 π_q 分别代表生育一个额外单位幼崽的数量和质量的影子价格。即使 p_n、p_q 和 p 不变,π_n 和 π_q 也会变化,这是因为 π_n 和 π_q 分别与 q 和 n 正相关。数量和质量之间的相互影响在第 5 章已经系统地探讨过,如图 9.1 所示,其中 G_0 和 G_1 是适应性生产函数凸向原点的无差异曲线。n 和 q 之间的相互影响意味着方程式(9.4)中资源约束边界线同样凸向原点,如 AB 所示。

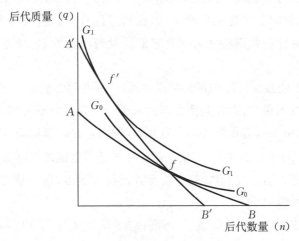

图 9.1 动物后代的数量与质量之间的相互影响

如果相较于无差异曲线，资源约束边界线凸向原点的程度更低——如果 n 和 q 之间的相互影响程度没有"那么"强——那么 n 和 q 的最优组合将会在一个内部位置，如图中的点 f。然而，如果资源约束边界线比无差异曲线更凸向原点，那么最优组合将出现在一个"角落"位置，即 n（或 q）较大，而 q（或 n）则可以忽略不计。

n 和 q 之间的相互影响具有重要意义，即 p_n、p_q 或 p 的适度变化可以对 n 和 q 的最优组合产生巨大影响，即使它们在生产函数的适应性中不存在密切的相互替代关系。例如，相对于 π_q，p_n 的增加将会提高 π_n，从中可以推导出一个趋近于 q 而远离 n 的替代关系（对 n 和 q 的需求与它们的相对价格呈现负相关关系）。相对于 π_q，趋向于 q 而远离 n 的替代关系将进一步提高 π_n，这是因为从 n 与 q 的相互影响中，可以推导出一个趋向于 q 而远离 n 的额外替代关系。这一过程将不断重复，直至达成一个新的均衡。在图 9.1 中，p_n 的"补偿性"增加，可以使资源约束边界线由 AB 变动为 $A'B'$，而 n 和 q 的最优组合点也将大幅改变，从点 f 移动到点 f'。

n 和 q 之间的相互影响可以用于解释这一事实：在不假设潜在成本函数存在显著差异的情况下，不同性别物种的繁殖"策略"仍具有较大差异。例如，即使在通常情况下，雌性动物在生育幼崽方面的固定成本也只比雄性动物大一些，与雄性动物相比，雌性动物也倾向于生育较少的幼崽，而且会付出更多的精力来抚育幼崽。正如我们接下来将要看到的那样，生物界的雄性动物与雌性动物的繁殖"策略"在大多数情况下存在本质的不同。[2]

同一性别的动物成员也会采取不同的策略。例如，对异性具有高吸引力的雄性动物，倾向于生育更多幼崽，但在幼崽抚育方面投入较少，而没有多少吸引力的雄性动物则将尽力抚育它们数量较少的幼崽，或者其他同类的幼崽。

在幼崽不能独立生活的很长一段时间里，一些种类的动物在幼崽抚育和"教育"方面投入很多，而在其他方面投入很少。我的分析表明，物种之间的这种差异，主要来自潜在繁殖成本的差异，特别是在数量固定成本（p_n）和质量可变成本（p）方面的差异。固定成本略高或可变成本[3]略低的动物比其他动物拥有更少的后代，但在幼崽抚育方面投入更多，这也是源于数量和质量之间的相互影响。

在数量和质量的相互影响下，不同种类的动物在生育和照料幼崽的潜在成本方面，存在着一般性和对称性的差异，这种差异会转化为可观察到的动物幼崽在数量和质量上的显著正偏态物种差异。此外,数量相对较多的物种往往会有质量相对较低的幼崽。生物学家有时将动物分为 r 策略和 K 策略两类:前者生育较多的幼崽,对每一幼崽的投入较少;而后者则生育较少的幼崽,对幼崽的照料和学习投入较多(Wilson, 1975, pp.99—100)。我认为,这一分类方式可以有效地区分许多物种,因为在数量和质量的相互影响下,不同种类动物在生育和照料幼崽上的潜在成本的一般性差异,可能会被放大为在物种间呈现出负相关关系的数量和质量方面的根本差异。

对于后代在经验和技能上的投入越高效,它们在特定任务上的分工将越专业化(见第 2 章),它们的寿命也会更长(见第 1 章)。K 策略类型的动物比 r 策略类型的动物在其后代上的投入更多,一部分是因为 K 策略类型的动物的寿命更长、群体密度更大、分工专业化程度更高[参见 Wilson(1975, p.101)的总结表格]。④ 由于对于后代的过多投入将会延长其非独立生活的周期,它们的幼崽通常在很长一段时间不能独立生活。

9.2 配偶系统

在前面的章节里,我们假设雄性动物和雌性动物在组织良好的"市场"里选择配偶、安排"婚姻"。一些动物,包括萤火虫、蝗虫、松鸡、羚羊和山羊,实际上逐渐形成了各自的领地(被称为"列克"),在那里,雄性动物和雌性动物将争夺有利位置,为了交配和抚育幼崽而审视异性,选择配偶(Wilson, 1975; Wiley, 1973)。尽管大多数动物不形成"列克",但择偶市场的概念似乎也适用于非人类物种,因为大多数动物已经发展出寻找和选择配偶的成熟方法。

因此,假设所有物种的雄性和雌性都在有效率的择偶市场中寻找配偶。如果具有相同特征的所有参与者都期望获得相同的合法收入,如果较高质量的参与者至少可以获得与较低质量参与者一样多的合法收入,如果在既定的可用机会下,参与者可以最大化其所期望的合理收入,那么这一择偶市场就是有效率的。⑤

雄性动物之间的差异,是由不平等的遗传、变异以及其他影响力量和外表等不同特征的因素造成的。更有吸引力的雄性动物能够与多个雌性动物交配,而缺乏吸引力的雄性动物将被迫保持单身。如果"一夫多妻"的雄性动物可以为雌性动物提供更好的保护和更充足的食物,或者为它们的后代提供更好的基因,那么雌性动物更愿意与"一夫多妻"的雄性动物交配,即便"一夫一妻"的雄性动物更专一。也就是说,雌性动物宁愿选择不太专一的成功雄性动物,而不是专一的"失败"雄性动物。

"一夫多妻"的雄性动物与每一位配偶生育后代,并为每位完全相同的配偶提供同等数量的资源。如果所有雌性动物完全相同,且不同的配偶都可以独立生产和抚育后代,那么方程式(9.1)—方程式(9.5)就代表着,第 i 个雄性动物交配所产生的后代的适应性为:

$$G_{1k_i} = \alpha_i G(n_{1k_i},\ q_{1k_i}) = \alpha_i G\left(\frac{e_m}{k_i},\ e_f\right) \tag{9.6}$$

其中,e_m 和 e_f 分别代表雄性动物和雌性动物各自拥有的总资源,k_i 是雄性动物的配偶数量,e_m/k_i 和 e_f 是对每一个配偶所生产后代在数量和质量上的投入,α_i 代表着第 i 个雄性动物的效率。

由于每个雌性动物生育的幼崽具有该个体 50% 的遗传基因,而其他动物所生育的幼崽不具有它的遗传基因(如果它们之间不存在亲缘关系),因此雌性动物更倾向于选择可以为其带来更多数量幼崽的雄性动物——方程式(9.6)中最大的 G_{1k}。如果雌性动物可以预知与所有配偶交配后可获得的幼崽数量,并可以自由"选择"配偶,[⑥]那么雌性动物为其雄性配偶提供最大产量幼崽的竞争将会使得不同雄性动物的产出量均等化。

因此,具有相同雌性动物、信息完全、有效率的择偶市场的基本条件是:

$$\text{对于所有的 } i \text{ 而言,} \quad \frac{1}{2}G_{1k_i} = \frac{1}{2}\alpha_i G\left(\frac{e_m}{k_i},\ e_f\right) = C_f \tag{9.7}$$

其中,C_f 是指均衡状态下,每一个雌性动物的适应性收入。[⑦]考虑到 k 代表花费在交配时间上的天数或小时数而不是配偶数量,为了简化分析,我假设 k 持续发生变化。

不论生产适应性中的规模经济如何,k 的增加总会减少每一个配偶的幼崽产量,这是因为相对于每个雌性动物而言,雄性动物资源更少(即 e_m/k 随着 k 的增加而下降)。拥有更高效率的雄性动物,其配偶数量会不断增加,直至这种对于每一个配偶的幼崽产量的负效应与更高效率下的正效应达成平衡。由于所有雌性动物收入相同,拥有更高效率且多配偶的雄性动物会拥有更高的收入。第 i 个雄性动物的均衡收入与其配偶数量简单地成比例:

$$C_m = k_i \frac{1}{2} G_{1k_i} = k_i C_f \tag{9.8}$$

由于效率较高的雄性动物会吸引更多配偶,因而当雌性动物的数量没有明显超过雄性动物的数量时,效率较低的雄性动物就被迫保持单身。效率较低的雄性动物基本上都保持单身,主要是因为雌性动物"索要"的价格(C_f)超过了这些雄性动物的支付能力。[8]

显然,雄性动物效率的分布对配偶的分布有决定性影响。然而,它对于雄性动物与雌性动物的适应性生产分配,以及适应性生产函数的规模效益的依赖程度明显较低。这可以于 C_f、e_f 和 e_m 保持不变的前提下,体现在微分化方程式(9.7)中:

$$G + \alpha \frac{\partial G}{\partial (e_m/k)} \left(\frac{-e_m}{k^2} \right) \frac{dk}{d\alpha} = 0 \tag{9.9}$$

或者

$$\epsilon(k, \alpha) = \frac{dk}{d\alpha} \frac{\alpha}{k} = \frac{1}{\epsilon(G, e_m)} = \frac{1}{\dfrac{\partial G}{\partial e_m} \dfrac{e_m}{G}}$$

由于弹性 $\epsilon(G, e_m)$ 衡量的是雄性动物对适应性生产的边际贡献,当雄性动物的边际贡献较小时,效率的变化对配偶的均衡数量有较大的影响。如果 G 与 e_m、e_f 在第 t 程度上同质,并且 $t > 0$,那么 $\epsilon(k, \alpha)$ 和雄性动物与雌性动物贡献之间的关系可以简单地表示为:

$$\epsilon(k, \alpha) = \frac{1}{\epsilon(G, e_m)} = \frac{1+r}{t} = b \tag{9.10}$$

其中,r 代表雌性动物与雄性动物在生育和照料后代中的总贡献的比率,当 $t \lessgtr 1$ 时,G 的规模收益将减少、不变或增加(参见本章数学附录的条目 A)。

当 b 是一个常数时(即当 G 是柯布—道格拉斯函数时),这个微分方程可以为 k 显式求解:

$$k = \bar{\alpha}^{-\frac{1+r}{t}} \alpha^{\frac{1+r}{t}} = \left(\frac{\alpha}{\bar{\alpha}} \right)^b \tag{9.11}$$

其中,当 $\alpha = \bar{\alpha}$ 时,$k = 1$。

可以用 k 的对数标准差来衡量配偶分配中的不均等性:

$$\sigma_{\log k} = \sigma_{\log C_m} = \frac{1+r}{t} \sigma_{\log \alpha} \tag{9.12}$$

配偶和雄性动物收入的不均等性,与雄性动物效率的不均等性成正比。这一比例因素与雌性动物对生育适应性的相对贡献呈正相关,与规模收益呈负相关。如果规模收益不变或递减($t \leqslant 1$),配偶和雄性动物收入的不均等性将超过其效率的不均等性;若雌性动物对适应性具有重要贡献,那么这一差异将被进一步拉大。例如,如果 $t=1$,$r=3$,那么当效率翻倍时,配偶和雄性动物的收入将增加 16 倍!此外,配偶和雄性动物收入的分布将比效率的分布更加向右偏斜:如果雌性动物对适应性的贡献更大,即使是效率的对称分布也意味着配偶和收入分布的高度偏斜。

根据生物学文献,雄性动物效率的分布和雌性动物对于生育及照顾后代的相对贡献,是实行"一夫多妻"制的重要决定因素[参见来自 Orians(1969)、Trivers(1972)和 Altmann 等(1977)的例子]。然而,这些变量并没有结合起来以明确它们之间的相互作用,也没有考虑规模收益。因此,该文献并不包括对数量效应的预测,这一效应是就雄性动物效率或雌性动物相对贡献变化时的"一夫多妻"制发生率而言的。

雌性动物相较于雄性动物而言,通常在生育及照料后代方面作出更大贡献,在不考虑雄性动物效率存在极大差异的情况下,我们就可以解释为什么动物一般都实行"一夫多妻"制。事实上,方程式(9.12)表明,倘若雄性动物几乎不花费任何时间照顾幼崽,则雌性动物在雄性动物中的分配将非常不均等。雄性鼠尾草松鸡在领地交配以后,对于幼崽抚育几乎没有任何贡献,一项研究显示,5%—10% 的雄性鼠尾草松鸡对 75% 以上的交配负责(Wiley,1973,pp.107—109)。类似地,在加利福尼亚的一个岛上,一些雄性象海豹对大约 80% 的交配负责(Le Boeuf,1974,Table 1)。

如果雄性动物之间的差异不大,且规模收益没有显著下降,那么当雄性动物花更多精力照料幼崽时,"一夫一妻"制就会更加普遍。实际上,几乎所有已知的鸟类都是"一夫一妻"制的(Lack,1968,p.150),在孵化鸟蛋、哺育及保护幼鸟的长时间依赖性过程中,雄鸟通常会花更多精力照料幼鸟。当鸟类实行"一夫多妻"制时,通常只有一小部分写有一个以上的配偶;例如,在一项关于雄性靛青鸟的研究中,只有 10% 的靛青鸟实行"一夫多妻"制(Carey and Nolan,1975)。一般来说,"一夫一妻"制或适度的"一夫多妻"制在强调后代质量的 K 策略动物中,应该比在强调后代数量的 r 策略动物中更为常见(Wilson,1975,p.243),这是因为雄性动物往往对后代质量贡献更多(Wilson,1975,p.243)。

人们认为一些雄性动物相对于雌性而言具有优势，主要在于它们可以遗传给后代更为优质的基因，同时也更擅长保护和养育后代，拥有更多的能量和其他资源。如果雄性动物之间的生产函数和有效资源存量不同，那么相同的雌性动物的收入将为：

对于全部 i 而言，如果 $\dfrac{\mathrm{d}m}{\mathrm{d}\alpha}>0$，且 $\dfrac{\mathrm{d}n}{\mathrm{d}\alpha}$，则有

$$\frac{1}{2}G_{1k_i}=\frac{1}{2}n(\alpha_i)G\left[\frac{m(\alpha_i)e_m}{k_i},\ e_f\right]=C_f \tag{9.13}$$

其中，m 衡量雄性动物有效资源的差异，n 衡量雄性动物效率的差异。通过对 α 的微分，我们可以很容易地推导出：

如果 $\epsilon(m,\alpha)+\epsilon(n,\alpha)\geqslant 1$，且 $t\leqslant 1$，

$$则\ \epsilon(k,\alpha)=\epsilon(m,\alpha)+\frac{1}{\epsilon(G,e_m)}\epsilon(n,\alpha)>1 \tag{9.14}$$

方程式（9.14）中，$\epsilon(m,\alpha)=(\mathrm{d}m/\mathrm{d}\alpha)(\alpha/m)$，$\epsilon(n,\alpha)=(\mathrm{d}n/\mathrm{d}\alpha)(\alpha/n)$。配偶的均衡数量与资源水平成正比，因为同等效率的雄性动物在每一个配偶身上花费的资源相同。在一夫多妻制的人类社会中，资源是决定配偶数量的主要因素（见第 3 章），在非人类社会中也同样十分重要。

相对于雌性动物的适应性收入，雄性动物的平均适应性收入为：

$$\frac{\overline{C}_m}{C_f}=\bar{k}=\frac{1}{s} \tag{9.15}$$

其中 s 是择偶市场中雄性动物和雌性动物的比例，假定所有无配偶的个体为零收入。雄性动物的相对收入与参与者的性别比成反比。如果生育和抚养雄性和雌性动物幼崽的成本相同，那么当成年雄性动物比成年雌性动物更加稀少时，雄性幼崽会更有价值，而当成年雌性动物更加稀少时，雄性幼崽的价值则较低。因此，性别比将保持接近于 1 的水平；当这一比例低于 1 时，孕育相对较多的雄性幼崽的父母将更具有自然选择优势，当这一比例超过 1 时，孕育相对较多雌性幼崽的父母将更具有自然选择优势。⑨

在争夺稀缺的雌性动物时，年幼的雄性动物与更强壮、更"富有"、更有经验的成年雄性动物相比，不具有竞争力。因此，我们很容易理解为什么在"一夫多妻"制社会中，雄性动物第一次交配的年纪一般较大（参见 Wiley，1973，pp.137—139；Wilson，1975，p.329；Barash，1977，p.141）。"一夫多

妻"制对雌性动物第一次交配的年龄影响不太明显,如方程式(9.13)所示,若"一夫多妻"制的发生率主要由雄性动物与雌性动物对适应性的贡献所决定,那么其与雌性动物的收入并不密切相关。然而,当"一夫多妻"制的发生率较大时,雄性动物与雌性动物第一次交配的年龄差距将会更大[参见来自Wiley(1974,pp.209—210)、Wilson(1975,p.329)的支持性证据。]

父母总是试图发展雄性幼崽的力量和技能,并且雄性动物为了获得在吸引雌性动物方面的竞争优势,愿意承担巨大的成本和风险。因此,效率是由生产技能(h)以及运气或遗传(u)决定的:

$$\alpha = u + h \tag{9.16}$$

h 的生产函数为:

$$h = \psi(e_m^*,\ u),\text{其中}\partial\psi/\partial e_m^* > 0,\ \partial\psi/\partial u > 0 \tag{9.17}$$

假定$\partial^2\psi/\partial e_m^{*2} < 0$ 且$\partial^2\psi/\partial u\partial e_m^{*2} > 0$,其中 e_m^* 代表用于 h 的资源。

总资源为:

$$e_m + e_m^* = e_m^0 \tag{9.18}$$

总资源在间接的适应性生产(通过效率函数)和直接的适应性生产之间进行分配。适应性收入(C_m)分配达成最大化的均衡条件为,[10] 如果 $m(\alpha)=1$,那么:

$$\frac{\partial\psi}{\partial e_m^*} = \frac{\alpha}{e_m^0 - e_m^*}\frac{t}{1+r} \tag{9.19}$$

在适应性生产(r)中,雌性动物相对贡献的增加,将会增加效率上的支出,直至$\partial^2\psi/\partial e_m^*$ 被有效降低。由于雌性动物贡献的增加也鼓励了"一夫多妻"制,当"一夫多妻"制现象更普遍时,雄性动物普遍会投入更多,且效率更高。

自达尔文对择偶竞争和第二雄性特征选择进行讨论以来,雄性动物适应性最大化的含义就已经为人所知。[11] 而鲜为人知的是,雌性动物贡献的增加,加剧了有能力的雄性动物和无能力的雄性动物之间的不平等,从而提高了雄性动物效率的不平等。[12] 当雄性动物效率的不平等加剧时,"一夫多妻"制现象也会增加,雌性动物贡献的增加将直接或间接促进"一夫多妻"制的实行,也就是说,在方程式(9.12)中,$\sigma_{\log a}$的系数及其自身的增加,将可以通过 r 的增加进一步提高 $\sigma_{\log k}$。

这样的分析也同样适用于雌性动物不同而雄性动物相同的情况。此时,雄性动物可能更愿意与一位拥有多个雄性配偶的优等雌性动物交配,而不是与一个拥有单配偶的"次等"雌性动物交配。一个有效的择偶市场会将同样多的雄性动物分配给雌性动物,以使不同雌性动物的适应性生产均等化:

$$C_m = \frac{1}{2}\beta_i G\left(e_m, \frac{e_f}{\ell_i}\right) \tag{9.7'}$$

方程式(9.7′)中,C_m 代表雄性动物的均衡收入,ℓ_i 代表以 β_i 效率将雄性动物分配给雌性动物的均衡数量。推导出方程式(9.11)的论证说明,如果 G 是柯布—道格拉斯生产函数,那么:

$$\ell_i = \left(\frac{\beta_i}{\beta}\right)^{\frac{1+(1/r)}{t}} \tag{9.11'}$$

其中,当 $\beta_i = \bar{\beta}$ 时,$\ell_i = 1$,并且:

$$\sigma_{\log \ell} = \frac{1+(1/r)}{t}\sigma_{\log \beta} \tag{9.12'}$$

由于雌性动物通常是生育及照料幼崽的主要贡献者,所以 $1/r$ 一般比较小,并且比 r 要小得多。因此,把方程式(9.12)和方程式(9.12′)进行对比可以说明,即使雌性动物与雄性动物的不均等性相同(分别为 $\sigma_{\log a}$ 和 $\sigma_{\log \beta}$),$\sigma_{\log \ell}$ 也通常要比 $\sigma_{\log k}$ 小得多。此外,我们的分析也表明,雄性动物中的不均等性往往超过雌性动物中的不均等性,这是因为当 r 较大时,雄性动物的不均等性更大。方程式(9.19)也提出了一个类似的观点,即当 $1/r$ 较大时,雌性动物的不均等性也较大。因此,$\sigma_{\log k}$ 所代表的"一夫多妻"的发生率,在 r 通常显著超过 $1/r$ 以及 $\sigma_{\log a}$ 超过 $\sigma_{\log \beta}$ 的同时作用下,将比 $\sigma_{\log \ell}$ 所代表的"一妻多夫"的发生率要大得多。⑬

事实上,在整个生物世界中,"一夫多妻"制现象远比"一妻多夫"制现象更加普遍。⑭此外,雄性动物之间的不均等似乎超过了雌性动物;特别是,幼年雄性动物的死亡率普遍高于幼年雌性动物。例如,Le Boeuf(1974,p.169)分析了幼年雄性海象的高死亡率。我们的分析也进一步说明了,对雄性动物的投入要多于雌性动物(因为 r 大于 $1/r$),这一论点也得到了经验的证实:雄性动物通常成熟较晚、个子较高(或体型较大),而且更强壮(参见 Wiley,1974,pp.209—211;Alexander et al.,1979)。

由于 $1/r$ 与 r 呈反比,所以"一夫多妻"制和"一妻多夫"制之间没有太多重合现象。当"一夫多妻"制现象更为常见时(r 较大），"一妻多夫"制现象则较为罕见；而当"一妻多夫"制现象更为普遍时（$1/r$ 较大），"一夫多妻"制现象则更为罕见。许多"一夫多妻"的物种实际上从未同时实行过"一妻多夫"制，少数"一妻多夫"的物种也没有实行过"一夫多妻"制［参见 Jenni（1974）的示例］。r 与 $1/r$ 之间的反比关系同样也意味着，当"一夫多妻"制的发生率更高时，相较于雌性动物，对雄性动物的投入会更多。亚历山大和他助手的研究（Alexander et al.，1979）表明，当"一夫多妻"制现象更普遍时，雄性动物平均比雌性动物更为高大（以雌性动物的平均体积来衡量）。

第 i 个雄性动物与第 i 个雌性动物共同生产（如果它们没有其他的配偶），其适应性等于：

$$n(\alpha_i, \beta_i)G[m(\alpha_i)e_m, f(\beta_j)e_f] \qquad (9.20)$$

其中，$\partial n/\partial \alpha > 0$，且 $\partial n/\partial \beta > 0$。可以合理推断，雄性动物效率的提高，通常可以提高其与效率更高的雌性动物交配的适应性（参见第 4 章中关于人类的讨论），反之亦然；也就是说：

$$\partial^2 n/\partial \alpha \partial \beta > 0 \qquad (9.21)$$

第 4 章表明，方程式（9.21）的条件意味着，在正向排序配对的状态下，更有能力的雄性动物和更有能力的雌性动物将通过有效的择偶市场配置在一起。"门当户对"的配对是人类中的普遍现象，在其他物种身上也同样被观察到了（Fisher，1958，Ch.6；Trivers，1972，p.170）。

雄性动物和雌性动物可能更喜欢有一个优质配偶的隐性"一夫多妻"制，而不是有多个次等配偶的显性"一夫多妻"制。由于雌性动物是适应性生产的主要贡献者，其很可能更喜欢隐性的"一妻多夫"制，即使它的优质配偶是显性的"一夫多妻"制偏好者。雌性动物对于隐性"一妻多夫"制的偏好更强烈，它对适应性的贡献越大，其优质配偶的"一夫多妻"制倾向就越小，如果是雌性动物是显性的"一妻多夫"制者，那么相对于它的配偶来说，雄性动物的优势越大（参见本章数学附录的条目 B）。

因此，显性的"一妻多夫"制很少见，也是因为隐性的"一妻多夫"制更受优质雌性动物的青睐。如果优质雄性动物的许多配偶也是优质的，那么与"一夫多妻"的雄性动物交配的雌性动物会有更大的适应性，因为配偶双方往往都比较优质。有关红翅乌鸫和黄头乌鸫的证据与这一观点一致（Orians，1972），但另一些研究证据却并非如此，例如，比起那些与"一夫多妻"的雄性土拨鼠交配的雌性土拨鼠,"一夫一妻"的雌性土拨鼠似乎有更大的适应性(Downhower and Armitage, 1971)。这表明,某些物种的"一夫多妻"制雄性动物将与次等的雌性动物交配。

9.3　结语

在争夺配偶及其他资源的过程中,不同物种中的所有个体要将其效用最大化。非人类物种,甚至大多数人类的效用最大化行为都是无意识的,且在短期内可能无法实现根本上的最大化——但非人类物种只有使其复制基因的繁殖行为最大化,才能长期生存下去。由于个体成员的最大化行为偏好(对后代的需求),在调和竞争个体偏好的市场中可以稳定地表现出来,所以,经济分析可以为非人类物种的长期行为提供强有力的解释力,这是经济方法的主要定义特征[参见 Becker(1976b, p.5)以及本书的导言]。

在这个颇具争议的问题上,为了防止误读,有必要明确:人类行为与其他物种行为表现出来的连续性特征,并不意味着我在主张人类行为主要受生物因素驱动。显然,在现代社会中,人们的生殖策略远不止于单纯追求生育数量的最大化,而是倾向于让子女享受更长久的生命、接受高质量教育以及过上更加富足的生活。人类行为与其他物种行为之间的连续性,并不涉及对生物和文化影响在解释人类行为过程中相对权重的确切判定。诚然,文化因素在人类行为塑造中占据核心地位,但这并不意味着我们可以忽视生物因素的作用。

事实上,人类的行为是文化背景与生物基础相互交织、共同作用的结果。在市场交易和社会交互的复杂环境中,个体通过权衡各种欲望来寻求效用的最大化,而稳定的偏好恰恰体现了这种整合过程。

生物学家通过对人类与其他物种行为相似性的观察,有时会指出人类行为必然包含某种基本的生物构成要素。然而,另一些学者坚持认为文化的影响力如此巨大,以至于它可以掩盖任何行为上的连续性痕迹。然而,经济学的分析框架提示我们,无论是人类还是其他物种,其成员在面对资源稀缺性时,都需要在市场竞争或非市场竞争中作出决策,这种决策行为的连续性暗示了生物因素对人类行为模式的潜在贡献,尽管它只是众多决定因素的一部分。

可以明确的是,如果所有人的偏好都相同且具体化,那么人类行为的相关定理将会更为明确和更有说服力（Stigler and Becker, 1977）。考虑到自然选择决定了其他物种简单而相同的偏好,原本适用于人类的经济学方法,在解释其他物种的长期行为方面可能更具有说服力。事实上,现代生物学越来越依赖显性的最大化模型,该模型与经济学家们所使用的模型比较相似。[15]尽管如此,经济学方法确实提供了对人类行为和非人类行为的统一论述方式,认识到文化因素是人类行为的主要决定因素,而生物因素是非人类行为的主要决定因素。

数学附录

A. 如果 G 是关于 e_m 和 e_f 第 t 阶的齐次方:

$$tG = \frac{\partial G}{\partial e_m}e_m + \frac{\partial G}{\partial e_f}e_f$$

或者

$$t = \epsilon(G, e_m) + \epsilon(G, e_f)$$

如果将雄性动物对适应性的相对贡献定义为:

$$r \equiv \frac{(\partial G/\partial e_f)e_f}{(\partial G/\partial e_m)e_m} = \frac{\epsilon(G, e_f)}{\epsilon(G, e_m)}$$

那么:

$$t = (1+r)\epsilon(G, e_m)$$

B. 一个与"一夫多妻"的雄性动物交配的雌性动物的收入是:

$$C_{f_{k_i j}} = \frac{1}{2}n(\alpha_i, \beta_j)G\left[\frac{m(\alpha_i)e_m}{k_i}, f(\beta_j)e_f\right]$$

其中,k_i 是雄性动物的同质配偶的数量。如果雌性动物为"一妻多夫"者,且 ℓ_j 配偶的效率 $\alpha_j < \alpha_i$,那么雌性动物的收入为:

$$C_{f_{j\ell_j}} = \frac{1}{2}n(\alpha_i, \beta_j)G\left[m(\alpha_j)e_m, \frac{f(\beta_j)e_f}{\ell_j}\right]\ell_j$$

当 $C_{f_{k_i j}} > C_{f_{j \ell_j}}$ 时,或者:

$$\frac{n(\alpha_i, \beta_j)}{n(\alpha_j, \beta_j)} > \frac{G\left[m(\alpha_j)e_m, \frac{f(\beta_j)e_f}{\ell_j}\right]\ell_j}{G\left[\frac{m(\alpha_i)e_m}{k_i}, f(\beta_j)e_f\right]}$$

雌性动物与"一夫多妻"的雄性动物交配将生活得更好。

如果 $n(\alpha, \beta) = \alpha\beta$,$G = e_m^{\frac{1}{1+r}} e_f^{1 - \frac{1}{1+r}}$,且 $m(\alpha) = f(\beta) \equiv 1$,该不等式将变为:

$$\frac{\alpha_i}{\alpha_j} > (\ell_j k_i)^{\frac{1}{1+r}}$$

雌性动物将更倾向于选择"一夫多妻"的雄性动物,r 及 α_i / α_j 越大,ℓ_j 及 k_i 就越小。例如,如果 $r = 3$,雌性动物将更倾向于成为"一夫多妻"的雄性动物的第五个配偶($k_i = 5$),而不是第三个雄性动物的唯一配偶($\ell_j = 3$),这是因为后者的效率只相当于前者的一半($\alpha_i / \alpha_j = 2$);而如果 $r = 1$,该雌性动物将更倾向于选择三个次等配偶而不愿做它的第二个配偶。

注　释

① Fisher(1958)、Lack(1968)、Wilson(1971,1975)、Trivers(1972,1974)、Wiley(1973,1974)、Dawkins(1976),以及 Barash(1977)的研究使我受益匪浅。

② 之前的研究忽略了质量和数量之间的相互作用,认为雄性动物和雌性动物在繁殖策略上的巨大差异源于它们繁殖成本的巨大差异。参见 Trivers(1972)的开创性研究,而 Wilson(1975,pp.324—326)和 Barash(1977,pp.156—158)的研究基本上是这一研究的延续。

③ 可能对于大多数动物而言,如果数量的总固定成本($p_n n$)超过质量的总固定成本($p_q q$),那么相对于 π_q,可变成本 p 的减少将提升 π_n。

④ 当昆虫群落越大、寿命越长时,其对幼息的投入也就越多。根据 Wilson(1971,pp.182,440)的观点,"简言之,随着成熟群体规模的增大,昆虫的等级性差异也在增加",并且"规模庞大、永久性的群体中会出现社会行为的最复杂形式"。在虫后身上的投入将多于其他等级的昆虫,虫后也能因此获得更长的寿命[Ibid,p.428;也参见 Oster 和 Wilson(1978,p.163)的分析]。

⑤ 奥特曼恩等人(Altmann et al.,1977)所提出的谨慎假设与有效市场假设中的相关内容相似,可以试想,他们假设择偶是按顺序发生的,参与者在任何时候选

择配偶都忽略了后来者的影响。因此,合理预期不仅取决于动物的个体特征,还取决于其进入市场的时间顺序。这是一个不具有说服力的假设,其部分原因在于,除非动物进入市场的分布情况是特定的,否则影响是非常有限的;其主要原因在于,可预测后来者影响的动物将在择偶过程中获得更大的优势。如果这些预期的平均值是正确的("无偏的"),那么奥特曼恩的模型将与本章模型相似。

⑥ 这一假设排除了强行交配或者"强奸",即通过暴力手段达成交配的情况,参见 Barash(1977, pp.67—68)。

⑦ 即使在严格界定配偶之间的婚姻产出的情况下,在有效率的婚姻市场中,彩礼、嫁妆和其他资本转移会等于同一婚姻参与者的边际产品(参见第 4 章)。由于非人类物种只需考虑生育幼崽,且每一幼崽各自严格继承父母双方 50％的遗传基因,有效率的择偶市场不能使边际产品趋向均等化,但可以使生育的适应性均等化,如方程式(9.7)所示。不过,当 G 是柯布—道格拉斯函数时,我们就很容易证明择偶市场的均衡条件与婚姻市场一致。

⑧ 假设每一配偶的幼崽产量最大化,当 $k \leqslant k_0$ 时,$\hat{G} = G(e_m/k, e_f)$。如果 k_0 是指有效率的 α_0 雄性动物的均衡配偶数量,那么在所有有效率的雄性动物中,$\alpha_r < \alpha_0$ 数量的雄性动物将会保持单身。这是因为它们只能供养 $\hat{G}_f = \frac{1}{2}\alpha_r\hat{G}$ 数量的潜在配偶,且这些配偶的价格低于市场价格 $G_f = \frac{1}{2}\alpha_0\hat{G}$。

⑨ 这一论点首先由 Fisher(1958, pp.158—160)提出。本书第 3 章中适用于人类的公式更为复杂,因为人类并不是简单地将适应性最大化。

⑩ 参见第 3 章数学附录的条目 D 中相关公式的证明。

⑪ 参见 Darwin(1872)的研究。Lack(1968, p.159)在关于鸟类的研究中指出:"同样不足为奇的是,最精致的雄性羽毛和展示将出现在滥交和多偶制的物种中,因为在这些物种中,一个成功的雄性动物会获得多个配偶,因此那些能吸引雌性动物的特征具有强大的选择权。"

⑫ 参见第 3 章注释㉖的证据。

⑬ 显然,我的假设,即每个配偶的生产都是独立的,在一妻多夫制家庭中并不成立,这是因为这种家庭没有办法确定父亲是谁。由于造成"规模"收益递减,这种不确定性限制了一妻多夫制婚姻的发生率(参见 Barash, 1977, p.165;或者 Alexander, 1979, p.413)。

⑭ 参见 Jenni(1974)或 Barash(1977, p.90)的研究。在证明鸟类中"一妻多夫"现象十分罕见之后,Jenni(pp.140—141)提出:"无论共存的'一妻多夫'制的适应值如何,它的进化都取决于雄性孵化和父系行为以外的其他方面从前或伴随进化的过程。"

⑮ 参见,例如 Charnov(1976)的觅食模型,Oster 和 Wilson(1978)有关昆虫的论述,以及 Rachlin 等(1980)关于鸽子、老鼠和其他动物行为的实验证据模型。

10

不完全信息、结婚和离婚

前几章内容在考察结婚、家庭劳动分工、对孩子的人力资本投资和其他家庭决策时,忽略了不完全信息和不确定性。即使忽略不完全信息,也不会造成太大的影响,但它却是离婚、在婚姻市场上择偶、子女赡养年迈父母、维护良好声誉和其他行为的本质所在。例如,婚姻市场的参与者几乎不知道自己的利益和能力,更不用说其潜在配偶的可靠性、性生活的协调性及其他特征了。虽然他们可以通过约会和以其他方式搜索来完善自己所了解的信息,但他们经常基于错误的信息判断而结婚,婚后又根据有关信息的进一步完善来修正这些判断。

本书的最后两章探讨了不完全信息和不确定性造成的各种后果。本章将集中讨论婚前完善信息的方法,以及有时在婚后获取信息所导致的离婚问题。在美国和其他地方,结婚最初几年获得的信息往往是婚姻迅速终止的原因。

10.1 婚姻市场中的不完全信息

假设婚姻市场的参与者对他们与潜在伴侣在一起所期望拥有的效用了解有限,那主要是因为对这些伴侣的特征的了解有限。如果他们在结婚时可以像在单身时一样"低成本"地寻找"其他配偶",或者婚姻可以不付出重大代价就能终止,那么他们会与遇到的第一个差强人意的配偶结婚,因为他们知道即使是不太理想的婚姻也会让他们从中受益,他们还可以在婚后继续寻找其他伴侣。然而,由于婚姻确实限制了已婚者接触到单身人士的机会,而且终止婚姻的代价高昂(主要是因为婚姻中的子女和其他"投资"),婚姻市场的参与者通常不会立即与遇到的第一个差强人意的伴侣结婚,而是努力了解他们并寻找更好的潜在伴侣。

更高频的搜寻和更完善的信息,将可以通过提高婚姻选择的质量而提高婚姻的预期效用。然而,搜寻过程需要投入时间、精力和其他昂贵的资源,且寻找的时间越长,从婚姻中获得的收益被推迟的时间就越长。一个理性的人会通过两种方式寻找伴侣:一是通过对潜在伴侣的"边际扩展";二是通过对自己感兴趣的潜在伴侣信息的"边际深化",直到每个边际的边际成本和边际收益相等。特别是,理性的人通过额外的搜寻找到较好伴侣时就会走入婚姻,因为进一步的额外搜寻所产生的成本将高于从更理想伴侣处所获得的预期效用。

婚姻市场中的搜寻有多种形式,包括美容和在个人外貌上的额外支出、聚会、约会、教会社交、男女同校学习、酒吧和单身公寓、按收入和其他特征划分的住宅区,以及涉及个人成就和家庭背景信息的履历交换。[①] 在极少数情况下,也可以像东欧犹太人那样使用婚姻介绍所;[②] 不过,在择偶过程中,非正式途径却比商业途径使用地更为普遍。这一现象得以产生的部分原因可能是,当爱情和情感占主导地位时,婚姻市场参与者不愿寻求商业帮助;但是更重要的是,当婚姻市场参与者的质量存在较大差异时,对其进行适当的分类将成为择偶过程中的重要因素,此时通过朋友、亲戚、学校、社交和其他非正式的搜寻渠道进行择偶将更为高效。非正式途径在劳动力市场也很重要,尤其是对熟练工人(Rees,1966)而言,爱情则很少进入市场交易中(见第8章)。

由于在一起生活是了解他人的最好方式,因而当未婚夫妇花大量时间相处时,密集的信息搜索会更有效,具体的方式可能包括试婚。[③] 然而,当避孕药质量低和不可靠时,试婚和其他婚前接触会大大增加怀孕的风险。在某种程度上说,20世纪内试婚和其他婚前接触频率的显著增加,[④] 是对避孕技术取得重大进步的合理反应,但并不能说明现在的年轻人比过去更重视性经历。

从密集接触中获得的信息可以用于评估潜在伴侣的特征。对于难以评估的特征部分,则是基于容易评估的特征信息来进行预判,例如宗教、教育水平、家庭背景、种族或外貌,因为这些特征与那些不太为人知的特征通常进行着一致性的系统变化。例如,潜在伴侣是否诚实或和蔼可亲,与其家庭声誉有关;其智力水平则与所受教育有关。

一些容易评估的特征可以替代未知特征,因此具有可远远超出它们对婚姻产出作出的直接贡献的影响。如外表和家庭背景等变量,对于成长环境、遗传基因、性格和其他难以直接评估的未来特征具有重要的指导意义。

相反,传统上一些难以评估的特征对婚姻有着重要影响,但是它们却很少受到直接重视。特别是,在传统婚介中,对爱情持有的轻视态度,并不意味着爱情被认为不重要。由于持久的爱情与一时的迷恋难以区分开来,婚前对爱情的任何直接评估都不具有太高的可信度。取而代之的是对爱情的间接评估;例如,受教育水平和家庭背景会很重要,部分原因是受教育水平和背景相似的人之间更容易发展和维系爱情。

在 20 世纪,对和谐性关系和其他个人特征的关注有了显著增加;约会、男女同校学习、试婚以及潜在伴侣间其他接触的增加,提升了直接评估的可靠性。因此,人们开始更多地关注这些个人特征,而不是背景等替代因素,但这并不必然意味着个人特征对婚姻幸福的重要性高于过去(也可参见第11 章)。

第 4 章提出的理论表明,由具有充分信息的有效市场所产生的婚姻,其中的大多数特征都具有明确的正向排序。事实上,教育水平、智商、种族、宗教、收入、家庭背景、身高和许多其他特征都可以进行明确的正向排序。然而,研究人员通常只能掌握一些容易评估的特征;而婚姻市场参与者难以评估的特征,如爱情或成长能力,同样也不太容易为研究人员所评估。由于难以评估的特征比为人所知的特征更难以排序,因此,研究人员设置的排序范围应该大于所有特征进行排序的范围。

10.2 不完全信息与离婚

如果婚姻市场参与者拥有所有潜在伴侣的完整信息,那么对于配偶多样性或者特征的生命周期变化的需求,将会使得离婚成为意料之中的后果。

大多数离婚会在结婚多年后发生,因为个人特征会随时间而逐渐改变。然而,事实却恰恰相反:大约 40％的离婚(包括无效婚姻)都发生在婚后前五年,并且双方通常在离婚的前一年甚至是更长时间就开始分居生活(U.S. Department of Health, Education, and Welfare, 1979)。

然而,如果婚姻市场参与者所拥有的信息不完全程度比较高,那么大多数离婚会发生在婚姻早期,这是因为婚后人们会迅速了解更多有关伴侣个人特征的信息。相比于婚前所能得到的信息,持续几年的婚姻生活是更为高效的信息来源,人们从中可以获取关于爱情以及其他特征的信息。我认为,婚姻之所以在早期就走向破裂,主要是因为婚姻市场的信息不完全,以及婚后信息的不断完善。这一观点具有事实依据,即收入和健康等方面的一些预料不到的变化将会增加离婚的可能性(BLM[5], 1977)。

那些结婚不久就离婚的女性认为,"难以相处"的配偶和价值冲突是造成她们不满的主要原因,这大概是因为她们在婚后几年才能对这些特征有更好的认知。一方面,性格冲突、性生活的不和谐以及其他类似的特征应该是婚后不久婚姻就走向破裂的主要原因,而对于结婚时间比较长的夫妻而言,这些则不是导致离婚的重要原因;结婚几年后,几乎没有关于这些特征的额外信息。另一方面,一些包括其他妇女和收入潜力的相关信息的获取过程将更为缓慢,并且它是多年婚姻关系走向破裂的一个更为重要的原因。事实上,第三者插足和/或经济冲突经常被结婚数十年后离婚的女人认为是其婚姻破裂的原因(Goode, 1956, pp.128—129)。

对婚姻生活感到不满和离婚的主要因素并不必然是婚姻幸福的主要决定因素。教育水平、年龄、外貌和其他一些容易评估的特征并不是造成婚后生活不满的主要因素,因为人们婚后对它们额外了解得不多。在婚姻市场中强调那些容易评估的特征的重要性,并不必然意味着这些特征比其他特征更有利于婚姻和谐。同样,在"离婚市场"中,对那些难以评估的特征的相反强调,也不意味着这些特征的作用更大。[6]

在婚姻的最初几年里,信息收集得越快,意味着婚姻在早期走向破裂的可能性就越大。离婚率在婚后的前几年里最高,四五年后急剧下降,尽管部分原因是那些最容易离婚的人往往很早就会摆脱婚姻关系[参见 Heckman (1981)关于异质性的影响]。

婚姻持续时间越长,其走向破裂的可能性越小,其中的原因在于婚姻关系保持完整,将可以实现资本积累,从而使得婚姻关系更有价值。("特定婚姻"资本)。孩子是最好的例子,尤其是年幼的孩子,不过了解配偶的特质也很重要(Heimer and Stinchcombe, 1979)。有孩子的夫妻离婚的可能性要小得多,尤其是需要养育年幼孩子的夫妻——这种现象不仅出现在美国和其他富裕国家(Goode, 1963, pp.85, 364;BLM, 1977),同时也出现在原始社会里(Saunders and Thomson, 1979)。

反过来讲,婚姻特有资本的积累将会因为离婚可能性而受挫,因为根据定义,离婚后这种资本的价值会降低。据推测,试婚者或未婚同居者所养育的子女比合法婚姻家庭所养育的子女要少,在某种程度上是因为前者之间的关系不那么持久[参见 Kogut(1972)关于巴西未婚同居者和合法婚姻的证据]。相较于基本特征相同的夫妇,所属种族或宗教不同的夫妇离婚的可能性更大。因此,我们不难理解,为什么所属种族或宗教不同的夫妻,即使在其婚姻比较美满的时候,也会生育较少的孩子[参见 BLM(1977)中关于美国的证据],也可以理解为什么在印度所属种姓不同的夫妻所生育的孩子的数量要少于所属种姓相同的夫妇所生育的孩子的数量(Das, 1978)。

对于离婚的预期,在某种程度上是由人们自己促成的,因为更高的离婚预期概率将会减少人们对婚姻特有资本的投入,从而提高了离婚的实际可能性。[7]例如,合法婚姻比未婚同居和试婚等形式都更为稳定,所属宗教或种族不同的夫妇之间的婚姻关系,不如所属宗教或种族相同的夫妇之间的婚姻关系稳定,在某种程度上是因为这种混合婚姻所生育的孩子更少。与此同时,如前所述,混合婚姻生育的孩子较少,在某种程度上是因为人们预计这样的婚姻形式稳定性不高。

对婚姻特有资本的投资和不完全信息可以解释,为什么同性婚姻远不如异性婚姻稳定(Saghir and Robins, 1973, pp.56—58, 226—227)。同性婚姻不会产生孩子,而且一般来说,与异性婚姻相比,同性婚姻中的劳动分工没有那么广泛,婚姻特有资本也更少。并且,社会对同性恋的偏见提高了同性恋者的择偶成本,从而减少了他们可获得的相关信息。此外,同性婚姻如同试婚,可以在没有法律诉讼、赡养费或子女抚养费的情况下解除婚姻关系。

在通常情况下,女性的结婚时间比男性更早,这在一定程度上是因为男性在人力资本上投入得越多,有待成熟和独立的时间就会越长。由于随着时间的推移,当人们生育的孩子的数量逐渐下降时,男性和女性的人力资本投入将趋于一致(见本书第 3 章),所以现在男性和女性第一次结婚的年龄大致相同。例如,美国男性与女性第一次结婚的平均年龄差从 1900 年的 4

岁,下降到 1970 年的 2.5 岁(U.S. Bureau of the Census,1971c)。

然而,即使在年轻时选择离婚,离异女性再婚的速度也还是慢于男性。[8] 离异女性几乎总是能得到孩子的监护权,这是阻碍再婚的一个因素。出于同样的原因,有私生子的女性第一次结婚的时间要晚于没有孩子的女性(Berkov and Sklar,1976)。

年幼的子女增加了离异女性寻找下一个伴侣的成本,并显著减少了她所拥有的净资源(Weitzman and Dixon,1979)。即使在再婚期间生育子女可以降低离婚率,上述这些因素同样也提高了再婚婚姻走向失败的概率(BLM,1977)。值得注意的是,非婚生子女和第一次婚姻前的生育史也会增加婚姻失败的概率(Christensen and Meissner,1953;Berkov and Sklar,1976)。

如果离异女性没有获得其子女的监护权,那么其很可能比男性更早再婚,就像没有孩子的单身女性比男性更早结婚一样。事实上,如果没有获得监护权,在离婚后的头两年,也许 45% 的离异女性会再婚,这一比例是再婚女性实际所占比例的两倍(22%),也远远高于在此期间再婚的男性所占的比例(31%)。这一预估的假设前提为,没有监护权的女性的结婚速度与没有孩子的女性的结婚速度一样快。其基于这样一个回归方程,即该方程将妇女是否在特定时间内再婚与几个变量联系起来,变量包括子女数量(BLM,1977)。

10.3　离婚带来的收益

当且仅当夫妻双方认为离婚将会使双方生活得更好时,他们才会选择离婚。尽管要求征得夫妻双方同意的离婚进行得要比仅由单方意愿主导的离婚更为困难,但是若有意愿离婚的夫妻双方可以在就离婚事宜谈判的过程中顺利地达成一致,那么离婚发生的频率和概率应与这些或那些规则相类似。这一论断是科斯定理(Coase Theorem,1960)的一个特例,也是本书第 4 章中论点的自然延伸,即当且仅当夫妻双方认为婚后生活境况将比他们的其他选项更好时,他们才会选择结婚。

当且仅当方程式(10.1)成立时,一对风险中性的夫妻才会在双方同意的情况下选择离婚:

$$Z^m < Z^m_d, \ Z^f < Z^f_d \tag{10.1}$$

方程式(10.1)中，Z^m 和 Z^m_d 分别代表丈夫对于保持婚姻关系以及离婚状态下的预期商品财富，[9] Z^f 和 Z^f_d 分别代表妻子对于保持婚姻关系以及离婚状态下的预期商品财富。如果可以低成本地进行谈判，这个充分必要条件可以更简单地表述为：

$$Z_{mf} \equiv Z^m + Z^f < Z^m_d + Z^f_d \equiv Z^{mf}_d \tag{10.2}$$

显然，如果方程式(10.2)中的不等式不成立，那么方程式(10.1)中的不等式也不能成立。方程式(10.2)也说明，方程式(10.1)可以通过以下假设得到证明，即丈夫的财富会因离婚而减少（$Z^m_d < Z^m$），即使夫妻的财富总量会增加（$Z^{mf}_d < Z_{mf}$）。妻子仍然可以通过"贿赂"丈夫使其同意离婚，即向他提供一份财产转让协议，用以抵消他因离婚而遭受的直接损失（$Z^m - Z^m_d$）。只要妻子转让的财产金额小于他们的离婚总收益，她的生活境况就可以因此而变得更好（$Z^{mf}_d - Z_{mf}$）。

方程式(10.2)可能不是那么显而易见的，但是方程式(10.1)却是一目了然的。不论是夫妻双方可以依据个人意愿而离婚，还是像传统的伊斯兰社会那样只有丈夫可以依据个人意愿离婚，方程式(10.2)都仍然是离婚的必要且充分条件。如果丈夫可以从离婚中获益（$Z^m_d > Z^m$），但夫妻双方的总财富却减少了，那么妻子可以通过向丈夫提供更大份额的婚后财产，以"贿赂"丈夫不要离婚。[10] 相反，如果离婚会给丈夫带来损失，但夫妻双方的总财富却增加了，那么妻子可以通过给丈夫提供可观的财产转让协议来"贿赂"丈夫以寻求离婚。

历史上通过提供财产转让协议以争取配偶同意离婚的例子屡见不鲜。在中世纪的阿拉伯世界，犹太人提出离婚的权利仅限于丈夫，然而"在我们掌握更多详细信息的许多（如果不是大多数）案例中，人们会得到这样的印象，即女性伴侣是离婚诉讼的发起者，她们需要通过放弃自身应得的财产权利才能推进离婚进程"（她的嫁妆和其他结婚礼物）（Goitein，1978，p.265；以楷体显示重点）。在1948—1959年的日本，即使夫妻任何一方可以单独提起离婚诉讼，90%以上的离婚事件也都经由双方同意而发生（Rheinstein，1972，Table 5）。

尽管如此，有人可能会合理地辩称，法律规则在其中发挥着重要作用：由离婚诉讼产生的愤怒和其他情绪将会使得夫妻双方的谈判过程变得十分昂贵且耗时,在这样的情况下,配偶一方之所以同意离婚,只是因为他(或她)的生计难以维持了(Friedman,1969;Goitein,1978,pp.265—266;Saunders and Thomson,1979)。不妨以1970年加州的翻天覆地式变化作为关于法律规则效果的定量证据,彼时加州成为第一个可以应任何一方配偶的要求而准予离婚(无过错离婚)的州;[11]在此之前,美国法律要求离婚需要双方同意或者在对抗诉讼中证明"过错"。

20世纪60年代,加州和美国其他地区的离婚平均年增长率分别为3.6%和4.0%。通过假设1969—1976年,任意两年的离婚率增长率都等于美国其他地区的增长率[12]乘以20世纪60年代平均增长率的比率(0.9=0.036/0.040),我们可以粗略地估计出,如果加州没有实行无过错离婚制度,那么该州的离婚率会是多少。图10.1中的这些"预测"离婚率远低于1970年和1971年加州的实际离婚率,略低于1972年的实际离婚率,约等于1973年和1974年的实际离婚率,略高于1975年和1976年的实际离婚率。尽管加州的离婚率已在几年间持续增长,但婚姻形式向无过错离婚的转变似乎没有对加州的离婚率产生持久的影响。[13]

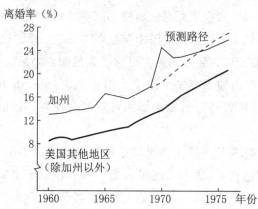

**图 10.1　1960—1976 年加州以及除加州以外的
美国其他地区每千名已婚妇女的离婚率**

注:1970—1976年加州的离婚率上升是根据美国离婚率总体上升进行预测的,这一期间美国的离婚率上升没有将加州的情况纳入,此图反映的加州的离婚率是根据这一时期美国其他地方的离婚率总体上升情况进行了调整得出的曲线。

资料来源:U.S. Bureau of the Census,1963b,1973e,1977a and preceding issues,1978;U.S. Department of Health,Education,and Welfare,1979 and preceding issues。以上信息由美国卫生、教育和福利部公共卫生服务部门的亚历山大·普莱斯(Alexander Plateris)提供。

即使婚姻形式由经双方同意的离婚和过错离婚到无过错离婚的这种转变对离婚率的持续影响很小，离婚收益的分配，即方程式（10.2）中（$Z_d^{mf} - Z_{mf}$），也可能已发生了明显的改变。特别地，如果男性比女性更愿意离婚，那么一部分原因是他们不用承担对子女的监护权，另一部分原因则是他们在已婚期间也有很多机会与其他女性约会，那么无过错离婚会降低他们通过向妻子提供可观的财产转让协议以获得妻子同意离婚的动机。在 1970 年以后的加州，就离婚后孩子的父亲而言，相对于他的收入，他所支付的赡养费和子女抚养费发生了明显下降（Dixon and Weitzman，1980，Table 2）。

方程式（10.2）中的不等式，是分析不同变量对离婚意愿影响的一个简单易行的标准。人们只需确定一对已婚夫妇的共同财富是否会因离婚而有所增加，而不必担心如何分配增加的财富，也不必担心哪一方具有离婚的合法权利。举例而言，负所得税制度或者对需要抚养未成年子女的母亲的救助方案，将会提高家庭的分居率和离婚率，这是因为离婚者和分居者的收入相对于已婚者的收入有所提高。实际上，这些项目为贫困妇女变相提供了离婚资产，从而鼓励了离婚。[14]

如果配偶一方的收入超过了预期，或者配偶任何一方的任意其他特征比预期的情况要好，那么这对夫妇保持婚姻关系所得到的预期财富将会增加。然而，有点矛盾的是，如果可以实现夫妻双方对于婚姻的所有预期，他们的婚姻关系反而更容易破裂。当夫妻双方不再般配时，夫妻离婚后的总财富将会比他们维持婚姻时的财富增加得更多。其原因在于：具有超出预期的个人特征的一方，应该与比其现有配偶更"好"的人在一起，而另一方应该与"差"于原配偶的对象在一起。方程式（10.2）的这一含义也得到了经验数据的支持：当实际收入、健康状况和生育能力超过或低于预期时，婚姻更有可能破裂（BLM，1977，Sec. Ⅱ.1）。

如果是丈夫而不是其妻子，在其他地方找到了一份好工作——随着越来越多的已婚妇女进入劳动力市场，这是一个越来越有可能出现的现象——如果丈夫搬家，而其妻子留下来，他们的总财富可能会趋于最大化。然而，由于分居会削弱他们保持婚姻关系的优势，因而分居生活将会增加他们离婚的可能性。由此可知，人口迁移现象确实提高了离婚的倾向[参见 Mincer（1978）的分析和证据]。

相比于其他男性，拥有更高工资或其他收入的男性将可以从婚姻中获得更多益处，这是因为他们可以吸引多个配偶或者吸引更高质量的配偶（见第

3 章、第 4 章)。这一现象的存在,解释了他们为什么在年轻时结婚,以及在丧偶或离婚后又能很快再婚(Keeley, 1974, 1977;BLM, 1977)。由于与离婚收益相比,从婚姻中所得收益的增加也会使保持婚姻关系的收益增加,因此有较高收入的男性的离婚倾向较低。这一结论与大众观点相反,但也得到了经验证据的支持,它不仅适用于美国,也适用于许多其他国家(Goode,1963, p.86)。

收入较高的女性从婚姻中获得的收益比其他女性少,这是因为高收入会减少生育子女的需求以及婚姻中性别劳动分工的优势(第 2 章、第 4 章和第 5 章)。因此,收入较高的女性更倾向于离婚,这一结论得到了多种证据的支持(参见 BLM, 1977)。事实上,在过去三十年中,女性收入的增长是这一时期离婚率上升的一个主要原因(也是结果)。

近几十年来,黑人家庭的不稳定性,一直是人们持续关注和谈论的话题——例如,引起争议的《莫伊尼汉报告》(U.S. Department of Labor, 1965)。黑人家庭日益增长的不稳定性,不能完全用北迁移民或者最近几年福利的增长来解释。自 20 世纪初以来,甚至可能更早,无论是在美国南方还是北方,黑人家庭都远不如白人家庭稳定(Sanderson, 1980)。

如果仅仅从黑人更为贫穷,且黑人女性相对于黑人男性的收入高于白人女性相对于白人男性的收入这个角度来解释,那么黑人家庭的稳定性差于白人家庭(Smith, 1977, 1979)。黑人与白人在收入、工资和失业方面的差异,可以解释近年来他们在婚姻不稳定性上的大部分差异(Ross and Sawhill, 1975, Ch.4)。纵向考察黑人过去一百年来的收入模式,我们认为黑人家庭的稳定性长期以来都不如白人家庭,无论他们在其他方面是否相似。[15] 虽然奴隶制没有摧毁黑人家庭(Gutman, 1976),但美国黑人家庭的稳定性差,在一定程度上可以被认为是奴隶制的遗留问题:相对于白人,黑人的收入降低了或许黑人女性的市场生产力相对于黑人男性也有所提高(Goldin, 1977)。

为什么即使知道混合婚姻的离婚率要高得多,有些人还是愿意与不同于自己宗教、种族、年龄或受教育程度的人结婚?其实这些人似乎也没有完全忽略风险,他们生育的子女更少,而且在其他方面也表现出他们似乎已预料到了更高的离婚率。我们不能简单地认为,那些进入混合婚姻的人群对于自身的宗教信仰、种族、受教育水平缺乏相应的偏好;那么为什么他们的离婚率这么高呢?此外,混合婚姻似乎也没有提供对较大离婚风险的补偿:其收入和生育率都较低。我们考察一下下面给出的 1967 年收入方程式（相关数据来源于关于经济机会调查）：

$$E_m = 0.414 + 0.060 S_m + 0.034 e_m^2 - 0.000\,6 e_m^2$$
$$\qquad\quad (9.9) \qquad (14.5) \qquad (-15.1)$$
$$+ 0.067 r + 0.028 S_f + 0.000\,2 S_m S_f \qquad\qquad (10.3)$$
$$\quad (0.9) \qquad (4.7) \qquad (0.5)$$

其中，E_m 代表 1967 年已婚男性的收入对数，S_m 代表他们的受教育年限，e_m 代表他们在劳动力市场中的年限，S_f 代表其妻子的受教育年限，r 是一个虚拟变量，如果配偶是同一种族，则 $r=1$，圆括号内注明了 t 统计数量。r 和 $S_m S_f$ 的正（但无统计学意义）系数表明，在夫妻双方种族或受教育水平具有差异的婚姻中，男性的收入并不高，甚至可能更低。[16]

最合理的解释是，尽管人们预期到混合婚姻的离婚概率更高，但考虑到进一步的择偶过程和等待并不能带来更好的结果，他们依然会进入混合婚姻。抑或是，他们在择偶过程中运气不好，女方怀孕了，或者年纪变大，因而担心自己的择偶市场范围缩小。未婚先孕的女性和直到 30 岁仍未婚的女性，将更有可能与自己宗教不同的伴侣结婚（Burchinal and Chancellor，1962；Christensen and Barber，1967）。

有些人进入混合婚姻不是因为他们运气不好，而是因为他们在寻找合适伴侣的过程中效率低下，或者说他们存在其他将会降低自身婚姻预期收益的特征。这样的人很有可能进入混合婚姻，不仅是第一次婚姻有可能这样，而且第二次以及以后的婚姻也都这样。如果他们只是在第一次婚姻中运气不佳，那么他们可能会在再婚市场中达到平均水平。表 10.1 中的证据表明，运气不好不是混合婚姻唯一的主要原因。若初婚是混合婚姻，那么超过 40% 的特曼"天才"会与信仰不同宗教的伴侣再婚，相比较而言，若初婚伴侣有相同的宗教信仰，那么将有不到 20% 的人会进入混合婚姻。表 10.2 表明，再婚并不会必然增加混合婚姻的可能性：与第一次结婚的犹太人相比，丧偶的犹太人不太有可能与非犹太人结婚，而离婚的犹太人则更有可能与非犹太人结婚。

那些不幸进入混合婚姻的人们，从婚姻中得到的预期收益较小，毕竟他们在再婚市场上的预期运气只能达到中等水平，因此他们具有较高的离婚可能性。结婚后，他们实际收集到的信息与他们所预期的信息之间相对较小的差距，将使离婚与维系婚姻关系相比更具吸引力。这样的观点也意味

表 10.1 根据婚姻和以前的行为而与信仰不同宗教的人结婚的特曼"天才"的比例

现行婚姻	第一次婚姻	第二次婚姻		第三次婚姻	
		第一次婚姻中与信仰同一宗教的人结合	第一次婚姻中与信仰不同宗教的人结合	第二次婚姻中与信仰同一宗教的人结合	第二次婚姻中与信仰不同宗教的人结合
女性： 与信仰同一宗教的人结婚	0.88	0.81	0.44	0.40	0.50
与信仰不同宗教的人结婚	0.12	0.19	0.56	0.60	0.50
观察数	486	26	9	5	4
男性： 与信仰同一宗教的人结婚	0.86	0.82	0.67	1.00	0.67
与信仰不同宗教的人结婚	0.14	0.18	0.33	0.0	0.33
观察数	689	38	18	4	3

资料来源：BLM(1977，p.1168)。数据来源于 1950 年特曼样本中的高智商项目中的婚姻史。

表 10.2 1960—1963 年印第安纳州犹太人内部通婚的比例

婚姻类型	原来婚姻配偶情况		
	一方或双方丧偶	双方单身	一方或双方离婚
拥有同一宗教信仰	0.81	0.60	0.32
拥有不同宗教信仰	0.19	0.40	0.68
观察数	32	485	254

资料来源：Rosenthal(1970，p.436)。

着，进入混合婚姻的人具有更高的离婚倾向，因为这些特征降低了他们从婚姻中获得的预期收益。那些进入混合婚姻的低效择偶者，将从维系婚姻关系中获得较高的预期收益，毕竟他们在再婚市场上同样低效。然而，由于结婚时对其配偶的了解更少，他们往往也具有更高的离婚倾向（进一步的讨论，参见：BLM，1977；Wilde，1980）。

10.4 离婚与羞耻感

一对夫妇离婚是因为婚后一些意料之外的信息,使他们从维系婚姻中获得的财富低于离婚获得的财富。他们可能没有预期中那么般配,或者一方(或双方)并没有预期中那么可靠,又或者在一起之后比预期中更爱争吵。那些因为不可靠或频繁争吵而离婚的人在再婚市场上没有什么吸引力;不幸的是,可能没有足够的信息来确定,为什么他们维系婚姻关系而带来的预期财富会下降。

然而,一般情况下可以认为,离异者比已婚者更习惯于争吵,或是在其他方面不讨人喜欢,毕竟令人不快的性格往往是导致离婚的原因之一。[17] 除了一些在特殊情况下难以确定的离婚原因外,所有离婚的人都会被污名化为不太适合踏入婚姻的人[18](或员工,或借款人,或邻居)。此外,离过两次婚的人比只有一次离婚经历的人受到更多的偏见;同理,有三次离婚经历的人比只有两次离婚经历的人也受到更多的偏见;以此类推。因而,一个因不幸而没有找到般配伴侣的人的离婚概率,会随着其离婚次数的增加而下降。

如果离婚会带来一种羞耻感,那么离婚的人只能以比原婚姻更不利的条件再婚。由于婚姻状况的恶化降低了结婚动机,这种离婚带来的羞耻感意味着,再婚的可能性将随着之前离婚次数的增加而下降。此外,表10.1和表10.2中的证据还表明,离异者从再婚中获得的期望收益,将少于他们从原婚姻中获取的期望收益:离婚(但不是丧偶)的人有可能与宗教信仰不同的人再婚,即使他们在原婚姻中选择了宗教信仰相同的伴侣。

在19世纪和20世纪初,从维持婚姻关系中获取的预期收益一般而言是很大的。当时的生育率很高,且很少有已婚妇女进入劳动力市场(更全面的探讨见本书第11章)。因此,当时离婚的人一定非常不般配,或者性格非常不适合结婚。在20世纪婚姻收益的持续下降,鼓励了在一定程度上不般配或难以相处的人走向离婚。因此,离婚带来的羞耻感将随着时间的推移和离婚率的提升而逐渐减轻,即使没有增加"许可"或更大程度地容忍"异常"行为。一般情况下,与过去相比,现在的离异者已被认为是比较正常的存在了。

　　一般情况下,离异者的再婚收益通常比头婚者的收益少,这是因为离异者往往更容易与人发生争吵。此外,离异者的再婚收益更少,也是因为他们往往具有一些其他特征,这些特征会降低他们从婚姻中获取的预期收益,或者是因为他们在择偶过程中是一个低效率者。因此,再婚者比初婚者更有可能解除婚姻关系,尤其是对那些已经经历了无数次离婚又再婚的人而言。表 10.3 说明,在第二次婚姻中,结婚头五年的离婚率,远高于所有头婚的离婚率,而在第二次婚姻中,结婚第五到十年里的离婚率则略高于头婚的离婚率,即使当前婚姻持续时间和其他几个变量保持不变。有两次(或两次以上)离异经历的人在第三段(或更多段)婚姻中的离婚率极高(Monahan,1958,Table 5)。

表 10.3　年龄在 15—65 岁的美国白人男女由特殊婚姻间隔造成的离婚可能性（虚拟变量的回归系数可以说明以前结婚或丧偶情况）

说明的变量[a]	婚姻间隔			
	女性		男性	
	0—5 岁	5—10 岁	0—5 岁	5—10 岁
如果有第二次和第三次婚姻[b],虚拟变量=1	0.138 (15.94)	0.012 (1.36)	0.036 (4.13)	0.013 (1.68)
如果第一次结婚丧偶,虚拟变量=1	0.002 (0.13)	−0.018 (1.19)	−0.009 (0.47)	−0.009 (0.51)
R^2(完全回归)	0.037	0.010	0.011	0.001
F(完全回归)	56.82	12.23	12.08	0.80
抽样范围	11 960	9 627	8 688	6 948

　　注:a. 括号内的数字是 t 统计值。包括回归系数在内的其他变量是指年龄、受教育程度、当前结婚年龄、男性 1966 年的收入,以及女性在每个间隔期开始时,在当前婚姻所生育子女的数量。如表 10.3 所示,第一个虚拟变量的系数显示了,相比于第一次婚姻,对离异者再次离异的可能性的影响。两个虚拟变量的系数之和显示了,与第一次婚姻相比,对丧偶者再婚离异概率的影响。在这些调查中,当前婚姻年龄、年龄,尤其是当前婚姻的持续时间的标准化,对于男性和女性而言都极为重要。这些标准化的重要性在很大程度上可以用这样一个事实来解释,即人们第一次结婚时通常持续时间更长,因此在婚姻存续期间有更多的机会选择某时离婚。

　　b. 男性的第二次或第三次婚姻,女性的第二次婚姻。

　　资料来源:BLM(1977, p.1178)。

注　释

① 在日本,即使是接受过西方教育的日本人,通过朋友或其他中间人来交换履历的现象仍然十分普遍。

② 关于这些经纪人的有趣的虚构故事,参见 Aleichem（1969，bk.5）。

③ 类似地,相比于让劳动者花时间在学校深造或采取其他"筛选"行为,试就业是劳动者和公司相互了解的更高效方式。

④ 很久以前,许多国家发展出"合衣同睡"（或"夜间求爱"）和其他形式的婚前接触,以控制怀孕的风险[参见 Shorter（1975，pp.44—50）的示例]。

⑤ 本节中的分析和证据部分取自 Becker 等人（1977）,以下简称 BLM。

⑥ 类似地,人们在工作最初几年辞职的一个重要原因是工作条件并不令人满意,而这些条件是无法进行事先评估的（Borjas，1979）；另参见 Nelson（1970）关于消费者选择讨论中"搜寻"和"经验"商品之间的区别。

⑦ 设 $p=f(s,\alpha)$, $\dfrac{\partial p}{\partial s}=f_s<0$, $\dfrac{\partial p}{\partial \alpha}=f_\alpha>0$, $s=h(p,\beta)$, $\dfrac{\partial s}{\partial p}=h_p<0$, $\dfrac{\partial s}{\partial \beta}=h_\beta>0$。其中,$p$ 代表离婚的概率,s 代表特有资本投资,α 和 β 分别代表提升 p 和 s 的外生变量。例如,α 为一个虚拟变量,在未婚同居的情况下取值为 1,在合法婚姻中取值为 0。那么：

$$\frac{\mathrm{d}p}{\mathrm{d}\alpha}=f_\alpha+f_s\frac{\mathrm{d}s}{\mathrm{d}\alpha}=f_\alpha+f_s h_p f_\alpha=f_\alpha(1+f_s h_p)>f_\alpha$$

上式中,α 的提升所带来的离婚可能性的总效应（可能是合法婚姻向未婚同居之间的变化）,超过了 α 的单独效应,此时婚姻的特有资本投资将被减少。

⑧ 在一项研究中,31％的男性和 22％的女性在离婚后两年内再婚（BLM，1977）。

⑨ 本书第 4 章讨论了效用和消费品收入之间的关系。

⑩ 如果下式成立,则夫妻双方都有意愿保持婚姻关系：

$$Z^{*m}=Z^m+\Delta>Z_d^m，且 Z^{*f}=Z^f-\Delta>Z_d^f$$

上式中,Δ 是指向丈夫提供的"贿赂"。当"贿赂"的取值处于（$Z_d^m-Z^m$）和（$Z^f-Z_d^f$）之间时,将能同时满足方程式（10.1）和方程式（10.2）。

⑪ 无过错离婚至少可以追溯到罗马时期。乐基在他的《欧洲道德史》（*History of European Morals*，1880）中写道：

> 婚姻形式的变化所带来的另一个更为重要的结果,即婚姻仅仅被看作了缔约双方的幸福而签订的民事合同,它的持续需要得到双方的同意。任何一方都可以依据个人意愿解除婚姻关系,这种方式也赋予双方复婚的权利。**毫无疑问,在这样的制度下,随婚姻关系而来的义务将得不到认真对待。**（Lecky，p.306）

然而,在列举了几个罗马人离婚和再婚的例子后,他写道:

> 毫无疑问,这些都是极端的情况;但婚姻生活的稳定性也受到了无可辩驳的严重损害。**然而,我们很容易夸大法律变化对它的影响。**在无偏见的舆论状态下,双方可以在不带来严重后果的情况下,依据自由意愿选择离婚。丈夫通常掌握着抛弃妻子的权利……但这在共和国体制下从未或很少被行使。(Lecky, p.307)

⑫ 1970—1974 年,只有十个州实行了无过错离婚制度(Foster and Freed, 1974)。

⑬ 由于 1970 年的法律降低了最低居住要求和离婚申请与最终离婚判决之间的最少等待时间,如果适用旧法律,一些于 1970 年和 1971 年提出的离婚申请,需要到 1972 年和 1973 年才有可能获得批准。事实上,修恩和他的同事声称,1970 年和 1971 年离婚率的上升几乎完全可以用这些时间上的变化来解释,在较小程度上,也可以用加州居民所提出的离婚申请在内华达州获得批准加以解释(Schoen et al., 1975)。然而,如果时间因素是主要理由,那么 1972—1974 年的预测离婚率应该比实际离婚率高得多,但事实上却并非如此。

⑭ Hannan 等人(1977)和 Keeley(1980)分析了负所得税实验参与者的离婚率,Honig(1974)在研究中考虑了针对需要抚养未成年子女的母亲的援助方案对于女户主家庭的数量的影响。

⑮ Sanderson(1980)提出了这一论点,以及一些关于 19 世纪非裔男女收入的证据。

⑯ 当然,这个等式不能决定混合婚姻是否会降低收入,收入较低的男性是否会进入混合婚姻,或者两者都是。

⑰ 关于这一问题的探讨始于 Jovanovic(1978)。

⑱ Flinn 和 Heckman(1980)分析了劳动力市场中的污名化现象。

家庭的演变与发展

　　近几十年来,离婚率、生育率、已婚女性的劳动参与率、家庭组织的其他方面以及家庭自身行为表现都发生了翻天覆地的变化。然而,这些变化的规模之大和速度之快,以及它们所受到的关注,都不应让公众产生这样一种错觉,即在此之前的家庭情况是停滞不前的。在原始社会和农业社会,家庭是一种与如今完全不同的结构,而在过去几个世纪里,家庭在西方社会经历了巨大的转变。

　　本书最后一章将运用前面章节的分析结果来研究家庭的长期演进以及近期家庭产生改变的各种方式。由于我不是历史学和人类学领域的专家,所以本章的相关讨论是带有推测性的,并且只说明了一个大概。然而,我相信这份通过经济学研究方法对家庭作出的草图,能够描绘出引起家庭的长期演进和当代家庭发展的主要因素。

11.1　传统社会

　　所有的传统社会在应对不确定性和信息有限性方面都存在巨大的问题,妖术、巫术、迷信在对物质世界的无知中愈演愈烈(Thomas, 1971)。大多数孩子在 10 岁之前就去世了(参见第 5 章),许多人结婚不到十年就失去了配偶。恶劣的天气和可恶的害虫会摧毁农作物而破坏一场丰收,掠食者和疾病也会对牧群和猎物造成损害。甚至常规的交易过程也会充斥着不确定性,其中包括关于商品质量好坏、买卖双方诚信与否以及他们的可信赖程度如何的各种不确定性。一个著名的人类学家曾指出在所有的农户市场体系中,"信息是贫乏而稀缺的,且分布不均,在沟通传播方面效率低下,价格也十分高昂",同时"寻找自己所缺乏的信息和保护自己已拥有的信息是最为重要的方面"(Geertz, 1978, p.29)。

以原始社会和农业社会为例进行说明,传统社会在耕作、狩猎、捕鱼或其他活动中使用的技术一般不会发生累积性变化。尽管由于运气和能力的不平等,以及瘟疫和异常天气可能持续多年等因素的存在,家庭会兴衰不定、起起落落,但是经济和社会生活往往是静态和固定不变的。

这些传统社会以各种方式应对不确定性和无知。由于缺乏规范的保障体系,因此鼓励(甚至要求)那些有好收成、狩猎满载而归或者在其他活动上收获满满的人与他人分享他们的劳动成果。[①] 人们通过体力劳动在旷野上开发零散土地来减少农作物收入波动,尽管这是一种粗放且代价高昂的途径,但其在农业社会中却十分常见,因为它是使得农作物得以抵御变化无常的天气和害虫的最有效保护方式(McCloskey, 1976)。

在传统社会中,家庭,或者更准确地说是亲属团体,在很大程度上是不可或缺的,因为它能帮助群体成员来抵御不确定性所带来的不良影响。在原始社会中,赠礼十分常见,人们主要将礼物赠送给自己的亲属,从而使那些身处窘境的人们就能够依靠家人的帮助渡过难关(Herskovits, 1965;Posner, 1980)。一个亲属团体就好像是一个相当有效的"保险公司",因为即使是一个大家族,它也能够满足成员们进行相互监督,从而防止团体成员偷懒或者变得对彼此漠不关心,以及避免他们在其他方面利用亲属提供的保护胡作非为。此外,由于团体成员生活在一起或者说隔得很近,因此团体成员对彼此的性格特点了然于心,而且他们很容易就能够观察到彼此的行为。

此外,利他主义现象在家庭中比在其他组织中更为常见,而且即使是利己主义的家庭成员也会被利他主义家庭成员的自发性反应所带动,从而在自己的行为中将利他主义家庭成员的利益考虑在内。不然的话,利己主义的成员不会从其行为中获得一丁点好处,因为利他主义的家庭成员在前者身上花费的时间和资源将会减少。第8章展示了坏小孩定理是如何引导利己主义的家庭成员像其他利他主义的家庭成员一样行动的。

一种观点认为人们之所以把土地分割是为了土地的可分割继承性,而另一种观点认为分割土地是为了防止收入波动,亲属团体在抵御不确定性方面的重要性也使得这两种观点达成一致。因为继承权的分割,家庭成员也被分割到了不同的土地上,从而缩小了家庭收入波动的范围,也因此由于家庭保险而缩小了每个家庭成员的收入波动范围。

在传统社会中,年纪比较大的人总是会受到人们的尊敬,因为他们经年累月所积累的知识对处在固定环境中的年轻人来说具有特别的价值(Brenner,1979)。在家庭中向年轻一代传授知识,主要是通过子女、侄辈和其他年轻一代的亲属继承老一辈的文化来实现的。老一辈的人在职业、土地等方面所拥有的特殊技艺和知识,更容易传授给跟他们的家庭背景比较相似的年轻人(参见第 6 章;以及 Rosenzweig and Wolpin,1979)。

由于成员之间相互监督,才能防止亲属之间推卸责任,以及避免其他因为作为担保人的亲属违反家庭规定而产生的"道德风险",因此传统社会鼓励家庭监督自己的成员,以便能够及时发现某个成员可能危害其他家庭成员的犯罪行为,其中包括拖欠债务。对监督行为的鼓励往往包括因为家庭成员的反社会行为而对整个家庭实施惩罚(Stone,1977,p.126;Posner,1980)。

年轻一代的家庭成员往往从事与他们的父母和其他亲属相同的职业,并且耕种相同的土地,因为他们已经从长辈们那里获得了这些方面的特定知识。事实上,家庭可以被看作一所小型的专门学校,它为特定的职业、土地耕作或厂商培训出具备专业知识的人员,并且在资格不容易确定的情况下,承担起认证其毕业生资格的责任。在传统社会中,家庭"学校"的重要性解释了为什么农民的农场在同一个家庭里可以延续很多代,以及为什么一个家庭世世代代专门培养士兵(武士)、神职人员(婆罗门)、商人(富商)、农场主(农民)、服务员和其他工人。

家庭往往只有权利为指定的职业或其他活动培养毕业生,并对那些不称职或不诚实的毕业生负责。日本伟大的浮世绘艺术家安藤广重(Ando Hiroshige)从他的父亲那里继承了东京消防队队长的职业,并将这一权利传给了他的堂弟,他的堂弟又传给了堂弟自己的儿子,直到 19 世纪,堂弟的儿子又传给其孙子(Narazaki,1968)。这主要表明种姓制度和封建制度并不是简单地将财富重新分配给上层家庭,而是需要家庭对自己的成员进行培训,并对成员从事特定职业的资格和能力进行认证,因为当时并不存在比这更好的方法来确定这些职业之间的人力资源配置。

家庭要对每个成员的表现负责,它将引导,并在必要的时候强制要求家庭成员去从事对家庭的荣誉和机会有最大贡献的活动。与其他国家相比,17世纪的英国是一个个人主义社会(Macfarlane,1979,Ch.7),但是那时上层阶级的父辈们显然仍然会为他们的孩子们进行职业选择(Stone,1977,Esp. p.179)。

在传统社会中,婚姻对人们来说至关重要,因此很多家庭尽可能地避免与那些有不光彩行为的家庭,或因管理不善而频繁寻求他人帮助的家庭,以及可能会损害家庭自身声誉的家庭来往。鉴于此,家庭对其成员配偶的选择实施了极为严格的控制。在14世纪的一个法国村庄里,"许多婚姻都是由当事人的家人或朋友安排的,并不太考虑当事人本人的感受",或者"一个人宁愿与一个家庭而不是一个婚姻伴侣成婚"(Le Roy Ladurie,1978,pp.188—189)。

两个家庭有时会通过成员之间结成的多对夫妻来巩固联盟,就像原始社会的"联姻"一样(Fox,1969)。在描述19世纪印度的种姓制度时,伦纳德(Leonard)说:"在数量有限的家庭中,出现了多边联姻。有时,两个家庭在一代人中会结成多达五对夫妻。"(1978,p.88)在某些社会中,家庭成员和自己的表亲以及其他亲属结成婚姻是十分常见的事情,这在某种程度上是因为通过在(扩张型)家庭内部的婚姻可以降低形成不良关系的风险。②

在这样的社会环境下,双方因为爱情而结婚是不被家族所认可的,除非它能够有助于家族的利益。在16世纪的英国,"人们为了追求浪漫的爱情而结婚会受到强烈的谴责,因为人们认为爱情总是稍纵即逝,为爱结婚也实在缺乏理性"(Stone,1977,p.86)。勒鲁瓦·拉杜里(Le Roy Ladurie)在他对14世纪法国村庄的研究中提到,"追求热烈的爱情是可能的",但只能是"在明显僵化的结构中,这些结构引导并主持了对婚姻伴侣的选择"(1978,pp.186—187)。在那时,人们可以宠爱他们的姬妾,原本需要严谨对待的风流韵事也能够被无视,但家庭与成员的婚姻有非常大的利害关系,以至于不会允许爱情妨碍家庭目标的实现。

在传统社会中,如果一对夫妇的婚姻并不幸福,但他们的家庭却能持续地从这两方结成的联盟中获益,那么他们的家庭就会阻止他们离婚。相反,可能会允许丈夫,有时也包括妻子,在情人和外遇中寻找慰藉。由于宗教或社会当局可能无法轻易确定亲属是否同意离婚,因而它们可能会禁止或极力阻止离婚,就像19世纪中叶之前的农业社会和西欧大部分地区那样。③

在传统社会中,亲属的重要性体现在对血缘和血统的强调上,而且即使在原始社会的语言中,也有许多关于不同种类的亲属的单独术语(Fox,1969)。在原始社会和农业社会中,一个家庭拥有自己的农场;个人甚至核心家庭只有"用益物权",他们一生都在自己家庭所拥有的农场里工作(Herskovits,1965,Ch.16;Macfarlane,1979,pp.18ff.)。

在美国,一个人可以合法地选择任何姓氏,包括以 Von 为前缀的名字或像洛克菲勒(Rockefeller)或卡里奇(Carnegie)这样众所周知的名字,因为姓氏并不占据什么优势。然而,传统社会对家庭姓氏的保护(如果有的话)就像大多数国家对商标的保护一样积极,因为在传统社会中,姓氏可以是一种很有价值的资产或"商标"。在传统社会中,一个家庭的祖先会因为他们的成就而受到后人的敬仰和崇拜,并且家庭里的成员们不会容许有任何针对他们祖先的批评。

伯父、伯母、侄子、侄女、表兄弟和其他亲属经常见面,相互馈赠,制定家庭战略,教育后辈,并检查和监督彼此的表现和行为。由于频繁的来往和相互监督,家庭中成员的隐私也逐渐减少。未婚女性在年长妇女的陪护下出入社交场合,以便防止意外怀孕和其他纠葛,在伊斯兰社会,已婚妇女被迫与外界隔绝以避免可能存在的外遇事件(见 Maududi,1975),与其他家庭的来往也会受到家庭的限制,以预防她们作出损害家庭声誉或增加家庭义务的行为。之所以成员的隐私会遭到侵犯,是由于每个成员的行为都会影响其他成员的福祉(关于隐私和"不正当行为"之间的关系的更全面讨论,参见Becker,1980)。

尽管在大多数社会中,一贫如洗且事业上不算成功的家庭中的成员几乎没有个人隐私,因为他们在狭小的空间里吃饭、生活、睡觉,但他们通常比殷实且事业有成的家庭的成员在经济和社会选择上有更大的自主权。穷人可以选择自己的配偶和想要参加的活动,因为他的家庭不会因为他的行为中遭受什么损失。事实上,一个有雄心抱负的穷人可能会离开他的家庭,而他这样做正是为了避免他的发展前途因为其家庭的地位低下而受到阻碍。

11.2 现代社会

在现代社会,市场促进了贸易和生产的不断发展,势头不断向好的经济环境使得技术、工作收入和就业机会都发生了急剧的变化。与传统社会相比,现代社会中老一辈成员所积累的知识对年轻一代的成员来说不再那么有用,因为年轻一代的成员所面临的是一个截然不同的经济环境。为传统活动培养学员的小型家庭学校,已经不如拥有来自不同家庭的学生的大型学校那么有效率,而这些大型学校所教授的是适应新环境的基本知识。传统社会中由家庭提供的"资格证书"在今天已由学校经过考试制度来取代。此外,契约和回头客生意的存在减少了之前对于资格认证的需要;违反合同的个人会受到法律制度的惩罚,而弄虚作假者或者不称职的人也将不会有回头客生意。

在现代社会中,通过向处于困境的成员提供赠礼和贷款而建立起来的家庭保险变得不那么必要了。人们可以在手头紧张的时候到资本市场上借款,或在手头宽裕的时候通过储蓄来进行"自我保险"。此外,市场保险建立在成千上万个家庭的经验的基础之上,它能够提供比任何单一家庭所能提供的都更为有效的保护措施来应对火灾、死亡、养老、疾病等其他问题。

因此,在现代社会中,亲属关系已不再像传统社会那样至关重要,因为市场保险替代了亲属保险,市场学校替代了家庭学校,考试制度和契约制度的存在取代了来自家庭的资格认证。家庭不仅不再关心对成员的监督和控制,也不太能够这样做了,因为家庭成员们都分散开来以寻找对他们每个人最为有利的机会。由于亲属关系在现代社会中不那么重要,所以家庭里的长辈和祖先也不再像传统社会那样受到极高的尊敬和敬仰;别人也不太可能为他们申辩,相反,更有可能的是有人会在公共场合或者私下在精神病医生的办公室里谈论他们的过错。塞缪尔·约翰逊(Samuel Johnson)在18世纪后半叶已经就这个问题提出了一些看法:

> 在非商业化的国家里,一个家庭的许多分支必须依靠家族;因此,为了让一家之主照顾他们,他们要将自身行为与一家之主的名誉相挂钩,这样一来,自爱就会是有利的,他们就可能会着力提升他们自己的利益。这样,第一个大的家族圈子,或者说宗族就出现了;但是,随着商业的发展,这种被限制在家庭内部的联系就会随着时间的推移而渐渐消失,因为它已经变得不再有必要,而且家庭内的人们交往互动的机会也很少了。④

家庭的重要性降低,意味着中层和上层阶级家庭的成员获得了传统社会中贫困家庭成员才有的自由和隐私。子女们开始有权拒绝他们的父母为他们所选择的配偶,然后有权选择父母所反对的配偶,最后有权在不担心父母反对的情况下选择配偶。在现代社会中,人们为了寻找符合他们对配偶的要求的另一半,男女双方,甚至是十几岁的年轻人,也会在一起约会以及在婚恋市场上进行寻找,这种现象已经十分普遍,因为人们寻求的是个人而不是家庭的相容性。尤其是,在现代社会,每个人都在积极地寻找(然而常常并不是很成功地)自己所爱的另一半。

不幸的是,与传统社会中结婚的重要考虑因素——家庭声誉和地位——相比,爱情和其他个人特征在婚前不太容易确定。许多已经结婚的人发现他们并不再爱着对方,或者在其他方面对他们在婚姻中的经历感到失望和不满。于是其中一些人就会选择离婚,以便能够在婚姻市场上再次进行尝试。鉴于此,现代社会有一个可能看似矛盾的组合现象,即许多由爱情发展而来的婚姻和高离婚率并存。

与传统社会相比,现代社会的父母只需要养育相对较少的孩子,而对每个孩子的投资却变得更多。(参见第 5 章的讨论)。此外,在传统社会中,大多数时间和其他资源的投资是由祖父母、姑姑和其他亲属来承担的,因为他们的利益与孩子们的幸福及行为息息相关。因此,在现代社会中,孩子的死亡会让他们的父母受到更大的打击。一般来说,他们更关心每个孩子的福祉,因为他们投入了大量的时间、金钱和精力。此外,坏小孩定理暗含:对即使是利己主义的孩子而言,在其父母愿意为其付出了巨大的人力资本投资的情况下,这些孩子也能够通过对其父母作出利他行为而获得好处,因为这些孩子的福利多多少少密切依赖于他们父母的福祉。

许多历史学家已经注意到,与传统社会相比,现代社会的核心家庭要更加相亲相爱,并且联系更为紧密;而在传统社会中,人们与表亲及远房亲戚则更加亲近(参见,例如 Shorter, 1975, pp.55ff., 234ff.; Stone, 1977, pp.85ff., 124)。这里,我认为在现代社会中,人们与自己的配偶的关系更加紧密,这是因为人们在选择另一半时,爱情被认为是更重要的因素。而现在的父母和孩子关系更加紧密,因为现在人们更重视孩子的质量而非数量。在传统社会中,之所以人们和表亲及其他亲属的关系更为紧密,是因为家族为人们提供了保险和培训,并对他们负有更广泛的责任。

如果说现代社会是由具有本章所强调的特征的传统社会演变而来的,那么现代社会的个人主义和核心家庭主义则是由传统社会的大家庭和亲属团体演变而来的。许多人谴责个人主义,哀叹传统家庭的消失,但我的分析表明,个人主义之所以取代了家庭主义,是因为在传统社会中,家庭的许多功能由市场和现代社会的其他组织更有效地发挥。例如,在现代社会的动态环境中,就家庭保险、家庭供给以及家庭培训的资格认证而言,它们的效率要低于市场保险和市场培训的效率。对于那些假设的传统家庭所谓紧密关系的怀念,忽略了传统家庭对隐私和自由选择的限制,灾难防治的不完善,以及超越家庭背景的机会的有限性。

11.3　20 世纪后半期

图 11.1—图 11.9 显示了自 1950 年以来,美国的生育率、离婚率、已婚女性的劳动力参与率、成人入学率、老年人独居率以及其他一系列反映家庭组织和结构的指标的变动趋势。例如,1950—1977 年,美国合法生育率下降了大约三分之一,而离婚率增加了一倍多,带有未成年子女的已婚女性的劳动参与率增加了三倍多,以需要抚养未成年子女的女性为户主的家庭比例也增加了差不多三倍。事实上,这一时期美国家庭的变化之迅速,已远远超过北美殖民地时期以来的任何一个时期。

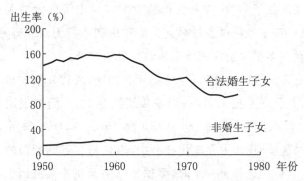

图 11.1　美国 1950—1977 年的 14—44 岁每 1 000 名已婚女性的合法生育率以及 15—44 岁每 1 000 名未婚女性的非婚生子所占比率

资料来源:U.S. Bureau of the Census, 1979c and preceding issues; U.S. Department of Health, Education, and Welfare, 1978。

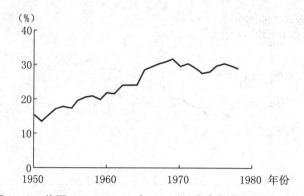

图 11.2　美国 1950—1978 年 18—24 岁青年的入学人口比率

资料来源：U.S. Bureau of the Census，1979b and preceding issues。

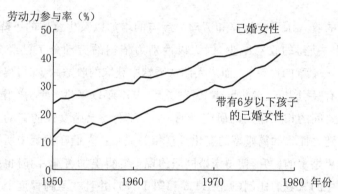

图 11.3　1950—1978 年美国已婚女性的劳动力参与率
以及有 6 岁以下孩子的已婚女性的劳动力参与率

资料来源：U.S. Bureau of the Census，1979c and preceding issues。

　　我认为,这些变化的主要原因是随着美国经济的发展,女性挣钱能力大幅提高。1950—1964 年,14 岁以上的职业女性的实际周薪增长了约 30%,从 1964 年到 1978 年增长了约 10%(见图 11.4)。女性挣钱能力的提高,也提高了她们过去花在非市场活动上的时间的价值,从而促进了已婚女性的劳动参与率,同时也提高了养育孩子的相对成本,减少了对生育子女的需求,因为生育孩子会需要母亲投入太多时间(参见第 5 章的详细讨论)。统计研究报告(Butz and Ward，1979b；Ward and Butz，1980)表明,女性收入的增长和劳动参与率的提高是 1957 年以来生育率大幅下降的重要原因。

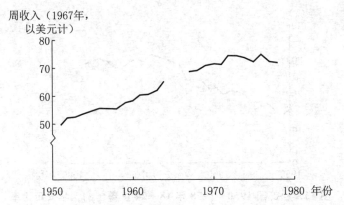

图 11.4　以 1967 年的美元价值计算的 1951—1978 年美国女性的实际平均周薪

资料来源：U. S. Bureau of the Census，1967，1980c and preceding issues。

　　女性的收入水平的提高和劳动力参与的增加以及生育率的下降，使得人们从婚姻中获得的收益减少，因为以性别为依据的劳动分工已经失去优势（参见第 2—4 章的讨论）。而当人们从婚姻中获取的收益减少时，离婚对人们来说就更有吸引力了。Michael(1978)关于 1950 年以来生育率、离婚率和劳动力参与率之间的相互作用的研究表明，拥有配偶的已婚女性的劳动力参与率的变化与随之而来的离婚率的变化呈正相关关系。人们在婚姻中所得利益的减少以及离婚率的上升，使得未婚同居的现象变得更加普遍，同时也提高了以女性为户主的家庭的比例（见图 11.6 和图 11.7），并且在某种程度上导致了非婚生子女出生率所占的比例相对于合法婚生子女出生率的大幅上升。

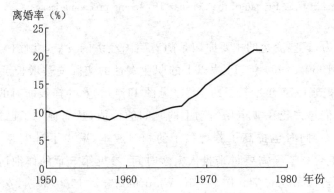

图 11.5　1950—1977 年美国每 1 000 名已婚女性的离婚率

资料来源：U. S. Bureau of the Census，1979c and preceding issues；U. S. Department of Health，Education，and Welfare，1979。

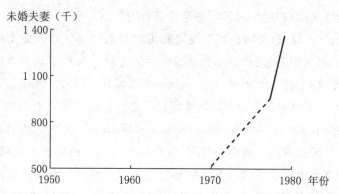

图 11.6　1970—1979 年美国没有结婚但住在一起的夫妻的数量

资料来源：U.S. Bureau of the Census，1979a，1980a。

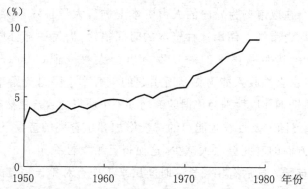

图 11.7　美国 1950—1979 年户主是女性且其子女未满 18 岁的家庭的占比情况

资料来源：U.S. Bureau of the Census，1980b and preceding issues。

　　女性劳动力参与率的提高[由工资率的提高、生育率的下降，以及（或）离婚倾向的增强所导致]，本身就会提高女性的收入能力，从而增强经济发展的效果。正如我们在第 2 章中所看到的，当女性把更多的时间花在市场活动上时，她们就会在市场技能和经验方面进行更多投资。

　　离婚率、生育水平和劳动力参与率还以其他方式相互作用。例如，当离婚率提高时，生育率就会下降，这是因为离婚以后抚养孩子会变得更加困难，而且在一段婚姻破裂以后孩子所带来的快乐也不再像以前那么多。第 10 章提供的论据表明，那些预计以后很有可能会离婚的夫妇在结婚后会生育相对较少的孩子。当离婚的可能性增大时，单身女性和已婚女性的劳动力参与率都会受到影响，因为当婚姻解体时，女性必须成为她所养育的子女

305

的主要经济支撑,在这个时候市场经验是有用的。

自 1950 年以来,美国的经济发展和由此带来的女性收入能力的增长并没有加快,但从那时起,离婚率和已婚女性的劳动力参与率都上升得越来越快,特别是在过去二十年里(Chiswick and O'Neill,1977;Michael,1978),1956—1976 年的生育率的下降幅度超过了之前任何一个二十年的下降幅度(U.S. Department of Health,Education,and Welfare,1979)。女性收入能力的提高对已婚女性的劳动力参与率、生育率和离婚倾向所产生的阈值效应,在某种程度上也促成了这一系列参数的飞速变化。当生育率较高而离婚率和已婚女性的劳动力参与率比较低时——就像在 19 世纪和 20 世纪初那样——比方说,由女性收入能力的提高所导致的生育率的下降,对已婚女性的劳动力参与的影响相对较小,因为她们仍然花费大部分青春年华生养孩子。她们不会在以市场为导向的人力资本上进行大量投资,一部分原因在于她们在劳动力市场上使用这种资本的时间很短,而另一部分原因则在于她们的投资在其照顾孩子的漫长岁月里会大幅贬值(Mincer and Ofek,1980)。并且由女性收入能力提高所引起的生育率下降对离婚率的影响也很小,因为从婚姻和以性别为依据的劳动分工中获得的收益仍然很高。

然而,最终随着女性收入能力的持续增加和生育率的持续下降,她们花在照顾孩子方面的时间会大大减少,这使得已婚女性在第一个孩子出生前和最后一个孩子入学后有相当长的时间出来工作。对年长一点的女性的较高劳动力参与预期,鼓励了女孩们和年轻女性更多地投资于以市场为导向的人力资本,从而进一步提高了她们的收入能力和劳动力参与率,并进一步降低了生育率。因此,即使女性的收入能力还没有提高,劳动力参与率的提高和生育率的下降最终也会加快。并且由于人们从婚姻中得到的收获越来越少,这两个因素又使得离婚率加速上升。此外,离婚率的上升本身终将鼓动更多人离婚;人们在离婚后不会再因为离婚而感到羞愧难当,并且他们能够更容易地找到其他伴侣再次结婚(参见本书第 10 章;以及 Becker et al.,1977)。

近几十年来,由于其他事件的影响,典型家庭的性质可能发生了特别迅速的变化。在 20 世纪 50 年代,“避孕药”的引入带来了避孕革命,或许这次革命大大减少了不被期待的孩子的数量,并因此提高了离婚率和已婚女性的劳动力参与率。尽管避孕药的引入使人们能够更好地控制生育时间和生育数量,但我通过本书第 5 章的讨论得出:避孕革命只能解释 20 世纪 50 年代中期以来生育率下降的部分原因。

女性运动的其中一个方面,是鼓励女性减少生育数量,提高她们的劳动力参与度,并(在必要时)通过与丈夫离婚而成为自己家庭的一家之主来实现独立自主。该运动无疑给女性提供了情感上的支持,并涌现出了各种观点和论据,而这些情感支持以及各种观点和论据帮助了女性行动起来。然而,我认为,与其说这场运动是转变女性角色的主要力量,还不如说是对其他一些极大地转变了女性角色的力量的响应。

近几十年来,福利国家的发展极大地推动了家庭的转变。用于社会保障、失业补偿、医疗保险和医疗补助、对需要抚养子女的母亲的补助、食物补贴以及其他转移支付项目的支出,1950—1963 年实际增长了 123％,1963—1976年增长了 167％(见图 11.8)。对需要抚养子女的母亲的补助和其他类型的"福利"在早期迅速增长,而医疗保险和社会保障则在后期得到蓬勃发展。

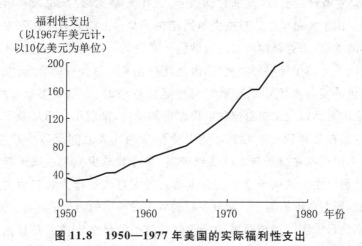

图 11.8　1950—1977 年美国的实际福利性支出

资料来源:U.S. Bureau of the Census, 1975c, 1979c and preceding issues。

当父母的收入增加时,政府给予需要抚养子女的母亲的补助金额就会减少,而当她们有更多的子女需要养育或者孩子们的父亲不给孩子们提供经济支持时,政府给予的补助金额就会增加。因此,这是一个提高具备合法条件的女性(包括单身女性)的生育率的计划,同时这也是一个鼓励离婚、而不提倡结婚(受援助者的经济福利因孩子而增加,因结婚而减少)的计划。实际上,这一福利是给予贫困女性的生活费,它替代了丈夫的收入来对贫困女性给予经济支持。福利项目的扩大,加上婚姻收益的普遍下降,解释了为什么尽管引入了避孕药和其他有效的避孕用品,但是相比于合法生育率,非法生育率仍然有着相当大的增长幅度。

在实施失业补偿、医疗保障和医疗补助项目之前,失业者和病人通常依靠自己的父母、子女和其他家庭成员的帮助,而当丈夫失业时,家庭在某种程度上则是通过妻子的劳动力参与来维持生计的(Mincer,1966;Smith,1979)。因此,公共事业的发展,就像 19 世纪私人市场上人寿保险的发展一样(Zelizer,1978),通过进一步弱化家庭在帮助成员抵御各种灾害方面的传统作用,削弱了家庭成员之间的联系。

一些重要的公共福利项目主要是在几代人之间进行资源让渡。例如,社会保险是从正在工作的人向退休人员让渡资源,"免费"学校是从成人向儿童让渡资源。几代人之间的资源让渡可能不会改变有孩子的一般家庭的综合收入(参见本书第 7 章的讨论),但它们仍然对家庭行为和生活安排有重要影响。

公众对教育的支持,是通过向成年人(主要是父母)征税来补给公共教育经费。由于父母可以通过减少他们花在子女身上的教育支出和对其他人力资本的支出,来弥补他们自己因纳税而损失的一些资源,而他们所交的税款又被用于为孩子提供公共教育,因此就对儿童的总投资而言,公众对公共教育提供的支持所产生的净效果可能是比较小的(参见本书第 6 章)。然而,公众的资助以及父母对这些举措作出的反应,削弱了父母和孩子之间的联系,这也在某种程度上导致了近几十年来两代人之间矛盾的日益激化。如果因为国家花在孩子身上的支出较多,父母就减少他们在孩子身上的花费,那么利己主义的孩子就不太会主动去考虑自己的行为对利他主义的父母的福利所造成的影响——父母福利的减少对孩子的利益不会有太大影响。并且,当父母试图通过威胁减少或收回对孩子的经济支持以及其他支持来控制孩子的行为时,利己主义的孩子就更不会主动去顺从他们的父母。

通过向已经工作的人征税为社会保障金提供资金支持,减少了子女用于赡养已经退休的父母的支出,因为社会保障金的使用弥补了子女通过纳税而失去的一些资源(Barro,1978)。父母不太可能去关心或考虑那些对他们付出较少的子女的利益,在近几十年里,与子女分开居住的老年人的比例迅速增加,他们或住在与子女不同的家里,或住在养老院里(见图 11.9),这表明子女与年迈父母之间的联系在不断减弱。Michael 等人(1980)提出的论据表明,社会保障金的增长是导致那些包含已婚子女和丧偶父母的联合家庭减少的一个重要原因。

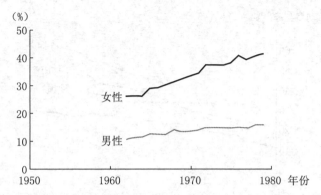

图 11.9　美国 1962—1979 年 65 岁及以上的男性和女性独居者所占的百分比

资料来源：U.S. Bureau of the Census，1980a and preceding issues。

二战后，在其他西方国家中，女性的收入能力提高了，福利国家的数量也不断增加。如果我对美国在这一时期的变化的解释是正确的，那么家庭在其他国家中也应该发生了同样巨大的变化。图 11.10—图 11.12 显示，自 1964 年以来，法国、英格兰和威尔士以及瑞典的生育率下降了约 30％；而这些国家的离婚率增加了一倍以上。并且这些国家的已婚女性的劳动力参与率已经增加了 20％ 以上。日本的情况尤其有趣：女性运动在那里没有影响

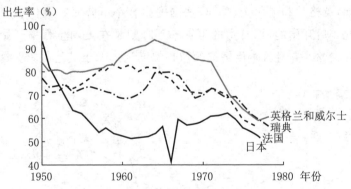

图 11.10　1950—1978 年英格兰和威尔士、法国、日本、瑞典
每 1 000 名 15—44 岁妇女的生育率

注：法国的统计年龄为 15—49 岁，日本为 10—49 岁。

资料来源：法国数据来自 Institut national de la Statistique et des études économiques，1978a and preceding issues；英格兰和威尔士数据来自 Great Britain Registrar General，1975，Great Britain Central Statistical Office，1980 and preceding issues；日本数据来自 Japan Statistics Bureau，1980 and preceding issues；瑞典数据来自 Sweden National Central Bureau of Statistics，1980 and preceding issues。

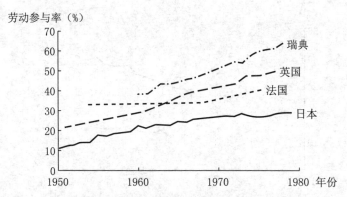

图 11.11   1950—1979 年法国、英国、日本和瑞典的已婚女性劳动力参与率

注 a：日本所显示的是所有女性中为带薪雇员的百分比。

资料来源：法国数据来自 Institut national de la Statistique et des études économiques，1956，1964，1971，1978b；英国数据来自 Great Britain Department of Employment，1975，1978；日本数据来自 Japan Statistics Bureau，1980 and preceding issues；瑞典数据来自 Sweden National Central Bureau of Statistics，1980 and preceding issues。

力，避孕药也被禁止使用，但自 1950 年以来，其生育率下降了 40％以上，自 1960 年以来，其离婚率上升了近 20％，自 1955 年以来，其职业女性的比例上升了 50％以上。

虽然这些图所描述的五个国家的主要变化是相似的，但也有明显的差异。例如，英格兰和威尔士、瑞典、法国的生育率下降是在美国生育率开始下降的几年后开始的，而日本的生育率下降则是在美国生育率开始下降的几年前开始的。并且日本离婚率的增长幅度远远低于其他国家。这些差异

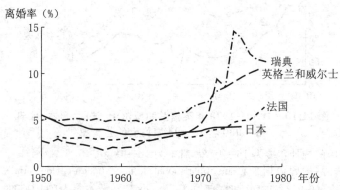

图 11.12   1950—1978 年英格兰和威尔士、法国、日本、瑞典
每 1 000 名已婚妇女的离婚率

资料来源：见图 11.10。

及其他一些差异至今还没有得到令人满意的解释。不过,这些数据以及其他发达国家的数据所传达的主要信息不是多样性的,而是统一性的:在过去几十年里,基本上所有经济发达国家的家庭都以类似的革命性方式发生了变化。

自 20 世纪 70 年代初以来,在许多发达国家中,福利国家数量的增长和经济活动的发展都要缓慢得多。之前快速变化的势头解释了为什么在 70 年代的大部分时间里生育率继续大幅下降,而离婚率和已婚女性的劳动力参与率持续大幅上升。然而,如果经济发展继续放缓,福利国家数量的扩展继续缓和⑤,那么本章的分析预测,生育率的下降幅度会小得多,离婚率、已婚女性的劳动力参与率、非法生育率和女性为户主的家庭的增长速度也会小得多,并且家庭组织和其行为的许多其他方面也会渐渐发生更多的变化。事实上,发展速度的适当放缓最终会提高生育率,并扭转家庭行为其他方面的趋势。我特意用"最终"一词,是因为我们对生育率、劳动力参与率以及离婚率作出反应的具体持续时间了解不多。

这些关于未来的初步预测,可能是一个为有关家庭长期发展的猜测性章节作出结论的恰当方式。本章试图说明,经济方法为分析过去半个世纪里家庭的巨大变化,以及几百年里从传统社会向现代社会演变的过程中缓慢得多但甚至更大的变化提供了一个强有力的框架。尽管这种经济学研究并不包含人类行为的所有方面,但它似乎可以将注意力集中在那些主要促成家庭随着时间推移而改变的各种因素上。

附录　国家与家庭*

在身体和心理尚处于发育阶段的许多年里,儿童是不能自己照顾自己的。由于儿童的智力发育还不足以使他们同其监护人签订有效的合同,所以法律和社会规范要求对有关儿童的生育和抚养进行管制。法律对虐待儿童、买卖儿童以及在未经批准的情况下堕胎等行为进行严惩。同时,法律还

---

* 本附录是该书作者与凯文・M.墨菲共同撰写的,它首次刊登于《经济与法律》(*Journal of Law and Economics*)1988 年第 31 期。这里经作者同意,在形式上略作改动。

为儿童提供义务教育,为有儿童的家庭提供福利帮助,对涉及儿童的离婚有严格规定,并且规定了最低结婚年龄。

一般来说,如果违反条款不会增加所有当事人的收益,那么买卖合同就是有效的;另一个判断合同有效的标准是:违反条款而获利的一方所获得的金钱不会多于受害方所失去的金钱。不幸的是,儿童智力还不成熟,这一点有时就降低了他们同其父母或者同其他负有照顾义务的人之间所签订合同的有效性。

建立家庭内部有效关系的这种困难,为我们提供了解释国家大量干预家庭生活的依据。我们认为,大量的国家干预就像是当儿童能够作出照顾自己的妥善安排时所产生的合同。换句话说,我们认为许多有关家庭的规定能够提高家庭活动的效率。可以肯定的是,这些规定不仅增加了儿童的福利,而且增加了父母的福利,或者说至少增加了父母和儿童的共同福利。

如果说"正义"同儿童的福祉是一致的,那么,这种效率的观点就意味着国家所关心的是如何正确对待儿童,因为儿童的福祉是我们考虑的主要因素。然而,这种效率的观点并不意味着对儿童的影响就会决定国家是否应该干预。对于父母的影响也应该被考虑进去。国家往往在父母和孩子双方都获益,或者孩子得到的益处超过父母的损失时加以干预。

根据理查德·波斯纳和其他人的观点,当交易费用庞大的时候,普通法就会提高效率。波斯纳(Posner, 1986, p.230)说:"在自由市场分配资源的费用高得惊人的背景下,换句话说,当市场交易不可行时,普通法就会通过规定价格来调整市场活动。"

我们不能证明效率指引国家去干预家庭。但是我们可以说国家在教育市场、对老年人养老金的提供以及离婚途径等方面的干预,从总体上说与效率观点是一致的。

法规和公共选择的当代理论,质疑大量政府活动是否提高了效率和正义。我们将在本附录的后半部分简要地分析一下利益集团的行为,这将会引导我们得出这样的观点,即政府干预会提高家庭安排的效率。

为了解释公共政策,我们在不同情境下分析了家庭行为。这一分析极大地拓展了早期的研究成果。二十多年前我在沃伊廷斯基演讲中曾经指出,父母只有给予成年孩子馈赠或留下遗产,才是对孩子的最佳投资(Becker, 1967)。Becker 和 Tomes(1986)后来又进一步发展了此观点(以及参见本书第 7 章的附录)。Thompson 和 Ruhter(undated)在明显不了解早期文献的情况下，也得出了同样的结论。

我们对国家干预家庭决策益处的讨论，概括了 1967 年我在沃伊廷斯基演讲和本书中对教育及其他人力资本投资所进行的分析。在被引用的汤普森和鲁特的论文中，他们对政府干预家庭的原因作了相似解释，这是一种很好的分析。此外，Nerlove 等人（1987）还对生育问题进行了相关讨论。

11S.1 对孩子的利他主义

父母的效用取决于孩子的数量、每个孩子的效用以及父母自己的消费，从这个意义上说，我们认为，大多数父母对他们的孩子都是利他主义的。这种利他主义观点，可以从父母频繁地为孩子做出大量牺牲的行为中得到证明。父母在照顾孩子、教育支出、孩子健康、馈赠礼物、遗产留存等方面花费金钱、时间和精力。所有父母都或多或少地为他们的孩子进行了一些支出，但是只有部分父母能给予成年孩子可观的馈赠或留下遗产。

柏拉图在《理想国》（*Republic*）一书中反对精英自己抚养他们自己的孩子。相反，他提倡"孩子一出生，就应该由专门为了此目的而任命的官员来负责抚养……，同时要采取一切措施来预防孩子的母亲了解孩子"（Cornford trans，1951，p.160）。柏拉图的观点吸引了哲学家们的注意，并且刺激人们为此进行了大量实验，但是都失败了。甚至，以色列集体农庄运动又重新规定父母应该承担起照顾孩子的责任。

父母的利他主义解释了为什么全社会都表现出比柏拉图更现实的共识，以及为什么把照顾孩子的主要责任交给父母或者其他近亲属。利他主义的父母是很好的看护者，因为他们会考虑自己的行为对孩子健康的影响。有时候他们宁愿牺牲自己的消费和安逸来增加孩子的消费和安逸。

当然，也会有虐待孩子的父母，比如殴打孩子。但是当代西方国家对父母作为看护者表现出了极大的信心，至少相对于其他人作为看护者来说是这样的。尽管政府对于父母虐待缺乏自卫能力的孩子感到痛心，但也很少会要求孩子离开他们的父母。无论是在美国，还是在英格兰和威尔士，18 岁以下的儿童由政府照顾的不到 0.2‰（Dingewall and Eckeloar，1984；American Humane Association，1984）。

反对父母的利他主义的重要性的人所引用的事实是，父母几乎不能为孩子的生命保险，然而，这个证据没有提到孩子的死亡对父母效用的影响，因为最佳保险能够使世界上不同国家的家庭收入的边际效用相等，即使一个孩子的死亡极大地降低了父母的效用,如果它几乎不能提高或降低父母金钱的边际效用,那么这种死亡也不能被保险。支持父母的利他主义具有重要性的人的理由是,父母为了减少孩子意外事故、患病和受到其他伤害的可能性,投入了很多时间和精力。这些"自我保护"的行为不是反映孩子意外事故对父母收入边际效用的影响,而是反映孩子意外事故对于父母效用水平的影响。

我们的分析表明,家庭成员之间频繁的联系通常会提高利他主义的程度。也就是说,利他主义很可能包含对某些财产的偏好,这种偏好是由于对有关物质的消费而形成的。[⑥]我们认为,利他主义者对财产的偏好比父母用遗产"买"孩子的探望这种观点,更能解释为什么父母会把更多的遗产留给经常探望他们的孩子。[⑦]

"坏小孩定理"认为,在某种条件下,利他主义的父母和他们或许自私的孩子可能会形成有效率的关系,这种关系在整体上可以使家庭财产最大化(见第8章)。如果这种理论适用于大多数情况,那么国家干预家庭就不会提高效率。

然而,当父母不给孩子馈赠或遗产时,"坏小孩定理"就不能成立。[⑧]因为这些父母的利他主义程度很弱,所以他们并不给予他们的孩子馈赠或遗产。但是,即使是有着很强的利他主义精神的父母,可能也不会给他们的孩子馈赠或遗产,因为他们希望他们的孩子比自己更富有。当经济发展较快,孩子的天赋或其他能力比他们的父母强时,孩子会比其父母更富有。

遗产在富裕家庭里是很可观的,在中产阶层家庭里是比较普通的,在贫穷家庭里就相对不那么重要了。其中一个原因是贫穷家庭的孩子的财富往往会超过他们的父母的财富,而富裕家庭的孩子的财富却很难超过他们的父母的财富。无论是什么原因,留给孩子遗产这种现象意味着,父母同孩子之间的某种有效交易,在贫穷家庭里不可能像在富裕家庭里那么普遍。然而,遗产也有可能造成其他不利影响,这个问题我们将会在下一节进行探讨。

11S.2 对孩子的人力资本投资

因为父母必须减少他们自己的消费(包括休闲)来增加在照料孩子、孩子教育、培训及健康方面的时间和资源,所以即使是利他主义的父母也必须权衡他们自己的消费和对孩子人力资本的投资。但是打算将遗产留给孩子的父母可以避免这种权衡,因为他们可以使用遗产来作为对孩子人力资本的投资。实际上,父母可以强迫那些自私的孩子偿还其投资。这些父母愿意对孩子进行有效投资,是因为孩子效用的提高不会给父母带来什么损失。

为了把这个问题说清楚,我们假定父母一生所积累的用于老年消费或留作遗产的财产的收益率为4%;如果用于对孩子人力资本的投资,它的临界收益率超过4%,那么,准备留给孩子馈赠和遗产的父母,在不降低自己消费的情况下,会更多地向孩子投资。如果人力资源投资的临界收益率为7%,那么1 000美元的投资能够给孩子成年后带来每年70美元的收益;如果父母从银行储蓄中取出1 000美元用于对孩子的投资,即他们每年减少40美元的收益,但这并不影响他们的消费,同时可以使他们的孩子每年增加30美元的收益。

很明显,只有当用于人力资本投资的临界收益率等于财产收益率时,利他主义的父母才会把留给孩子的遗产用于对孩子的人力资本投资。他们会因为有效的投资而变得更加富有,原因是他们可以在遗产和投资之间作出权衡。

有些利他主义的父母不会给孩子留下遗产,因为他们从成年孩子消费中所得到的边际效用要少于他们从老年消费中所得到的边际效用。他们想牺牲孩子的消费来增加自己的消费,但是他们不能这样做,因为如果这样做,他们就会给孩子留下债务。虽然在一些社会里,孩子有责任偿还父母的债务,但是这种做法在当今社会并不普遍。自私的和利他主义程度较弱的父母,是想给孩子留下大量债务的,但是在年老父母与孩子生活在一起并由孩子赡养父母的社会里,社会舆论普遍不赞成这种做法;在年老父母不同孩子生活在一起的现代国家里,社会舆论同样谴责这种做法,只是这种谴责并没有起到什么作用。

那些不愿给孩子留下债务的父母,会通过减少对孩子人力资本的投资来增加自己的养老储蓄,即通过用自己的消费代替孩子消费的办法来实现。因此,在没有遗产的家庭里,对孩子投资的临界收益率必须超过养老储蓄的收益率,否则父母会把准备用于对孩子投资的财产用于自己的储蓄,从而导致对孩子人力资本投资的不足。

当储蓄收益率低于人力资本投资临界收益率时,父母和孩子之间好像签有这样的"合同",要求父母增加投资,以达到有效率的水平;反过来,按照承诺,孩子要给年老的父母更多的回报,这样父母和孩子都有可能更加富裕。不幸的是,年幼的孩子不可能成为这种合同的一方当事人。如果没有政府的干预、社会规范或者父母和孩子的"负罪感",没有遗产的家庭将会减少对孩子人力资本的投资。

更普遍地讲,如果一个利他主义者在一个国家里给予受益者利益,然而在另一个国家里却不这样做,那么他的支出将是无效率的。而如果他在其他国家也这样做,那么一个利他主义者将从他们自己和其受益者的消费的同样微小变化中得到同样的效用。因此,在这些国家,受益者哪怕给他一点小小的承诺作为报酬,他也将乐意去做更多的善事。利己主义的受益者也能从这样一个协议中得到好处,因为在这个协议中,他在一些国家中所得到的要大于在另一些国家中所放弃的。不幸的是,受益者的承诺可能是不可信的,就像年幼的孩子承诺要赡养年老的父母一样不可信。

国家在儿童教育和其他人力资本投资供给方面的干预,将会使这种投资达到有效率的水平。因为贫穷的父母不可能进行有效率的投资,所以这种干预也将减少富有家庭和贫穷家庭之间孩子机会的不平等程度。19 世纪80 年代,美国制定的义务教育法就产生了这种影响,并且在随后的三十多年里,这些法律很快地拓展到了其他地方。国家通常会制定一个最低要求的法律,这个法律的要求除了该国最贫穷的家庭不能达到外,其他家庭都能够达到(Landes and Solmon,1972)。这些法律提高了贫穷家庭孩子的受教育水平,但是往往对其他孩子的受教育水平没有什么影响。

在 19 世纪后半叶,美国开始增加对公立小学的资助,20 世纪对公立中学的资助也大幅度提高。这些资助提高了相对贫困家庭孩子的受教育水平,因为随着国家对教育开支的增加,公费医疗和父母受教育程度对孩子教育的影响不断缩小(Featherman and Hauser,1976)。

父母具有强烈的利他主义思想,能够通过提高父母给予成年孩子馈赠或遗产的可能性对孩子进行有效投资。然而,如果孩子认为当他们处于困境时,父母将会援助他们,那么强烈的利他主义可能会带来其他负面影响。例如,如果孩子现在没有得到父母的馈赠,但是他们确信在不久的将来将会得到,那么他们现在就会节省得很少,并且去借更多的钱来增加他们当前的消费,从而减少他们未来的财产,因为当孩子处于贫穷状态时,利他主义的父母往往会增加对孩子的馈赠。⑨同样,如果孩子认为将来当他们的收入较低时,他们的父母会给予他们大量资助,那么他们就会在学校贪玩而忽视学习。或者,从利他主义的父母那里得到馈赠的孩子们可能会冒巨大风险,因为当他们失败时,他们会期待从父母那里得到大量馈赠;或者,当他们成功时,他们会抱有更大的期望(馈赠不可能不起到鼓励的作用)。

父母如果能事先承诺将来给孩子馈赠和遗产的数量,就不会给孩子带来这种不良的诱惑。有了事先的承诺,孩子们就不会依赖父母将他们从赌博或者其他困境中解救出来。如果父母认为孩子由于无节制的赌博、忽视学习等自身的原因造成了困难,他们就可能减少自己的利他主义,这样的事先承诺也就没有必要了。

即使事先承诺完全可行,父母也可能不会作出这样的选择。坏小孩定理提出了一个将来选择的灵活性。这种灵活性能够限制孩子做出对自己有利而损害其父母的行为。因为当孩子做出这种行为时,父母就可以通过减少给孩子的馈赠和遗产,使孩子的处境恶化(参见本书第 8 章,以及 Bruce and Waldman, 1986)。父母如果想帮助那些不是因为自身过错而陷入困境的孩子,他们也可以选择事先不作承诺的方式。

当事先承诺既不是可行的也不是令人满意的方式时,父母就会采取其他行动给予孩子们更好的激励。比如,如果孩子愿意学习,父母会在教育和其他培训方面进行大量投资,他们也会为孩子投资大量其他固定资产,比如为他们购买房子。

公共政策也不赞成孩子们的无效率行为。很多国家规定,当孩子们想提前结婚、退学、堕胎或者购买酒精饮料时,都需要得到父母的允许。可以想见,作出这些规定的一个原因是为了防止孩子过早地去做那些会给他们的未来带来危害的事情;另一个原因是为了防止孩子可能过早地陷入困境而要求父母给予帮助。国家试图对父母影响孩子行为的最佳方式起引导作用。

11S.3 社会保障及其他老人赡养

纵观历史,孩子对年迈父母起着最主要的赡养作用。年迈父母通常会和孩子住在一起。当他们生病的时候,孩子会照顾他们,并给他们提供食物及其他支持。在四十年前的美国,年龄在 65 岁以上的老人自己独自居住的大约只占 25％的比例(Michael et al., 1980)。

能留下遗产的富裕家庭很少依赖孩子,因为他们可以避免许多由年老带来的风险。例如,超过原来预期寿命的父母,可以通过减少遗产的途径来提供晚年的消费。来自遗产的这种机会,在增加的老年岁月里,起着像养老金一样的保险作用。如果父母不把遗产作为孩子财产的大部分来源,那么他们在年老时就可以通过减少遗产的办法来有效防止各种风险,而这对孩子的福祉并没有多大影响。实际上,孩子会在父母年老的时候帮助他们,即使这种帮助可能并不是完全出于自愿的。

只要父母同意在孩子人力资本的投资上保持一个有效率的数量,贫穷家庭和许多中产阶层家庭的孩子是愿意去帮助父母的。只有在很少的社会当中,父母和孩子之间会有合同或者其他明确的协议,但是很多社会都有"社会规范"来要求孩子赡养年迈父母。虽然关于这些规范产生的历史背景我们知之甚少,但在由无特征城市和流动人口所组成的现代社会里,这些规范的约束力极其微弱。然而,对老人、儿童教育及其他人力资本投资的公共支出可以用来弥补由于这些社会规范失去作用而留下的空缺。

近几十年来,西方国家对于老年人的公共支出费用快速增长。美国各层级的政府对 65 岁以上老人每人的平均支出都在 8 000 美元以上。其中大部分是医疗保险和养老金。对老人的开支迅速增加的,是否主要是由掌握政权的老年人口增加而引起的呢?大众传播媒介中包含了不同年龄的人为争夺国家的有限财力的讨论(参见,例如 Longman,1985)。一些经济学家支持旨在免除这一代人为下一代人负担重税的平衡预算修正案(可参阅 Buchanan and Wagner,1977)。在一次美国人口协会振奋人心的演讲中,Samuel Preston(1984)指出,要以部分减少儿童的公共支出作为代价来增加对老年人的公共福利支出,这次演讲曾产生了广泛影响。

我们对老人的开支可以提出另一种解释,即它是一代人与另一代人之间签订的"社会合同"的一部分。向成年人征税有助于对孩子进行有效率的投资,反过来,当成年人年老的时候,他们也会得到养老金和医疗保险费。这个社会合同的目的在于保证贫穷家庭和中产阶层家庭能够达到富裕家庭在没有政府帮助的条件下所能够达到的水平,即对孩子进行有效投资和对老年父母提供赡养。

联邦政府、州政府和地方政府在儿童教育、早期项目、福利及其他类似方面的开支很大:近些年来,对 22 岁以下孩子/青年每人每年的有关开支超过 2 500 美元。虽然从 20 世纪 50 年代到 80 年代,美国老年人实际开支平均以超过 7% 的速度增长,但是从表 11S.1 可以看出,老人费用的增长并不是建立在牺牲儿童福利的基础上的。1950—1983 年,平均每个儿童的公共支出相对于每个老人的公共支出来说,其增长速度几乎是没有变化的。

表 11S.1　美国 22 岁以下和 65 岁以上平均每个人的公共开支表

年份	22 岁以下孩子/青年的开支(包括高等教育费)(1)	65 岁以上老人的开支(2)	(1)与(2)之比率(3)
1920	122	a	—
1930	293	126	2.33
1940	393	1 022	0.38
1950	557	1 708	0.33
1960	922	3 156	0.29
1970	1 825	5 447	0.34
1980	2 472	7 520	0.33
1983	2 515	8 307	0.30

注:本表以 1980 年美元计算。a 为不能估计的,但明显很小的数。
资料来源:美国公共卫生事业部的《社会安全公报年度统计附刊》(不同年份);美国教育部、国家教育统计中心的《教育统计摘要》(不同年份);美国商务部、人口统计局的《美国统计摘要》(不同年份)。

　　如表 11S.1 所示,1940 年以前美国用于老年人的公共支出要少于用于教育的公共支出。如果用于教育的公共支出和用于老年人的公共支出是社会合同的两个方面,那么缴纳税款资助孩子投资的第一代父母,就是第一代接受公共老年援助的人。如果一个年轻人在结婚时就开始缴纳教育税,到他享受老年社会保险要经过 30—40 年。在美国,实际时间或许会更久,因为移民潮直到 20 世纪 20 年代才被限制,在那之前美国的社会保障体系已经吸引了大量老年移民涌入美国。

　　用于每个老人的开支大大超过用于每个儿童的开支(8 300 美元对 2 500 美元),这似乎很难用年轻人和老年人之间的社会合同来调和。但是,这些数字有一定的欺骗性:如果说两者有什么不同,那就是儿童实际上比老年人做得更好。为了证明这一点,我们假设年轻成年人花费 2 500 美元资助一个儿童的人力资本投资,当他们到 65 岁的时候,可以在人生以后的时间里每年得到 8 300 美元。这种用于儿童和老年人的支出将会一直持续下去,直到未来可能的最后一代。那么,哪一代人将会利用这些支出变得更加富有呢?

　　由于美国现在人口净增长率趋于稳定,我们假定代表父母一方的成年人在 25 岁时生育一个小孩,并且之后不会再有孩子,我们忽略不计父母相对于社会减少的养育孩子的费用和孩子赡养父母相对于社会保险费减少的费用(我们的分析直接适用于父母减少的养育孩子的费用等于孩子减少的赡养父母的费用的情形)。在美国,一个 25 岁的人有 79% 的可能性活到 65 岁,一个 65 岁的人有望活到 82 岁。因此,第一代每一个成年人在 25—46 岁将会每年支付 2 500 美元,并希望自己在 66—82 岁每年得到 6 557×(79%×8 300)美元。以后所有下一代儿童每年都可以从政府那里得到 2 500 美元的人力资本投资,直到他们满 22 岁。最后一代人虽然不向孩子投资,但是他们在 41—57 岁每年要支付 6 557 美元用以赡养上一代老人。中间一代的每一个人在 25—46 岁每年需要支付 2 500 美元用以养育下一代孩子,在41—57 岁每年需要支付 6 557 美元用以赡养上一代老人,这样他们才能在66—82 岁每年获得 6 557 美元的养老金。

因为用于教育和其他培训的投资收益率超过了 5%(Psacharopoulos,1973),又因为大部分公共支出都用在了儿童教育和其他培训上,我们保守地假定,5% 的投资收益率在 23—65 岁以收入增加的形式表现出来,那么 22 年里所投资的 2 500 美元每年可以增加收入 5 939 美元,最后一代每个人在23—40 岁每年可得到税后净收入 5 939 美元;由于需要纳税赡养上一代老人,他们在 41—57 岁每年要减少 618(6 557−5 939)美元收入,但在 58—65 岁每年又可以增加 5 939 美元。由于利润率不可能为负的,所以这种净收入的现值就是正的。因此,最后一代人很明显会从抚养孩子和赡养老人的这种交换中获益。

与最后一代人不同,中间一代人还必须抚养下一代的孩子,以便在老年时得到赡养,读者可以计算出他们的净收入。由于收入趋向的现值是正的,因此,所有中间一代人也能明显从目前儿童和老人的公共支出结构中获益。

第一代人成年人作出的牺牲最少,他们每个人在 25—46 岁每年支付 2 500 美元用于抚养孩子,在 66—82 岁可以得到 6 557 美元的老人赡养费,这期间的内部收益率略低于 2%。这种收益率略高于美国政府 1948—1980 年调整通货膨胀后的短期政府证券的平均收益率(1.8%)(Barro,1987),但远远低于美国在第二次世界大战后的一段时期内有形商业资本 4% 的收益率(Prescott,1986)。这一代人作出的牺牲较少,因为公共支出没有扩大他们的人力资本,然而,即使内部收益率低于市场利率,他们仍然有可能是富有的,因为当下一代的福利较高时,他们的效用也较高(假定父母对孩子是利他主义的)。

不管如何看待第一代人,我们的结论都完全否定了这种观点,即在美国,政府用于老人的支出大于其用于儿童的支出。实际上,从现行国家对儿童的公共投资水平中获益的任何一代人,都能够很容易地用这种投资带来的高收入去支付现行水平的老人赡养费,并且还会有相当可观的剩余。因此,孩子非常乐意同他们的父母一起加入社会合同,这样一来,孩子按照现行标准赡养他们年老的父母;反过来,他们将来也能够得到国家按照现行标准给予的帮助。

我们的理论分析得出的结论是:儿童和老人之间的有效合同能够提高贫穷家庭和中产阶层家庭对孩子的人力资本投资;反过来,它也会促进这些家庭老人的健康和收入。我们之前指出,用于教育的公共支出有利于下层和中产阶层。国家医疗保险也有利于较贫穷的家庭;在过去大约二十年里,国家医疗保险的迅速增长大大减少了家庭收入对医疗保险的影响(Fuchs,1975)。除此之外,在社会保险变得更为重要以后,贫穷阶层和中产阶层的老人相比于之前来说更加不愿意和他们的孩子居住在一起(Michael et al.,1980)。

11S.4 离婚

实际上,所有社会都禁止在特定年龄之前结婚,很多国家不允许不同种族、宗教和社会阶层的男性与女性结婚。关于离婚,各国也同样有很多规定。美国和其他西方国家直到 19 世纪中叶都不允许离婚;在英格兰,1800—1850 年这五十年间每年仅有不超过两对夫妻离婚(Rowntree and Carrier,1958)。后来,这种情况逐渐有了变化,如果夫妻一方犯了通奸罪、遗弃自己的配偶或出现其他严重过错,西方的离婚法允许他们离婚。经夫妻双方同意的离婚也变得有可能,特别是在没有生育孩子的情况下。大约 20 年前,美国和其他一些国家允许夫妻中任何一方在没有证明对方犯错或得到对方同意的情况下自由离婚。

虽然一些离婚给孩子带来了不愉快的感受,但是这究竟会给孩子带来什么样的影响,我们还知之甚少。从现有资料中,我们难以区分这一影响究竟是离婚给孩子带来的影响,还是父母不和给孩子带来的影响(参见 Emery,1982)。所有利他主义的父母都会考虑孩子的利益,并且当离婚会给孩子带来不良影响时,他们通常都不太可能会离婚。即使我们不考虑离异父母在确定他们每人为孩子花费多少时间和金钱方面的冲突,[10] 利他主义的父母在孩子受到伤害的情况下,仍然可能离婚,甚至当孩子消费的货币价值超过父母所获利益的货币价值时,那些不能留下遗产的父母也有可能离婚。其原因是,如果父母不离婚,孩子又不能保证父母的老年赡养费,孩子就没有可信的方式去"贿赂"他们的父母与自己生活在一起。

当然,在可以留下遗产的家庭,情况就不同了。如果离婚不改变对孩子的利他主义程度,而仅仅影响未来收入和其他可交易物质的价值,那么父母决定离婚也会使孩子变得富裕。其原因是,父母会增加对孩子的馈赠和遗产来弥补离婚给孩子造成的任何损失。这就是第 8 章所讨论的坏小孩定理的含义。

然而,如果离婚减少了孩子不可交易物质的消费,那么即使父母留下遗产,孩子也会从父母的离婚中遭遇痛苦。例如,在父母离婚之后,孩子可能会变得不快乐,因为他们很少可以见到自己的父亲了。父母在离婚对孩子的幸福或其他消费方面造成的影响上是不能作出直接补偿的。实际上,如果对不可交易物质的影响降低了孩子可交易物质的边际效用,那么利他主义的父母离婚后将会减少对孩子可交易的馈赠,从而使孩子的经济状况恶化。

我们以前曾指出,利他主义的程度是不固定的,但是通常都会反映与受益者之间联系的频繁与密切程度。在特殊情况下,离婚的父亲一段时间后对其孩子的利他主义程度会减轻,因为他与孩子的接触减少了,这就是许多已经离婚的父亲不愿意支付孩子抚养费的原因,[11]这同时也加强了我们的结论:即使在离婚之前父母是十分利他主义的,甚至离婚后仍然会给孩子留下遗产,他们的离婚也依然会使孩子的经济状况恶化。

离婚可能会对有很多孩子并且在劳动力市场挣钱不多的妻子造成极大的伤害,特别是当她的前夫未能履行对孩子的经济义务和其他责任时。甚至是离婚需要夫妻双方同意时,这种情况也有可能发生,因为在很多社会中,丈夫可能在对妻子不利的条款下威胁妻子使其同意离婚。

我们建议国家可以模拟夫妻之间、父母与子女之间的合同中规定无效条款的办法来限制离婚。例如,这种合同可能会大大减少有许多孩子的家庭离婚的可能性,因为孩子(包括母亲)由于离婚而受到损失的总量是随着孩子数量的增加而增多的。许多国家禁止大家庭离婚,这样的离婚不容易获批,但是没有孩子的婚姻则经常容易解体——"取消"婚姻。在 19 世纪,随着生育率的降低,离婚法开始逐渐放宽。在近几十年里,低生育率和妇女在劳动力市场中的高参与率刺激了对无过错离婚条件的进一步放宽。

一些父母选择和孩子分开居住不是通过离婚的方式,而是通过出售孩子的方式。这种做法普遍受到禁止,因为出售孩子降低了社会效用。年轻的未婚女性和需要钱的贫穷父母是最有可能出售孩子的两个群体。一些被卖到需要孩子的富裕家庭的孩子,可能会认为他们比待在原生家庭更加富有。甚至一些父母怕孩子由于将来无法补偿他们的抚养费而可能遭受痛苦,将孩子卖掉。正像限制离婚可以提高效率一样,因为父母和孩子之间的有些合同是不可行的,禁止出售孩子也能提高效率。然而,Landes 和 Posner(1978)、Posner(1987)认为有一个严格限制的出售孩子的权利比现行的受控制的收养制度要好。他们的观点或许是正确的。我们注意到通过援助有未成年孩子的家庭和其他措施来资助有孩子的贫穷家庭,可以鼓励未婚和贫穷的母亲养育自己的孩子,而不是采用让别人收养的方式来遗弃孩子。

11S.5 最佳人口

我们可以发挥大胆的想象,即不但考虑父母和实际的孩子之间的关系,而且把父母和未出生的孩子之间的合同考虑在内。这样的设想为确定最佳家庭规模和最佳人口提供了一种新方法。关于最佳人口的文献已经失去了其引人注目的指导作用。[12]

假设一个未出生的孩子可以承诺出生后最终补偿父母,如果孩子"同意"补偿能使他富有的父母同意生育,那么,这种"合同"就是帕累托最优的(我们假设第三方不会因为孩子出生而受到伤害)。但是这种合同是不可能存在的,因为即使父母和孩子都可以变得更加富有,一些孩子也可能根本就不会出生。当未出生的孩子给父母的补偿符合帕累托最优时,人口出生率和人口增长率都会很低。

孩子数量最佳效用的一阶条件是,父母对孩子数量的微小增长漠不关心。未出生的孩子需要补偿父母,从而将父母的态度从对孩子数量的漠不关心转变为想要额外孩子的积极态度。无论父母是否是利他主义的,他们都会想要得到补偿,因为补偿降低了新增孩子的净费用。这个结论对于那些不能提供馈赠和遗产的父母来说是正确的,因为这些父母可以从孩子对他们的老年赡养或其他补偿中获益。

我们得出的令人震惊的结论是,这一补偿降低了那些能给孩子提供馈赠和遗产的父母的效用。实际上,未出生的孩子对父母的补偿减少了父母对他们的净馈赠。但是,父母却并不希望这样。因此,能够给孩子提供馈赠和遗产的家庭,一定有符合帕累托效率的孩子数量(不考虑家庭以外因素的影响):未出生的孩子对父母的补偿只能使父母的处境恶化,而不会使父母更加富有。

这种关于未出生孩子的看似荒谬的想法,却有着非常具体的含义。我们已经说明了较贫穷的家庭相较于富裕家庭来说更不可能会留下遗产。如果未出生的孩子对父母的补偿承诺是不可行的,那么贫穷家庭的生育率就可能很低,富裕家庭(留下遗产的家庭)的生育率将会达到最佳。因此,我们的观点是,在不考虑第三方影响的情况下,不公开的总人口出生率低于帕累托效益率。

较贫穷的家庭有较少的孩子这个结论,可能会使一些读者感到震惊,因为较贫穷的家庭实际上比富裕家庭有更多的孩子。这是因为有一些其他因素提高了贫穷家庭的生育率,这些因素包括福利项目、教育补贴以及父母缺乏避孕知识等。

汤普森和鲁特也得出了不能留下遗产的父母往往会有较少的孩子的结论(Thompson and Ruhter, undated)。但是与我们的结论相比,他们的结论建立在这些家庭对孩子的人力资本不能进行有效投资的基础之上。这样的依据是不可靠的,因为家庭对孩子的投资不足,可能会诱导家庭有更多的而不是更少的孩子。对每个孩子低于最佳的开支会"人为地"降低新增孩子的有效支出,因为孩子之间的消费数量和质量是相互影响的。[13]

11S.6 代际政治竞争

既然公共政策产生于利益集团之间的竞争,那么,为了政治利益的斗争又是怎样导致旨在提高效率的国家干预家庭的呢? 本节在强调父母利他主义的前提下,简要地回答这个问题。

成年人和儿童之间的政治竞争,实际上不能算是一种竞争,因为儿童并不能投票,并且没有手段和能力组织有效的政治联盟。如果成年人运用他们的政治权力发行债券和其他证券,那么当他们年老时,就可以通过把这些证券出售给下一代年轻人的方法来支持自己的老年生活。一些经济学家赞成政府的平衡预算和对债券的限制,以此来控制对缺乏政治能力的儿童和下一代的剥削。当然,如果每一代人都可以拒绝上一代的债券,这种办法也是可行的。由于拒绝债务问题超过了本附录的研究范围,所以我们只讨论债务不被否认的情况。

　　虽然现在的几代人可能会剥削未来的几代人,但是利他主义限制了他们这样做的欲望。实际上,如果所有父母都是利他主义的,并且会留下遗产,那么现在的几代人就不会有剥削未来几代人的欲望。毕竟,如果他们想要这么做,就会通过留下少量遗产的办法从将来几代人那里获得资源。尽管不能留下遗产的家庭赞成债务和对缺乏政治能力的未来几代人的剥削,但是他们的利他主义程度将会在很大程度上影响他们如何利用其政治权力去对抗未来的几代人。

　　我们已经指出,没有留下遗产的家庭对孩子的人力资本投资是不充足的,但他们能够运用自己的政治权力来增加对教育和其他培训的投资,建立公立学校和设立奖学金来增加孩子的福利。现在的几代人如果愿意,还可以通过向未来的几代人发行债券的方法来提高儿童的福利。

　　虽然自私的父母会极力从他们的孩子那里剥削到尽可能多的财产,但利他主义的父母却更加愿意和孩子们分享这些增加的财富。这意味着未来几代人或许可以从现在几代人的政治权力中获得好处。因此,即使很多父母的利他主义还不足以强烈到为孩子留下可观的遗产,并对孩子进行有效的人力资本投资,当现在几代人运用他们的政治权力对未来几代人发行债券和其他证券时,它也足以确保未来几代人受益。

　　这种对政治权力和政治动机的极其简单的分析,或许可以帮助解释为什么在美国用于儿童的公共支出并不比用于老年人的少。下一代人从针对儿童的国家开支中所获得的利益,足以支付老人的社会保险和其他费用,甚至还能从他们的人力资本的国家投资中获得剩余利润。

　　我们已经尽量尝试对国家干预家庭的制度安排作出分析,得出的结论是:许多国家行为实现了父母和孩子之间更有效率的安排。很明显,父母和孩子自己并不总是能作出有效率的安排,因为孩子不能保证未来给予父母补偿。

　　留下遗产的家庭可以通过减少遗产的办法来"强迫"孩子回报父母对他们的人力资本投资。因此,这些家庭不会对孩子人力资本投资不足。相比之下,不能留下遗产的家庭(通常是较贫穷的家庭)在孩子的人力资本投资方面,会出现不足的情况。国家应该通过资助学校和其他培训机构,来将贫穷家庭对孩子的人力资本投资提高到一个有效率的水平上。

　　我们不仅要考虑对教育和培训的资助,也要考虑社会保险和其他对老年人的资助、对新生的资助,以及制定限制离婚和出卖儿童的法律,制定早婚需要经过父母准许和其他选择孩子可以自由决定的法律。显而易见,国家对家庭决策的很多干预有助于提高家庭安排的效率。

注 释

① Richard Posner(1980)对解释原始社会中赠礼为何普遍流行这个问题进行了考察,虽然我所强调的不确定性在传统社会中的重要性的观点从根本上讲与他的理论互不关联,但我的理论的发展在很大程度上得益于我与Posner就该观点的讨论,以及他对这个问题所作的分析。Yoram Ben-Porath(1980)对这个问题的分析的某些方面与我的观点是相似的。

② 叙利亚有一则谚语这样描述表亲之间的婚姻:"你了解的坏运气胜过你熟悉的好运气。"(Patai, 1971, p.170)

③ 例如,在 19 世纪 50 年代之前,英格兰的离婚需要议会批准,而每年批准的离婚案少于两起(Rowntree and Carrier, 1958)。然而,在许多原始社会中,离婚率却很高;参见 Pryor(1977, pp.335, 339)和 Posner(1980)的讨论。

④ 参见 Boswell(1959, p.98)。我把这个参考资料归功于 Stone(1988, p.25)。

⑤ 这是一个站不住脚的假设,因为人们对这些放缓的原因还不是很了解;参见 Edward Denison(1979)对美国经济增长减缓的相关讨论。

⑥ 关于偏好,参见 Becker 和 Murphy(1988b)。

⑦ Bernheim 等(1986)发展了这种观点。

⑧ Bergstrom(1989)讨论了其他限制条件。

⑨ Bruce 和 Waldman(1986)、Lindbeck 和 Weibull(1987)提出了类似的论点。

⑩ Weiss 和 Willis(1985)对这个问题进行了透彻分析。

⑪ Weiss 和 Willis(1985)还提出了其他理由。

⑫ 参见 Meade(1967)、Friedman(1981)对这一支文献的批评。

⑬ 参见 Becker 和 Murphy(1986)、Nerlove 等人(1986)的分析。

参考文献

Abel, Andrew. 1986. "Long-Run Effects of Fiscal Policy under Altruism and Endogenous Fertility." Unpublished memorandum, Harvard University.

Adams, James D. 1978. "Equalization of True Gift and Estate Tax Rates." *Journal of Public Economics* 9(1):59—71.

Akerlof, George A. 1970. "The Market for 'Lemons': Quality Uncertainty and the Market Mechanism." *Quarterly Journal of Economics* 84(3):488—500.

Aleichem, Sholom. 1969. *The Adventures of Menahem-Mendl*, trans. Tamara Kahana. New York: G. P. Putnam's Sons.

Alexander, Richard D., Hoogland, John L., Howard, Richard D., Noonan, Katherine M., and Sherman, Paul W. 1979. "Sexual Dimorphisms and Breeding Systems in Pinnipeds, Ungulates, Primates, and Humans." In *Evolutionary Biology and Human Social Behavior*, ed. Napoleon A. Chagnon and William Irons. North Scituate, Mass.: Duxbury Press.

Alström, Carl H. 1961. "A Study of Inheritance of Human Intelligence." *Acta Psychiatrica et Neurologica Scandinavica* 36(2):175—202.

Altmann, Stuart A., Wagner, Stephen S., and Lenington, Sarah. 1977. "Two Models for the Evolution of Polygyny." *Behavioral Ecology and Sociobiology* 2(4):397—410.

American Humane Association. 1984. *Highlights of Official Child Neglect and Abuse Reporting*. Denver.

Anderson, Norman. 1976. *Law Reform in the Muslim World*. London: Athlone Press.

Arrow, Kenneth, and Kurz, Mordecai. 1970. *Public Investment, the Rate of Return, and Optimal Fiscal Policy*. Baltimore: Johns Hopkins University Press.

Arthur, W. Brian. 1982. Review of *A Treatise on the Family*, *Population and Development Review* 8(2):393—398.

Atkinson, A. B. 1975. *The Economics of Inequality*. Oxford: Clarendon Press.

——. 1981. "On Intergenerational Income Mobility in Britain." *Journal of Post-Keynesian Economics* 3(2):194—217.

——. 1983. *Social Justice and Public Policy*. Cambridge, Mass.: MIT Press.

Azzi, Corry, and Ehrenberg, Ronald. 1975. "Household Allocation of Time and Church Attendance." *Journal of Political Economy* 83(1):27—56.

Barash, David P. 1977. *Sociobiology and Behavior*. New York: Elsevier.

Barichello, Richard R. 1979. "The Schooling of Farm Youth in Canada." Ph.D. dissertation, University of Chicago.

Barro, Robert J. 1974. "Are Government Bonds Net Wealth?" *Journal of Political Economy* 82(6):1095—1117.

——. 1976. "Reply to Feldstein and Buchanan." *Journal of Political Economy* 84(2): 343—349.

——. 1978. *The Impact of Social Security on Private Saving: Evidence from the U.S. Time Series*. Washington, D.C.: American Enterprise Institute for Public Policy Research.

——. 1987. *Macroeconomics*, 2nd ed. New York: Wiley.

Barro, Robert J., and Becker, Gary S. 1985. "Population Growth and Economic Growth." Paper presented at the Workshop in Applications of Economics, University of Chicago.

——. 1989. "Fertility Choice in a Model of Economic Growth." *Econometrica* 57(2): 481—501.

Bash, Wendell H. 1955. "Differential Fertility in Madison County, New York, 1865." *Milbank Memorial Fund Quarterly* 33(2):161—186.

Becker, Gary S. 1956. "Fertility without Contraception." Unpublished memorandum, University of Chicago.

——. 1960. "An Economic Analysis of Fertility." In *Demographic and Economic Change in Developed Countries*, a conference of the Universities-National Bureau Committee for Economic Research. Princeton: Princeton University Press, for the National Bureau of Economic Research.

——. 1962. "Irrational Behavior and Economic Theory." *Journal of Political Economy* 70(1):1—13.

——. 1964. *Human Capital*, 1st ed. New York: Columbia University Press, for the National Bureau of Economic Research. See also Becker, 1975.

——. 1965. "A Theory of the Allocation of Time." *Economic Journal* 75(299): 493—517.

——. 1967. "Human Capital and the Personal Distribution of Income: An Analytical Approach." Woytinsky Lecture no.1, Institute of Public Administration, University of Michigan. Reprinted in Becker, 1975.

——. 1971. *The Economics of Discrimination*, 2nd ed. Chicago: University of Chicago Press.

——. 1973. "A Theory of Marriage: Part I." *Journal of Political Economy* 81(4): 813—846.

——. 1974a. "A Theory of Marriage: Part II." *Journal of Political Economy* 82(2, pt. 2):S11—S26.

——. 1974b. "A Theory of Social Interactions." *Journal of Political Economy* 82(6):
1063—93.

——. 1975. *Human Capital*, 2nd ed. New York: Columbia University Press, for the
National Bureau of Economic Research.

——. 1976a. "Altruism, Egoism, and Genetic Fitness: Economics and Sociobiology."
Journal of Economic Literature 14(3):817—826.

——. 1976b. *The Economic Approach to Human Behavior*, Chicago: University of Chi-
cago Press.

——. 1977. "A Theory of the Production and Allocation of Effort." National Bureau of
Economic Research Working Paper no.184. Cambridge, Mass.: National Bureau of Eco-
nomic Research.

——. 1980. "Privacy and Malfeasance: A Comment." *Journal of Legal Studies* 9(4):
823—826.

——. 1981. *A Treatise on the Family*, 1st ed. Cambridge, Mass.: Harvard University
Press.

——. 1985. "Human Capital, Effort, and the Sexual Division of Labor." *Journal of
Labor Economics* 3(1, pt. 2):S33—S58.

——. 1989. "On the Economics of the Family: Reply to a Skeptic." *American Economic
Review* 79(3):514—518.

Becker, Gary S., and Barro, Robert J. 1985. "A Reformulation of the Economic Theory
of Fertility." Discussion Paper no.85—11. Chicago: Economics Research Center, National
Opinion Research Center.

——. 1986. "A Reformulation of the Economic Theory of Fertility." Unpublished memo-
randum, University of Chicago.

——. 1988. "A Reformulation of the Economic Theory of Fertility." *Quarterly Journal
of Economics* 103(1):1—25.

Becker, Gary S., and Lewis, H. Gregg. 1973. "On the Interaction between the Quantity
and Quality of Children." *Journal of Political Economy* 81(2, pt. 2):S279—S288.

Becker, Gary S., and Murphy, Kevin M. 1986. "Incomplete Markets and Investment in
Children." Unpublished memorandum, University of Chicago.

——. 1988a. "The Family and the State." *Journal of Law and Economics* 31(1):
1—18.

——. 1988b. "A Theory of Rational Addiction." *Journal of Political Economy* 96(4):
675—700.

Becker, Gary S., and Posner, Richard A. 1981. "Sex Ratios, the Value of Men and
Women, and the Incidence of Polygyny in Primitive Societies." Unpublished
memorandum, University of Chicago.

Becker, Gary S., and Tomes, Nigel. 1976. "Child Endowments and the Quantity and
Quality of Children." *Journal of Political Economy* 84(4, pt. 2):S143—S162.

——. 1979. "An Equilibrium Theory of the Distribution of Income and Intergenerational Mobility." *Journal of Political Economy* 87(6):1153—1189.

——. 1984. "Human Capital and the Rise and Fall of Families." Discussion Paper no.84—10. Chicago: Economics Research Center, National Opinion Research Center.

——. 1986. "Human Capital and the Rise and Fall of Families." *Journal of Labor Economics* 4(3, pt. 2):S1—S39.

Becker, Gary S., Landes, Elisabeth M., and Michael, Robert T. 1977. "An Economic Analysis of Marital Instability." *Journal of Political Economy* 85(6):1141—1187.

Becker, Gary S., Murphy, Kevin M., and Tamura, Robert. 1990. "Human Capital, Economic Growth and Population Growth." *Journal of Political Economy* (in press).

Beesley, M. E. 1965. "The Value of Time Spent in Travelling: Some New Evidence." *Economica* 32(126):174—185.

Behrman, Jere, and Taubman, Paul. 1976. "Intergenerational Transmission of Income and Wealth." *American Economic Review* 66(2):436—440.

——. 1983. "Intergenerational Mobility in Earnings in the U.S." Unpublished memorandum, Center for Family and Household Economics, University of Pennsylvania.

——. 1985. "Intergenerational Earnings and Mobility in the United States: Some Estimates and a Test of Becker's Intergenerational Endowments Model." *Review of Economics and Statistics* 67(1):144—151.

Behrman, Jere, Pollak, Robert, and Taubman, Paul. 1982. "Parental Preferences and Provision of Progeny." *Journal of Political Economy* 90(1):52—73.

Ben-Porath, Yoram. 1973. "Economic Analysis of Fertility in Israel: Point and Counterpoint." *Journal of Political Economy* 81(2, pt. 2):S202—S233.

——. 1980. "The F-Connection: Families, Friends, and Firms and the Organization of Exchange." *Population and Development Review* 6(1):1—30.

Ben-Porath, Yoram, and Welch, Finis. 1976. "Do Sex Preferences *Really* Matter?" *Quarterly Journal of Economics* 90(2):285—307.

Bentham, Jeremy. 1963. *An Introduction to the Principles of Morals and Legislation.* New York: Hafner.

Bergstrom, Theodore. 1989. "A Fresh Look at the Rotten-Kid Theorem—And Other Household Mysteries." *Journal of Political Economy* 97(5):1138—1159.

Berkov, Beth, and Sklar, June. 1976. "Does Illegitimacy Make a Difference? A Study of the Life Chances of Illegitimate Children in California." *Population and Development Review* 2(2):201—217.

Bernheim, B. Douglas, and Bagwell, Kyle. 1988. "Is Everything Neutral?" *Journal of Political Economy* 96(2):308—338.

Bernheim, B. Douglas, Shleifer, Andrei, and Summers, Larry H. 1986. "The Strategic Bequest Motive." *Journal of Labor Economics* 4(3, pt. 2):S151—S182.

Bernstam, Mikhail S., and Swan, Peter L. 1986. "The Production of Children as a Claim on the State: A Comprehensive Labor Market Approach to Illegitimacy in the U. S.,

1960—1980." Current Working Paper in Economics, Domestic Studies Program, Hoover Institution.

Bevan, D. L. 1979. "Inheritance and the Distribution of Wealth." *Economica* 46(184): 381—402.

Bevan, D. L., and Stiglitz, J. E. 1979. "Intergenerational Transfers and Inequality." *Greek Economic Review* 1(1):6—26.

Bielby, William T., and Hauser, Robert M. 1977. "Response Error in Earnings Functions for Nonblack Males." *Sociological Methods and Research* 6(2):241—280.

Bielby, William T., Hauser, Robert M., and Featherman, David L. 1977. "Response Errors of Black and Nonblack Males in Models of the Intergenerational Transmission of Socioeconomic Status." *American Journal of Sociology* 82(6):1242—1288.

Black, John D., and Black, Albert G. 1929. *Production Organization*. New York: Henry Holt.

Blake, Judith. 1968. "Are Babies Consumer Durables? A Critique of the Economic Theory of Reproduction Motivation." *Population Studies* 22(1):5—25.

——. 1981. "Family Size and the Quality of Children." *Demography* 18(4):421—442.

Blau, Peter M., and Duncan, Otis D. 1967. *The American Occupational Structure*. New York: Wiley.

Blinder, Alan S. 1973. "A Model of Inherited Wealth." *Quarterly Journal of Economics* 87(4):608—626.

——. 1974. *Toward an Economic Theory of Income Distribution*. Cambridge, Mass.: MIT Press.

——. 1976. "Inequality and Mobility in the Distribution of Wealth." *Kyklos* 29(4): 607—638.

Blinder, Alan S., and Weiss, Yoram. 1976. "Human Capital and Labor Supply: A Synthesis." *Journal of Political Economy* 84(3):449—472.

Bloom, Benjamin S. 1976. *Human Characteristics and School Learning*. New York: McGraw-Hill.

Blurton Jones, Nicholas, and Sibly, R. M. 1978. "Testing Adaptiveness of Culturally Determined Behaviour: Do Bushman Women Maximize Their Reproductive Success by Spacing Births Widely and Foraging Seldom?" In *Human Behaviour and Adaptation*, ed. Nicholas Blurton Jones and Vernon Reynolds. Symposia of the Society for the Study of Human Biology, vol. 18. London: Taylor and Francis.

Bogue, Donald J., and Tsui, Amy O. 1979. "A Reply to Paul Demeny's 'On the End of the Population Explosion.'" *Population and Development Review* 5(3):479—494.

Borjas, George J. 1979. "Job Satisfaction, Wages, and Unions." *Journal of Human Resources* 14(1):21—40.

Boserup, Ester. 1970. *Woman's Role in Economic Development*. London: Allen & Unwin.

——. 1987. "Inequality Between the Sexes." In *The New Palgrave: A Dictionary of*

Economics, ed. John Eatwell, Murray Milgate, and Peter Newman, pp. 824—827. New York: Macmillan.

Boswell, James. 1959. *Boswell for the Defence*, *1769—1774*, ed. William K. Wimsatt, Jr., and Frederick A. Pottle. New York: McGraw-Hill.

Boudon, Raymond. 1974. *Education*, *Opportunity*, *and Social Inequality*. New York: Wiley.

Boulding, Kenneth E. 1973. *The Economy of Love and Fear*. Belmont, Calif.: Wadsworth.

Bowles, Samuel. 1972. "Schooling and Inequality from Generation to Generation." *Journal of Political Economy* 80(3, pt. 2):S219—S251.

Brenner, Reuven. 1979. "Human Capital and Changing Circumstances." Paper presented at the Workshop in Applications of Economics, University of Chicago.

Brittain, John A. 1977. *The Inheritance of Economic Status*. Washington, D.C.: Brookings Institution.

Bruce, Neil, and Waldman, Michael. 1986. "The Rotten-Kid Theorem Meets the Samaritan's Dilemma." Working Paper no. 402, University of California at Los Angeles.

Buchanan, James M., and Wagner, Richard E. 1977. *Democracy in Deficit: The Political Legacy of Lord Keynes*. New York: Academic Press.

Burchinal, Lee G., and Chancellor, Loren E. 1962. "Ages at Marriage, Occupations of Grooms and Interreligious Marriage Rates." *Social Forces* 40(4):348—354.

Butz, William P., and Ward, Michael P. 1979a. "The Emergence of Countercyclical U.S. Fertility." *American Economic Review* 69(3):318—328.

——. 1979b. "Will U.S. Fertility Remain Low? A New Economic Interpretation." *Population and Development Review* 5(4):663—688.

Cain, Glen G. 1966. *Married Women in the Labor Force: An Economic Analysis*. Chicago: University of Chicago Press.

Carey, Michael, and Nolan, Val, Jr. 1975. "Polygyny in Indigo Buntings: A Hypothesis Tested." *Science* 190(4221):1296—1297.

Casteñeda, Tarsicio. 1979. "Fertility, Child Schooling, and the Labor Force Participation of Mothers in Colombia, 1977." Ph.D. dissertation, University of Chicago.

Cavalli-Sforza, Luigi L., and Feldman, Marcus W. 1973. "Models for Cultural Inheritance. I. Group Mean and Within Group Variation." *Theoretical Population Biology* 4(1):42—55.

Champernowne, David G. 1953. "A Model of Income Distribution." *Economic Journal* 63(250):318—351.

Chang, Fwu-Ranq. 1979. "A Theory of Joint Production." Unpublished memorandum, University of Chicago.

Charnov, Eric L. 1976. "Optimal Foraging: Attack Strategy of a Mantid." *American Naturalist* 110(971):141—151.

Cheung, Steven N. S. 1972. "The Enforcement of Property Rights in Children, and the

Marriage Contract." *Economic Journal* 82(326):641—657.

Chiswick, Barry R. 1974. *Income Inequality*. New York: Columbia University Press, for the National Bureau of Economic Research.

Chiswick, Barry R., and O'Neill, June A., eds. 1977. *Human Resources and Income Distribution*. New York: W. W. Norton.

Christensen, Harold T., and Barber, Kenneth E. 1967. "Interfaith Versus Intrafaith Marriage in Indiana." *Journal of Marriage and the Family* 29(3):461—469.

Christensen, Harold T., and Meissner, Hanna H. 1953. "Studies in Child Spacing: III—Premarital Pregnancy as a Factor in Divorce." *American Sociological Review* 18(6): 641—644.

Coale, Ansley J., Demeny, Paul, and Vaughan, Barbara. 1983. *Regional Model Life Tables and Stable Populations*. New York: Academic Press.

Coase, R. H. 1960. "The Problem of Social Cost." *Journal of Law and Economics* 3(1):1—44.

——. 1976. "Adam Smith's View of Man." *Journal of Law and Economics* 19(3): 529—546.

Collard, David. 1978. *Altruism and Economy*. New York: Oxford University Press.

Conlisk, John. 1974. "Can Equalization of Opportunity Reduce Social Mobility?" *American Economic Review* 64(1):80—90.

Cooper, J. P. 1976. "Patterns of Inheritance and Settlement by Great Landowners from the Fifteenth to the Eighteenth Centuries." In *Family and Inheritance*, ed. Jack Goody, Joan Thirsk, and E. P. Thompson. New York: Cambridge University Press.

Coulson, N. J. 1964. *A History of Islamic Law*. Islamic Surveys 2. Edinburgh: Edinburgh University Press.

Darwin, Charles. 1872. *The Descent of Man and Selection in Relation to Sex*, 2 vols. New York: D. Appleton.

——. 1958. *The Autobiography of Charles Darwin and Selected Letters*, ed. Francis Darwin. New York: Dover Publications.

Das, Man Singh. 1978. "A Cross-National Study of the Effect of Intercaste Marriage on Fertility in India and the United States." *International Journal of Sociology of the Family* 8(2):145—157.

Davidovitch, David. 1968. *The Ketuba*. Tel Aviv: E. Lewin-Epstein.

Dawkins, Richard. 1976. *The Selfish Gene*. New York: Oxford University Press.

Dawson, Deborah A., Meny, Denise J., and Ridley, Jeanne C. 1980. "Fertility Control in the United States before the Contraceptive Revolution." *Family Planning Perspectives* 12(2):76—86.

Demeny, Paul. 1979a. "On the End of the Population Explosion." *Population and Development Review* 5(1):141—162.

——. 1979b. "On the End of the Population Explosion: A Rejoinder." *Population and Development Review* 5(3):495—504.

Denison, Edward F. 1962. *Sources of Economic Growth in the United States*. Washington, D.C.: Committee for Economic Development.

——. 1979. *Accounting for Slower Economic Growth*. Washington, D.C.: Brookings Institution.

De Tray, Dennis N. 1973. "Child Quality and the Demand for Children." *Journal of Political Economy* 81(2, pt. 2): S70—S95.

——. 1978. "Child Schooling and Family Size: An Economic Analysis." R-2301-NICHD. Santa Monica, Calif.: RAND Corporation.

Dewey, John. 1889. "Galton's Statistical Methods." *Publications of the American Statistical Association* 1(7):331—334.

Diamond, Arthur M., Jr. 1980. "Estimation of a Model of Intergenerational Mobility, with Special Attention to the Mobility of Blacks." Report no. 8031, Center for Mathematical Studies in Business and Economics, University of Chicago.

Dickemann, Mildred. 1979. "Female Infanticide, Reproductive Strategies, and Social Stratification: A Preliminary Model." In *Evolutionary Biology and Human Social Behavior*, ed. Napoleon A. Chagnon and William Irons. North Scituate, Mass.: Duxbury Press.

Dickens, Charles. 1867. *Bleak House*. Boston: Ticknor and Fields.

Dingewall, Robert, and Eckelaar, John. 1984. "Rethinking Child Protection." In *State Law and the Family*, ed. Michael D. A. Freeman. London: Tavistock Publications.

Dixon, Ruth B., and Weitzman, Lenore J. 1980. "Evaluating the Impact of No-Fault Divorce in California." *Family Relations* 29(3):297—307.

Dorjahn, Vernon R. 1959. "The Factor of Polygyny in African Demography." In *Continuity and Change in African Cultures*, ed. William R. Bascom and Melville J. Herskovits. Chicago: University of Chicago Press.

Downhower, Jerry F., and Armitage, Kenneth B. 1971. "The Yellow-Bellied Marmot and the Evolution of Polygamy." *American Naturalist* 105(944):355—370.

Drazen, Allan. 1978. "Government Debt, Human Capital and Bequests in a Life-Cycle Model." *Journal of Political Economy* 86(3):505—516.

Durkheim, Emile. 1933. *On The Division of Labor in Society*, trans. George Simpson. New York: Macmillan.

Dyson, Tim, and Murphy, Mike. 1985. "The Onset of Fertility Transition." *Population and Development Review* 11(3):1399—1440.

Easterlin, Richard A. 1968. *Population, Labor Force, and Long Swings in Economic Growth*. New York: Columbia University Press, for the National Bureau of Economic Research.

——.1973. "Relative Economic Status and the American Fertility Swing." In *Family Economic Behavior*, ed. Eleanor B. Sheldon. Philadelphia: J. B. Lippincott.

Eaton, Joseph W., and Mayer, Albert J. 1953. "The Social Biology of Very High Fertility among the Hutterites: The Demography of a Unique Population." *Human Biology*

25(3):206—264.

Edwards, Linda N., and Grossman, Michael. 1978. "Children's Health and the Family." Working Paper no.256. New York: National Bureau of Economic Research.

Ehrlich, Isaac, and Ben-Zion, Uri. 1976. "Asset Management, Allocation of Time, and Returns to Saving." *Economic Inquiry* 14(4):558—586.

Emery, Robert E. 1982. "Interpersonal Conflict and the Children of Discord and Divorce." *Psychological Bulletin* 92(2):310—330.

Epstein, Larry G., and Hynes, J. Allen. 1983. "The Rate of Time Preference and Dynastic Economic Analysis." *Journal of Political Economy* 91(4):611—635.

Espenshade, Thomas J. 1977. "The Value and Cost of Children." *Population Bulletin* 32(1). Washington, D.C.: Population Reference Bureau.

——. 1984. *Investing in Children: New Estimates of Parental Expenditures.* Washington, D.C.: Urban Institute Press.

Featherman, David L., and Hauser, Robert M. 1976. "Changes in the Socioeconomic Stratification of the Races, 1962—1973." *American Journal of Sociology* 82(3): 621—651.

Feldstein, Martin S. 1974. "Social Security, Induced Retirement, and Aggregate Capital Accumulation." *Journal of Political Economy* 82(5):905—926.

——. 1976. "Perceived Wealth in Bonds and Social Security: A Comment." *Journal of Political Economy* 84(2):331—336.

Fernea, Elizabeth W. 1965. *Guests of the Sheik.* Garden City, N.Y.: Doubleday.

Finley, M. I. 1980. *Ancient Slavery and Modern Ideology.* New York: Viking.

Fisher, R. A. 1958. *The Genetical Theory of Natural Selection*, 2nd ed. New York: Dover Publications.

Flinn, Christopher, and Heckman, James J. 1980. "Models for the Analysis of Labor Force Dynamics." Paper presented at the Workshop in Applications of Economics, University of Chicago.

Flood, L. 1983. "Time Allocation to Market and Non-Market Activities in Swedish Households." Department of Statistics Research Report. Göteborg: University of Göteborg.

Foster, Henry H., and Freed, Doris J. 1974. "Divorce Reform: Brakes on Breakdown?" *Journal of Family Law* 13(3):443—493.

Fox, Robin. 1969. *Kinship and Marriage*, Baltimore: Penguin.

France: Institut national de la statistique et des études économiques. 1956. *Recensement Général de la Population de Mai 1954: France Entiére.* Paris: Imprimerie Nationale.

——. 1964. *Recensement Général de la Population de 1962: Population Active.* Paris: Direction des journaux officiels.

——. 1971. *Recensement Général de la Population de 1968: Population Active.* Paris: Imprimerie Nationale.

——. 1978a. *Annuaire Statistique de la France 1978*, vol.83.

——. 1978b. *Recensement Général de la Population de 1975: Population Active.* Paris:

Imprimerie Nationale.

Freeman, Richard B. 1981. "Black Economic Progress after 1964: Who Has Gained and Why?" In *Studies in Labor Markets*, ed. Sherwin Rosen. Chicago: University of Chicago Press, for the National Bureau of Economic Research.

Freiden, Alan. 1974. "The United States Marriage Market." *Journal of Political Economy* 82(2, pt. 2):S34—S53.

Freudenberger, Herman, and Cummins, Gaylord. 1976. "Health, Work, and Leisure before the Industrial Revolution." *Explorations in Economic History* 13(1):1—12.

Friedman, David. 1981. "What Does 'Optimum Population' Mean?" *Research in Population Economics* 3:273—287.

Friedman, Milton. 1955. "The Role of Government in Education." In *Economics and Public Interest*, ed. Robert Solo. New Brunswick, N.J.: Rutgers University Press.

Friedman, Mordechai A. 1969. "Termination of the Marriage upon the Wife's Request: A Palestinian Ketubba Stipulation." *Proceedings of the American Academy for Jewish Research* 37:29—55.

Fuchs, Victor R. 1975. *Who Shall Live?: Health, Economics and Social Choice*. New York: Basic Books.

——. 1983. *How We Live*. Cambridge, Mass.: Harvard University Press.

Gale, David, and Shapley, Lloyd S. 1962. "College Admissions and the Stability of Marriage." *American Mathematical Monthly* 69(1):9—15.

Galsworthy, John. 1949. *The Forsyte Saga*. New York: Scribner's.

Gardner, Bruce. 1973. "Economics of the Size of North Carolina Rural Families." *Journal of Political Economy* 81(2, pt. 2):S99—S122.

Geertz, Clifford. 1978. "The Bazaar Economy: Information and Search in Peasant Marketing." *American Economic Review* 68(2):28—32.

Ghez, Gilbert R., and Becker, Gary S. 1975. *The Allocation of Time and Goods over the Life Cycle*. New York: Columbia University Press, for the National Bureau of Economic Research.

Ghiselin, Michael T. 1974. *The Economy of Nature and the Evolution of Sex*. Berkeley: University of California Press.

Girod, Roger. 1984. "Intra-and Intergenerational Income Mobility: A Geneva Survey (1950—1980)." Paper presented at the meeting of the International Sociological Association Research Committee on Stratification, Budapest, September 1984.

Goitein, S.D. 1978. *A Mediterranean Society*. Vol.3, *The Family*. Berkeley: University of California Press.

Goldberger, Arthur S. 1978. "Models and Methods in the I.Q. Debate: Part I." Working paper, Social Systems Research Institute, University of Wisconsin-Madison.

——. 1979. "Family Data Analysis: Assortment, Selection, and Transmission." Proposal to the National Science Foundation.

——. 1985. "Modelling the Economic Family." Woytinsky Lecture, Institute of Public

Administration, University of Michigan.

——. 1989. "Economic and Mechanical Models of Intergenerational Transmission." *American Economic Review* 79(3):504—513.

Goldin, Claudia. 1977. "Female Labor Force Participation: The Origin of Black and White Differences, 1870 and 1880." *Journal of Economic History* 37(1):87—108.

Goldin, Claudia, and Parsons, Donald O. 1984. "Industrialization, Child Labor, and Family Economic Well-Being." Unpublished memorandum, University of Pennsylvania.

Goldschmidt, Walter. 1973. "The Brideprice of the Sebei." *Scientific American* 229 (1):74—85.

Gomez, Miguel. 1980. "An Analysis of Fertility in Mexico." Ph. D. dissertation, University of Chicago.

Goode, William J. 1956. *After Divorce*. Glencoe, Ill.: Free Press.

——. 1963. *World Revolution and Family Patterns*. New York: Free Press.

——. 1974. "Comment: The Economics of Nonmonetary Variables." *Journal of Political Economy* 82(2, pt. 2):S27—S33.

Goody, Jack. 1976. *Production and Reproduction*. London: Cambridge University Press.

Goody, Jack, Thirsk, Joan, and Thompson, E. P., eds. 1976. *Family and Inheritance*. New York: Cambridge University Press.

Goudy, Henry. 1911. "Roman Law." In *Encyclopaedia Britannica*, 11th ed., vol. 23, pp. 526—576. Cambridge: Cambridge University Press.

Great Britain: Central Statistical Office. 1980. *Annual Abstract of Statistics*, 1980 ed. London: Her Majesty's Stationery Office.

Great Britain: Department of Employment. 1975. "Labour Force Projections, 1976—1991: Great Britain and the Regions." *Department of Employment Gazette* 83(12): 1258—1263.

——. 1978. "Labour Force Projections: Further Estimates." *Department of Employment Gazette* 86(4):426—427.

Great Britain: Registrar General. 1957. *Statistical Review of England and Wales for the Year 1955*. Pt. 3, Commentary. London: Her Majesty's Stationery Office.

——. 1975. *Statistical Review of England and Wales for the Year 1973*. Pt. 2, Tables, Population. London: Her Majesty's Stationery Office.

Gregory, R. G., McMahon, P. J., and Whittingham, B. 1985. "Women in the Australian Labor Force: Trends, Causes and Consequences." *Journal of Labor Economics* 3(1, Supplement):S293—S309.

Griliches, Zvi. 1979. "Sibling Models and Data in Economics: Beginnings of a Survey." *Journal of Political Economy* 87(5, pt.2):S37—S64.

Gronau, Reuben. 1970. "The Effect of Traveling Time on the Demand for Passenger Transportation." *Journal of Political Economy* 78(2):377—394.

——. 1976. "The Allocation of Time of Israeli Women." *Journal of Political Economy* 84(4, pt. 2):S201—S220.

Gros, Daniel. 1983. "Increasing Returns and Human Capital in International Trade." Thesis seminar paper, Department of Economics, University of Chicago.

Grossbard, Amyra. 1976. "An Economic Analysis of Polygyny: The Case of Maiduguri." *Current Anthropology* 17(4):701—707.

——. 1978. "The Economics of Polygamy." Ph.D. dissertation, University of Chicago.

Grossman, Michael. 1971. "The Economics of Joint Production in the Household." Report no.7145, Center for Mathematical Studies in Business and Economics, University of Chicago.

——. 1972. *The Demand for Health: A Theoretical and Empirical Investigation.* Occasional paper no.119. New York: Columbia University Press, for the National Bureau of Economic Research.

——. 1976. "The Correlation between Health and Schooling." In *Household Production and Consumption*, ed. N. E. Terleckyj. New York: Columbia University Press, for the National Bureau of Economic Research.

Gustafsson, Siv, and Jacobsson, Roger. 1985. "Trends in Female Labor Force Participation in Sweden." *Journal of Labor Economics* 3(1, Supplement):S256—S274.

Gutman, Herbert G. 1976. *The Black Family in Slavery and Freedom, 1750—1925.* New York: Pantheon Books.

Halpern, Joel M. 1972. "Town and Countryside in Serbia in the Nineteenth Century, Social and Household Structure as Reflected in the Census of 1863." In *Household and Family in Past Time*, ed. Peter Laslett. London: Cambridge University Press.

Hamilton, W.D. 1964. "The Genetical Evolution of Social Behavior: I, II." *Journal of Theoretical Biology* 7(1):1—16, 17—52.

Hammel, E.A. 1972. "The Zadruga as Process." In *Household and Family in Past Time*, ed. Peter Laslett. London: Cambridge University Press.

Hannan, Michael T., Tuma, Nancy B., and Groeneveld, Lyle P. 1977. "Income and Marital Events: Evidence from an Income-Maintenance Experiment." *American Journal of Sociology* 82(6):1186—1211.

Harbury, C.D., and Hitchens, D.M.W.N. 1979. *Inheritance and Wealth Inequality in Britain.* London: Allen & Unwin.

Hashimoto, Masanori. 1974. "Economics of Postwar Fertility in Japan: Differentials and Trends." *Journal of Political Economy* 82(2, pt. 2):S170—S194.

Hauser, Robert M. 1990. "Earnings Trajectories of Young Men." In *Social Stratification in Japan and the United States*, ed. D. J. Treiman and K. Tominaga. Forthcoming.

Hauser, Robert M., Sewell, William H., and Lutterman, Kenneth G. 1975. "Socioeconomic Background, Ability, and Achievement." In *Education, Occupation and Earnings*, ed. William H. Sewell and Robert M. Hauser. New York: Academic Press.

Hawthorne, Nathaniel. 1864. *The Scarlet Letter.* Boston: Ticknor and Fields.

Heckman, James J. 1976. "A Life-Cycle Model of Earnings, Learning and Consumption." *Journal of Political Economy* 84(4, pt.2):S11—S44.

———. 1981. "Heterogeneity and State Dependence." In *Studies in Labor Markets*, ed. Sherwin Rosen. Chicago: University of Chicago Press, for the National Bureau of Economic Research.

Heckman, James J., and Hotz, V. Joseph. 1985. "The Labor Market Earnings of Panamanian Males." Unpublished memorandum, University of Chicago.

Heimer, Carol A., and Stinchcombe, Arthur L. 1979. "Love and Irrationality: It's Got to be Rational to Love You Because It Makes Me So Happy." Unpublished memorandum, University of Arizona.

Hemming, Richard. 1984. *Poverty and Incentives: The Economics of Social Security*. Oxford: Oxford University Press.

Henry, Louis. 1965. "The Population in France in the Eighteenth Century." In *Population in History*, ed. D. V. Glass and D. E. C. Eversley. Chicago: Aldine.

Herlihy, David. 1977. "Deaths, Marriages, Births, and the Tuscan Economy (ca. 1300—1550)." In *Population Patterns in the Past*, ed. Ronald D. Lee. New York: Academic Press.

Herning, William W., comp. 1809—1823. *The Statutes at Large: Being a Collection of All the Laws of Virginia*, 13 volumes. Vol. 9, pp. 226—227.

Herrnstein, Richard J. 1971. "I. Q." *Atlantic* 228(3):43—58.

Herskovits, Melville J. 1965. *Economic Anthropology*. New York: W. W. Norton.

Hicks, J. R. 1957. *The Theory of Wages*. Gloucester, Mass.: Peter Smith.

Hill, M. S. 1981. "Patterns of Time Use." Unpublished memorandum, Survey Research Center, University of Michigan.

Himes, Norman E. 1963. *Medical History of Contraception*. New York: Gamut Press.

Hirshleifer, Jack. 1955. "The Exchange between Quantity and Quality." *Quarterly Journal of Economics* 69(4):596—606.

———. 1977a. "Economics from a Biological Viewpoint." *Journal of Law and Economics* 20(1):1—52.

———. 1977b. "Shakespeare *vs.* Becker on Altruism: The Importance of Having the Last Word." *Journal of Economic Literature* 15(2):500—502.

Hodge, Robert W. 1966. "Occupational Mobility as a Probability Process." *Demography* 3(1):19—34.

Honig, Marjorie. 1974. "AFDC Income, Recipient Rates, and Family Dissolution." *Journal of Human Resources* 9(3):303—322.

Houthakker, H. S. 1952. "Compensated Changes in Quantities and Qualities Consumed." *Review of Economic Studies* 19(3):155—164.

———. 1975. "The Size Distribution of Labor Incomes Derived from the Distribution of Aptitudes." In *Econometrics and Economic Theory*, ed. Willy Sellekaerts. New York: Macmillan.

Hume, David. 1854. "Of Polygamy and Divorces." In *The Philosophical Works of David Hume*, vol. 3. Boston: Little, Brown.

Inalcik, Halil. 1970. "The Rise of the Ottoman Empire." In *The Cambridge History of Islam*, vol.1, ed. P.M. Holt, A.K.S. Lambton, and Bernard Lewis. Cambridge: Cambridge University Press.

India: Office of the Registrar General. 1976. *Census of India*, *1971*. Ser. 1, India, Pt. II-c(ii), Social and Cultural Tables. New Delhi.

Iran: Statistical Centre. 1968. *National Census of Population and Housing*, *November 1966*. Tehran.

Ishikawa, Tsuneo. 1975. "Family Structures and Family Values in the Theory of Income Distribution." *Journal of Political Economy* 83(5):987—1008.

Jacobson, Howard N. 1980. "A Randomized Controlled Trial of Prenatal Nutritional Supplementation." *Pediatrics* 65(4):835—836.

Jaffe, A. J. 1940. "Differential Fertility in the White Population in Early America." *Journal of Heredity* 31(9):407—411.

Japan: Bureau of Statistics. 1961. *Population of Japan*, *1960 (Summary)*. Office of the Prime Minister. Tokyo.

——. 1962. *Japan Statistical Yearbook*, *1962*. Tokyo.

——. 1977. *Japan Statistical Yearbook*, *1977*. Tokyo.

——. 1989. *Japan Statistical Yearbook*, *1989*. Tokyo.

Japan: Statistics Bureau. 1980. *Japan Statistical Yearbook*, *1980*. Tokyo.

Jaynes, Gregory. 1980. "African Apocalypse." *New York Times Magazine*, November 16, pp.74—86.

Jenni, Donald A. 1974. "Evolution of Polyandry in Birds." *American Zoologist* 14(1): 129—144.

Jensen, Arthur R. 1969. "How Much Can We Boost IQ and Scholastic Achievement?" *Harvard Educational Review* 39(1):1—123.

Jovanovic, Boyan. 1978. "Adverse Selection under Symmetric Information." Paper presented at the Workshop in Applications of Economics, University of Chicago.

Juhn, Chinhui, Murphy, Kevin M., and Pierce, Brooks. 1989. "Wage Inequality and the Rise in Returns to Skill." Unpublished memorandum, University of Chicago.

Kaldor, Nicholas. 1956. "Alternative Theories of Distribution." *Review of Economic Studies* 23(2):83—100.

Keeley, Michael C. 1974. "A Model of Marital Formation: The Determinants of the Optimal Age at First Marriage." Ph.D. dissertation, University of Chicago.

——. 1977. "The Economics of Family Formation." *Economic Inquiry* 15 (2): 238—250.

——. 1980. "The Effects of Alternative Negative Income Tax Programs on Marital Dissolution." Paper presented at the Workshop in Applications of Economics, University of Chicago.

Kelley, Jonathan, Robinson, Robert U., and Klein, Herbert S. 1981. "A Theory of Social Mobility, with Data on Status Attainment in a Peasant Society." In *Research in So-*

cial Stratification and Mobility, vol. 1, ed. Donald J. Treiman and Robert V. Robertson. Greenwich, Conn.: JAI Press.

Keniston, Kenneth, and the Carnegie Council on Children. 1977. *All Our Children*. New York: Harcourt Brace Jovanovich.

Kennedy, Finola. 1988. *Family, Economy and Government in Ireland*. Paper no. 143, Economic and Social Research Institute, Dublin.

Kenny, Lawrence W. 1977. "The Demands for Child Quality and for Educational Inputs, the Production of Child Quality, and Related Topics." Ph. D. dissertation, University of Chicago.

———. 1983. "The Accumulation of Human Capital during Marriage by Males." *Economic Inquiry* 21(2):223—231.

Kimball, Miles S. 1987. "Making Sense of Two-Sided Altruism." *Journal of Monetary Economics* 20(2):301—326.

Klapisch, Christiane. 1972. "Household Production and Family in Tuscany in 1427." In *Household and Family in Past Time*, ed. Peter Laslett. London: Cambridge University Press.

Kleiman, Ephraim, and Kop, Yaakov. 1978. "Who Trades with Whom—The Income Pattern of International Trade." Research Report no. 106, Department of Economics, Hebrew University of Jerusalem.

Knodel, John E. 1974. *The Decline of Fertility in Germany, 1871—1939*. Princeton: Princeton University Press.

Kogut, Edy L. 1972. "The Economic Analysis of Demographic Phenomena: A Case Study for Brazil." Ph. D. dissertation, University of Chicago.

Koopmans, Tjailing C., and Beckmann, Martin. 1957. "Assignment Problems and the Location of Economic Activities." *Econometrica* 25(1):53—76.

Kotlikoff, Laurence J., Shoven, John, and Spivak, Avia. 1986. "The Effect of Annuity Insurance on Savings and Inequality." *Journal of Labor Economics* 4(3, pt. 2): S183—S207.

Kuratani, Masatoshi. 1973. "A Theory of Training, Earnings, and Employment: An Application to Japan." Ph. D. dissertation, Columbia University.

Kurz, Mordecai. 1977. "Altruistic Equilibrium." In *Economic Progress, Private Values, and Public Policy*, ed. Bela Balassa and Richard Nelson. New York: North-Holland.

Lack, David. 1968. *Ecological Adaptations for Breeding in Birds*. London: Methuen.

Laitner, J. P. 1979. "Household Bequests, Perfect Expectations, and the National Distribution of Wealth." *Econometrica* 47(5):1175—1193.

Landes, Elisabeth M., and Posner, Richard. 1978. "The Economics of the Baby Shortage." *Journal of Legal Studies* 7(2):323—348.

Landes, William M., and Posner, Richard A. 1978. "Salvors, Finders, Good Samaritans, and Other Rescuers: An Economic Study of Law and Altruism." *Journal of Legal Studies* 7(1):83—128.

341

Landes, William M., and Solmon, Lewis C. 1972. "Compulsory Schooling Legislation: An Economic Analysis of Law and Social Change in the Nineteenth Century." *Journal of Economic History* 32(1):54—91.

Laslett, Peter, ed. 1972. *Household and Family in Past Time*. London: Cambridge University Press.

Lazear, Edward P. 1972. Econometric appendix for "On the Shadow Price of Children," by Robert T. Michael and Edward P. Lazear. Unpublished memorandum, University of Chicago.

——. 1977. "Schooling as a Wage Depressant." *Journal of Human Resources* 12(2): 164—176.

——. 1978. "Resource Allocation within an Organization Unit: Theory and Application to the Family." Unpublished memorandum, University of Chicago and National Bureau of Economic Research.

Le Boeuf, Burney J. 1974. "Male-Male Competition and Reproductive Success in Elephant Seals." *American Zoologist* 14(1):163—176.

Lecky, William E. H. 1880. *History of European Morals*, vol.2. New York: D. Appleton.

Leonard, Karen I. 1978. *Social History of an Indian Caste*. Berkeley: University of California Press.

Le Roy Ladurie, Emmanuel. 1978. *Montaillou*, trans. Barbara Bray. New York: George Braziller.

Levy, Frank. 1987. *Dollars and Dreams*. New York: Russell Sage.

Lewis, H. Gregg. 1986. *Union Relative Wage Effects: A Survey*. Chicago: University of Chicago Press.

Lillard, Lee A., and Willis, Robert J. 1978. "Dynamic Aspects of Earning Mobility." *Econometrica* 46(5):985—1012.

Lindbeck, Asser, and Weibull, Jorgen W. 1987. "Strategic Interaction with Altruism: The Economics of *Fait Accompli*." Unpublished paper, University of Stockholm.

——. 1988. "Altruism and Time Consistency: The Politics of *Fait Accompli*." *Journal of Political Economy* 96(6):1165—1192.

Linder, Steffan B. 1961. *An Essay on Trade and Transformation*. New York: Wiley.

Lisco, T. E. 1967. "The Value of Commuters' Travel Time: A Study in Urban Transportation." Ph.D. dissertation, University of Chicago.

Livi-Bacci, Massimo. 1977. *A History of Italian Fertility*. Princeton: Princeton University Press.

Long, Clarence D. 1958. *The Labor Force under Changing Income and Employment*. Princeton: Princeton University Press, for the National Bureau of Economic Research.

Longman, Philip. 1985. "Justice between the Generations." *Atlantic Monthly* 255(6): 73—81.

Loury, Glenn C. 1976. "Essays in the Theory of Distribution of Income." Ph.D. dissertation, Massachusetts Institute of Technology.

——.1981. "Intergenerational Transfers and the Distribution of Earnings." *Econometrica* 49(4):843—867.

Lucas, Robert E., Jr. 1978. "On Size Distribution of Business Firms." *Bell Journal of Economics* 9(2):508—523.

Lydall, Harold. 1968. *The Structure of Earnings*. Oxford: Clarendon Press.

McCarthy, Justin. 1979. "Age, Family, and Migration in Nineteenth-Century Black Sea Provinces of the Ottoman Empire." *International Journal of Middle East Studies* 10 (3):309—323.

McCloskey, Donald N. 1976. "English Open Fields as Behavior Towards Risk." In *Research in Economic History*, ed. Paul Uselding, vol.1. Greenwich, Conn.: JAI Press.

McElroy, Marjorie B., and Horney, Mary Jean. 1981. "Nash-Bargained Household Decisions: Toward a Generalization of the Theory of Demand." *International Economic Review* 22(2):333—349.

McFadden, Daniel. 1974. "The Measurement of Urban Travel Demand." *Journal of Public Economics* 3(4):303—328.

Macfarlane, Alan. 1979. *The Origins of English Individualism*. New York: Cambridge University Press.

McInnis, R. M. 1977. "Childbearing and Land Availability: Some Evidence from Individual Household Data." In *Population Patterns in the Past*, ed. Ronald D. Lee. New York: Academic Press.

McNicholl, Geoffrey. 1988. Review of *The New Palgrave*. *Population and Development Review* 14(2):347—350.

McPherson, Michael S. 1974. "The Effects of Public on Private College Enrollment." Ph. D. dissertation, University of Chicago.

Magnus, Sir Philip Montefiore. 1954. *Gladstone*. London: Murray.

Makhija, Indra. 1977. "The Economic Contribution of Children and Its Effects on Fertility and Schooling: Rural India." Ph.D. dissertation, University of Chicago.

——. 1978. "Adult and Child Labor within the Household and the Quantity and Quality of Children: Rural India." Unpublished memorandum, University of Chicago.

——. 1980. "High Yielding Varieties of Wheat and Rice, Schooling and Fertility: Rural India." Paper Presented at the Agricultural Economics Workshop, University of Chicago.

Malaysia: Department of Statistics. 1977. *Social Statistics Bulletin*, *Peninsular Malaysia*, *1975*. Kuala Lampur.

Malthus, T.R. 1933. *An Essay on Population*, vol.1. London: J. M. Dent.

Mandelbaum, David G. 1970. *Society in India*. Berkeley: University of California Press.

Mandelbrot, Benoit. 1962. "Paretian Distributions and Income Maximization." *Quarterly Journal of Economics* 76(1):57—85.

Martin, Teresa Castro, and Bumpass, Larry L. 1989. "Recent Trends in Marital Disruption." *Demography* 26(1):37—51.

Maududi, S. Abul A'La. 1975. *Purdah and the Status of Women in Islam*, 2nd ed., trans. and ed. Al-Ash'ari. Lahore, Pakistan: Islamic Publications.

Mayer, Thomas. 1972. *Permanent Income, Wealth, and Consumption*. Berkeley: University of California Press.

Meade, James E. 1967. "Population Explosion: The Standard of Living and Social Conflict." *Economic Journal* 77(306):233—256.

——. 1976. *The Just Economy*. Albany: State University of New York Press.

Menchik, Paul L. 1979. "Inter-generational Transmission of Inequality: An Empirical Study of Wealth Mobility." *Economica* 46(184):349—362.

——. 1980. "Primogeniture, Equal Sharing, and the U. S. Distribution of Wealth." *Quarterly Journal of Economics* 94(2):299—316.

Menken, Jane, and Bongaarts, John. 1978. "Reproductive Models in the Study of Nutrition-Fertility Interrelationships." In *Nutrition and Human Reproduction*, ed. W. Henry Mosley. New York: Plenum Press.

Mexico: Dirección General de Estadística. 1976. *Mexican Fertility Survey*.

Michael, Robert T. 1966. "The Capital-Labor Ratio in Nonmarket Production." Unpublished memorandum, Columbia University.

——. 1973. "Education and the Derived Demand for Children." *Journal of Political Economy* 81(2, pt. 2):S128—S164.

——. 1978. "Causation among Socio-Economic Time Series." Working Paper no. 246, National Bureau of Economic Research.

Michael, Robert T., and Becker, Gary S. 1973. "On the New Theory of Consumer Behavior." *Swedish Journal of Economics* 75(4):378—396.

Michael, Robert T., Fuchs, Victor R., and Scott, Sharon R. 1980. "Changes in the Propensity to Live Alone:1950—1976." *Demography* 17(1):39—56.

Mincer, Jacob. 1958. "Investment in Human Capital and Personal Income Distribution." *Journal of Political Economy* 66(4):281—302.

——. 1962. "Labor Force Participation of Married Women." In *Aspects of Labor Economics*, a conference of the Universities-National Bureau Committee for Economic Research. Princeton: Princeton University Press, for the National Bureau of Economic Research.

——. 1963. "Market Prices, Opportunity Costs, and Income Effects." In *Measurement in Economics*, ed. Carl F. Christ et al. Stanford: Stanford University Press.

——. 1966. "Labor-Force Participation and Unemployment: A Review of Recent Evidence." In *Prosperity and Unemployment*, ed. Robert A. Gordon and Margaret S. Gordon. New York: Wiley.

——. 1974. *Schooling, Experience and Earnings*. New York: Columbia University Press, for the National Bureau of Economic Research.

——. 1978. "Family Migration Decisions." *Journal of Political Economy* 86(5):749—773.

——. 1983. "Comment on June O'Neill's 'The Trend in Sex Differential in Wages.'"

Presented at the conference on Trends in Women's Work, Education and Family Forma-
tion, Sussex, England, May 31—June 3, 1983.

Mincer, Jacob, and Ofek, Haim. 1980. "Interrupted Work Careers." Working Paper no.
479, National Bureau of Economic Research.

Mincer, Jacob, and Polachek, Solomon W. 1974. "Family Investments in Human
Capital: Earnings of Women." *Journal of Political Economy* 82(2, pt. 2): S76—S108.

Mirrlees, J. A. 1976. "The Optimal Structure of Incentives and Authority within an Or-
ganization." *Bell Journal of Economics* 7(1): 105—131.

Mitchell, Wesley. 1937. "The Backward Art of Spending Money." In *The Backward Art
of Spending Money and Other Essays*. New York: McGraw-Hill.

Modigliani, Franco. 1986. "Life Cycle, Individual Thrift and the Wealth of Nations."
American Economic Review 76(3): 297—313.

Monahan, Thomas P. 1958. "The Changing Nature and Instability of Remarriages." *Eu-
genics Quarterly* 5(2): 73—85.

Montaigne, Michel de. 1958. *Essays*, trans. J. M. Cohen. Harmondsworth, Middlesex,
England: Penguin.

Mosher, Steven W. 1983. *Broken Earth, the Rural Chinese*. New York: Free Press.

Narazaki, Muneshige. 1968. *Hiroshige Famous Views*. English adaptation by Richard L.
Gage. Palo Alto: Kodansha International.

Nash, Manning. 1966. *Primitive and Peasant Economic Systems*. Scranton, Penn.:
Chandler.

Nelson, Phillip. 1970. "Information and Consumer Behavior." *Journal of Political Econ-
omy* 78(2): 311—329.

Nerlove, Marc, and Schultz, T. Paul. 1970. "Love and Life between the Censuses: A
Model of Family Decision Making in Puerto Rico, 1950—1960." RM-6322-AID. Santa
Monica, Calif.: RAND Corporation.

Nerlove, Marc, Razin, Assaf, and Sadka, Efraim. 1986. "Some Welfare Theoretic Im-
plications of Endogenous Fertility." *International Economic Review* 27(1): 3—31.

——. 1987. *Household and Economy: Welfare Economics of Endogenous Fertility*.
Boston: Academic Press.

Oaxaca, R. L. 1973. "Male-Female Wage Differentials in Urban Labor Markets." *Inter-
national Economic Review* 14(1): 693—709.

Ofer, Gur, and Vinokur, Aaron. 1981. "Earnings Differentials by Sex in the Soviet
Union: A First Look." In *Economic Welfare and the Economics of Soviet Socialism*, ed.
Steven Rosefielde. Cambridge: Cambridge University Press.

O'Hara, Donald J. 1972. "Change in Mortality Levels and Family Decisions Regarding
Children." Santa Monica, Calif.: RAND Corporation.

Okun, Arthur M. 1975. *Equality and Efficiency: The Big Tradeoff*. Washington, D.
C.: Brookings Institution.

O'Neill, June. 1983. "The Determinants and Wage Effects of Occupational Segregation."

Working paper, Urban Institute, Washington, D.C.

———. 1985. "The Trend in the Male-Female Wage Gap in the United States." *Journal of Labor Economics* 3(1, Supplement):S91—S116.

Orians, Gordon H. 1969. "On the Evolution of Mating Systems in Birds and Mammals." *American Naturalist* 103(934):589—603.

———. 1972. "The Adaptive Significance of Mating Systems in *Icteridae*." In *Proceedings of the XVth International Ornithological Congress*, ed. K.H. Voous, pp.389—398. Leiden: E.J. Brill.

Oster, George F., and Wilson, Edward O. 1978. *Caste and Ecology in the Social Insects*. Princeton: Princeton University Press.

Papps, Ivy. 1980. "The Determinants of Brideprice in a Palestinian Village." Working Paper no.31, Department of Economics, University of Durham, England.

Pareto, Vilfredo. 1971. *Manual of Political Economy*, trans. Ann S. Schwier. New York: Augustus M. Kelley.

Parfit, Derek. 1984. *Reasons and Persons*. Oxford: Clarendon Press.

Pasinetti, Luigi L. 1962. "Rate of Profit and Income Distribution in Relation to the Rate of Economic Growth." *Review of Economic Studies* 29(4):267—279.

Patai, Raphael. 1971. *Society, Culture, and Change in the Middle East*, 3rd ed. Philadelphia: University of Pennsylvania Press.

Paukert, Felix. 1973. "Income Distribution at Different Levels of Development: A Survey of Evidence." *International Labour Review* 108(2—3):97—125.

Peller, Sigismund. 1965. "Births and Deaths among Europe's Ruling Families since 1500." In *Population in History*, ed. D.V. Glass and D.E.C. Eversley. Chicago: Aldine.

Peltzman, Sam. 1973. "The Effect of Government Subsidies-in-Kind on Private Expenditures: The Case of Higher Education." *Journal of Political Economy* 81(1):1—27.

Peter, H.R.H., Prince of Greece and Denmark. 1963. *A Study of Polyandry*. The Hague: Mouton.

Peters, H. Elizabeth. 1985. "Patterns of Intergenerational Mobility." Unpublished memorandum, University of Colorado, Boulder.

———. 1986. "Marriage and Divorce: Informational Constraints and Private Contracting." *American Economic Review* 76(3):436—454.

Phelps, Edmund S., ed. 1975. *Altruism, Morality, and Economic Theory*. New York: Russell Sage.

Plato. 1951. *The Republic of Plato*, trans. Francis M. Cornford. New York: Oxford University Press.

———. 1953. *Laws*, bk.6. In *The Dialogues of Plato*, vol.4, trans. Benjamin Jowett. Oxford: Clarendon Press.

Polachek, Solomon W. 1975. "Differences in Expected Post-School Investment as a Determinant of Market Wage Differentials." *International Economic Review* 16(2):451—470.

———. 1978. "Simultaneous Equations Models of Sex Discrimination." In *Income Inequali-*

ty, ed. John R. Moroney. Lexington, Mass.: Lexington Books.

Pollak, Robert A., and Wachter, Michael L. 1975. "The Relevance of the Household Production Function and Its Implications for the Allocation of Time." *Journal of Political Economy* 83(2):255—277.

Popkin, Barry M., and Solon, Florentino S. 1976. "Income, Time, the Working Mother, and Child Nutriture." *Journal of Tropical Pediatrics and Environmental Child Health* 22(3):156—166.

Posner, Richard A. 1979. "Privacy, Secrecy, and Reputation." *Buffalo Law Review* 28 (1):1—55.

——. 1980. "A Theory of Primitive Society, with Special Reference to Law." *Journal of Law and Economics* 23(1):1—53.

——. 1986. *Economic Analysis of Law*, 3rd ed. Boston: Little, Brown.

——. 1987. "The Regulation of the Market in Adoptions." *Boston University Law Review* 67(1):59—72.

Prescott, Edward C. 1986. "Response to a Skeptic." *Quarterly Review* (Fall), Federal Reserve Bank of Minneapolis.

Preston, Samuel H. 1975. "Estimating the Proportion of American Marriages That End in Divorce." *Sociological Methods and Research* 3(4):435—460.

——. 1984. "Children and the Elderly: Divergent Paths for America's Dependents." *Demography* 21(4):435—457.

Preston, Samuel H., and Richards, Alan T. 1975. "The Influence of Women's Work Opportunities on Marriage Rates." *Demography* 12(2):209—222.

Pryor, Frederic L. 1973. "Simulation of the Impact of Social and Economic Institutions on the Size Distribution of Income and Wealth." *American Economic Review* 63(1):50—72.

——. 1977. *The Origins of the Economy*. New York: Academic Press.

Psacharopoulos, George, with Keith Hinchcliffe. 1973. *Returns to Education: An International Comparison*. San Francisco: Jossey-Bass.

Rachlin, Howard, Kagel, John H., and Battalio, Raymond C. 1980. "Substitutability in Time Allocation." *Psychological Review* 87(4):355—374.

Radner, Roy. 1979. "Monitoring Cooperative Agreements between Principals and Agents." Technical Report no.3, Harvard University, for the Office of Naval Research.

——. 1980. "Collusive Behavior in Noncooperative Epsilon-Equilibria of Oligopolies with Long but Finite Lives." *Journal of Economic Theory* 22(2): 136—154.

Rawls, John. 1971. *A Theory of Justice*. Cambridge, Mass.: Belknap Press of Harvard University Press.

Razin, Assaf, and Ben-Zion, Uri. 1975. "An Intergenerational Model of Population Growth." *American Economic Review* 65(5):923—933.

Rees, Albert. 1966. "Information Networks in Labor Markets." *American Economic Review* 56(2):559—566.

Reischauer, Robert D. 1971. "The Impact of the Welfare System on Black Migration and

Marital Stability." Ph.D. dissertation, Columbia University.

Rheinstein, Max. 1972. *Marriage Stability, Divorce, and the Law*. Chicago: University of Chicago Press.

Rivers, W.H.R. 1906. *The Todas*. London: Macmillan.

Robertson, Sir Dennis H. 1956. *Economic Commentaries*. London: Staples Press.

Rosen, Sherwin. 1978. "Substitution and Division of Labour." *Economica* 45 (179): 235—250.

——. 1981. "The Economics of Superstars." *American Economic Review* 71 (5): 845—858.

——. 1982. "The Division of Labor and the Extent of the Market." Unpublished memorandum, University of Chicago.

Rosenthal, Erich. 1970. "Divorce and Religious Intermarriage: The Effect of Previous Marital Status upon Subsequent Marital Behavior." *Journal of Marriage and the Family* 32(3):435—440.

Rosenzweig, Mark R. 1977. "The Demand for Children in Farm Households." *Journal of Political Economy* 85(1):123—146.

Rosenzweig, Mark R., and Schultz, T. Paul. 1980. "Market Opportunities, Genetic Endowment, and the Intrafamily Distribution of Resources: Child Survival in Rural India." Unpublished memorandum, Yale University.

Rosenzweig, Mark R., and Wolpin, Kenneth I. 1979. "An Economic Analysis of the Extended Family in a Less Developed Country: The Demand for the Elderly in an Uncertain Environment." Economic Growth Center Discussion Paper no.317, Yale University.

——. 1980. "Testing the Quantity-Quality Fertility Model: The Use of Twins as a Natural Experiment." *Econometrica* 48(1):227—240.

Ross, Heather L., and Sawhill, Isabel V. 1975. *Time of Transition*. Washington, D.C.: Urban Institute.

Rossi, Alice S. 1977. "A Biosocial Perspective on Parenting." *Daedalus* 106(2):1—31.

Rowntree, Griselda, and Carrier, Norman H. 1958. "The Resort to Divorce in England and Wales, 1858—1957." *Population Studies* 11(3):188—233.

Roy, A.D. 1950. "The Distribution of Earnings and of Individual Output." *Economic Journal* 60(239):489—505.

Russell, Bertrand. 1967. *The Autobiography of Bertrand Russell, 1872—1914*. Boston: Little, Brown.

Saghir, Marcel T., and Robins, Eli. 1973. *Male and Female Homosexuality*. Baltimore: Williams and Wilkins.

Saksena, R.N. 1962. *Social Economy of a Polyandrous People*, 2nd ed. New York: Asia Publishing House.

Saller, Richard. Forthcoming. "The Structure of the Roman Family." Published in Italian in *Storia di Roma*, vol.4, ed. Arnaldo Momigliano and Aldo Schiavone. Turin: Einaudi, 1989.

Salzano, F. M., Neel, J. V., and Maybury-Lewis, David. 1967. "Further Studies on the Xavante Indians. I. Demographic Data on Two Additional Villages: Genetic Structure of the Tribe." *American Journal of Human Genetics* 19(4):463—489.

Samuelson, Paul A. 1955. "Diagrammatic Exposition of the Theory of Public Expenditure." *Review of Economics and Statistics* 37(4):350—356.

——. 1956. "Social Indifference Curves." *Quarterly Journal of Economics* 70 (1): 1—22.

——. 1958. "An Exact Consumption-Loan Model of Interest with or without the Social Contrivance of Money." *Journal of Political Economy* 66(6):467—482.

Sanderson, Warren C. 1980. "The Economics of Marital Dissolution, the Black Family, and the Legacy of Slavery." Paper presented at the Workshop in Applications of Economics, University of Chicago.

Santos, Fredricka P. 1975. "The Economics of Marital Status." In *Sex, Discrimination, and the Division of Labor*, ed. Cynthia B. Lloyd. New York: Columbia University Press.

Sargent, Thomas J., and Wallace, Neil. 1975. "'Rational' Expectations, the Optimal Monetary Instrument, and the Optimal Money Supply Rule." *Journal of Political Economy* 83(2):241—254.

Sattinger, Michael. 1975. "Comparative Advantage and the Distributions of Earnings and Abilities." *Econometrica* 43(3):455—468.

Saunders, Margaret O., and Thomson, James T. 1979. "A Theory of Hausa Marriage (or Gary Becker in Hausaland)." Paper presented at the annual meeting of the American Anthropological Association.

Sayles, G. O. 1952. *The Medieval Foundations of England*, 2nd ed. London: Methuen.

Schmelz, U. Oskar. 1971. *Infant and Early Childhood Mortality among Jews of the Diaspora*. Jerusalem: Institute of Contemporary Jewry, Hebrew University.

Schneider, H. K. 1969. "A Statistical Study of Brideprice in Africa." Paper presented at the annual meeting of the American Anthropological Association.

Schoen, Robert, Greenblatt, Harry N., and Mielke, Robert B. 1975. "California's Experience with Non-Adversary Divorce." *Demography* 12(2):223—243.

Schultz, T. Paul. 1973. "Explanation of Birth Rate Changes over Space and Time: A Study of Taiwan." *Journal of Political Economy* 81(2, pt. 2):S238—S274.

Schultz, T. Paul, and DaVanzo, Julie. 1970. "Analysis of Demographic Change in East Pakistan: A Study of Retrospective Survey Data." R-564-AID. Santa Monica: RAND Corporation.

Schultz, Theodore W. 1963. *The Economic Value of Education*. New York: Columbia University Press.

——. 1975. "The Value of the Ability to Deal with Disequilibria." *Journal of Economic Literature* 13(3):827—846.

——. 1980. "Nobel Lecture: The Economics of Being Poor." *Journal of Political Economy* 88(4):639—651.

Schumpeter, Joseph A. 1951. *Imperialism and Social Classes*, trans. Heinz Norden. New York: Augustus M. Kelley.

Scrimshaw, Susan C. M. 1978. "Infant Mortality and Behavior in the Regulation of Family Size." *Population and Development Review* 4(3):383—403.

Shavell, Steven. 1979. "Risk Sharing and Incentives in the Principal and Agent Relationship." *Bell Journal of Economics* 10(1):55—73.

Shaw, George Bernard. 1930. *Man and Superman*. In *The Collected Works of Bernard Shaw*, vol. 10. New York: William H. Wise.

Shell, Karl, Fisher, Franklin, Foley, Duncan K., and Friedlaender, Ann F.; in association with James J. Behr, Jr., Stanley Fischer, and Ran D. Mosenson. 1968. "The Educational Opportunity Bank: An Economic Analysis of a Contingent Repayment Loan Program for Higher Education." *National Tax Journal* 21(1):2—45.

Sheps, Mindel C., and Menken, Jane A. 1973. *Mathematical Models of Conception and Birth*. Chicago: University of Chicago Press.

Sheshinski, Eytan, and Weiss, Yoram. 1982. "Inequality within and between Families." *Journal of Political Economy* 90(1):105—127.

Shorrocks, Anthony F. 1979. "On the Structure of Inter-Generational Transfers between Families." *Economica* 46(184):415—425.

Shorter, Edward. 1975. *The Making of the Modern Family*. New York: Basic Books.

Simon, Herbert A. 1979. "Rational Decision Making in Business Organizations." *American Economic Review* 69(4):493—513.

——. 1986. "Rationality in Psychology and Economics." *Journal of Business* 59(4, pt. 2):S209—S224.

Simon, Julian L. 1974. *The Effects of Income on Fertility*, Monograph no. 19. Chapel Hill: Carolina Population Center, University of North Carolina.

Singer, Burton, and Spilerman, Seymour. 1974. "Social Mobility Models for Heterogeneous Populations." In *Sociological Methodology, 1973—1974*, ed. Herbert L. Costner. San Francisco: Jossey-Bass.

Singh, Ram D. 1988. *Economics of the Family and Farming Systems in SubSaharan Africa*. Boulder: Westview Press.

Singh, Ram D., Schuh, G. Edward, and Kehrberg, Earl W. 1978. "Economic Analysis of Fertility Behavior and the Demand for Schooling among Poor Households in Rural Brazil." Agricultural Experiment Station Bulletin no. 214, Purdue University.

Smith, Adam. 1853. *The Theory of Moral Sentiments*. London: Henry G. Bohn.

——. 1937. *An Inquiry into the Nature and Causes of the Wealth of Nations*. New York: Modern Library.

Smith, James E., and Kunz, Phillip R. 1976. "Polygyny and Fertility in Nineteenth-Century America." *Population Studies* 30(3):465—480.

Smith, James P. 1977. "Family Labor Supply over the Life Cycle." *Explorations in Economic Research* 4(2):205—276.

——. 1979. "The Distribution of Family Earnings." *Journal of Political Economy* 87 (5, pt. 2):S163—S192.

——. 1984. "Race and Human Capital." *American Economic Review* 74(4):685—698.

Smith, James P., and Ward, Michael P. 1985. "Time-Series Growth in the Female Labor Force." *Journal of Labor Economics* 3(1, supplement):S59—S90.

Soltow, Lee. 1965. *Toward Income Equality in Norway*. Madison: University of Wisconsin Press.

Stafford, Frank P. 1980. "Women's Use of Time Converging with Men's." *Monthly Labor Review* 103(12):57—59.

Stigler, George J., and Becker, Gary S. 1977. "Degustibus Non Est Disputandum." *American Economic Review* 67(2):76—90.

Stiglitz, J. E. 1969. "Distribution of Income and Wealth among Individuals." *Econometrica* 37(3):382—397.

Stoffaës, Christian. 1974. "Analyse Multicriteres, Optimalité des Choix Collectifs et Marché des Mariages." In *Théorie de la Décision et Applications*. Paris: Centre National d'Information pour la Productivité des Entreprises.

Stone, Lawrence. 1977. *The Family, Sex and Marriage in England, 1500—1800*. New York: Harper and Row.

Summers, Larry H. 1981. "Capital Taxation and Accumulation in a Life Cycle Growth Model." *American Economic Review* 71(4):533—544.

Sun, Te-Hsiung, Lin, Hui-Sheng, and Freedman, Ronald. 1978. "Trends in Fertility, Family Size Preferences, and Family Planning Practice: Taiwan, 1961—1976." *Studies in Family Planning* 9(4):54—70.

Sweden: National Central Bureau of Statistics. 1980. *Statistical Abstract of Sweden 1980*, vol.67. Stockholm.

——. 1986. *Statistical Abstract of Sweden 1986*, vol.72. Stockholm.

Sweet, James A. 1974. "Differentials in the Rate of Fertility Decline: 1960—1970." *Family Planning Perspectives* 6(2):103—107.

Taiwan: Directorate-General of Budget, Accounting and Statistics, 1976. *Report on the Survey of Personal Income Distribution in Taiwan Area, Republic of China, 1975*.

Taiwan: Ministry of the Interior. 1974. *1973 Taiwan Demographic Fact Book, Republic of China*.

——. 1976. *1975 Taiwan-Fukien Demographic Fact Book, Republic of China*.

Tamura, Robert. 1985. "A Note on the Dynastic Family." Paper presented at the Workshop in Applications of Economics, University of Chicago.

Telser, Lester G. 1980. "A Theory of Self-Enforcing Agreements." *Journal of Business* 53(1):27—44.

Theil, Henri. 1952. "Qualities, Prices, and Budget Enquiries." *Review of Economic Studies* 19(3):129—147.

Thomas, Keith. 1971. *Religion and the Decline of Magic*. London: Weidenfeld and Nicolson.

Thompson, Earl A. , and Ruhter, Wayne E. Undated. "Parental Malincentives and Social Legislation." Unpublished memorandum, University of California at Los Angeles.

Tideman, T. Nicolaus, and Tullock, Gordon. 1976. "A New and Superior Process for Making Social Choices." *Journal of Political Economy* 84(6):1145—1159.

Tinbergen, Jan. 1970. "A Positive and a Normative Theory of Income Distribution." *Review of Income and Wealth* 16(3):221—234.

Tomes, Nigel. 1978. "A Model of Child Endowments, and the Quality and Quantity of Children." Ph. D. dissertation, University of Chicago.

——. 1979. "Inheritance and the Intergenerational Transmission of Inequality: Theory and Empirical Results." Paper presented at the Workshop in Applications of Economics, University of Chicago.

——. 1980a. "Inheritance and Inequality within the Family: Equal Division among Unequals, or Do the Poor Get More?" Paper presented at the Workshop in Applications of Economics, University of Chicago.

——. 1980b. "Notes on Child Endowments and the Quality and Quantity of Children." Unpublished memorandum, University of Western Ontario.

——. 1981. "The Family, Inheritance, and the Intergenerational Transmission of Inequality." *Journal of Political Economy* 89(5):928—958.

——. 1984. "Inequality within the Family and Regression to the Mean." Unpublished memorandum, University of Western Ontario.

Tomes, Nigel, and Becker, Gary S. 1981. "Assortative Mating, the Demand for Children, and the Distribution of Income and Intergenerational Mobility." Unpublished memorandum, University of Chicago.

Trivers, Robert L. 1972. "Parental Investment and Sexual Selection." In *Sexual Selection and the Descent of Man*, *1871—1971*, ed. Bernard Campbell. Chicago: Aldine.

——. 1974. "Parent-Offspring Conflict." *American Zoologist* 14(1):249—264.

Tsai, Shu-Ling. 1983. "Sex Differences in the Process of Stratification." Ph. D. dissertation, University of Wisconsin.

United Nations. 1953. "The Determinants and Consequences of Population Trends." *Population Studies*, no.17. New York: United Nations.

——. 1972. *Demographic Yearbook*, *1971*. New York: United Nations.

——. 1974. *Demographic Yearbook*, *1973*. New York: United Nations.

United Nations Food and Agriculture Organization. 1962. *Nutrition and Working Efficiency*. FFHC Basic Study no.5. Rome: UNFAO.

U.S. Bureau of the Census. 1963a. Census of Population:1960. *Educational Attainment—Subject Reports*. Final Report PC(2)-5B. Washington, D. C.: Government Printing Office.

——. 1963b. Census of Population:1960. Vol. 1, *Characteristics of the Population*, pt. 6, California. Washington, D.C.: Government Printing Office.

———. 1965. *Statistical Abstract of the United States*, *1965*. Washington, D.C.: Government Printing Office.

———. 1967. *Trends in the Income of Families and Persons in the United States*, *1947—1964*. Technical Paper no.17. Washington, D.C.: Government Printing Office.

———. 1971a. Census of Business, 1967. Vol.1, *Retail Trade—Subject Reports*. Washington, D.C.: Government Printing Office.

———. 1971b. Census of Business, 1967. Vol. 3, *Wholesale Trade—Subject Reports*. Washington, D.C.: Government Printing Office.

———. 1971c. *Current Population Reports*. Series P-20, no. 212. "Marital Status and Family Status: March 1970." Washington, D.C.: Government Printing Office.

———. 1972. *Current Population Reports*. Series P-20, no. 243. "Educational Attainment: March 1972." Washington, D.C.: Government Printing Office.

———. 1973a. Census of Agriculture, 1969. Vol. 2, *General Report*, chap. 4, "Equipment, Labor, Expenditures, Chemicals." Washington, D. C.: Government Printing Office.

———. 1973b. Census of Population: 1970. *Age at First Marriage—Subject Reports*. Final Report PC(2)-4D. Washington, D.C.: Government Printing Office.

———. 1973c. Census of Population:1970. *Educational Attainment—Subject Reports*. Final Report PC(2)-5B. Washington, D.C.: Government Printing Office.

———. 1973d. Census of Population: 1970. Vol. 1, *Characteristics of the Population*, pt. 1, United States Summary—sec. 1. Washington, D.C.: Government Printing Office.

———. 1973e. Census of Population: 1970. Vol. 1, *Characteristics of the Population*, pt. 6, California, sec. 2. Washington, D.C.: Government Printing Office.

———. 1975a. Census of Mineral Industries, 1972. *Subject Series*: *General Summary*, *MIC72(1)-1*. Washington, D.C.: Government Printing Office.

———. 1975b. *Current Population Reports*. Series P-20, no.287. "Marital Status and Living Arrangements: March 1975." Washington, D.C.: Government Printing Office.

———. 1975c. *Historical Statistics of the United States*, *Colonial Times to 1970*. Bicentennial ed., pt.1. Washington, D.C.: Government Printing Office.

———. 1976a. Census of Manufactures, 1972. Vol. 1, *Subject and Special Statistics*. Washington, D.C.: Government Printing Office.

———. 1976b. Census of Selected Service Industries, 1972. Vol.1, *Summary and Subject Statistics*. Washington, D.C.: Government Printing Office.

———. 1977a. *Current Population Reports*. Series P-20, no.306. "Marital Status and Living Arrangements: March 1976." Washington, D.C.: Government Printing Office.

———. 1977b. *Statistical Abstract of the United States*, *1977*. Washington, D.C.: Government Printing Office.

———. 1978. *Statistical Abstract of the United States*, *1978*. Washington, D.C.: Government Printing Office.

——. 1979a. *Current Population Reports*. Series P-20, no.338. "Marital Status and Living Arrangements: March 1978." Washington, D.C.: Government Printing Office.

——. 1979b. *Current Population Reports*. Series P-20, no.346. "School Enrollment—Social and Economic Characteristics of Students: October 1978." Washington, D.C.: Government Printing Office.

——. 1979c. *Statistical Abstract of the United States, 1979*. Washington, D.C.: Government Printing Office.

——. 1980a. *Current Population Reports*. Series P-20, no.349. "Marital Status and Living Arrangements: March 1979." Washington, D.C.: Government Printing Office.

——. 1980b. *Current Population Reports*. Series P-20, no.352. "Household and Family Characteristics: March 1979." Washington, D.C.: Government Printing Office.

——. 1980c. *Current Population Reports*. Series P-60, no.123. "Money Income of Families and Persons in the United States in 1978." Washington, D.C.: Government Printing Office.

——. 1989. *Statistical Abstract of the United States, 1989*. Washington, D.C.: Government Printing Office.

U.S. Bureau of Labor Statistics. 1978. "Employment and Unemployment Trends during 1977." *Special Labor Force Report* no.212. Washington, D.C.: Government Printing Office.

——. 1979. "Work Experience of the Population in 1977." *Special Labor Force Report* no.224. Washington, D.C.: Government Printing Office.

——. 1984. *Statistical Abstract of the United States, 1984*. Washington, D.C.: Government Printing Office.

U.S. Department of Agriculture. 1976. "Changes in Farm Production and Efficiency." Statistical Bulletin no.561, Economic Research Service. Washington, D.C.: Government Printing Office.

——. 1979. *Agricultural Statistics, 1979*. Washington, D.C.: Government Printing Office.

U.S. Department of Commerce. 1932. *Statistical Abstract of the United States, 1932*. Washington, D.C.: Government Printing Office.

U.S. Department of Health, Education and Welfare, Public Health Service. 1978. *Vital Statistics of the United States, 1975*. Vol.1, *Natality*. Washington, D.C.: Government Printing Office.

——. 1979. *Vital Statistics of the United States, 1975*. Vol.3, *Marriage and Divorce*. Washington, D.C.: Government Printing Office.

U.S. Department of Labor, Office of Policy Planning and Research. 1965. *The Negro Family: The Case for National Action*. Washington, D.C.: Government Printing Office.

Uzawa, Hirofumi. 1968. *Time Preference, the Consumption Function, and Optimum Asset Holding*, ed. J. N. Wolfe. Chicago: Aldine.

Vandenberg, Steven G. 1972. "Assortative Mating, or Who Marries Whom?" *Behavior*

Genetics 2(2—3):127—157.

Vining, Daniel R., Jr. 1983. "Illegitimacy and Public Policy." *Population and Development Review.* 9(1):105—110.

Wahl, Jenny Bourne. 1985. "Fertility in America: Historical Patterns and Wealth Effects on the Quantity and Quality of Children." Ph.D. dissertation, University of Chicago.

Wallace, Alfred R. 1905. *My Life*, vol.1. New York: Dodd, Mead.

Walsh, Brendan M. 1972. "Trends in Age at Marriage in Postwar Ireland." *Demography* 9(2):187—202.

Ward, Michael P., and Butz, William P. 1980. "Completed Fertility and Its Timing." *Journal of Political Economy* 88(5):917—940.

Weiss, Yoram, and Willis, Robert J. 1985. "Children as Collective Goods and Divorce Settlements." *Journal of Labor Economics* 3(3):268—292.

——. 1989. "An Economic Analysis of Divorce Settlements." Working Paper no.89—95. Chicago: Economic Research Center/National Opinion Research Center.

Weitzman, Lenore J. 1974. "Legal Regulation of Marriage: Tradition and Change." *California Law Review* 62(4):1169—1288.

Weitzman, Lenore J., and Dixon, Ruth B. 1979. "Child Custody Awards: Legal Standards and Empirical Patterns for Child Custody, Support and Visitation after Divorce." *University of California, Davis, Law Review* 12(2):471—521.

Wessels, Walter J. 1976. "The Theory of Search in Heterogeneous Markets: The Case of Marital Search." Ph.D. dissertation, University of Chicago.

West, E. G. 1970. *Education and the State*, 2nd ed. London: Institute of Economic Affairs.

Westoff, Charles F. 1974. "Coital Frequency and Contraception." *Family Planning Perspectives* 6(3):136—141.

Westoff, Charles F., and Ryder, Norman B. 1977. *The Contraceptive Revolution.* Princeton: Princeton University Press.

Whiting, Beatrice B. 1977. "Changing Life Styles in Kenya." *Daedalus* 106 (2): 211—225.

Wildasin, David E. 1985. "Nonneutrality of Debt with Endogenous Fertility." Unpublished memorandum, Indiana University.

Wilde, Louis L. 1980. "Information Costs, Duration of Search, and Turnover: Theory and Applications." Social Science Working Paper no.306. Pasadena: California Institute of Technology.

Wiley, R. Haven. 1973. "Territoriality and Non-Random Mating in Sage Grouse, *Centrocercus urophasianus.*" *Animal Behaviour Monographs* 6(2):85—169.

——. 1974. "Evolution of Social Organization and Life History Patterns among Grouse." *Quarterly Review of Biology* 49(3):201—227.

Wilkinson, L.P. 1978. "Classical Approaches: I. Population and Family Planning." *Encounter* 50(4):22—32.

Williams, Anne D. 1979. "Fertility Determinants in the United States: A Test of the Relative Income Hypothesis." Unpublished memorandum, University of Pennsylvania.

Willis, Robert J. 1973. "A New Approach to the Economic Theory of Fertility Behavior." *Journal of Political Economy* 81(2, pt.2):S14—S64.

——. 1985. "A Theory of the Equilibrium Interest Rate in an Overlapping Generations Model: Life Cycles, Institutions, and Population Growth." Discussion Paper no.85—88. Chicago: Economics Research Center/National Opinion Research Center.

——. 1986. "Externalities and Population." In *Economic Consequences of Population Growth in Economic Development*. Washington, D.C.: National Academy Press.

Wilson, Edward O. 1971. *The Insect Societies*. Cambridge, Mass.: Belknap Press of Harvard University Press.

——. 1975. *Sociobiology*. Cambridge, Mass.: Belknap Press of Harvard University Press.

Wilson, William Julius. 1987. *The Truly Disadvantaged: The Inner City, the Underclass and Public Policy*. Chicago: University of Chicago Press.

Winch, Robert F. 1958. *Mate-Selection*. New York: Harper.

Wolf, Margery. 1968. *The House of Lim*. New York: Appleton-Century-Crofts.

Wolff, P. de, and van Slijpe, A.R.D. 1973. "The Relation between Income, Intelligence, Education and Social Background." *European Economic Review* 4(3):235—264.

Yitzhaki, Shlomo. 1984. "On the Relation between Return and Income." Unpublished memorandum, Hebrew University.

Young, Kimball. 1954. *Isn't One Wife Enough?* New York: Henry Holt.

Zabalza, Anton, and Tzannatos, Zafaris. 1985. "The Effects of Britain's Antidiscriminatory Legislation on Relative Pay and Employment." *Economic Journal* 95(379):679—699. Previously published under the same title as Discussion Paper no.155. London: London School of Economics, 1983.

Zelder, Martin. 1989. "Children as Public Goods and the Effect of Divorce Law upon the Divorce Rate." Ph.D. dissertation, University of Chicago.

Zelizer, Viviana A. 1978. "Human Values and the Market: The Case of Life Insurance and Death in 19th-Century America." *American Journal of Sociology* 84(3):591—610.

图书在版编目(CIP)数据

家庭生活的经济分析 / (美)加里·S.贝克尔著;
涂永前译. -- 上海 : 格致出版社 : 上海人民出版社,
2025. -- (当代经济学系列丛书 / 陈昕主编). -- ISBN
978-7-5432-3630-1

Ⅰ. F063.4

中国国家版本馆 CIP 数据核字第 2024BM1138 号

责任编辑 李　月
装帧设计 王晓阳

当代经济学系列丛书·当代经济学译库

家庭生活的经济分析

[美]加里·S.贝克尔 著

涂永前 译

出　　版　格致出版社
　　　　　上海三联书店
　　　　　上海人民出版社
　　　　　(201101　上海市闵行区号景路 159 弄 C 座)
发　　行　上海人民出版社发行中心
印　　刷　上海商务联西印刷有限公司
开　　本　710×1000　1/16
印　　张　23.5
插　　页　2
字　　数　379,000
版　　次　2025 年 1 月第 1 版
印　　次　2025 年 1 月第 1 次印刷
ISBN 978 - 7 - 5432 - 3630 - 1/F·1605
定　　价　118.00 元

上海市版权局著作权合同登记号：图字 09-2016-470

当代经济学译库